일본의 동남아시아 지배, 충격과 유산

동북아역사재단
연구총서 148

일본의 동남아시아 지배, 충격과 유산

김영숙 엮음

책머리에

오늘날 동남아시아는 인도차이나반도와 말레이제도로 구성되며, 동티모르, 인도네시아, 미얀마, 태국, 말레이시아, 싱가포르, 베트남, 라오스, 캄보디아, 필리핀, 브루나이 등 11개국이 포함된다. 이 중 가입 후보국인 동티모르를 제외하면 모두 ASEAN(동남아시아국가연합) 회원국이다. 1967년 출범한 ASEAN은 준국가연합이자 국제기구로, 궁극적으로 EU(유럽연합)와 같은 국가연합을 지향한다. 정치, 경제, 안보, 사회, 문화 공동체인 ASEAN은 최근 국제 정세 속에서 독자적인 입장을 견지하며, 강대국 외교에 휘둘리지 않는 실리외교를 추구하고 있다. 특히 미·중 갈등이 심화되는 가운데 인도네시아와 베트남의 외교적 입지 강화는 주목할 만하며, 한국도 ASEAN 및 인도의 빠른 경제성장에 주목해 협력을 확대하려 하고 있다.

그러나 한국의 교육과정에서는 정치, 경제, 역사 분야에서 동아시아 관련 내용이 주로 동북아, 특히 한·중·일 중심으로 구성되어 있어, 동남아시아 역사에 대한 이해는 부족한 실정이다. 특히 대부분의 동남아시아 국가들이 서구 제국주의의 지배를 거친 뒤 일본 점령기를 겪었다는 사실은 상대적으로 간과되고 있다. 이런 가운데 동북아역사재단이 2020년부터 일제 침탈사의 일환으로 '일본의 동남아시아 침략'에 관한 연구를 진행해왔다는 점은 매우 의미가 크다.

이 책은 2023년과 2024년에 진행한 기획연구 '일본의 동남아시아 점령과 지배' 성과를 엮은 것이다. 연구 목적은 일본의 동남아시아 지배에 대한 구체적 내용을 고찰함으로써 학계의 저변을 확대하고, 이를 바탕으로 한국과 동남아시아가 역사 인식을 공유하고 교류할 수 있는 기반을 마련하는 데 있다. 이 책은 재단이 '일본의 동남아시아 침략' 연구 성과로 발간하는 다섯 번째 책이다.

이 책은 9장으로 구성되어 있다. 고토 겐이치(後藤乾一)가 집필한 I장 '대동아공영권의 위계와 질서'는 이 책 전체를 여는 개설에 해당한다. 1930년대 일본 군부에서 대두한 남진론이 중일전쟁 이후 해결 방안으로 부상하는 과정을 고찰하고, 일본의 동남아시아 점령 정책이 '동맹', '구 종주국과의 이중 지배', 일본군의 직접 군정으로 구분되었음을 설명했다. 또한 '대동아공영권'을 둘러싼 전후 일본과 동남아시아의 역사 인식 간극을 다룬 내용은, 식민지기를 바라보는 시각이 양극화되고 있는 한국 사회에도 시사하는 바가 크다.

II장은 1938·1945년까지 발행된 일본의 프로파간다 지널『사진주보』에 실린 동남아시아 관련 기사를 총망라해 분석한 글이다. 아시아태평양전쟁 개전 이전부터 일본의 패망이 가까워지는 시기까지의 기사들을 시간순으로 정리하고 전쟁 추이에 따라 부각된 지역, 인물, 주제를 살폈다. 이를 통해 일본의 동남아시아 정책 변화와 대중 선전 내용을 개괄할 수 있으며, 다양한 사진 자료가 시각적 이해를 돕는다.

Ⅲ장은 1940년 9월 일본이 프랑스령 인도차이나에 진주한 이후, 그곳의 광물 자원을 어떻게 동원하려 했는지 분석한 글이다. 일본은 프랑스가 식민지 행정을 계속 맡고 자국은 간접 통치하는 방식으로 통치 비용을 줄이며, 인도차이나를 아시아태평양전쟁의 후방 기지로 활용하고자 자원 통제를 시도했다. 이 글은 일본과 프랑스의 사료를 비교·검토하며 양국 통치 간의 갈등과 모순을 분석했다. 일본은 기존 사업을 징발하거나 자국 기업을 통해 자원 개발을 추진했지만, 이 과정에서 일본 기업 간 경쟁이 발생했고, 구 종주국과의 이중 지배라는 정치 구조의 문제가 경제적 한계로 드러나는 양상을 보여준다.

Ⅳ장은 동남아시아 점령 후 일본의 금융정책이 식민 시기와 전후 냉전 시기를 어떻게 연결하는지를 고찰한 글로, 전후 영국의 말레이반도와 싱가포르 재지배에 이르는 시기까지를 다루었다. 동남아 해협 식민지에 은행이 등장한 1840년 이래, 19세기 후반과 20세기 초 중국계 이주민이 급증하면서 화인(華人) 은행이 다수 생겨났고, 이들 은행이 일본 점령기를 어떻게 견디며 전후 서구 은행을 대체해 지역 금융의 강자로 성장했는지를 살폈다. 일본은 본토와 대동아공영권을 연결하는 '엔 블록'을 구축하려 하면서 연합국 및 중국계 은행의 자산은 동결했지만, 영국에 대한 독립운동을 지원하던 인도계 은행 3곳과 남중국해 금융 네트워크 재개를 위한 화인은행 5곳은 허가했다. 한편 전후 영국 식민정부는 점령기에 형성된 금융 환경을 재편하면서도 화인은행 네트워크를 활용하기 위해 이들의 영업 재개를 허용했다. 화인은행을 통해 일본 점령기와 전후 동남아 금융의 연속성을 고찰한 글이다.

Ⅴ장은 프랑스 식민정부와 이중 지배를 하던 일본이 1945년 3월 9일 프랑스 식민정부를 무력으로 제거하고 프랑스령 인도차이나의

지배권을 독점하면서 '독립'을 부여한 쩐쫑낌 내각이, 프랑스로부터의 해방과 일본과의 협력 사이에서 베트남제국의 '독립'을 모색한 과정을 고찰한 글이다. 이 정권에 대해서는 '친일 매국 내각', 허수아비 정권, 독립 이행기로서의 평가 등 다양한 시각이 존재하지만, 이 글에서는 쩐쫑낌 내각이 실패할 수밖에 없었던 근본 원인을 분석하면서도 '베트남제국' 시기가 베트남 독립 과정에서 수행한 중요한 역할을 긍정적으로 평가한다. 일본 점령 후 동남아시아에서 '독립'을 부여받은 국가들에 대한 분석은 Ⅶ장의 버마, 필리핀의 친일 정권과 비교해 읽으면 일본의 차별적 지배 성격을 이해하는 데 도움이 되며, Ⅵ장의 인도네시아 독립 과정과 함께 읽는 것도 유익하다.

Ⅵ장은 일본 점령기 인도네시아를 다룬 글로, 인도네시아의 작가, 정치가, 사상가들의 회고를 다양하게 인용하며 그 시기의 충격과 유산을 정치·군사, 경제, 문화 전반에 걸쳐 면밀히 분석하고 있다. 또한 일본 군정의 기본 방침과 인도네시아 독립 과정을 설명하는 한편, "일본이 동남아시아를 서구 지배로부터 해방시켰다"는 이른바 '해방 사관'을 깊이 있게 비판한다. 이러한 관점은 한국이 동남아시아를 바라보는 시선과 한일 간 역사 인식을 성찰하는 데도 의미가 있다. 특히 강제 동원에 해당하는 로무샤(勞務者) 문제에 대한 분석은 한국 사회에도 중요한 참고가 될 수 있다.

Ⅶ장은 일본이 구상한 이른바 '대동아공영권'의 모순을 지적하고 '대동아공영권'이 붕괴되어 가는 과정을 버마와 필리핀을 사례로 살펴본 글이다. 버마와 필리핀은 1943년 8월과 10월에 일본으로부터 '독립'을 부여받았지만 일본 군정이 독립정권의 책임자로 어떠한 인물을 선정하는가, 그리고 그 정권이 어떻게 구성되었는가는 매우 달

랐다. 그리고 '독립'을 부여하는 대가로 일본은 미국과 영국에 대한 선전 포고를 요구했지만, 즉시 선전을 포고한 버마와 달리 필리핀은 시간을 유예받았다. 이는 동남아시아 각지에 대한 서구 제국주의 국가 간의 지배 방침 차이와 그들이 동남아시아 국가들과 맺은 관계의 차이를 반영하는 동시에, 일본이 구 지배국과의 관계를 고려하면서 동남아시아 각국에 대한 지배정책을 추진했음을 보여주는 사례이다.

Ⅷ장에서는 연구의 초점을 동남아시아에서 '남양군도'로 옮겨, 일본군 군사기지 건설에 동원된 조선인들을 고찰하였다. 제1차 세계대전 이후 일본이 남양군도를 위임통치하며 남양청을 설치했고, 중일전쟁과 함께 토목공사 수요가 증가하면서 조선이 새로운 노무자 공급처로 부각되었다. 이에 따라 1939~1943년 사이 조선인의 남양군도 이주가 늘어났다. 이 장의 의의는 조선인 강제동원 피해를 넘어, 일본의 아시아태평양전쟁 수행과 조선인 동원의 전체 구조를 분석한 데 있다. 아울러 동남아를 넘어 중서태평양이라는 공간에 주목하고, 다양한 자료와 함께 기존에 활용되지 않았던 증언 자료도 분석했다는 점에서 중요하다.

Ⅸ장에서는 1946년 5월부터 1948년 11월까지 진행된 극동군사재판에서 동남아시아에 대한 전쟁범죄가 어떻게 다뤄졌는지를 고찰했다. 전후 국제 정의 실현이라는 사명감에서 출발한 재판이었지만, 2년 6개월이 흐르는 사이 냉전이 시작되고, 필리핀과 인도가 독립했으며 인도차이나와 인도네시아에서는 독립전쟁이 벌어지는 등 식민지를 둘러싼 환경도 변화했다. 이 글은 아시아태평양전쟁이 동남아시아를 둘러싼 서구 제국주의와 일본 제국 간의 전쟁으로 식민 지배의 본질은 같았다는 점, 당시 국제법상 주권 국가였던 서구 국가에 대한 침략만이 범죄로 기소되고 식민지였던 동남아 국가에 대한 침략은 제외되었다는 점, 그리고 탈식민과

냉전이 교차하면서 아시아에 대한 제국주의와 식민주의가 중층적으로 잔존하게 되었다는 점을 지적하고 있다.

이 책 전체의 내용은 크게 네 부분으로 나눌 수 있다. 일본의 동남아시아 지배 정책을 개설한 I장과 『사진주보』 기사 분석을 통해 일본의 동남아시아 점령 정책의 흐름을 고찰한 II장이 서론에 해당한다. III장과 IV장은 동남아시아에 대한 일본의 경제적 침략 내용을 보여주며, V, VI, VII장에서는 일본 군정 이후 '독립'을 부여받은 버마, 필리핀, 베트남의 친일 정권 분석과 인도네시아의 독립 과정을 고찰한다. VIII장에서는 남양군도에 대한 조선인 동원을, IX장에서는 전후 전범 재판에서 일본의 동남아시아 침략이 어떻게 심판되었는지를 분석한다. 관심 있는 주제를 비교하며 읽거나, 깊이 알고 싶은 부분을 찾아 읽으면 도움이 될 것이다.

광복 80주년을 맞는 2025년에 이 책을 내놓게 된 것을 매우 뜻깊게 생각하며, 이 책이 일본의 식민지 및 점령지 지배정책을 동북아를 넘어 동남아까지 포괄적으로 분석하는 연구의 밑거름이 되기를 바란다. 아직 불모지에 가까운 국내의 일본 점령기 동남아시아 연구 분야에서 자신의 연구 영역을 한 뼘씩 넓혀가며 '일본의 동남아시아 점령과 지배'라는 기획연구 주제에 맞춰 원고를 집필해 주신 연구자들께 깊이 감사드린다. 아울러 책이 출간되기까지 애써주신 출판 관계자 여러분의 노고에도 감사의 뜻을 전한다.

2025년 6월
집필자를 대표하여
김영숙 씀

차례

책머리에 | 4

Ⅰ.
대동아공영권의 위계와 질서 - 일본·동남아시아 관계사의 관점에서
고토 겐이치 | 와세다 대학

1. 머리말 | 18
2. 1936년 「국책의 기준(國策ノ基準)」과 '남진' 정책 | 19
3. 1945년 이전 일본의 동남아시아 인식 | 26
4. 동남아시아 점령 구상의 기본방침 | 32
    1) '중압' 감수론 | 32
    2) 귀속 문제와 자원 문제 | 35
    3) 해군성 조사과에서 작성한 「대동아공영권론」 | 38
5. '대동아 신질서' 아래 동남아시아에서 발생한 저항운동 | 43
6. '대동아공영권'을 둘러싼 엇갈린 역사 인식 | 46
    1) 동남아시아의 일본점령기 인식 | 46
    2) 일본의 역사 교과서로 보는 동남아시아 점령 | 49
7. 맺음말 | 53

Ⅱ.
『사진주보』를 통해 본 일본의 동남아시아 침략과 '대동아공영권' 구상
김영숙 | 동북아역사재단

1. 머리말 | 60
2. 아시아태평양전쟁 이전의 동남아시아 관련 기사 | 64
3. 아시아태평양전쟁 개전과 일본의 동남아시아 침략 | 71
    1) 개전 초기의 승리와 동남아시아 점령 | 71
    2) 일본의 동남아시아 지배 | 74
    3) 동남아시아의 우방, 태국 | 76
    4) 포로를 바라보는 일본의 가치관 | 80
4. 일본의 '대동아공영권' 구상과 동아시아 | 82
    1) 도조 히데키 수상이 동남아시아 시찰 | 82
    2) 버마와 필리핀의 '독립' | 85
    3) 대동아회의와 대동아공영권 | 91
5. '대동아공영권'의 붕괴 | 95
6. 맺음말 | 100

III.
제2차 세계대전 시기 일본의 인도차이나 광물자원 동원과 '대동아공영권'의 현실
정재현 | 목포대학교

1. 머리말 | 104
2. 일본의 인도차이나 광물자원 동원 정책 | 109
    1) 일본의 인도차이나 진주와 자원 동원 계획 | 109
    2) 1941년 5월 6일 프랑스-일본 경제 협정 | 116
    3) 일본의 인도차이나 자원조사단의 활동 | 119
3. 일본의 인도차이나 광산 개발 | 124
    1) 일본군의 텅스텐 광산 징발 | 126
    2) 인도차이나광업회사의 사업 확대 | 130
    3) 라오까이 인회석 광산 개발을 둘러싼 일본 기업 간의 경쟁 | 134
4. 인도차이나 광물자원의 일본 공급 | 139
5. 맺음말 | 146

IV.
일본점령기(1942-1945) 동남아시아 전시 금융정책의 역사적 의미
- 영국령 말라야 및 해협식민지의 금융 정황을 중심으로
김종호 | 서강대학교

1. 머리말 | 156
2. 일본 점령 이전 영국령 말라야 및 해협식민지 금융 정황 | 158
3. 대동아공영권 형성과 일본의 동남아 점령지 금융통제 정책 | 168
4. 전후 영국의 말레이반도 및 싱가포르 재지배와 금융 체계 재구축 | 182
5. 맺음말 | 194

V.
베트남제국과 쩐쫑낌 내각 (1945년 3~8월)
노영순 | 한국해양대학교

1. 머리말 | 206
2. 일본의 전략적 계획으로서의 베트남 '독립'과 베트남 협력자 선정 과정 | 209
3. 쩐쫑낌과 그 정부 구성원에 대한 분석 | 224
4. 쩐쫑낌 내각의 '독립'을 위한 정책 | 231
5. 맺음말 | 239

VI.
'대동아공영권'하의 인도네시아 (1942~1945년 9월)
고토 겐이치 | 와세다대학교

1. 머리말 - '백인 우위의 신화' 붕괴 | 246
2. 일본 군정과 인도네시아 독립문제 | 249
    1) 일본 군정의 기본방침 | 249
    2) 대동아회의의 의미 | 252
    3) 수카르노 등의 일본 방문과 독립문제 | 256
3. '대동아공영권'하의 인도네시아 | 261
    1) 정치·군사면 | 261
    2) 경제면 | 264
    3) 문화면 | 265
    4) 항일 반란 발생 | 272
5. 일본 군정의 '충격'과 '유산' | 275
    1) 정신적인 면 | 276
    2) 군사적인 면 | 278
    3) 로무샤 문제 | 280
6. 맺음말 - '해방 사관' 비판 | 286

VII.
'대동아공영권'의 붕괴와 동남아시아 - 버마와 필리핀을 중심으로
김영숙 | 동북아역사재단

1. 머리말 | 298
2. 대동아공영권과 동남아시아 | 301
    1) 대동아공영권 구상 | 301
    2) 대동아공영권과 동남아시아 | 304
3. 버마의 정치 현실-제국주의와 민족주의, 그리고 '독립' 모색 | 306
    1) 영국의 버마 지배와 버마 정치권의 동향 | 306
    2) 일본군의 버마 점령과 '버마공작'의 전환 | 310
    3) 일본의 버마 점령 정책 변화와 버마 '독립' | 313
    4) 바 모의 정치 인식-반영과 친일 사이의 모순과 굴절 | 317
    5) 일본 패전 직전의 버마 정치 상황 | 323
    6) 버마 항일저항운동 세력의 반격 | 328
    7) 버마 정부의 랑군 철수와 일본 망명 | 331
4. 제국주의 지배와 필리핀 '독립' 과정 | 334
    1) 일본의 필리핀 지배 | 334
    2) 필리핀 '독립' | 338
    3) 전황의 악화와 필리핀의 대미 선전포고 | 343
    4) 라우렐 대통령의 피난과 망명정권에 대한 대우문제 | 345
5. 맺음말 | 349

VIII.
아시아태평양전쟁 시기 '남양군도'의 기지화와 조선인 동원
김명환 | 민족문제연구소

1. 머리말 | 354
2. 일본의 '남양군도' 점령과 통치 | 358
　　1) 일본의 '남양군도' 점령 및 개발 방침 | 358
　　2) 국제연맹 탈퇴 후의 정책 변화 | 363
3. 총동원체제기 조선인 동원의 전개 | 366
　　1) 조선인 노무자 동원의 개시 | 366
　　2) 일본해군의 인력동원 실태 | 370
4. 1943년 이후 민간 노무자의 군사동원 실태 | 379
　　1) 팔라우제도에서의 노무자 동원 | 379
　　2) 마리아나제도에서의 군부대 공용 | 385
5. 조선인의 전쟁피해 실태 및 전후 귀환 | 390
　　1) 해군 군속의 사망실태 | 390
　　2) 태평양 방면으로부터의 귀환 | 399
6. 맺음말 | 404

IX.
일본의 동남아시아 침략과 전쟁범죄 - 극동국제군사재판을 중심으로
공준환 | 서울대학교

1. 머리말-아시아태평양전쟁과 동남아시아 | 414
2. 극동국제군사재판에서의 침략범죄 | 418
   1) 동남아시아에 대한 침략범죄의 기소 | 418
   2) 아시아 없는 동남아시아 침략 | 422
3. 침략과 해방 사이 | 430
   1) 아시아를 위한 전쟁, 아시아에 대한 전쟁 | 430
   2) 동남아시아의 독립과 자치 | 436
4. 점령과 지배의 이면 | 441
   1) 전쟁범죄 기소와 아시아에서의 전쟁범죄 | 441
   2) 동남아시아에서 일본 전쟁범죄의 양상 | 444
5. 맺음말 | 451

찾아보기 | 458

I.
대동아공영권의 위계와 질서
- 일본·동남아시아 관계사의 관점에서

고토 겐이치 | 와세다 대학

1. 머리말

    1942년 2월 15일, 대영제국의 아시아 지배를 상징하며 '난공불락'이라 불리던 싱가포르가 함락된 지 이틀 뒤, 일본의 대본영정부연락회의(大本營政府連絡會議)는 싱가포르의 명칭을 '쇼난(昭南)섬'으로 개칭하기로 결정하고, 그 의미를 다음과 같이 강조하였다.[1]

> "昭는 비춘다(照す)는 뜻으로, 길고 긴 암운을 걷어내고 아무런 차별 없이 만물에 태양의 빛과 은총을 구석구석 비추고자 한다는 의미이다. 쇼난의 땅이야말로 그 이름이 의미하듯이 이 지역[동남아시아]에서 광명의 한 중심, 기점이 되는 섬(항구)이 될 것이다."

    오늘날 동남아시아를 구성하는 11개국(동티모르 포함) 중에서 가장 늦게 세계사에 등장한 싱가포르가 영국 동인도회사의 아시아 진출 거점이 된 것은 1819년의 일이다. 그 후 동서를 잇는 가장 중요한 중계항으로서 급속한 발전을 이룬 싱가포르는, 무역항의 역할뿐 아니라 동남아시아를 둘러싼 국제관계에서 군사적으로나 정치적으로나 중요한 지위를 점하게 되었다. 19세기 후반에 시작되는 일본과 동남아시아 세계의 관계에서도, 다음에서 설명하듯이 싱가포르는 뼈대라고 할 만한 가장 중심적인 위치를 점하게 된다.

---

1 防衛庁防衛研修所戰史室編, 1970, 『戰史叢書 南方侵攻陸軍航空作戰』, 朝雲新聞社, 519~520쪽.

과거에 '남양' 혹은 '외남양'으로 불렸던 동남아시아는, 일본을 포함하는 동아시아 문화권인 한반도와 중국 대륙을 제외하면, 일본인이 처음으로 발을 들인 이국(異國)이자 이문화권이었다. 역사 교과서에서 반드시 다루는 것처럼, 18세기와 19세기에는 수많은 주인선(朱印船)[2]이 해역을 오갔고, 이 지역 곳곳에는 총 7개소의 '남양 일본인 마을'이 형성되었다. 또한 진실과 허구가 뒤섞인 '야마다 나가마사(山田長政, 태국에서는 발음을 따서 세나피무크라고 부름)'와 같은 수수께끼의 전설적인 인물도 등장한다.

이러한 근세 초기 일본인과 동남아시아 간의 관계는 1930년대 이후, 사료에 기반한 엄밀한 역사 연구를 통해 실증되기 시작한 한편, '대동아전쟁' 발발 전후에는 일본인의 '남양 진출 선구'로 선전되며, 일본과 동남아시아가 불가분하고 숙명적인 관계에 있다는 식의 이념적 상징으로 활용되기도 하였다. 즉, 정책적 목적에 따라 '역사 동원'의 대상으로 활용되었다는 것도 여전히 우리 기억에 생생하다.

2. 1936년 「국책의 기준(國策ノ基準)」과 '남진' 정책

일본 안팎에 큰 충격을 준 2·26 사건으로부터 반년 가까이 지난 1936년 8월 7일, 갓 신임 수상에 취임한 외무성 출신 히로타 고키(広田弘毅)가 이끄는 내각은 오상회의(五相會議-수상, 외무대신, 대장대신, 육군대신,

---

2   해외 무역을 허가받은 일본 상선.

해군대신으로 구성)에서 「국책의 기준」을 결정했다. 이는 같은 해 6월 말, 육해군 사이에서 타협의 산물로서 성립된 「국책대강(國策大綱)」의 연장선상에 있었다. 「국책대강」에서는 일본의 근본 국책을 '동아시아 대륙에서 제국의 입지를 확보하는 한편, 남방 해양으로 진출하는 데 있다'라고 주장하고 있다.

메이지(明治) 이후 일본의 대외 국책은 육군이 주창하는 '동아시아 대륙'을 중시하는 '북진'론이 기축이었지만, 이 새로운 정책에서는 해군의 주장을 받아들여 '남방 해양 진출＝남진'이 처음으로 공식적으로 제시되었다. 그런 의미에서 현재의 '남진' 연구나 외교사 연구에서 「국책의 기준」은 '남진' 정책을 구체화하는 중요한 첫걸음으로 널리 이해되어왔다. 그런데 그 실질적인 의미를 어떻게 평가할 것인가에 대해서는 연구사에서 다양한 견해가 제기되어 온 것 또한 사실이다. 예를 들어 이 분야의 선구적 공동연구의 성과인 일본국제정치학회(日本國際政治學會)가 쓴 『태평양전쟁으로 향하는 길(太平洋戰争への道) 제6권 남방 진출』에서는, "「국책의 기준」은 국책으로서 '남진'을 언급한 최초의 선언이기는 하지만, 실질적으로는 '무조약시대로의 돌입을 선언'한 해군이 미국에 대한 군비 대확장을 꾀하기 위해, 또한 화중·화남에 관한 발언권을 확보한 것에 불과했다"라는 소극적인 평가를 내리고 있다.[3] 또한 방위청(성) 관계자의 저작에서도 오상회의 결정에 불과한 「국책의 기준」에는 특별한 권위가 없고 '제국 내외의 긴박한 정세에 대처할 수 있을 만한 국책이라고 인정하기는

---

3   日本國際政治学會編, 1963, 『太平洋戰争への道·第6 巻南方進出』, 朝日新聞社, 148쪽.

힘들다'라고 일축하고 있다.[4]

최근 연구에서도 「국책의 기준」은 극동국제군사재판에서 일본의 동아시아 제패 의도를 드러내는 것으로 중요시되었지만, "실제로는 육군의 대륙발전론과 해군의 남양발전론이 타협한 산물로, 육해군의 예산확보를 위한 작문이라는 측면이 강하다"라고 평가받고 있다.[5] 「국책의 기준」이 그 후 정부·군부의 대외정책 결정, 혹은 개전에 대해 어느 정도 영향력을 발휘하고 추진되었는지에 대한 평가는 별개로 하더라도, '남방해양 및 외남양(동남아시아) 방면'에 대해서, "우리의 민족적 경제적 발전을 꾀하고, 최대한 다른 나라를 자극하지 않으면서, 점진적 평화적 수단을 통해 우리 세력의 진출을 모색…"[6]이라고 언급된 것은 중일전쟁에 돌입하기 전 해의 군부, 정부의 동남아시아에 대한 기본적 관심을 집약한 것이라 할 수 있다. 다만 여기서 언급된 동남아시아 방면에 대한 일본의 '민족적·경제적 발전'을 열강을 자극하지 않고 '평화적 수단'으로 수행한다는 것은, 특별히 새로운 것이 아니라 제1차 세계대전 이후 일본의 대(對)동남아시아 정책을 추인하는 형태라 할 수 있다.

1930년대 후반 이후 「국책의 기준」에서 '남진'이 일본 대외 진출 전략의 핵심으로 설정되었으나, 그 이후 곧바로 구체적인 형태로 추진되지는 않았다. 특히, 이듬해인 1937년 7월 중일 간 전면전이 시작되면서 일본의 관심은 중국 대륙에 고정되었다. 이후 동남아시아의 중요성이 다시 본격적으로 부상하게 된 것은, 공교롭게도 수렁에 빠진 중일전쟁의 출구를

---

4 島貫武治, 1965, 『明治以来の國防方針と用兵の変遷』, 防衛庁防衛研修所, 31쪽.

5 波多野澄雄編著, 2019, 『日本外交の150年 - 幕末·維新から平成まで』, 日本外交協會, 182쪽.

6 外務省篇, 1966, 『日本外交年表竝主要文書一八四〇-一九四五(下)』, 原書房 등 참조.

남쪽에서 찾으려 했기 때문이었다. 보다 구체적으로는 장제스(蔣介石)에 대한 원조 루트를 차단하고, 석유를 비롯한 전략적 자원을 확보하기 위한 목적에서였다.

또한 중일전쟁과 동남아시아로의 남진, 양쪽 모두와 깊은 관련을 맺고 있는 지역으로서, 근대 일본의 첫 식민지였던 타이완이 지니는 의미에 대해서도 살펴보고자 한다.

근대 일본의 첫 대외적 군사행동으로 알려진 1874년의 '타이완 출병'을 거쳐 청일전쟁(1894~1895년)에서 승리한 일본은 시모노세키(下関)조약을 통해 청나라에서 타이완을 할양받았다. 당시 일본 국내에서는 전쟁 도중부터 타이완이 지닌 지정학적 지위에 주목해, 그곳을 장래 남방진출의 거점으로 생각한다는 발상이 명확하게 보였다. 당시의 유력한 대외강경론 주창자인 도쿠토미 소호(德富蘇峰)의 논설인「타이완 점령 의견서(台湾占領の意見書)」가 대표적인 사례로, 이는 훗날 '타이완＝남진거점론'의 원형이 되었다고 해도 무방할 것이다.[7]

"(타이완은) 우리에게는 그야말로 남문의 관건이자, 만에 하나 남방으로 대일본제국의 판도를 확장하려 한다면 일단 이 문을 지나야 한다는 사실은 말할 필요조차 없습니다… 앞으로 해협의 여러 반도 및 남양제도로 진출하는 것은 당연한 흐름이라 생각합니다… 우리가 만약 지금 취하지 않는다면, 나중에 다른 열강이 반드시 취하게 될 것입니다. 타이완은 동양에서 좋은 먹잇감입니다…."

---

7 德富蘇峰, 1925, 『台湾遊記』, 民友社, 182~183쪽.

제2대 타이완 총독 조슈(長州) 출신 육군대장 가쓰라 다로(桂太郎)도 타이완이 가진 잠재적인 거점성을 인식하면서, '남청[화난(華南)] 일대의 땅을 그야말로 조선반도처럼 만들 필요성'을 강조하고, '타이완의 지세는 오로지 남청에 대한 의미만 갖는 것이 아니라, 거기에 더해 남방군도로 날개를 뻗기에 적절한 지위를 점하는 … 장래 타이완을 거점으로 삼아 남양으로 정치 경제적 세력을 뻗어가는 것 또한 어려운 일이 아니다'라고 낙관적으로 전망했다.[8]

이러한 타이완 거점론은 그 후 일관되게 일본의 요로(要路)라는 타이완 인식의 원형을 이루게 되었다. 일본이 타이완을 영유하기 35년 전인 1860년, 미일수호통상조약 비준서를 워싱턴에서 교환한 막부의 미국 파견사절단 부사 무라가키 노리마사(村垣範正)는 귀로의 마지막 기항지 홍콩을 벗어나 타이완을 멀리서 바라보았을 때의 소감을 이렇게 적었다.

"이 섬을 개방시키고 중국의 난을 피하려는 자들을 이주시켜, 우리 판도에 품는다면 국력이 성대해질 것이라 생각한다."[9]

이렇듯 훨씬 전부터 '남진' 거점의 요로로 인식되었던 타이완에 대한 기대가 단숨에 현실화된 것은, 일본 경제의 동남아시아 진출과 궤를 같이한 제1차 세계대전 시기였다. 일본 자본주의의 총체적 확대와 함께 식민지 타이완에서도 설탕, 쌀을 중심으로 한 농업경제가 발달하고, 그것을 계

---

8   德富蘇峰, 1919, 『公爵桂太郎·乾卷』, 故桂公爵記念事業會所, 707~712쪽.
9   村垣範正, 1977, 「航海日記」, 『万延元年第一遣米使節日記·復刻版』, 日米協會, 237~238쪽.

기로 무역, 투자도 현저한 신장세를 보였다.

그런 와중에 타이완총독부의 인가를 얻은 오사카 상선의 남양항로 개항, 타이완은행(台湾銀行)의 자바 지점 3개소(수라바야, 바타비아, 스마랑) 개설, 그리고 '남지남양시설비(南支南洋施設費)' 신설 등을 통해 화난·동남아시아를 향한 적극적인 경제시책이 진행되었다. 그동안의 상황을 야나이하라 다다오(矢内原忠雄)는 제1차 세계대전을 기점으로 "타이완은 우리 자본으로 인해 완전히 '대사업의 징검다리'가 되었다"라고 표현했다.[10]

태평양을 둘러싼 '1936년 위기론'의 목소리가 높아져 오가사와라제도(小笠原諸島)에도 정치적·심리적 영향을 미쳤던 당시, '남문의 관건'이라 일컬어진 식민지 타이완의 일본인 사회에서도 '남진'에 대한 관심이 급속도로 높아졌다.

"흥륭 일본 남진의
사명은 두 어깨에 강하게
넘치는 힘 불타는 의기
우리의 앞길에 빛이 있으라
약진 타이완 우리의 타이완
오오 영광 있으라 기념비여"

'약진 타이완(躍進台湾)'이라는 제목의 이 행진가의 가사는 1935년 타이베이(台北)에서 개최된 '시정(始政) 40주년 기념 타이완박람회'를 주관한 타이완총독부의 가사 공모에 일등으로 입선한 것으로, 그 후에 콜롬비

10　矢内原忠雄, 1929, 『帝國主義下の台湾』, 岩波書店, 68쪽.

아에서 레코드화되어 널리 불리게 되었다.[11]

청일전쟁이 끝나고 첫 해외 식민지로 타이완을 영유한 직후부터, 앞서 살펴보았듯 타이완을 '남진'의 거점으로 활용하려는 조짐이 강하게 엿보였다. 하지만 타이완 점령 초기의 타이완총독부는, 한족 타이완인이나 산지 여러 민족이 벌이는 끈질긴 항일운동의 진압, 그리고 재정기반 확립이라는 '내치'상의 난관에 직면했기에 '남진'을 추진할 객관적 조건이 갖추어져 있다고는 할 수 없는 상황이었다.

그 후 제1차 세계대전을 기회로 일본 경제의 대동남아시아 수출 급증에 힘입어, 타이완 소재 총독부, 타이완군, 일본인 기업가들 사이에서도 드디어 남방에 대한 관심이 본격적으로 높아지고 무역과 투자가 신장되었다.[12]

하지만 그 후로 타이완 사회 자체의 '식민지 근대'는 일정한 심화를 보였으나, 1930년대 중반 시점의 '남진'론에 대해서는 '20년간 소극적인 정책으로 일관해 시정의 침체기'에 있었다고 평가되었다. 그런 가운데 드디어 타이완 점령 40주년(1935년) 기념을 계기로, '남진'을 위해 적극적으로 정책을 세우고 회생을 꾀하려는 정서가 강해진 것이다.[13]

그런 시대를 배경으로 타이완총독부는 상기 박람회를 성대하게 개최하고 '약진 타이완'이 나아갈 방향을 '남진'이라고 호소한 것이다. 그해 1935년 10월에는 거기에 발맞춰 열대산업조사회(熱帶産業調査會)가 개최되었고, 내지(內地)에서도 오타니 고즈이(大谷光瑞), 이노우에 마사지(井上

11　台湾総督府, 1939, 『始政四十周年記念台湾博覧會誌』, 非売品, 458쪽.
12　中村孝志編, 1988, 『日本の南方関与と台湾』, 天理教道友社 참조.
13　毎日新聞社, 1978, 『日本植民地史(3)台湾』, 118쪽.

雅二), 이시하라 히로이치로(石原広一郎)와 같은 남방 각지에서 폭넓게 사업을 전개하던 저명한 남진론자를 초빙해 논의를 거듭하여 그 결과로 국책회사인 타이완척식주식회사(臺灣拓殖株式會社)가 설립되기에 이르렀다(1936년 11월). 이 열대산업조사회의 「설립취의서(設立趣意書)」에서는 '남지남양(南支南洋) 지방과 경제상 한층 밀접한 관계를 유지하고 해당 무역의 진전을 꾀해 상호 경복(慶福)을 증진시키는 것'을 중시하겠다고 강조했다.

이 '남지남양'이라는 지리개념으로도 명백히 알 수 있듯, 타이완총독부 관계자들 사이에서는 바다 건너 화난(華南) 지방과의 역사적·문화적·경제적 근접성으로 그 땅을 타이완의 '남진' 정책 대상으로 사정권에 넣고, 한족 출신 '타이완 적민(籍民)'의 화난 진출을 촉진하려고 했다. 다만 그 진출방법은 전면적인 중일전쟁 발발 약 2년 전이기도 하기에, 무력을 앞세우는 것이 아니라 어디까지나 경제적 '남진'에 주안점을 두고 있었다.

3. 1945년 이전 일본의 동남아시아 인식

이 글에서는 지면 관계상 「국책의 기준」 이후 일본과 동남아시아 관계의 구체적인 내용에 대해서는 언급하지 않겠지만, 일종의 예비적 작업으로서 일본이 동남아시아를 상대할 때의 기본적인 프레임 세 가지를 짧게 지적하고자 한다. 첫 번째는 경제면에서의 상호보완론, 두 번째는 정치면에서의 맹주론, 그리고 세 번째는 문화면에서의 우월의식, 이렇게 세 가지로 집약할 수 있겠다.

첫 번째인 경제적 보완론의 기저에 깔려있는 근본적 발상은, 일본의 '뛰어난 기술, 기업심, 자본'과 동남아시아의 '미개척된 풍부한 자원'을 유기적으로-어디까지나 일본의 입장에서-결합하는 데 있었다. '관(官)'뿐 아니라 '민(民)' 일반에게도 널리 공유된 이러한 견해는, 일본이 이 지역과 관계를 맺게 된 메이지 이후, 그리고 오늘까지도 끊이지 않고 이어지고 있다. 그 효시로서 이와쿠라(岩倉) 사절단의 일원이었던 구메 구니타케(久米邦武) 편 『미구회람실기(米歐回覽實記, 1878)』에 이러한 유명한 구절이 있다. "… 유럽까지 가는 거리의 반 정도 땅에 숨겨진 이익이 엄청나게 많은데 … 하늘이 내려준 풍요로움이니, 오히려 근린의 여러 땅에 있으니…[14]"

두 번째는 아시아에서의 일본 맹주론, 혹은 일본 중심의 '아시아주의'라고도 볼 수 있는 태도이다. 대아시아협회(大亞細亞協會)의 「설립취의(設立趣意)」에서 언급된 '아시아의 재건과 질서화'는 '황국 일본의 두 어깨'에 달려 있다는 의식, 혹은 '러일전쟁은 아시아 해방전쟁의 서막'이며 대동아전쟁은 그 결론이라는 앞서 살펴본 발언에서도 일본 맹주의식을 엿볼 수 있다. 이 경향은 전시가 되면 말할 필요도 없이 보다 명백해진다.

대아시아협회는 전전기(戰前期) 일본에서 가장 중요한 아시아주의 단체였는데, 기관지 『대아시아주의(大亞細亞主義)』의 동남아시아에 대한 인식의 변천을 요약하면 아래와 같을 것이다.

그러한 상황에서 국제연맹을 탈퇴한 직후, 동시에 '만주국 건국 1주년

---

14 神谷忠孝, 1991, 「『南洋』神話の形成」, 矢野暢編, 『講座·東南アジア学 10 東南アジアと日本』, 弘文堂, 51쪽.

기념일'을 기해 1933년 3월 1일에 발족한 대아시아협회는, 중국을 주된 대상으로 하면서도 동남아시아, 인도, 중동 이슬람권까지 범위에 넣은 특이한 사상문화단체였다.

사회운동가로 널리 알려진 아시아주의자이자 헤이본샤(平凡社) 창업자이기도 한 시모나카 야사부로(下中弥三郎)가 이사장을 맡고, 나카타니 다케요(中谷武世), 미쓰카와 가메타로(満川亀太郎) 등이 중심이 되어 운영된 대아시아협회에는, 정계에서 고노에 후미마로(近衛文麿), 히로타 고키, 육군에서는 기쿠치 다케오(菊池武夫), 마쓰이 이와네(松井石根), 해군에서는 스에쓰구 노부마사(末次信正), 이시카와 신고(石川信吾), 학계·언론계에서는 도쿠토미 소호, 무라카와 겐고(村川堅固), 가노코기 가즈노부(鹿子木員信) 등 각계 유력자 40명이 창립위원으로 이름을 올렸다.[15]

일단 「대아시아협회 창립취의(大亞細亞協會創立趣意)」를 통해 이 협회의 기본적인 성격을 살펴보자. 협회는 아시아를 '문화적으로도, 경제적으로도, 지리적으로도, 또한 인종적으로도 명백하게 하나의 운명공동체'라고 강조한다. 그럼에도 현실적으로 아시아 여러 민족은 '분산난리(分散亂離) 상태'에 있고, 그 탓에 구미 열강의 '야심과 탐욕을 자극'하고 있다고 현 상황을 한탄하며, 나아가 이러한 현실을 타파하는 것, 즉 '아시아의 재건과 질서화'를 실현하는 사명이 '황국 일본의 두 어깨'에 걸려 있다고 선언한다.

요약하자면 아시아는 하나→하지만 현실은 구미 열강에 잠식당하

---

15 이 협회의 전체상에 대해서는 後藤乾一, 1985, 『昭和期日本とインドネシア―「南進」の論理・「日本観」の系譜』, 勁草書房, 제3장; 松浦正孝, 2010, 『「大東亞戰爭」はなぜ起きたのか―汎アジア主義の政治経済史』, 名古屋大学出版會 등을 참조.

고 있다→이것을 본래의 모습으로 복원해야 한다→이 임무가 바로 우리 '황국 일본'에 주어진 사명이다→만주국이야말로 그 사명의 구체화이며, 거기서 만들어진 '일만일체(日滿一體)' 모델을 다른 아시아 지역·민족과의 관계로 확대한다. 그것이 대아시아협회의 사명이라는 것이다.

그럼 대아시아협회는 그 언론과 행동 속에서 동남아시아를 어떤 지역으로 이해하려 했을까. 그 점을 협회기관지인 『대아시아주의(大亞細亞主義)』 권두 논설의 추이를 통해 개관해 보고자 한다[『대아시아주의』는 1933년 5월 창간호부터 42년 4월 종간호까지 전 108호가 휴간 없이 간행되었으며, 복각판이 2008년에 류케이쇼샤(龍渓書舎)에서 간행되었다].[16]

매 호마다 실린 권두 논설은 거의 전부가 당시 30대 후반이었던 편집 주간 나카타니 다케요가 집필한 것이다. 나카타니는 도쿄제국대학 재학 당시부터 오카와 슈메이(大川周明), 기타 잇키(北一輝), 미쓰카와 가메타로 등에게 감화되어, 우파학생운동 '히노카이(日の會)'를 거점으로 '국가주의민족운동(國家主義民族運動)'에 관여한 아시아주의 논객이었다.[17]

이러한 인적 네트워크의 배경도 있어, 나카타니의 권두 논설 대상지역은 '만주·중국'이 압도적으로 많지만, 동남아시아는 8회, 인도 3회, 이슬람권 3회로, 중국 외 지역에 대한 관심도 전권에 걸쳐 약 13%에 달해 상대적으로 높은 비율을 차지하고 있다(단 일본의 일부로 취급한 식민지 타이완, 조선은 0회).

또한 권두 논설의 본문 논조에서 동남아시아에 대해 언급하는 방법을 추적해 보면, 당초에는 일본에 있어 '형세를 중시하지 않으면 안 되는

16　後藤乾一·松浦正孝共編, 2008, 『大東亞主義·解説総目録編』, 龍渓書舎 참조.

17　나카타니의 저작인 中谷武世, 1989, 『昭和動乱期의 回想·上巻』, 民族と政治社 참조.

지역'(1933년 9월호)으로 소극적으로 이해되는 정도에 그치고 있었다. 그러다가 「국책의 기준」이 책정되는 1936년이 되면, '남북 양진, 남진 북취'의 대상으로 추켜세워지고(2월호), 거기에 더해 '대동아전쟁' 발발 직후에는 '일본 민족의 숙명적 사명'인 서구 지배로부터의 '해방'을 실현할 주요 무대로, 적극적으로 격상된다(1942년 1월호). 개전 직후의 이 권두 논설은 「지금이다, 일어나라 아시아 민족!(今ぞ起て亜細亜民族！)」이라는 제목에 종래보다 더 고양된 필치로 러일전쟁이 아시아 해방전쟁의 서막이라면 이번 세계대전은 그 결론이라고 공언하고 있다.

이 논설과 관련지어, '대동아전쟁'을 향한 중요한 제1보가 되는 일본군의 남부 프랑스령 인도차이나 진주를 논한 「황군의 프랑스령 인도차이나 증파와 남방 아시아(皇軍の仏印増派と南方亜細亜)」(1941년 8월호)에서는, 일찍이 다음과 같이 주장했다.

"월남의 백성, 과연 누가 눈물 없이 그 상황을 떠올릴 수 있으리… 안남(安南), 캄보디아, 버마, 말레이, 인도, 인도네시아, 이들 남아시아의 백성에게 우리는 공동의 환희와 희망을 주지 않으면 안 된다…. 그렇다, 황군의 남진은 아시아의 희망이자 복음인 것이다. 일본은 이제야말로 아시아의 구세주로서 세계사를 바꾸는 관문에 서 있다."

『대아시아주의』에는 매 호 십여 편의 개별 논문이 게재되었는데, 그중에서 남방을 대상으로 한 것은 총 148편이다. 그것을 대상 지역별로 살펴보면 남방 일반을 논한 것이 34편(23.1%), 필리핀 27편(18.4%), 프랑스령 인도차이나 7편(4.8%), 태국 20편(13.6%), 버마 8편(5.4%), 말라야 7편(4.8%), 네덜란드령 동인도 32편(21.1%), 하이난섬(海南島) 3편(2.0%), 화교 10편(6.8%)의 비중이다. 이 숫자를 보아도 일본의 남방에 대한 관심에 인도네시아가 주된 지위를 점하고 있다는 것이 판명된다. 또한 이 논문 중에 일본에 방문한 동남아시아 지식인이나 일본 체류 중(망명 정객도 포함)인 각국 민족주의자가 집필한 것도 10여 점이 있다.

이러한 일본맹주론을 지탱한 문화적 배경이 동남아시아 각 민족에 대해 무의식적으로 가진 우월의식이었다. 네덜란드령 동인도에 주재한 30년 동안의 체험을 바탕으로 1930년대 이후에 재야 '남진론자'로서 정력적인 발언을 거듭한 다케이 주로[竹井十郎, 호는 덴카이(天海)]의, "그들에 대해서는 충분한 사랑과 동정으로 자신의 아이처럼, 모자란 아이라면 그 모자란 아이를 한 사람 몫을 할 때까지 훈육…"[18]이라는 표현을 보더라도, 동남아시아를 대하는 일본인의 기본적인 자세를 엿볼 수 있다.

현지 사회와 매일 접하는 환경에 있었던 현지 일본인 사회도 이러한 문화적 우월감과 거기서 비롯된 우민관으로부터 자유롭지 않았다. 그것은 1930년대 말에 쓰인 어느 아동의 「반둥의 원주민(バンドンの土人)」이라는 제목의 작문에서도 엿볼 수 있다.[19]

"(원주민은) 게으름뱅이가 많고… 빨리 바보가 된다… [하인, 하녀는] 우리가 말하는 것은 뭐든 네네 하면서 순순히 듣는다."

말할 것도 없이, 이러한 작문-어떤 의미에선 지극히 솔직하긴 하지만-은 성인의, 그리고 평범한 일본인이 갖고 있는 '원주민'관의 축약판임

---

18 南方圈研究會, 1943, 『南方新建設講座』, 大阪屋号書店, 357쪽.
19 『東印度日報』 1939.4.29.

이 명백하다.

여기에 집약된 경제적 보완론, 정치적 맹주의식, 그리고 문화적 우월감에 비추어 보면, 일본인에게 동남아시아는 대칭적인 존재로 이해되므로 일본의 '진출'이 모종의 논리적 정합성을 가지는 것으로 인식되었다고 할 수 있을 것이다. 즉 동남아시아는 경제적으로는 '미개발된 방대한 자원이 방치'되어 있고, 정치적으로는 '서구 식민지 지배하에서 예종(隸從)'을 강요당하고, 그리고 문화적으로는 '지극히 낮은 단계'에 놓여 있는 지역으로 받아들여졌던 것이다. 그 때문에 자원이 필요하고('개발'의 의지도 능력도 있고), '아시아 해방'을 국가목표로 내세우고, '아시아에서 유일하게 근대화에 성공'했고, 게다가 '같은 아시아'인인 일본인의 손으로 이러한 상황을 타파해야 한다는 논리가 성립되어 동남아시아를 향해 발신되었던 것이다.

4. 동남아시아 점령 구상의 기본방침

1) '중압' 감수론

중일전쟁 해결의 실마리를 찾지 못하는 와중에 그 중일문제를 해결한다는 모순을 떠안게 된 일본은, 새로운 개전(미국, 영국과의 전쟁)을 결정함에 따라 동남아시아에 대한 군사적 침공으로 크게 방향을 전환하게 된다. 1941년 11월 20일, 대본영 정부연락회의에서 책정된 「남방점령지 행정 실시요령(南方佔領地行政實施要領)」은, 그 이름이 말해 주듯 군사적으로 제압한 열강의 식민지 동남아시아에서 일본이 집행해야 하는 정책의 기본적인 지침을 정한 것이다.

현재는 널리 알려진 바와 같이 이 중요한 문서는 '방침'으로서 '치안 회복, 중요 국방자원의 급속한 획득, 작전군의 자활 확보'라는 소위 군정 3원칙을 정하고, 거기에 더해 '요령' 8에서 "원주민에 대해서는 황군에 대한 신의 관념을 조장할 수 있도록 지도하고 그들의 독립운동이 지나치게 빨리 유발되지 않도록 한다"로 정했다.

1940년대 이후에 명분으로 선전되어 온 '동아신질서', '대동아공영권', 혹은 민족해방과 같은 이념을 내세우지만, 그것과 공존할 수 없는 통치자 측의 본심이 응축된 정책방침이었다. 또한 '요령' 7에서는 국방자원 취득과 점령군의 현지 자활, 즉 '군정 3원칙 중 두 가지'로 인해 "민생에 어쩔 수 없이 중압이 가해진다면 그것을 견뎌내도록 하고 선무(宣撫)상의 요구는 앞의 목적에 반하지 않는 한도 내에서 억제할 것"이라고 명기되었다. 앞으로 전개될 일본 군정하에서 벌어질 수많은 곤란을 '원주민'은 인내해야 한다는 감수론적인 사고방식이다.

이 기본방침 책정의 중심에 있었던 대본영 참모 이시이 아키호(石井秋穗) 대좌는 훗날 "점령군 현지 자치를 위해서는 민생에 중압이 가해지더라도 그것을 인내토록 한다고 규정한 것은 대영단이었다"라고 술회하고 있다.[20] '대영단'이라는 자부심이 담긴 진직 육군 참모의 표현은, 그야말로 동남아시아 각지 주민이 체험한 전시의 물리적 심리적 중압이 엄청난 것이었음을 반증하는 것이라 할 수 있다.

군정 말기 자바 주민의 생활실태에 대해 언급한 현지 점령군 수뇌의

---

20 防衛庁防衛研究所戰史部編著, 1985, 『史料集 南方の軍政』, 朝来も新聞社, 443쪽.

소견에도, "주민의 물질적 생활은 꼭 만족스러운 상태라고 단언하긴 힘들다. 식료품을 비롯한 주요 생활필수품의 핍박은 점차 현저해지고…"라고 기록되어 있다. 하지만 그러한 인식을 가지면서도, 다음에 오는 논리는 "그들의 이러한 물질적인 괴로움에 대하여 정신적인 광명을 주고, 그들을 신동아를 이루는 민족으로 갱생시켜 나간다"라는 것이었다.[21]

동남아시아 전역을 대상으로 책정된 「남방점령지 행정 실시요령」에 입각해, 군사작전 종료 후 각지에서 군정이 전개되는데, 현실에서는 당연히 각 지역이 처한 상황에 따라 점령정책의 방식, 현지 주민의 반응이 달랐다.

여기에서는 일단 그러한 초기 지배·피지배 관계를 큰 틀에서 세 유형으로 나눠보고자 한다.

첫 번째는 '동맹' 관계를 맺는 유형이다. 동남아시아에서 '유일한 독립국'이었던 태국과의 관계에 해당한다. 그 실태야 어찌 되었든, 개전 직후인 1941년 12월 21일, 방콕에서 양국간에 「일태동맹조약(日泰同盟條約)」이 체결되었다(또한 버마, 필리핀과도 후술하듯 '독립' 부여 후에 동맹조약을 맺게 된다).

두 번째 유형은 구 종주국과의 이중지배다. 프랑스령 인도차이나 3개국(베트남, 라오스, 캄보디아)과의 관계가 여기에 해당하는데, 포르투갈령 티모르도 이 유형의 유사종이라고 할 수 있다. 이 중 프랑스령 인도차이나에서는 1941년 9월, 일본과 프랑스 사이에 「남부 프랑스령 인도차이나 진주의 군사세목(南部仏印進駐の軍事細目)」이 맺어져 '이중 지배'가 시작되지만, 전쟁 말기인 1945년 3월 9일에 '프랑스령 인도차이나 처리'라고 명

---

21 防衛庁防衛研究所戰史部編著, 1985, 『史料集 南方の軍政』, 352쪽.

명된 일본 측 군사행동으로 프랑스 통치가 일소되고 일본의 단독지배가 된다. 포르투갈령 티모르는 1942년 2월 점령 후, 일본은 포르투갈의 주권 존속을 인정했지만 같은 해 10월 현지 포르투갈 총독이 일본군에게 주민 습격으로부터의 보호를 요청하는 일이 벌어져, 실질적으로는 일본군의 단독 지배가 되었다.

그리고 세 번째 유형은, 위에서 언급한 지역 이외에 처음부터 일본군이 직접 군정을 실시한 지역이다. 이것도 크게 나누어 두 가지 유형이 있는데, 하나는 버마·필리핀처럼 1943년 8월·동년 10월에 '독립'을 인정받은 지역이다. 일본군에 의한, 즉 내면지도를 전제로 한 '만주국' 형태의 독립이다. 또 하나는 일본군의 직접 통치 대상이 된 그 외의 인도네시아, 말라야, 싱가포르 등으로, 1943년 5월의 어전회의(御前會議) 결정「대동아정략지도대강(東亞政略指導大綱)」에서 일본의 '영구 확보' 대상이 된 지역이다.

단, 그중 인도네시아는 도조 내각 퇴진 직후인 1944년 9월의「고이소(수상) 성명(小磯声明)」에 의해, 구체적인 일시는 명시되지 않았지만 '가까운 장래'에 독립을 약속받게 되었다.

2) 귀속 문제와 자원 문제

(1) 귀속 문제

일본군·정부의 동남아시아 통치에 관한 개전 전야의 기본방침은, 이전 장에서 말한「남방점령지 행정 실시요령」에 명시되어 있지만, 그중에서 동남아시아측의 최대 관심사인 '최종적 귀속'에 대해서는 구체적 언급

없이 '별도로 이를 결정한다'라고만 기록되었다.

또 '프랑스령 인도차이나 및 태국' 이외의 전역에 대해서는 '군정을 실시'한다는 것이 결정된 것에 불과했다. 프랑스령 인도차이나와 태국과의 관계는, 먼저 1941년 1월 31일, 대본영 정부연락회의 결정「프랑스령 인도차이나 및 태국에 대한 시책요령(對佛印, 泰施策要領)」을 통해 '군사·정치·경제에 걸쳐 긴밀하고 뗄 수 없는 결합을 설정'한다는 기본방침이 강조되었다.

이들 정책방침에 따라 동남아시아 각지의 점령지 통치(군정)가 실시되었다. 한편 전황은 점차 악화되었고, 또한 그 사실이 동남아시아 정치지도자가 일본을 대하는 자세에 미묘한 영향을 미치게 되었다. 이러한 상황 속에서 '대 만주, 중화민국 방책(對滿華方策)'뿐 아니라 그 후의 남방 군정에 있어 중요한 분기가 된 것이「대동아정략지도대강」(1943년 5월 31일, 어전회의 결정)이다. 이「지도대강」으로 동남아시아 각 지역에 대한 구체적인 기본방침이 발표되었다.

일단 버마는「버마 독립지도요령(緬甸獨立指導要領)」(3월 10일 제정)에 근거해 독립을 인정하고, 추가로 필리핀도 잠정적으로 같은 해 10월에 독립을 예정한다고 발표되었다. 필리핀과 버마는 그때까지 계속되었던 민족주의 운동의 성과로서, 식민지 종주국이었던 미국, 영국으로부터 각각 1935년 11월, 1939년 11월에 독립준비정부와 장래의 자치령화에 대한 약속을 획득했다.

또한 그러한 이미 정해진 사실이 있었기 때문에, 일본 군정이 시작된 직후인 1942년 1월 23일, 마닐라에는 필리핀 행정부[장관 호르헤 바르가스(Jorge Bartolome Vargas), 랑군에는 버마 중앙행정부[장관 바 모(Ba Maw)]를 발족시키고, 그 연장선상에서 '독립'을 부여한다는 방침이 되었다. 그리고

「대동아정략지도대강」으로부터 얼마 지나지 않은 1943년 8월 1일, 10월 14일에 버마, 필리핀은 각자 독립을 인정받는 동시에 일본과 동맹조약을 조인했다. 하지만 '독립'했는데도 실제로는 종래와 다름없이 일본군의 엄격한 지도감독하에 놓이는 처지였기에, 아이러니하게도 항일운동이 오히려 격화되는 상황이 벌어졌다.

한편 「지도대강」은 버마, 필리핀 및 태국, 프랑스령 인도차이나 이외의 지역에 대해 어떠한 조치로 임했을까? 「대강」의 '제2요령' 중 6의 (1), (2) 항목에서는 각각 이렇게 정하고 있다. "'말레이', '수마트라', '자바', '보르네오', '셀레베스'는 제국 영토로 결정하고 중요자원의 공급원으로 삼아 극력 이것의 개발 및 민심의 파악에 노력한다", "앞 호 각 지역에 대해서는 원주민의 민도에 따라 최대한 정치에 참여토록 한다."

즉 현대 기준으로 인도네시아, 말레이시아는 '원주민의 민도'가 독립을 '부여'할 만큼 성숙하지 않았기 때문에, '제국 영토'=식민지로서 '당분간 군정을 계속한다'라는 방침이 결정되었다. 게다가 '제국 영토'화를 결정한 (1)에 대해서는 '당분간 발표하지 않는다'라는 방침도 함께 강조되었다.

(2) 자원 문제

'귀속' 문제와 관련해 「남방점령지 행정 실시요령」에서 또 한 가지 주목해야 할 점은, 군정 삼원칙의 하나인 '중요자원의 획득'이라는 문제다. '요령'에서는 특히 '석유, 고무, 주석, 텅스텐(망간광), 기나 등의 특수중요자원'의 확보(문언으로서는 '적에게 유출되는 것을 방지')가 구체적으로 언급되어 있다. 상술한 '제국 영토'로 결정된 인도네시아, 말레이시아는 그야말로 '중요자원의 공급원'으로 기대되었고, 그렇기 때문에 '독립' 부여 대상에서 제외된 것이다.

「남방점령지 행정 실시요령」5일 후에, 대본영 육군부에서 결정한 「남방작전에 따르는 점령지 통치요령(南方作戰之伴フ佔領地統治要領)」에는 「별지」로서 자원획득에 관한 자료가 첨부되었다.[22] 이것을 보면 앞에서 서술한 '특수중요자원' 5품목을, 얼마나 영국령 말레이와 네덜란드령 동인도에 의존하려 했는지 판명된다.

특히 네덜란드령 동인도 기나나무(Quinine) 껍질, 두 지역의 보크사이트, 생고무에 대한 큰 관심, 또한 5품목 이외에도 말라야산 철광에 대한 높은 기대치, '제국 영토'가 되진 않았지만 필리핀 철강에 대한 관심도 엿볼 수 있다.

개전 전의 생고무 공급 상황에 대해서는, 말라야와 인도네시아가 전 세계 고무 공급량의 80% 가까이 점하고 있다고 판명된다.[23]

3) 해군성 조사과에서 작성한 「대동아공영권론」

위에서 개관한 지배·피지배 관계의 세 가지 유형의 기본적인 특질은, 동남아시아 각지에서 일본 군정이 시작된 지 얼마 지나지 않은 1942년 9월 1일에 해군성 조사과[과장 다카기 소키치(高木惣吉) 대좌]에서 작성한 「대동아공영권론」에서 보다 명확하게 확인할 수 있다.[24]

22　岩武照彦, 1995, 『南方軍政下の経済施策』 上·下, 龍溪書舎, 589쪽.
23　일본 군정기의 자원문제에 대해서는 倉沢愛子編, 2012, 『資源の戰爭-「大東亞共榮圈」の人流·物流』, 岩波書店 참조.
24　大東文化大學東洋研究所編, 1991, 『昭和社會經濟史料集成 17』, 巖南堂書店, 8~25쪽

이 문서가 특히 중요하게 여겨지는 이유는, 첫 번째, 개전 초기 승리로 고양된 당시 군부·정치지도층의 기본적인 대동아 질서의식이 집약되어 있다는 점, 두 번째, 여기서 제기된 구상이 동남아시아 각지에 대한 개별적인 정치체제를 논한 후술의 「대동아정략지도대강」(1943년 5월 31일, 어전회의 결정)이나, 같은 해 가을에 개최된 대동아회의 등에도 영향을 주고 있다고 판단되기 때문이다.

다음에서는 「대동아공영권론」의 요점을 짚어보기로 하자. 첫 번째는 여기서 중심이 되는 사고방식이 일본을 정점으로 하는 명백한 피라미드형 구조를 이룬다는 점이다. 구체적으로 '대동아공영권'은 ①주도국 = 일본, ②독립국, ③독립보호국, ④직할령, 그리고 ⑤「권외국령 주권국의 식민지」의 5종류로 나누어진다.

'독립국'이란 절대주권을 가진 일반적인 의미에서의 독립국이 아니라 지도국의 지도매개[내면지도(內面指導)]를 기반에 두는 것으로, 중화민국[난징(南京) 정부], 만주국, 태국이 여기에 해당한다. 그 하위에 있는 '독립보호국'이란 대외선전상 해당 국가들이 '독립국'이라고 자칭하는 건 허락되지만, ②의 '독립국'과 다르게 지도국의 종주권에 따르는, 다시 말해 '반(半)독립국'으로 위치가 설정된다. 여기에는 다음 해 1943년에 '독립'을 인정받는 버마, 필리핀, 그리고 인도네시아 중에서 자바만이 해당된다. 또한 '직할령'이란 '지도국이 직접 자신의 영토로서 통치'하는 지역으로, '대동아 방위의 중요전략거점 및 그 후배지(後背地)'가 대상이 된다. 말라야·싱가포르, 그리고 수마트라, 칼리만탄, 술라웨시 등 자바를 제외한 인도네시아 전역이 여기에 해당한다. 바꿔 말하면, 이 지역들은 '아시아 해방'이

에 수록.

라는 일본의 명분이 적용되지 않는 지역으로 지위가 설정된 것이다. 「대동아정략지도대강」에서는 이들 '직할령'에 '독립보호국'인 자바도 포함해(즉 인도네시아 전역) '제국 영토'에 편입시킬 것이 결정된다.

결과적으로 보면 이후의 대동남아시아 시책은 거의 이 보고서에 따르는 형태로 진행되었음이 판명된다. 또한 '대동아공영권'의 일원이기는 하지만, '권외국령'으로 설정된 곳이 프랑스령 인도차이나 3국(베트남, 라오스, 캄보디아), 포르투갈령 티모르다.

두 번째, '대동아공영권' 내부의 상호관계는 '제국과의 다변적 개별관계'로 규정된다. 구체적으로는, 이상의 각 구성요소는 '독립국'이라 할지라도 상호 직접적 관계는 허락되지 않고, 언제나 중추에 자리한 일본의 지도매개를 통해서만 관계를 맺을 수 있었다. 예를 들면 태국과 난징정부의 수뇌간 교류는 물론이고, 난징정부와 만주국 지도자 사이에도 일본의 '지도 매개' 없이는 관계를 맺는 것이 인정되지 않는다는 사고방식이었다. 즉 '제국이 모르는 상태에서' 각국의 상호관계가 이뤄지는 것은 '제국의 지도적 지위를 위태롭게 하는' 것으로 판단되었기 때문이다.

세 번째, 이렇게 일본의 지도성·맹주성을 명확하게 내세우면서, 그와 동시에 대동아가 일본을 중추로 '일체적 자각'을 갖도록 하기 위해, "적절한 시기에 각부 대표에 의한 공동회의체를 조직해, 제국의 관리하에 미리 신중하게 준비된 일정한 의안을 의결시키는 것을 고려"한다고 되어 있다. 이 표현이 말해 주듯, '대동아회의'와 같은 국제회의가, 개전한 지 얼마 되지 않은 시기부터 해군 내부에서도 구상되고 있었다.

일본의 동남아시아 여러 민족에 대한 '내면 지도'와 함께, 이 해군성 문서가 중시하는 점은 서구적 원리에 대한 아시아적 원리의 우위성이다. 그 점은 '독립'에 대한 해석에서 전형적으로 드러난다.

서구적인 의미에서의 독립(해방)은 '여러 민족의 원심적 분열'을 일으킬 뿐이고, 반면에 지도국에 의한 아시아적인 '구심적 통합'이야말로 진정한 해방이라는 사고법이다. 게다가 동 문서에서는 '대동아공영권' 내에서는 '구미적 개념에 기반한 기계적인 악평등이나 원자적인 자유를 인정하지 않는다'라고 단언하고, 그것을 대신해 '제국의 지도하'에 각 구성요소가 '각자의 능력, 가치, 민도에 맞는 지위를 부여받으며, 그러면서 전체로서 유기적인 통일'을 유지하는 것이 올바른 '대동아 신질서'의 핵심이라고 강조된다.

이러한 지극히 가부장주의적인 국가관은, 도쿄에서의 탁상공론에 머무르지 않고 현장의 각지 군정 당국 사이에서도 널리 공유되었다. 예를 들면 가까운 장래에 인도네시아에 독립을 공여할 것을 발표한 「고이소(小磯) 성명」(1944년 9월 7일) 발표 직후, 자바 군정의 중추에 있던 사이토 시즈오(斎藤鎮男, 외무성 출신, 중좌 대우, 전후 주인도네시아 대사 등을 역임)는, "(서구적인 의미의) 독립을 초극하고 더욱 높은 대동아 건설에 뜻을 두는 것이야말로 (인도네시아의) 독립을 완수하기 때문"이라고 논하고, 거기에는 무엇보다 '공영권의 중핵으로서 지도적 지위에 있는' 일본과 '일체의 관계'를 구축하는 것이 불가결하다고 강조했다.

이러한 일본인의 '지도성'론을 지탱하는 것은, "대동아의 중심이 되는 존재는 일본 제국으로 하고, 다른 나라들은 각자 자신의 자리에서 중심을 에워싼 채, 전체로서 하나의 일체성을 이룬다"라는 질서관이었다.[25]

단적으로 이 논의의 핵심은, 절대적 우월자인 일본을 아버지로 삼고 그 부모의 권위와 힘으로 미숙아인 '원주민'의 보호훈도를 꾀한다는 의제

---

25   斎藤鎮男, 1944.11, 「東印度独立指導の一指標」, 『新ジャワ』, 13~23쪽.

(擬制)적 가족주의 원리, 더 노골적으로 말하면 근린 아시아 민족들에 대한 일본적 가치관의 단락적 강요에 불과했다.

이런 논의는 일본의 동남아시아 지배를 뒷받침하는 발상이었지만, 거기에 머무르지 않고 당시의 일반용 출판물 중에서도 종종 볼 수 있었으며, 일본인의 아시아관 자체에 공통적으로 깔려 있었다.

예를 하나 들자면, 당시 다채로운 홍보활동으로 알려진 외무관료 오타카 쇼지로[大鷹正次郎, 이향란(李香蘭)의 시아버지]는, 저작인 『대동아의 역사와 건설(大東亞の歷史と建設), 1943』에서 일본과 아시아 민족들과의 관계를 '우주의 질서'에 비유하면서 일본의 지도성을 설파했다. 즉, 태양에 해당하는 존재인 일본이, '질서의 중심적 통솔자'로서 각 민족의 자전(여기에서는 명분상의 자치·독립을 가리킨다)을 인정하고, 이들을 통어(統禦)하면서 '스스로 빛과 에너지를 공급해 각 민족을 번영으로 이끈다'라는 논리다. 그리고 일본으로부터 '빛과 열을 받아' 자전이 가능해지는 아시아의 여러 민족은, 그와 동시에 '일본이라는 태양의 힘에 의지해 그 주위를 공전한다'라는 것으로 설명되고 있다. 이러한 일본(인)의 '지도성'론 관련으로 흥미로운 점은, '대동아 건설에서 일본의 지도성이 얼마나 필연적, 윤리적인지는 대동아에서 유럽에 필적할 수 있는 존재는 일본인뿐'이라는 발상이 무의식중에 전제되어 있다는 점이다.

5. '대동아 신질서' 아래 동남아시아에서 발생한 저항운동

전쟁 시기에 일본군 점령하에 놓인 동남아시아에서는, 다양한 형태로 크고 작은 반일·항일운동이 발생했다. 여기서는 이들의 저항운동을 '책임자'를 기준으로 다섯 유형으로 나누어 개관하고자 한다.

첫 번째, 일본군 침공 전의 지배자＝구 종주국, 혹은 영국과 미국이 주를 이루는 연합국군과의 관계에서 조직된 저항운동이다. 전형적인 예로, 필리핀에서의 미국극동육군(United States Army Forces in the East, USAFFE)의 지휘, 지원하에 진행된 항일 게릴라 활동을 들 수 있다. 또한 말라야에서 영국 특수작전부대(Special Operations Executive, SOE)가 지휘하는 136부대가 벌인 게릴라 활동, 혹은 버마에서 영국 136부대의 지원도 있던 버마 국군의 반란이나, 영미 첩보기관의 지원을 받은 망명 태국 지식인 중심의 자유타이운동도 이 유형에 포함된다고 할 수 있으리라. 한편 위와 대조적으로, 인도네시아에서는 네덜란드가 관여한 조직적인 저항운동은 실질적으로 거의 영향력을 갖지 못했다.

두 번째, 전쟁 전부터 있었던 대지주제 타도를 목표로 한 농민운동과 일체화하면서, 공산주의자의 지도하에 행해진 항일활동이다. 대표적인 예로는 루손섬 농촌부를 거점으로 하는 필리핀의 후크발라합(항일인민군), 혹은 농촌부를 중심으로 전개된 베트민(베트남 독립동맹회)의 항일운동을 들 수 있다. 인도네시아에선 이 유형의 저항운동도 지극히 약했다.

첫 번째와 두 번째 유형에 속하는 운동은 이데올로기적으로는 상반되었지만, 전쟁 시기에는 함께 일본을 파시즘·군국주의세력으로 규정하고 원리적으로 저항한다는 입장을 선명하게 내세웠다. 다만 후크발라합은 전시 항일투쟁에서 USAFFE와 제휴하는 경우도 있었으니 '반일협미'라고도 말할 수 있는 것에 반해, 베트민은 일관되게 항일항불 노선을 관철했다.

세 번째 유형은 일본군정하에서 탄생해 훈련과 지도를 받으며 육성된 군사조직이 전쟁 말기가 되어 '낳아준 부모'격인 일본군 당국에 반기를 드는 형태의 항일운동이다. 그 대표 사례가 1945년 2월의 자바향토방위 의용군(인도네시아어 Tentara Sukarela, 통칭 PETA)에 의한 자바섬 동부 블리타르에서의 무장봉기, 그리고 그해 3월 버마국군의 항일 반란이다.

전자는 국지적인 봉기로서 지극히 단기간에 진압되었다. 성공한 후자는 국군이 주체이긴 하지만 영국군의 협력, 버마 공산당이나 산지 소수민족이 무시할 수 없는 수준의 군사적 역할을 해냈다. 그런 의미로는 첫 번째에 더해 두 번째 유형의 성격을 부분적으로 함께 가지고 있기도 하다.

참고로 독립 후 두 나라의 정치사를 보면 군부가 장기간에 걸쳐 정치의 중추에 자리하고 있었는데(인도네시아에서는 PETA 출신 대통령 수하르토가 1998년에 민주화 흐름 속에서 퇴진하고, 민정 이관으로 방향을 틀었다), 권력을 장악할 때 정통성의 근거를 군이 주도한 '일본 파시즘'에 대한 상기 봉기에 두고, 그 안에서 자신이 맡은 역할을 강조했다. 또한 양국 정치에 있어 군의 우위성['군고정저(軍高政低)'라고도 말할 수 있다]을, 일본군 지배가 남긴 '나쁜 유산'으로 보는 관점이 과거에 사회 일반에 널리 수용되고 있었다는 사실도 짚어둘 필요가 있다.

네 번째 유형은 가혹한 경제적 사회적 수탈(미곡의 강제공출, 로무샤 징발, 초인플레이션으로 인한 생활의 어려움 등), 혹은 문화적·종교적 마찰을 원인으로 발생한 항일사건이다. 대표 사례인 서부 자바 타식말라야현 싱가파르나촌이나 치르본현 인드라마유에서 발생한 사건은 해당 지역의 이슬람 지도자가 이끄는 농민봉기였지만, 여기에는 일본적 가치관을 강요하고 현지의 고유 관습과 풍속을 무시했다는 문화적 요인도 크게 얽혀 있었다.

태면철도(泰緬鐵道) 건설 때 방콕 서부 반퐁에서 태국인 승려 구타사건이 주된 원인으로 발생한 반퐁 사건도 태국인의 일본관에 큰 영향을 준 사건이었다. 또한 일본 군정이 개시된 지 얼마 지나지 않은 1942년 9월, 이슬람 정치문화가 지배적인 필리핀 민다나오섬 라나오주 탐발랑에서, 일본 육군 경비대를 습격한 것이 발단이 된 탐발랑사건은, 일본군의 과잉 개입에 반발하는 문화적 요인이 큰 의미를 갖고 있었다. 게다가 보르네오 수비군 관할지인 아피에서 1943년 쌍십절(10월 10일)에 화교가 주체가 되어 발생한 항일반란도, 상해에서 돌아온 화교 지식인이 주도한 구국(중국)운동의 성격을 지녔다는 점에서 넓은 의미로는 문화적 요인에 기반한 항일운동으로 이해할 수 있다.

마지막으로 다섯 번째 유형은, 일본군의 '과잉반응'이 원인으로 '반일적'인 이적행위가 있었다고 단정하고, 예방조치적 무력을 행사해 진압·탄압한 사건이다. 후술하는 군정 초기 말라야 화교사회에 대한 대규모 '교정', '숙청'도 근거 없이 항일분자로 간주된 수많은 중국계 주민이 희생된 사건으로 널리 알려져 있다.

인도네시아에서는 서칼리만탄에서 다수의 술탄 일족, 지식인, 화교 지도자가 반일음모를 획책했다는 이유로 죽음으로 몰린 폰티아낙 사건이 대표적인 사건으로 언급된다. 또한 전쟁 말기에 호주 북부에 근접한 고도 바바르섬에서 일본군에 의해 발생한 주민 학살 사건은, 일본에서 지원군은 물론이고 식량이나 정보도 오지 않는 전쟁 말기, 고립 상태의 섬에서 발생한 여러 유사 사건 중에서 가장 전형적이면서 처참한 사례였다.[26]

---

26 관련 자료집으로 武富登巳男篇, 1987, 『バパル島事件関係書類』, 不二出版 참조.

6. '대동아공영권'을 둘러싼 엇갈린 역사 인식

1) 동남아시아의 일본점령기 인식

이 문제를 고찰하는 단서로서, 여기서는 고시다 나오키(越田陵) 편저 『아시아의 교과서에 쓰인 일본의 전쟁·동남아시아 편(アジアの教科書に書かれた日本の戰爭·東南アジア編)』을 분석하면서 동남아시아 역사 교과에서 일본점령기가 어떻게 역사화되어 있는지를 고찰하고자 한다. 다만 본서에서 소개된 교과서는 모두 1980년대의 것이고, 이 시대는 동남아시아 각국에 큰 정치변동이 발생한 시기다. 그렇지만 역사교육의 기조는 기본적으로는 계속되고 있다고 이해해도 좋으리라.

일단 전체적인 주요 특징 두 가지를 지적해 두자. 첫번째 특징은 모든 나라에서 전(前) 대전기에 대해서 1장(章)[과(課)]을 할애하고 있으며, 페이지 수(일본어 번역 기준)는 5페이지(브루나이)에서 78페이지(태국)로 다양하지만(평균 20페이지), 모두 자세한 내용까지 언급하며 상세하게 기술했다는 점이다.

각 장의 제목을 살펴보면 일본군에 의한 '점령기'를 사용하는 나라는 싱가포르, 말레이시아, 브루나이, 인도네시아 4개국이다. 전술했듯 이 나라들은 전부 일본이 '영구영토'의 대상으로 삼았던 지역이다.

그리고 각 장의 제목에 나타나는 '전쟁' 호칭에 관해, 태국, 캄보디아는 '제2차 세계대전'이라는 단어를 사용, 필리핀이 '태평양전쟁', 베트남, 라오스, 버마는 기타 표현을 사용하고 있다는 점에서 각국 문부행정당국(정권)의 전쟁기 인식을 일부나마 엿볼 수 있어서 흥미롭다.

두 번째 특징은 각국 교과서의 장 제목의 다양성에도 불구하고, 기술된 내용에서 키워드를 추출해 보면 현저한 공통성이 엿보인다는 점이다. 페이지 수의 차이는 있지만, 각국 본문에서 5개의 키워드를 골라보면, 다음 네 어휘가 가장 많이 등장한다. 10개국 중 가장 많은 7개국 교과서에 등장하는 것이 항일 내지는 그 관련어다. 항일운동이라고 한 곳이 싱가포르, 브루나이, 항일봉기·반란이 인도네시아, 버마, 항일 게릴라가 필리핀과 말레이시아, 태국은 각각 반일분자 처분, 자유타이운동이라고 표기하고 있다.

두 번째로는 사람들의 생활고에 관련된 어휘로, 5개국 교과서에 등장하는 암시장(싱가포르), 타피오카(쌀의 대용식, 브루나이), 식량부족(말레이시아, 인도네시아, 버마)이다. 그리고 생활 압박에 관련된 단어로 강제노동, 로무샤(라오스, 인도네시아), 혹은 가치를 잃은 대량의 군표(버마)도 여기에 해당된다. 어느 쪽이든 개전 전야에 책정한 「남방점령지 행정 실시요령」이라는, 즉 군정 시행의 기본문서에서 언급된 '민생에 어쩔 수 없는 중압이 가해진다면 그것을 인내토록⋯'이라는 기본방침이, 역설적인 의미로 '실현'되었다는 느낌이다.

세 번째로 동남아시아의 사람들, 특히 지식인층에게 가장 두려움을 준 단어였던 겐페이타이(憲兵隊)를 들 수 있다. 싱가포르, 말레이시아, 캄보디아(간파이타이), 버마(긴페이다이)의 4국인데, 인도네시아에서도 이 단어는 지금도 일본 군정기의 공포를 전하는 '유산'으로 로무샤와 함께 널리 알려져 있다.[27]

---

27 당시의 동남아시아 점령지에 대한 헌병대측의 기록은 全國憲友會, 1976, 『日本憲兵正史』를 참조

예를 들어 같은 책에서는, 먼저 언급한 군정 말기 서자바에서 발생한 싱가파르나 농민봉기에 대해 이렇게 기술한다(1037~1038쪽). "(지도자 무스타파는) 일본 점령 직후부터 일찌감치 반일적 언동을 드러내며, 기회를 노려 회교왕국을 건설하려 비밀리에 기도하고 있었다… 존경받는 지도자가 예언적 언사로 농락하면 무지한 신도는 맹신하게 된다. 이 사건은 회교가 절대다수인 지역에서 발생했기 때문에 사후 처리에 헌병대는 애를 먹었다."

그리고 네 번째로 '헌병대'와 동일하게 4개국 교과서에 등장하는 것이 '대동아공영권'(대동아 질서도 포함)이다(말레이시아, 브루나이, 라오스, 인도네시아). 이렇듯 동남아시아 여러 나라의 역사 교과서를 살펴보면, 키워드로 빈출되는 단어는 거의 부정적인 의미가 있음이 판명된다. 물론 '독립 공여', '의용군'처럼 중립적인 의미를 가진 언어도 등장한다. 하지만 이런 어휘도, "일본에 '감사'하기보다는 자신들의 주체적인 노력으로, 일본이 준비한 정책이나 조직을 자신들 민족의 독립을 위해 활용했다"라고 내셔널리즘에 근거한 방식으로 기술되어 있다. 이러한 논의를 정리하면, 동남아시아 국가들의 역사 교과서에서 보이는 일본점령기에 대한 기술은, 양적 질적 측면에서 모두-특히 일본과 비교해-큰 특징이 있다는 것이 판명된다.

첫 번째는 약 3년 반이라는 짧은 기간임에도 모든 나라에서 일본 시기에 많은 지면을 할당해 구체적으로 논하고 있다는 점. 두 번째는 일본이 행한 '대동아전쟁'이 자신들의 '해방'이나 '독립'에 공헌했다는 시점이 전혀 없다는 점, 그리고 세 번째는 일본 지배는 유럽 구 종주국의 식민 지배에 비교하면 훨씬 가혹했지만, 그럼에도 "자신들은 그 암흑 같은 날들을 견딤으로써 강인함을 기르고 그 힘을 독립 후 국민국가 형성에 이용했다"라는 자기 민족의 주체성에 대한 확신이 담겨 있다는 점이다.

2) 일본의 역사 교과서로 보는 동남아시아 점령

여기서는 앞 절에서 소개한 동남아시아 여러 나라의 역사 교과서와 비교를 염두에 두면서, 최근의 일본 역사 교과서에서 전시 동남아시아 점령이 어떻게 기술되고 있는지 보고자 한다.

'학교에서 배운 것(혹은 배우지 않은 것)'이 일본인, 특히 젊은 세대의 동남아시아관, 역사·전쟁 인식의 초기 형성에 일정한 의미가 있다고 생각하기 때문이다. 여기서는 저자가 가지고 있는 경향이 다른 '교과서' 2종을 참고할까 한다.

그중, 역사 분야에 정평이 나 있는 야마카와출판사(山川出版社)판 고등학교 교과서 『일본의 역사(日本の歷史) (개정판)』을 토대로 일반 독자 대상으로 재편집된 고미 후미히코(五味文彦)·도리우미 야스시(鳥海靖) 편 『신 다시 읽는 야마카와 일본사(新もういちど読む山川日本史)』(2017년)이다. 부교재적인 성격을 지니지만, 교과서의 본문을 보다 심화한 기술이라고 주장하고 있으니 이 출판사의 역사 교과서가 가진 경향성을 사전에 알고 있다는 전제하에 유익하다고 여겨지는 자료다.

또 하나는 상술한 '새로운 역사 교과서를 만드는 모임(新しい歷史敎科書をつくる會, 이하 '새역모')'계의, 일본인의 역사 교과서 편집위원회[日本人の歷史敎科書編集委員會, 내표 후지오카 노부카쓰(藤岡信勝)]가 2009년에 편찬한 『신편 새로운 역사 교과서(新編新しい歷史敎科書)』이다(같은 모임의 교과서가 검정 합격 후 처음으로 사용된 것은 2002년).

전자인 야마카와 출판사판은 전 4부·15장(총 379페이지)으로 이루어져 있는데, 전시 동남아시아에 대해서는 제4부「근대·현대」제14「군부의 대두와 제2차 세계대전(軍部の台頭と第二次世界大戰)」의 4절「태평양전생의 발발(太平洋戰争の勃発)」에서 2페이지 정도를 할애하고 있다.

내용을 보면, 일본은 구미 식민지 지배로부터 동남아시아를 해방하고 공존공영의 대동아공영권을 만든다는 전쟁 목적을 내걸었지만, 실제로는 일본군이 실권을 쥐고 지배를 계속했기에 점령지역에서는 점차 반일 기운이 높아졌다는 기본적인 사실이 지극히 짧게 설명되어 있다. 또한 커다란 특징으로 반 페이지 정도의 「일본 점령하의 동남아시아(日本占領下の東南アジア)」라는 칼럼이 실려 있다.

여기에서는 ①일본군은 현지 주민의 민족운동을 지원하고, 버마·필리핀의 독립을 인정했다, ②하지만 최우선으로 고려한 것은 일본군의 군사작전을 지원하는 것으로, 점령 목적은 석유·고무·보크사이트 등 중요 군수물자의 획득이었다, ③그 탓에 현지 경제를 혼란시켰을 뿐 아니라, 신사참배나 천황숭배 강요, 강제취로[로무샤 징발]나 집회 금지 등을 명령해 주민의 반발을 불러일으켰다, ④싱가포르 화인이나 필리핀 주민에게 행한 잔학행위에 대한 반발을 기원으로, 각지에서 저항운동이 전개되어, 일본군은 거기에서 '고생'했다는 점 등이 다소 평탄한 어조로 담담히 기술되어 있다.

동남아시아 여러 나라의 교과서와 비교해 보면, 이 정평이 나 있는 야마카와 출판사판 '역사 교과서'에서조차-다른 일본 측 교과서는 말할 것도 없으며-전시 동남아시아에 대해서는 양적으로 한없이 뒤떨어질 뿐 아니라, 서술 방법에 대해서도 구체적인 고유명사가 고작 몇 개밖에 등장하지 않는다. 게다가 그중 두 개가 인도국민군·자유인도 임시정부라는 것은, 「일본 점령하의 동남아시아」라는 제목의 칼럼치고는 지극히 불충분하며 부적당하다고 하지 않을 수 없다.

한편, 『신편 새로운 역사 교과서』(전 240페이지)에서 일본점령기의 동

남아시아를 다루는 것은 제5장 「세계대전의 역사(世界大戰の歷史)」 중 제76항 「대동아회의와 아시아 국가들(大東亞會議とアジアの國々)」이라는 제목이 붙은 2페이지다. 일본 통치의 결과 많은 희생자가 발생했다는 사실이나 민중의 고난 등이 언급되지만, 전체적인 기조로는 일본 점령하의 여러 시책으로, 그 결과 동남아시아의 민족의식이 고양된 것이 강조된다.

제목에도 쓰인 대동아회의(1943년 11월)는 '새역모'의 첫 교과서에서부터 가장 중요시되었으며, 특히 대동아회의에서 채택된 「대동아 공동선언(大東亞共同宣言)」이 1960년 UN총회가 결의한 「식민지 독립선언(植民地獨立宣言)」의 원류라도 된다는 듯한, 다소 견강부회적인 평가를 내리고 있다.

이 교과서의 특징을 하나 더 들자면, 사진을 제외한 활자 부분의 약 4분의 1이 「일본을 해방군으로 맞이한 인도네시아 사람들(日本を解放軍として迎えたインドネシアの人々)」이라는 제목의 칼럼으로 구성되었다는 점이다. 그 제목이나 기술된 내용, 양쪽 모두가 인도네시아어로 번역되거나 유학생을 비롯해 일본어 능력을 가진 인도네시아인의 눈에 띄었을 경우에 어떤 반발을 사게 될지, 대단히 신경이 쓰인다.

이 『신편 새로운 역사 교과서』를 편집한 '새역모'의 기본방침은 1990년대 후반 들어 강해진 역사수정주의적 사상운동이 주장한 '자학사관'으로부터 빗어나고, 그것을 통해 '국민의 긍지'를 되찾는다는 데 있다. 그 관점에서도 일본군의 동남아시아 점령은 결코 침략전쟁이 아니라 해방전쟁이며, 그 지역 사람들에게서 감사받고 있다는 역사 인식에 근거해 편찬된 것이다.

이 '해방사관'에 근거한 동남아시아 점령 이해와 관련해, '새로운 역사 교과서를 만드는 모임'과 뜻을 같이하는 입장에서 만들어져 2000년에 전국 도에이(東映) 계열 영화관에서 개봉된 역사영화 '메르데카(Merdeca)·17805(인도네시아어로 독립, 자유라는 뜻)'를 소개하겠다. 제목이 상징하듯 [이 영화의 팸플릿에 따르면, 독립선언을 한 날짜가 05년 8월 17일로 황기(皇紀)[28]를 사용한 것은 인도네시아 측의 '일본에 대한 감사의 표현'으로 되어 있고, 이것은 '지금도 인도네시아 국민에게 기억되고 있는 사실'이라고 소개된다], 이 영화[감독 후지 유키오(藤由紀夫)]에서 일본군은 해방군으로 인도네시아에서 네덜란드를 몰아내고, 독립에 커다란 공헌을 했다는 것이 강조되어 있다. 그리고 패전 후에 인도네시아 독립군에 투신해 네덜란드군과 전투 도중에 사망한 일본인 청년 장교가 주인공으로 등장한다.

'메르데카' 시사회에 초대받은 당시 주일 인도네시아 대사 압둘 이르산(Abdul Irsan)은, 회고록인 『인도네시아인 외교관의 눈으로 본 일본(インドネシア人外交官の目から見た日本)』[29]에서 다음과 같은 감상을 남겼다. 이 소감을 보면 위에 언급한 『신편 새로운 역사 교과서』의 해당 부분이 영어나 인도네시아어로 번역되어 소개되면 일어날 수많은 인도네시아인의 반응을 예지할 수 있으리라 생각한다.

"일본인들 사이에서 인도네시아의 독립선언은, 인도네시아의 민족투쟁자들에게 기회를 준 일본 정부의 지도와 노력이 있었기에 달성할 수 있었다는 의견이 많다. 일본 민족이 인도네시아를 네덜란드의 식

---

28 일본의 전선상의 진무천황(神武天皇) 즉위 해를 원년으로 하는 일본의 기년법. 서기 +660년으로 환산한다. 이 영화는 인도네시아 독립선언일 1945년 8월 17일을 황기 2605년 8월 17일로 표기한 제목을 달았다.

29 アブドゥル・イルサン, 2006, 『インドネシア人外交官の目から見た日本』, オフィス・プロモシ, 215쪽.

민지 지배로부터 해방하고, 일본의 개입이 인도네시아 사회에 적극적으로 환영받았다고 결론짓는 일본 측의 사고방식은 2000년에 공개된 '메르데카'라는 제목의 일본영화에도 그려져 있다. 이 영화는 인도네시아인의 감정을 심각하게 손상했다. 그 이유는 마치 일본 민족이 인도네시아 민족에게 독립을 선사한 것처럼 일본의 위대함을 과장하여 묘사하고 있기 때문이다. 이는 명백히 잘못된 역사적 사실을 전달하며, 국제 여론에 부정적인 영향을 미칠 우려가 있다."

『신편 새로운 역사 교과서』, 혹은 영화 '메르데카'가 상징하는, "일본 군정은 동남아시아에 적극적인 영향을 미쳤고, 또한 그 사실은 지금도 동남아시아 각지에서 높이 평가되며 감사받고 있다"라는 역사수정주의의 입장에서 기분 좋은 '해방'론은, 해당 사관의 최대 근거지라 할 수 있는 인도네시아에서조차 차가운 비판을 받는 실정이다. 이 지일파 주일대사의 저작에서 '인도네시아'를 '버마' 혹은 '필리핀'으로 바꿔도 조금도 다르지 않다. 아니, 더욱 격한 비판을 받게 될 것이다.

7. 맺음말

본 논문의 주제와 관련해서 간과해서는 안 되는, 또 하나의 중요한 데이터를 기록해 두고자 한다. 그것은 '대동아전쟁'에서 사망한 '일본인', 그리고 동남아시아 사람들의 존재다. 도쿄 지요다구(千代田區)에 있는 지도

리가후치 전몰자묘원(千鳥ヶ淵戰没者墓苑)에서 공개한 숫자에 따르면, 일본의 전몰자 수는 비전투원을 포함해 약 240만 명이며, 그중 동남아시아 각지에서의 전몰자는 전체의 약 34%에 달하는 814,800명이다.

80만 명을 넘는 이 전몰자 중에는 '일본인'으로서 소집·징용당한 타이완·한반도 출신자도 포함되어 있고, 그들은 야스쿠니신사의 논리에 따라 사후에 자신의 의사와 상관없이 '영령'으로서 모셔지게 되었다.

'대동아공영권'의 전체상을 볼 때, 특히 인간의 이동으로 볼 때 이 식민지 조선, 타이완의 존재를 무시하는 것은 불가능하다. 그 실태를 알고서, 근년에 간행된 기쿠치 히데아키(菊池英昭) 편저『구 일본군 조선반도 출신 군인·군속사망자명부(旧日本軍朝鮮半島出身軍人·軍属死者名簿)』라는 제목이 붙은 방대한 자료는, 대단히 중요한 의미를 일본(인)에 보여주고 있다.

이 자료는 1971년 1월, 한국 정부(박정희 대통령 시기)가 일본 정부[사토 에이사쿠(佐藤栄作) 수상]에게, 과거에 조선 전토에서 군인, 군속으로 일본군에 소집, 징용되어 사망한 한국인 명부의 교부·반환을 신청한 것이 그 단서다. 이 신청을 수리한 일본정부측은, 같은 해 9월에 육해군별 각 5권의 수기로 기재된 합계 21,710명의 사망자 명부를 한국 정부에 전달했다.

식민지 시기 한반도에서 조선군 상설 사단의 각지 보병연대 사령부가 작성한 원사료이며, 거기에는 모든 사망자의 원적번호, 소속, 사망 장소와 이유, 사망 연월일과 생년월일, 창씨명과 출생명, 친권자, 계급 등이 구체적으로 기록되어 있다.[30]

---

30 菊池英昭編著, 2017,『旧日本軍朝鮮半島出身軍人·軍属死者名簿』, 新幹社.

편저자인 기쿠치 히데아키가 한국의 정부기록보존소(政府記錄保存所)에서 공개된 동 자료군을 데이터화해서, 상세한 분석을 덧붙여 간행한 것이다(한편 일본 측은 동 자료를 봉인 중, 또한 타이완에서는 이와 비슷한 사료는 필자가 아는 바로는 공개되어 있지 않다).

여기서는 이 '사망자 명부'에서 판명된, '일본인'으로서 전사, 병사 등으로 사망한 조선인 청년의 사망지역을 통해 '대동아공영권' 하의 동남아시아(넓게 보면 남방 전반)의 일본 점령에 관여한 또 다른 '일본인'이 처한 상황을 짚어볼까 한다.

편저자의 고찰을 참고해 가며, 식민지 조선 출신 '일본인'의 희생이 컸던 지역을 희생자 수가 많은 순서대로 열거한다. ①구 남양군도 3,970명(그중 최다는 사이판의 1,432명), ②뉴기니 3,198명, ③선박 사고사 2,788명, ④필리핀 2,502명, ⑤북태평양 1,612명, ⑥길버트제도 1,096명, 이 상위 여섯 지역에서의 사망자 합계는 총 15,166명에 달해, 20세 전후 조선 출신 '일본인' 희생자의 거의 7할에 해당한다.

한편, 필리핀 이외의 동남아시아에서 그들의 사망은, 통계상 '버마·보르네오·수마트라'로 일괄화되어 462명이라는 숫자가 기록되어 있다. 양자를 합친 2,964명이 이 명부에 기재된 한반도 출신 '일본인'의 동남아시아에서의 사망자 숫자가 된다.

대부분 사망자(자살, 사형 등은 제외)는 '전사한 시점에는 일본인이었다'라는 이유로 야스쿠니신사에 '호국영웅'으로 모셔졌다. 한편 구 식민지 태생인 그들 '일본인'은, 전후에 일본인이 아니게 된 것을 근거로, 그것도 샌프란시스코 평화조약 발효 직후 한 장의 법무부 민사국장 통달(法務府民事局長通達)에 의해 많은 경우 일본 정부가 제공하는 각종 보상의 적용 대상에서 제외되었다.

그야말로 "유골 차원에서는 이미 '일본인'이 아니며, 영혼 차원에서는 아직도 '일본인'에 머무르고 있다"[31]는 부조리를, 말 없는 사망자, 그리고 그 가족·유족은 지금도 강요당하고 있다.

---

31 北村毅, 2009, 『死者たちの戰後誌−沖繩戰跡をめぐる人々の記憶』, お茶の水書房, 26~27쪽.

참고문헌

단행본

明石陽至編, 2001, 『日本占領下の英領マラヤ・シンガポール』, 岩波書店.

アブドゥル・イルサン, 2006, 『インドネシア人外交官の目から見た日本』, オフィス・プロモシ.

岩武照彦, 1995, 『南方軍政下の経済施策』上・下, 龍溪書舎.

大鷹正次郎, 1943, 『亜の歴史と建設』, 輝文堂.

外務省篇, 1966, 外交年表並主要文書一八四〇-一九四五(下)』, 原書房.

外務省編, 2010, 外交文書 太平戰争第一冊』, 外務省.

菊池英昭編著, 2017, 『旧日本軍朝鮮半島出身軍人・軍属死者名簿』, 新幹社.

北村毅, 2009, 『死者たちの戰後誌-沖縄戰跡をめぐる人々の記憶』, お茶の水書房.

倉沢愛子, 1992, 『日本占領下のジャワ農村の変容』, 草思社.

倉沢愛子編, 2012, 『資源の戰争——「大東亞共栄圏」の人流・物流』, 岩波書店.

越田陵篇, 1995, 『アジアの教科書に書かれた日本の戰争-東南アジア編・増補版』, 梨の木舎.

後藤乾一, 1977, 『火の海の墓標——ある〈アジア主義者〉の流転と帰結』, 時事通信社出版局.

後藤乾一, 1985, 『昭和期日本とインドネシア-「南進」の論理・「日本観」の系譜』, 勁草書房.

後藤乾一, 1989, 『日本占領期インドネシア研究』, 龍溪書舎.

後藤乾一, 2022, 『日本の南進と大東亞共栄圏』, めこん.

後藤乾一・松浦正孝共編, 2008, 『大東亞主義・解説総目録編』, 龍溪書舎.

五味文彦・鳥海靖編, 2017, 『新もういちど読む山川日本史』, 山川出版社.

佐藤賢了, 1966, 『大東亞戰争回顧録』, 徳間書店

島貫武治, 1965, 『明治以来の國防方針と用兵の変遷』, 防衛庁防衛研修所.

ジャワ新聞社, 1944, 『ジャワ年鑑』,

全國憲友會, 1976, 『日本憲兵正史』,

大東文化大学東洋研究所編, 1991, 『昭和社會経済史料集成 17』, 巖南道書店.

台湾総督府, 1939, 『始政四十周年記念台湾博覽會誌』, 非売品.

武富登巳男篇, 1987, 『パパル島事件関係書類』, 不二出版.

徳富蘇峰, 1919, 『公爵桂太郎・乾巻』, 故桂公爵記念事業會所.

德富蘇峰, 1925, 『台湾遊記』, 民友社

中谷武世, 1989, 『昭和動乱期の回想・上巻』, 民族と政治社

中村孝志編, 1988, 『日本の南方関与と台湾』, 天理教道友社.

南方圈研究會, 1943, 『南方新建設講座』, 大阪屋号書店.

日本國際政治学會編, 1963, 『太平洋戰争への道・第6巻南方進出』, 朝日新聞社.

日本人の歴史教科書編集委員會, 2009, 『新編新しい歴史教科書』, 自由社.

波多野澄雄編著, 2019, 『日本外交の150年－幕末・維新から平成まで』, 日本外交協會.

防衛庁防衛研修所戰史室編, 1970, 『戰史叢書 南方侵攻陸軍航空作戰』, 朝雲新聞社.

防衛庁防衛研究所戰史部編著, 1985, 『史料集 南方の軍政』, 朝来も新聞社.

毎日新聞社, 1978, 『日本植民地史(3)台湾』,

松浦正孝, 2010, 『「大東亞戰争」はなぜ起きたのか─汎アジア主義の政治経済史』, 名古屋大学出版會.

三好俊吉郎, 2009, 『ジャワ占領軍政回顧録』, 龍渓書舍.

村垣範正 1977, 「航海日記」, 『万延元年第一遣米使節日記・復刻版』, 日米協會.

矢内原忠雄, 1929, 『帝國主義下の台湾』, 岩波書店.

Ⅱ.
『사진주보』를 통해 본 일본의 동남아시아 침략과 '대동아공영권' 구상

김영숙 | 동북아역사재단

1. 머리말

중일전쟁이 장기화되자 일본 국민에 대한 병력 동원이 확대되었으며, 1938년 이후 일본은 총동원체제를 통해 국가의 인적, 물적 통제를 시행했다. 이를 위해서는 국민통합과 전쟁의 정당성 홍보를 위한 대내외적 프로파간다가 중요해지게 되었다. 대외적으로는 영어로 발간하는 계간지 『NIPPON』을 비롯하여 영어, 독일어, 프랑스어, 스페인어, 이탈리아어, 러시아어 외에도 버마어, 발리어, 몽골어 등 13개 언어로 편집된 『FRONT』 같은 선전잡지도 발행했다. 이러한 다양한 대외 선전잡지들은 발행 부수가 최저 5,000에서 최고 50,000부에 이르며, 많든 적든 정보국의 보조금을 받았다는 점, 당시로는 민간에서는 구경조차 어려웠던 고급 아트지 등 질 좋은 종이와 잉크를 배급받았다는 점[1]이 특징이다.

한편, 일본 국민을 대상으로 한 국내용 선전 잡지로는 1936년 11월부터 발간된 『주보(週報)』가 있었다. 『주보』는 원래 『관보(官報)』의 '잡보'란을 독립, 발전시킨 것이었으나, 정부 기관지의 성격이 강하고 문자 정보 위주였기 때문에 대중의 관심을 끌지 못했다. 이에 홍보 및 선전 효과를 높이기 위해 사진 중심의 새로운 잡지가 기획되었다. 『사진주보』는 일본정부의 계몽선전기관으로 1937년 9월에 발족한 내각정보부(1940년 12월에 정보국으로 승격)가 1938년 2월 16일에 창간하여 패전에 이르기까지 총 375호를 발간한 프로파간다 잡지이다.

---

1   김영숙, 2006, 「태평양전쟁기 일본의 대외 선전-대외 선전 잡지와 정보시스템을 중심으로-」, 『일본역사연구』 24, 228쪽.

20페이지 전후로 편집된 『사진주보』는 일본 정부가 발행했기 때문에 가격도 대중이 쉽게 구매할 수 있는 10전이라는 파격적 정가로 결정되었다. 1940년 당시 소바 한 그릇 가격이 15전이었으니 서민들도 쉽사리 구입할 수 있는 가격을 책정한 것이다. 책 한 권을 10명 정도가 돌려 읽었다고 상정할 때 각 호를 20~40만 부 발행했으므로 독자는 200~300만 명으로 추산된다.[2] 아시아태평양전쟁기에는 용지 부족 때문에 잡지 폐간이 줄을 이었지만 『사진주보』는 오히려 1941년 3월 20만 부 발행에서 1942년 4월에는 30만 부 이상을 발행하여 '동아시아 최고' 부수를 찍었다. 또한 1941년 7월의 독자 조사에서는 남성 대 여성의 비율이 62% 대 38%, 연령별로는 25세까지 독자가 65.6%를 차지하여 남성과 청소년층에게 영향력 있는 저널[3]이었음을 알 수 있다.

사진을 매체로 하는 선전잡지이므로 당대 최고의 사진가인 기무라 이헤이(木村伊兵衛), 고이시 기요시(小石清), 도몬 겐(土門拳) 등이 참여했고, 일반독자의 사진도 게재했으며, 본문 내용을 설명하기 위해 만화나 일러스트 등도 사용했다. 사진을 통해 국책을 국민에게 알기 쉽게 전달하는 것이 목적이기 때문에 전체 페이지는 사진과 사진 설명이 중심이며, 해설 기사나 분석 글 중심으로 사진이 실리지 않는 페이지는 두세 페이지에 불과했다.

내용은 일본 국민 대상 선전잡지라는 특성상 중일전쟁의 전황에서 시작하여 동남아시아, 태평양 전선과 현지 주민들의 생활상 등을 소개하는

---

[2] 清水唯一朗, 2017, 「第一章 國民を動員せよ」, 玉井清編, 『『写真週報』とその時代(上)』, 慶応義塾大学出版株式會社, 2쪽.

[3] 加納実紀代, 2009, 「日本の戦争プロパガンダとジェンダー―『写真週報』の「大東亞共榮圏」「米英鬼畜」表象を中心に―」, 『人文社會科学研究所年報』 6, 3쪽.

한편, 동맹국인 독일과 이탈리아에 대한 우호적 기사, 적에 해당하는 미국과 영국에 대한 비판 기사 등으로 구성되었다. 이와 더불어 전시기 일본인들의 교육, 위생, 저축, 생산장려 등 다양한 모습들을 소개하고 식민지인 조선과 타이완 관련 기사도 실었다.

그런데 적과 우방, 식민지와 점령지라는 당시 일본을 둘러싼 국제환경 속에서 적과 우방에 할애하는 지면에 비해 식민지인 조선이나 타이완 기사의 비중은 적다. 19호(1938.6.22)에 '남쪽의 거점 타이완'이라는 기사가 최초이며, 조선 관련 기사는 22호(1938.7.13) '조선에 지원병제도 생겨나다-경성육군지원병훈련소-'가 최초이다. '북선(北鮮)경비대(148호)', '조선 징병제 내년부터(222호)', '조선인 지원병(284호)', '타이완의 지원병 훈련소(248호)', '타이완 징병제(292호)' 등 식민지 기사는 지원병 및 징병제 관련 기사가 많다.[4] 이에 비해 동남아시아 관련 기사는 1939년에 조금씩 등장하다 1940년부터는 '만주국'이나 왕징웨이(汪精衛)의 난징(南京)정부보다 기사 비중이 높아졌다. 일본의 동남아시아에 대한 관심은 영국, 미국, 프랑스, 네덜란드 등과의 관계 변화를 반영하며, 제2차 세계대전에서 유럽을 석권하는 독일의 기세에 편승하는 측면이 있었다.

『사진주보』에 대해서는 어느 정도의 연구 성과가 축적되었다. 가장 종합적인 연구로는 『『사진주보』와 그 시대(상·하)』[『『写真週報』とその時代(上·下)』][5]가 있다. 『사진주보』의 내용을 주제별로 나누어 구체적으로 분석했다는 점에서 큰 의의가 있다. 다음으로는 『사진주보』에 나타난 표상을 특정한 관점에서 분석한 연구들이 있다. 가노 미키요(加納実紀代)는

---

4 김영숙, 2025, 「『사진주보』를 통해 본 식민지의 표상과 역할」, 『일본학』 65 참조.
5 玉井清編, 2017, 『『写真週報』とその時代(上·下)』, 慶応義塾大学出版株式會社.

『사진주보』속에 나타난 젠더와 '미영귀축(米英鬼畜)'의 표상을 분석[6]했으며, 오쿠 겐타로(奧健太郎)는 1938~1940년의 농촌과 도시의 여성 노동에 대한 요구 차이와 아시아태평양전쟁 개전 이후 여성의 노동 참가 촉구 기사들을 분석[7]했다. 한편, 오다 요시유키(小田義幸)는 『사진주보』속 일본의 남방 진출 기사를 아시아태평양전쟁 개전 이전을 중심으로 고찰[8]했다. 그런데 선행연구의 『사진주보』분석은 기사에 대한 표면적 해설에 그치는 한계가 있다. 당시 전쟁의 전개와 국제관계, 일본의 외교 및 군사 정책을 배경으로 심층적인 분석이 필요하다.

이 글에서는 일본 국민을 대상으로 하는 프로파간다 잡지 『사진주보』의 동남아시아 관련 내용을 분석하여 첫째, 동남아시아지역에 대한 일본의 관심과 필요성이 아시아태평양전쟁 전개 과정에서 어떻게 변화하는지, 서구 국가들과 어떤 관련을 맺으며 이뤄지는지를 살펴볼 것이다. 둘째, 일본이 구상하는 '대동아공영권'의 구체적 내용과 그 성격을 살펴보고 모순점을 분석하고자 한다. 셋째, 일본 국민을 대상으로 하는 프로파간다 잡지 『사진주보』를 통해 일본 정부와 군부가 국민들에게 무엇을 선전하고 무엇을 감추려 하는가를 살펴볼 것이다.

본문에서는 『사진주보』 기사에 대해서는 각주를 생략하며, 한정된 지면의 제약으로 아쉽지만 사진을 최소한도로 소개하기로 한다.

---

6 加納実紀代, 2009, 위의 논문.

7 奧健太郎, 2009, 「戰時下日本の労働動員と政府宣伝:『写真週報』に描かれた女性労働」, 『法学研究』82-2.

8 小田義幸, 2015, 「日本の南方進出と戰時プロパガンダ: 日米開戰以前の『写真週報』にみる南方進出」, 『法学研究』88.

2. 아시아태평양전쟁 이전의 동남아시아 관련 기사

잡지의 얼굴이라 불리는 표지는 잡지의 성격을 드러내 주는 매우 중요한 요소인데, 가노 미키요(加納実紀代)는 『사진주보』의 표지를 분석하여 발행된 전 370호 중 291개, 즉 80% 가까이가 인물사진이라는 점을 지적했다. 인물사진은 일본인뿐 아니라 동맹국이나 적국, '대동아공영권'의 남녀 사진이 다수 사용되었는데, 일본인을 제외한 아시아인 남녀를 모델로 하는 경우는 일본의 전쟁이 강권지배를 위한 것이 아니라 서구 지배로부터의 해방과 화합으로 가득 찬 '대동아공영권' 만들기라는 것을 어필하고 있다[9]는 것이다. 특히 대동아공영권의 이념, 해방과 평등을 표상하는 남성에 비해 여성은 일본에 대한 친애와 수용을 어필하기 때문에 아시아태평양전쟁 이전의 동남아시아에 대한 기사에서 자주 쓰였다. 동남아시아 관련 기사는 109호(1940.3.27)의 태국인 간호사에 관한 내용이 최초였다. 이어서 114호에 '네덜란드령 동인도 소묘' 같은 지역 소개 글도 실렸으며, 현지인들이나 동남아시아에서 일본으로 유학한 청년들에 대한 소개 글이 위주였다.

동남아시아에 대한 간단한 정보 전달에서 일본과 관련된 정치, 군사적 분석으로 처음 게재된 글은 오늘날의 베트남, 라오스, 캄보디아에 해당하는 프랑스령 인도차이나 관련 기사였다. 일본은 압도적인 열세에도 중국 국민정부가 좀처럼 굴복하지 않는 것이 영국과 미국, 소련 등 열강의 원조 때문이라고 보았는데, 열강이 중국에 무기와 물자를 지원했던 일명

9　加納実紀代, 2009, 위의 논문, 4쪽.

'장제스(蔣介石) 원조 루트'로는 홍콩 루트, 소련 루트, 프랑스령 인도차이나 루트, 버마 루트 등이 있었다. 일본은 프랑스령 인도차이나정부에 대해 중국에 대한 수출 금지와 국경선 봉쇄, 감시기관 파견을 요구했다가 거절당한 후 1939년 11월 24일 프랑스령 인도차이나와 중국 국경에 가까운 난닝(南寧)을 공격하고 뎬웨철도(滇越鐵道)를 집중 폭격한 바 있었다.

1940년 6월에 파리가 독일에 함락되고 비시(Vichy) 정권이 수립하자 일본은 프랑스령 인도차이나정부에 대해 중국 국민정부가 있는 충칭(重慶)으로 물자가 반입되는 통로인 프랑스령 인도차이나 루트의 통관을 차단하고 그곳을 감시할 군사감시단 입국을 허가할 것을 요구했다. 도쿄에서 앙리대사와 마쓰오카 요스케(松岡洋右) 외무대신과의 사이에서 협의를 시작하여 8월 말 마쓰오카-앙리협정을 체결하고, 프랑스령 인도차이나 감시단장 니시하라 잇사쿠(西原一策)와 프랑스측 현지 사령관 앙리 마르탱과 니시하라 사이에서 9월 4일 니시하라·마르탱협정이 조인되었다. 그런데 현지 참관한 참모본부 제1부장 도미나가 교지(富永恭次)의 요청으로 병력이 증강된 제5사단은 9월 23일 동당(Dong Dang) 요새를 침략했다. 총독의 명령으로 9월 25일에 정전이 이뤄졌으나 일본군은 하노이 등 중요 거점에 진주하여 비행장과 항만 이용권을 획득했다. 이 사태를 '일본의 북부 프랑스령 인도차이나 진주'라고 부르지만, 일본이 무력으로 동남아시아에 주둔한 것이기 때문에 미국과 영국의 강한 반발을 사게 되었다.

『사진주보』는 126호(1940.7.24)와 127호(1940.7.31)에 '프랑스령 인도차이나 감시원 수행' 기사를 연재하여 니시하라를 단장으로 하는 국경감시단이 하노이에 도착한 것을 전하는 한편, 이국적인 하노이의 풍경을 보여주었다. 기사 내용은 장제스 원조 루트 차단이 동아신질서 건설을

〈그림 1〉 126호 '하노이 풍경'

하루라도 빨리 완성하는 큰 목적을 위해서이며 프랑스령 인도차이나와의 교섭도 단순히 장제스 원조 루트 차단에 그치지 않고 동아권의 확립이라는 점에서 이뤄져야 한다고 강조했다. 이어서 일본군 진주 후의 136호(1940.10.2) '프랑스령 인도차이나 진주의 의의'라는 글에서 '동아 민족의 공영'을 강조하면서 진주를 통해 중일전쟁 종결이 빨라진다는 점을 역설했다.

『사진주보』는 일본의 북부 프랑스령 인도차이나 진주가 원만하고 평화롭게 이루어졌다고 보도하면서, 협정 성립에도 불구하고 일본군이 요구사항을 추가한 점이나 프랑스령 인도차이나군과의 무력 충돌에 대해서는 언급하지 않았다. 또한 미국과 영국의 반발로 일시적으로 폐쇄되었던 장제스 원조 루트가 재개되어 중국에 대한 원조가 강화된 점, 일본에 대한 가솔린, 일부 설철 수출 금지에 이어 설철 전면 수출 금지 조처로 이어진 점[10] 등 역효과에 대해서도 보도하지 않았다.

그런데 일본은 북부 프랑스령 인도차이나에 그치지 않고 이듬해 7월에 남부 프랑스령 인도차이나에도 진주했다. 이 시기는 4월부터 일본과 외교 교섭을 시작한 미국이 삼국동맹 이탈과 중국전선 철수를 요구하고 있었던 시점이었다. 평행선을 달리는 외교 교섭 중에 일본이 남부 프랑스령 인도차이나에 진주한 것은 싱가포르, 홍콩, 필리핀 공격에 유리한 군항과 비행장을 손에 넣으려는 의도였다. 물론 일본은 프랑스정부 및 프랑스령 인도차이나 식민정부와 합의했다고 주장했지만 '일본군의 남하'는 명백하게 전쟁 준비로 간주되는 행위[11] 였다. 『사진주보』 180호(1941.8.6)는 대본영(大本營) 육해군부 발표(7월 29일)로 "제국과 프랑스 사이에 이번에 성립된 프랑스령 인도차이나에 관한 공동방위 결정에 기초하여 7월 29일 우리 육해군 부대를 프랑스령 인도차이나에 증파하였다"라고 군대 주둔에 대해 간단히 설명하는 한편, '남부 프랑스령 인도차이나와 쌀'이라는 기사에서 일본 육해군 부대 증파로 남부 프랑스령 인도차이나가 각광을 받게 되었다고 평가했다.

10　小田義幸, 2017, 「第四章 南方を目指せ！」; 玉井清編, 2017, 『『写真週報』とその時代(下)』, 慶応義塾大学出版株式會社, 132쪽.

11　半藤一利·加藤陽子·保阪正康, 2021, 『太平洋戦争への道 1931~1941』, NHK出版, 183쪽. 이 책은 '일본을 망국으로 이끈 6개의 분기점' 중 하나로 프랑스령 인도차이나 진출을 비판하고 있다.

 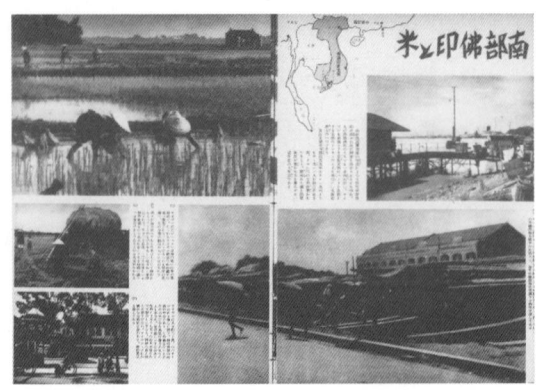

〈그림 2〉 180호 '프랑스령 인도차이나에 우리 육해군 부대 증파'

〈그림 3〉 180호 '남부 프랑스령 인도차이나와 쌀'

한편, 일본군의 프랑스령 인도차이나 진주는 비시정부와 현지 프랑스 식민정부인 총독부를 상대로 교섭이 행해졌다는 데 특징이 있다. 이후의 동남아시아 침략이 서구 제국주의로부터 아시아 민중을 해방한다는 슬로건 아래 자행된 것으로 볼 때 일본이 패전에 이르기까지 프랑스령 인도차이나에 대해 구 식민본국인 프랑스와 공동 통치 형식을 취한 것은 분명 모순이다. 일본군의 프랑스령 인도차이나 진주는 프랑스와의 공동 통치 제1보이다.

일본이 두 번째로 주목한 지역은 네덜란드령 동인도였다. 일본의 동남아시아 침략을 '자원전쟁'이라고 정의했을 때 초기의 말레이작전이나 필리핀작전도 네덜란드령 동인도에 이르는 과정일 뿐 그곳의 석유지대 점령이 최대 목적[12]이었다고 할 수 있다. 특히 석탄, 석유, 고무 등 자원이 풍부한 네덜란드령 동인도는 일본 기업들도 매우 중시했다. 제1차 세계대

12　中尾裕次, 1991.12, 「蘭印作戦をめぐる南方軍と海軍の葛藤」, 『軍事史学』 27-2·3, 96쪽.

전 이후 일본은 네덜란드령 동인도에 대해 수출을 확대하여 1933년 네덜란드령 동인도의 총수입액 중 일본 비율은 33%까지 확대되었다. 이에 대해 네덜란드령 동인도 정부는 보호정책을 실시하자 일본은 1934년 6월부터 11월에 걸쳐 네덜란드령 동인도와 제1차 무역협상을 벌였지만 결렬되고 말았다.

미국이 1939년 7월 통상조약 파기를 통고하자 석유의 3분의 2를 미국에서 수입하고 있던 일본은 큰 타격을 입었다. 그래서 1940년 9월에 석유가 풍부한 네덜란드령 동인도와 바타비아(자카르타)에서 제2차 무역협정을 시작했다. 상공대신 고바야시 이치조(小林一三)가 협상사절로 선정되었고, 전반적 제한철폐교섭에 앞서 상공성 연료국이 주장하던 민간인에 의한 석유이권획득 교섭이 가능하도록 추인[13]되었다. 『사진주보』 132호(1940.9.4)에서 '네덜란드령 동인도에 사절로 가는 고바야시 상공대신'이라는 기사를 실었지만, 그보다 앞서 '남방의 공영권'이라는 표제를 단 129호(1940.8.14)에서 특집으로 다룬 '남방의 공영권, 네덜란드령 동인도'라는 기사에 더 주목할 필요가 있다. 보르네오와 수마트라 소개에 이어 일본인 개척자를 사진으로 소개한 기사 1면에 "우리나라와 네덜란드령 동인도는 이미 300년 이상에 걸쳐 우호관계를 계속해 왔으며, 지금 세계에 새로운 질서가 건설되고 있을 때 신동아 공영권은 당연히 남방의 프랑스령 인도차이나, 네덜린드령 동인도까지를 포함하여 확립되어야 한다. 우리는 그 네덜란드령 동인도, 신동아공영권 안의 보물창고에 대해 인식을 깊게 하자"라고 주장했다. 즉, 네덜란드령 동인도를 '남방의 공영권'에 포함해야 하며, 그곳에 있는 자원의 가치를 깊이 인식해야 한다는 것이다.

13　安達宏昭, 2002, 『戰前期日本と東南アジア―資源獲得の視点から―』, 吉川弘文館, 143쪽.

당시 네덜란드는 본토를 나치 독일에 점령당하고 런던에 망명정부를 두고 있었는데, 이미 반일 성격이 강했던 네덜란드 식민지 당국은 일본의 요구에 쉽게 응하지 않았다. 1941년 6월에 결렬되기까지 9개월에 걸친 제2차 무역협상은 일본의 시간벌기와 현지에서의 정보수집이라는 의미가 더 강했다.[14] 그 직후인 7월에 일본군은 프랑스 친나치 괴뢰정부의 승인을 얻어 남부 프랑스령 인도차이나로 진격했다.

세 번째 동남아시아 관련 주제는 태국과 프랑스령 인도차이나 사이의 국경 분쟁에 대한 일본의 조정이었다. 제2차 세계대전이 일어나기 직전인 1938년 8월에 프랑스는 프랑스령 인도차이나의 안전을 도모하기 위해 태국에 불가침조약 체결을 요청했다. 태국은 1940년 6월 12일 방콕에서 프랑스와의 불가침조약에 조인했지만, 프랑스는 불가침조약을 비준하기 전인 6월 17일에 독일에 점령당했다. 이에 태국은 이 기회를 틈타 옛 영토를 회복하기 위해 프랑스 비시정권에 대해 1893년 전쟁에서 태국이 할양한 메콩강 서안까지의 프랑스 보호령 라오스 영토와 주권, 프랑스보호령 캄보디아 바탐방(Battambang)과 시엠리아프(Siem Reap)의 반환을 요구했다. 프랑스가 거절하자 9월경부터 태국과 프랑스령 인도차이나는 무력으로 충돌했다. 태국의 승리로 프랑스령 인도차이나는 영토 반환을 인정했지만, 프랑스가 나중에 번복하면서 1940년 11월 28일의 국경 충돌과 이듬해 2월 11일의 정전 등까지 분쟁이 이어졌다.

일본은 '프랑스령 인도차이나와 태국에 대한 지도적 지위를 확립'[15] 하

14　倉沢愛子, 2012, 『資源の戰争「大東亞共栄圏」の人流·物流』, 岩波書店, 5쪽.

15　JACAR, C12120201400, 「対仏印, 泰施策要綱　大本営政府連絡會議決定　昭和 16年 1月 30日」

기 위해 거중조정에 나섰다. 이를 통해 태국 및 프랑스가 영국, 미국 등이 관여하지 못하게 하려는 의도도 있었다. 『사진주보』 155호(1941.2.11)는 '일본의 조정으로 태국·프랑스령 인도차이나의 정전협정 성립' 기사에서 "양국 분쟁을 둘러싸고 암약한 영국과 미국의 책모를 배제하여 제3국에 대한 거중조정을 성공시킨 것은 동아공영권 확립의 지도국으로서의 우리 책임과 입장을 중외에 명시한 것"이라고 평가했다. 관련 기사는 156호 (1941.2.19), 160호(1941.3.19), 169호(1941.5.21)로 이어졌다. 5월 9일 도쿄에서 평화협정이 정식 조인되었는데 이를 통해 태국은 프랑스로부터 옛 영토 대부분을 반환받았고 이후 일본과의 협력을 더욱 강화했다. 한편, 일본은 거중조정의 모습을 국민에게 선전하면서 '대동아의 지도국가'로서의 위상을 확립하고자 했다.

3. 아시아태평양전쟁 개전과 일본의 동남아시아 침략

1) 개전 초기의 승리와 동남아시아 점령

일본군은 개전에 앞서 1941년 11월 20일 대본영정부연락회의에서 '남방점령지 행정 실시요령'을 결정하고 그에 따라 육해군이 남방점령지 군정을 실시할 지역을 나누었다. 육군 주담당 구역(해군이 부담당)은 홍콩, 필리핀, 영국령 말레이, 수마트라, 자바, 영국령 보르네오, 버마이며, 해군 주담당 구역(육군은 부담당)은 네덜란드령 보르네오, 셀레베스, 말루쿠 제

〈그림 4〉 199호 표지　　〈그림 5〉 209호 표지　　〈그림 6〉 210호 표지

도, 소순다 열도, 뉴기니, 비스마르크 제도, 괌[16]이었다.

아시아태평양전쟁에 관해서는 『사진주보』 199호(1941.12.17)가 첫 뉴스를 전했다. 표지에 "1억, 지금이다. 적은 미국과 영국이다"라는 도발적인 문구를 실었고, 각지의 승전 상황을 보도하면서 '미국 세력 구축'이나 '미국과 영국 격멸', '미국과 영국의 독 이빨에 아시아 민족은 울고 있었다' 등의 자극적 기사를 실은 것은 '미국과 영국을 몰아내어 아시아 민족을 해방'한다는 슬로건에 따른 것이었다.

개전 후 가장 화려하게 표지를 장식한 인물은 209호(1942.2.25)의 야마시타 도모유키(山下奉文) 중장이다. 1941년 11월 6일 남방군총사령부 휘하 제25군 사령관으로 임명된 그는 영국의 주요 거점인 싱가포르 공략을 지휘하여 영국군을 격파하면서 마침내 이듬해 2월 15일 영국군의 항복을 이끌어냈다. 영국군이 항복문서에 조인하는 장면은 각 신문 1면에

16　JACAR, C12120153000, 「昭和 16年 11月 26日決定 占領地軍政実施に関する陸海軍中央協定」

실렸고, 그 장면은 미야모토 사부로가 그림으로 그렸다.[17] 아시아태평양 전쟁의 여러 전투 중에서 가장 극적인 승리를 지휘한 야마시타는 '말레이의 호랑이'라는 애칭으로 일약 스타가 되었고, 『사진주보』도 그의 사진을 표지에 내건 것이다. 표지 설명은 "싱가포르, 마침내 함락되다. 아아, 이 감격"으로 시작하여 "우리는 그저 '감사합니다'의 한마디를 할 뿐"이라고 맺고 있다.

209호 4~5면은 '셀레베스섬 메나도, 수마트라섬 팔렘방에 육해군 낙하산부대' 기사, 210호(1942.3.4)는 표지에 싱가포르 함락으로 만세 부르는 부대원들 사진, 본문에서 싱가포르 함락 관련 기사를 게재하는 등 개전 직후의 화려한 승리가 『사진주보』의 메인 기사로 지면을 채웠다.

이어서 214호(1942.4.1)는 3월 8일의 랑군 입성을 "황군은 당당히 랑군에 입성했다. 유골을 가슴에 품고, 작열하는 태양에 빛나는 히노마루의 선명함이 눈에 새겨질 듯하다"라고 전했으며, 네덜란드령 동인도군의 무조건 항복 기사도 실었다. 이어서 218호(1942.4.29)에서 미군을 상대로 필리핀 바타안반도에서의 승전을 전했으며, 222호(1942.5.27)에서 코레히도르 요새 함락 뉴스를 전했다. 그리고 225호(1942.6.17)는 버마 전 영토 평정 뉴스를 전했다. 이로써 일본은 동남아시아 전역을 점령하고 군정을 실시하게 되었다.

이처럼 개전 초기의 『사진주보』기사는 일본군의 동남아시아 점령과 각지에서의 승전보를 전하면서 일본 국민들에게 자부심을 느낄 수 있도록 하는 기사를 편성했다.

---

17 김영숙, 2021, 『사진과 그림으로 보는 전시 일본의 프로파간다』, 동북아역사재단, 24~25쪽, 182쪽.

〈그림 7〉 214호 표지   〈그림 8〉 214호 '네덜란드령 동인도군 무조건 항복'

2) 일본의 동남아시아 지배

일본의 동남아시아 지배는 지도국, 독립국, 독립보호국, 직할령, 권외국 주권 아래의 식민지로 구분되었다. 지도국인 일본을 정점으로 난징정부, 만주국, 태국이 독립국의 범주에 속했다. 이어서 버마, 필리핀, 자바가 독립보호국에 속하고, 지도국이 직접 그 영토로 통치하는 것이 직할령이었다. 한편, 프랑스령 인도차이나와 포르투갈령 티모르는 권외국 주권 아래의 식민지로서 서구 제국주의와의 공동 통치를 의미하는 것이었다. 그런데 더욱 중요한 것은 이러한 지배 형태의 차이보다 대동아공영권 내부의 상호관계를 지도국과의 '다변적 개별관계'만 허용하고 독립국 사이의 직접 관계를 인정하지 않는 점이다. 각국간의 직접 관계가 진전되면 일본의 지도적 지위가 위험하게 한다고 판단했기 때문이었다. 즉, 대동아공영

〈그림 9〉 247호 표지   〈그림 10〉 250호 표지   〈그림 11〉 258호 표지

권에서 아시아적 구심적 통합만이 진정한 해방이라는 발상이었다.[18]

    일본의 동남아시아 점령이 일단락된 이후의 『사진주보』 기사는 표지에 동남아시아인들을 자주 등장시키면서 동남아시아 점령지의 생활상을 전달했다. 동남아시아 정치지도자를 표지 모델로 하는 경우는 특정 국가 관련 이슈가 있거나 특정 국가를 부각시킬 필요가 있을 때이고, 민중들을 표지 모델로 내세우는 경우는 서구 제국주의에서 해방되어 일본의 점령 아래 발전하는 동남아시아 사회상을 강조하려는 경우가 많다.

    예를 들어 인도네시아 주민들의 전통춤에 박자를 맞추는 모습을 담은 〈그림 9〉를 표지로 하는 247호(1942.11.18)는 싱가포르의 고무, 버마 랑군의 풍경, 마닐라의 초등학교, 사이공의 일어 학습 등에 관한 내용으로 지면을 채웠으며, 싱가포르 경찰을 표지에 내세운 〈그림 10〉을 표지로 하는 250호(1942.12.9)는 싱가포르의 박물관, 말레이의 훈련소, 버마방위규

---

18   後藤乾一, 1995, 『近代日本と東南アジア』, 岩波書店, 186~187쪽.

의 일본식 훈련 모습 등을 담았다. 아시아태평양전쟁 개전 1주년 이후에 해당하는 250호 이후는 전쟁 보도보다는 '대동아공영권'의 안정된 분위기를 홍보하는 역할에 충실했다.

특히 싱가포르는 함락 후 2월 17일에 쇼난토(昭南島)로 개칭되어 일본의 직할시가 되었는데, 쇼난토의 시영 수영장을 찾는 청소년 남녀를 표지 모델로 한 〈그림 11〉의 258호(1943.2.10)는 일본에 의해 변모한 싱가포르를 특집으로 다루었다. 싱가포르 관련 기사는 일본 점령지 중에서 가장 큰 비중을 차지하여 쇼난신사, 일본어 학습열, 자원, 박물관 등 여러 분야에서 소개되었다.

3) 동남아시아의 우방, 태국

일본의 동남아시아 침략이 시작된 1941년 12월 8일 이후 『사진주보』는 주로 전투 상황과 승전 소식을 주로 보도했지만, 그 가운데 이례적으로 전황 보도와 상관없는 태국 관련 기사가 자주 등장한다. 이는 태국이 동남아시아의 다른 나라들과 달리 일본에 협력했기 때문이다.

동남아시아 유일의 독립국이었던 태국은 제2차 세계대전에서 중립을 선언했지만, 일본은 태국 영토를 경유해서 영국령 말레이에 침략하고자 했다. 피분 수상은 10월에 태국 국민에 대해 '비상시 병역 의무 부여에 관한 법률'을 공포하고 주권이 침범당하면 전 국민이 침략자와 싸우도록 독려했으며, 일본의 태국 영토 경유 허가 요구에 일부러 자리를 비우고 쉽게 동의하지 않았다. 1941년 12월 8일 전쟁 시작과 동시에 일본군은 태국 남부 싱고라(Singora)에 기습 상륙하여, 반나절 만에 정전했는데도 양

〈그림 12〉 220호 '일본에 배운다'   〈그림 13〉 227호 '일본태국동맹 경축답례사절 히로타 고키 씨'

군은 수백 명의 사상자를 냈다. 일본은 태국과의 불가침조약을 위반하고 독립국 태국에 일본군의 영토 통행과 진주를 허용하게 함으로써 중립정책을 버리게 한 것이다. 한편, 일본은 아시아 해방을 위한 성전을 태국과의 전투로 시작했다는 것을 덮기 위해 '무혈상륙'을 주장하면서 일본 측의 피해에 대해서도 언급하지 않았다.[19]

태국은 12월 21일 일본과 공수동맹조약을 체결했는데, 이를 알게 된 영국과 미국이 1942년 1월 8일부터 태국 도시를 공격하기 시작하자, 태국은 1월 25일 영국과 미국에 선전을 포고하며 추축국의 일원이 되었다.

일본과 태국은 서로 공수동맹조약 축하 사절을 파견했는데, 『사진주보』 220호(1942.5.13) 18~19면은 일본에 파견된 태국의 비야 바홍 중장 관련 기사, 227호(1942.7.1) 16면 기사는 6월에 태국으로 파견된 히로타

19　髙嶋伸欣, 1992, 「日本軍による支配の実態と民衆の抵抗 タイ」, 『歴史評論』 508, 36~38쪽.

고키(広田弘毅) 전 수상 관련 기사를 실었다. 이러한 『사진주보』 기사는 사진을 중심으로 일본과 태국의 우호관계를 선전하는 데 중점을 두고 있어 개전과 더불어 발생한 일본의 태국 영토 침략과 태국과의 전쟁, 중립 선언 침범 등의 사정은 전혀 드러나지 않았다.

『사진주보』 226호(1942.6.24)는 태국 특집호로서, 표지에 피분 수상의 얼굴을 게재하고 '태국 입헌혁명기념일'이라는 제호를 박았다. 1930년 세계대공황으로 태국 역시 무역 침체와 물가 하락 등으로 경제 침체를 겪었는데, 당시 영국과 프랑스에 유학하던 태국 청년 중 특히 프랑스 유학생들이 군주제에 비판적인 급진적 경향을 띠고 있었다. 유학생들은 대부분 유력 가문 출신으로 귀국 후 대체로 고위 관직에 기용되므로 그들의 해외 활동과 사상은 중요한 의미가 있었는데 파리 유학생 중에는 쁘리디 파놈용(Pridi Phanomyong), 쁘라윤 파몬몬뜨리(Prayun Phamonmontri), 피분 송크람(Phibun Songkram) 등이 있었다. 귀국 후 법무부에 소속되어 공무원들을 규합한 쁘리디와 절대군주제 폐지에 동의하는 소장파 육군 장교의 리더가 된 피분은 1932년 6월 23일 밤에 쿠데타를 일으켜 그들이 설립한 인민당의 이름으로 이튿날 쿠데타를 공식 선포했다. 이어 국왕이 인민당이 작성한 헌법안을 수용하면서 태국에서 절대군주제는 막을 내렸다.[20] 피분 송크람(1897~1964)은 방콕 인근에서 화교 아버지와 태국인 어머니 사이에서 태어나 1915년 태국 군사 엘리트 코스인 '출라촘클라오 왕립군사학교'를 졸업하고 소위로 임관했으며, 1921년 참모학교에 입학하여 수석 졸업한 후 1924년 프랑스에 3년간 유학했다. 1934년 국방장관, 1938년 수상이 되었으며 1939년에 국명을 시

---

20 조흥국, 2015, 『근대 태국의 형성』, 소나무, 219~225쪽.

〈그림 14〉 226호 표지   〈그림 15〉 226호 '젊은 나라의 젊은 지도자 피분 수상'

암(Siam)에서 타이(Thai)로 바꾸었다.

『사진주보』 226호 6~7면에는 피분 수상의 가족과 사적인 생활을 사진에 담아 '인간 피분'을 부각하는 한편, '태국이 추구하는 것', '메남강변의 해군병학교', '일본이 키운 태국의 젊은 보라매' 등 태국의 발전 방향을 소개하고 일본에서 배우는 태국을 은근히 강조했다. '태국 입헌혁명기념일' 특집호는 아시아태평양전쟁 과정에서 영국과 미국에 선전포고하여 중립을 버리고 추축국 편으로 돌아선 태국에 대한 예우와 관심이 담겨 있다.

232호(1942.8.5)는 표지와 본문 6~7면에 일본태국동맹경축사절로 7월 12일 태국 왕궁에 파견되었던 히로타 고키(広田弘毅) 특파대사에 관한 기사를 실었다. 기사 제목은 '사명을 완수한 히로타 특파대사'였지만 히로타에게 초점을 두지 않고 태국측의 환영 연회, 문화 공연 등 양국의 우호관계를 강조하고 있다는 점에 주목하자. 동남아시아 다른 지역에 비해 독립국이자 일본의 우방인 태국에 대해서는 특별대우를 하고 있음을 기사 편성에서도 알 수 있다.

Ⅱ. 『사진주보』를 통해 본 일본의 동남아시아 침략과 '대동아공영권' 구상   79

〈그림 16〉 232호 표지   〈그림 17〉 232호 '사명을 완수한 히로타 특파대사'

4) 포로를 바라보는 일본의 가치관

마지막으로 『사진주보』 속에 나타나는 일본이 포로를 바라보는 시선에 대해서도 주목하고자 한다.

우선 213호(1942.3.25) 기사의 제목은 '한심하고 수치스러운 적 포로 21만'이다. 사진은 싱가포르 전투의 포로들 사진 중 일부이다. "불과 4개월도 안 되는 사이에 이 몇 배의 적 병사가 자기 몸이 위험해지면 즉시 무기를 버리고 우리 군문에 항복한"것은 "황군 장병은 물론 우리 일본인은 도저히 생각지도 못할 일이다"라는 글 속에 이미 항복 자체를 부끄럽게 여기고 포로를 경멸하는 뜻이 드러난다. "나라를 위해 목숨을 바치는 황군 병사와 이 추악한 사진을 잘 비교해서 충분히 반성하지 않으면 안 된다"라고 기사를 끝맺고 있다.

이어서 218호(1942.4.29)의 '무엇을 말하는가, 포로의 옆얼굴'은 "유사 이래 일본은 한 번도 패한 적이 없다"라는 문장으로 시작하고 있다.

〈그림 18〉 213호 '한심하고 수치스러운 적 포로 21만' 〈그림 19〉 218호 '무엇을 말하는가, 포로의 옆얼굴'

"우리는 다행히도 패했을 때의 비참함을 모른다. 그런 비참함은 영원히 맛보아서는 안 된다. 그러나 패자는 비참하다는 것을 충분히 명심해야 한다"라는 말이야말로 이 글의 주제라 할 수 있다. 국민을 대상으로 하는 프로파간다 잡지에서 이런 포로들의 사진을 싣는 의도는 포로들의 비참하고 수치스러운 모습을 보여주어 '필승'의 전의를 고양하고자 하는 것이었다.

일본군은 1943년 5월에 북아메리카 애튜섬 패배로 집단 전사한 이래 각지의 전장에서 '옥쇄(玉碎)'했다. '옥이 부서지듯 마지막까지 싸우다 의연하게 죽어라'라는 의미의 옥쇄 강요는 양민들을 길동무 삼고 부상병들을 자기 손으로 처치하게 했다. 포로를 경멸하고 학대하는 가치관은 역으로 연합군에 패배하거나 항복했을 때 당할 치욕에 대한 두려움을 극대화했던 것이다.

4. 일본의 '대동아공영권' 구상과 동아시아

1) 도조 히데키 수상의 동남아시아 시찰

　1940년 7월부터 제2차 및 제3차 고노에(近衛) 내각에서 육군 대신을 역임한 도조 히데키(東條英機)는 1941년 10월 18일 수상으로 취임했다. 도조를 통해 육군을 통제하여 전쟁을 막고자 하는 의도에서 수상으로 발탁한 것이었다.

　도조는 일본군이 점령한 동남아시아 지역을 두 차례에 걸쳐 순시했다. 첫 번째 동남아 시찰은 1943년 5월의 필리핀 방문으로, 5월 4일에 일본을 떠나 5일에 마닐라에 도착해서 7일에 마닐라를 출발하여 9일에 일본으로 돌아오는 일정[21]이었다. 도조 수상의 필리핀 방문 기사를 실은 『사진주보』 272호(1943.5.19)의 표지는 호르헤 바르가스(Jorge Vargas) 필리핀 행정장관의 얼굴이다. 표지 설명에서는 바르가스 행정장관을 '일본 그 자체의 온화한 모습을 한 친일가'라고 설명하면서 "아시아의 적 미국과 영국을 무찌르지 않으면 안 된다고 도조 총리에 맹세한 가슴 속에는 독립에 대한 타오르는 열정과 일본에 대한 끝없는 신뢰가 가득 차 있다"라고 적었다. 도조는 바르가스 행정장관을 만나 대동아 건설을 강조했으며, 학교, 경찰관 훈련소, 조선소, 공장 등을 시찰했는데, 3~7면에 걸쳐 필리핀인들과 격의없이 대화를 나누는 도조의 모습과 일장기를 들고 거리를 메운 필리핀인들 등

21　伊藤隆, 廣橋眞光, 片島紀男 編集, 1990, 『東條內閣総理大臣機密記錄: 東條英機大將言行錄』, 東京大学出版會, 180~181쪽.

〈그림 20〉 272호 표지 〈그림 21〉 필리핀 경찰관훈련소에서 총 쏘는 법을 알려주는 도조 〈그림 22〉 도조의 연설을 경청하는 필리핀 민중

도조를 맞이하는 마닐라의 풍경들을 통해 선전 효과를 높였다.

두 번째 방문은 6월 30일에 일본을 떠나 7월 12일에 귀국[22]하는 일정으로 태국, 말레이시아, 수마트라, 보르네오를 방문했으며 싱가포르에서 자유인도 임시정부의 수바스 찬드라 보스(Subhas Chandra Bose)와 함께 인도국민군을 열병하는 한편, 바 모(Ba Maw) 버마 행정장관과 회담했다. 그리고 자카르타와 필리핀을 돌아 귀국했다. 『사진주보』 281호(1943.7.21)는 3~7면에 걸쳐 도조가 방문한 자카르타, 싱가포르, 마닐라, 방콕 등의 모습을 담았다. 나머지 지면도 태국, 보르네오, 싱가포르, 남방에서 온 유학생 등의 기사로 구성하여 281호 전체가 동남아시아 특집으로 꾸며졌다. 281호 표시는 '내동아의 눈부신 미래처럼 눈부시게 태양이 비추는' 가운데 활짝 웃는 싱가포르 어린이 3명의 사진을 실었으며, "이 아이들이 어른이 될 무렵에는 아시아는 하나, 모두 형제의 나라가 되어 새로운 세계를 만들고 있을 것이다"라는 사진 설명을 붙였다.

---

22 伊藤隆, 廣橋眞光, 片島紀男 編集, 1990, 앞의 책, 198쪽.

〈그림 24〉 자바의 어린이들과 도조

〈그림 25〉 피분 수상과 함께 태국 국군을 열병하는 도조

〈그림 23〉 281호 표지

도조는 '남방에서 돌아와서'라는 동남아시아 순방 후기를 통해 "대동아의 여러 국가, 여러 민족이 각각 미래의 사명에 철저하며 대동아건설을 위해 대동아 번영을 위해 전쟁 완수에 일로매진하고 있는 것을 목격하고 성은의 광대무변함에 감격함과 더불어 점점 필승의 신념을 굳건히 하였으며 대동아의 전도양양함을 확인했다"라고 피력했다. 특히 태국과 협력의 구체적 방식에 대한 의견일치를 보았다고 태국에 비중을 두었는데, 피분 수상과의 회담에서 버마의 양보를 통해 태국의 과거 영토 회복을 보장한 것이었다.

1943년 2월에 일본은 과달카날섬에서 철수했고, 9월 8일에는 우방인 이탈리아가 연합국에 항복했다. 도조 수상의 동남아시아 순방은 일본의 패색이 짙은 시기에 '대동아'의 결속을 공고히 하고 전의를 강화하기 위해서였음을 알 수 있다.

도조는 영상과 음성 미디어가 급속히 발달한 시대의 정치가로서 미디어를 이용할 줄 아는 정치가라고 평가받는다. 일본뉴스, 라디오 등의 미디어를 잘 활용하고, 오픈카를 즐겨 타며 행정상의 효과보다는 현지시찰, 민정시찰의 효과를 노리는 전시지도자였다. 그는 '우발적 방문', '기습적 시찰'이라고 하면서도 사전 또는 사후에 각 신문사에 연락해서 극적으로 연출해 낸 구제석인 현장사신을 신문에 세새했으며, 그러한 미디어의 활용으로 민중의 지지를 이끌어 낼[23] 줄 아는 지도자였다. 그의 두 차례의 동남아시아 시찰과 각국 지도자와의 면담은 '대동아공영권의 맹주'로서의 도조의 이미지를 효과적으로 부각시켰다.

2) 버마와 필리핀의 '독립'

일본은 1943년 5월 29일의 대본영정부연락회의와 5월 31일의 어전회의에서 '대동아정략지도대강(大東亞政略指導大綱)'을 결정했다. 그 내용에는 '실지(失地) 회복, 경제협력강화를 신속하게 실행한다. 샨 지방의 일부는 속국령으로 편입하는 것으로, 그 실시에 관해서는 버마와의 관계를 고려하여 결정한다'라는 태국에 대한 방책, '1943년 3월 10일 대본영 정부연락회의에서 결정한 버마독립지도요강에 기초하여 시책한다'라는 버마에 대한 방책, '가능한 한 빨리 독립하도록 한다. 독립 시기는 대략 올해 10월경으로 예정하여 여러 준비를 촉진한다'라는 필리핀에 대한 방책이 포함되었다. 이 방침에 따라 버마와 필리핀의 독립이 추진되었다.

일본의 버마 공격에는 특무기관인 미나미기관(南機關)이 훈련시킨 버마 청년 간부 30명을 근간으로 한 버마독립의용군이 참여했다. 랑군 점령 후 버마독립의용군의 지휘는 아웅 산이 맡게 되었지만 이후 버마방위군

---

23 吉田裕, 2007, 『アジア·太平洋戰爭』, 岩波書店, 76~80쪽.

으로 개편되었다.²⁴ 일본군 제15군은 3월 8일 랑군을 점령한 후 3월 15일에 나스 요시오(那須義雄, 1897~1993)를 장으로 하는 군정부(軍政部)를 설치하고 군정 시행에 방해가 되는 수적으로 팽창한 버마독립의용군의 지방행정조직 해산령을 내리고 6월 10일에 미나미기관도 해산했다.²⁵ 미나미기관과 관련된 버마독립운동가들을 배제하면서 제15군이 낙점한 버마인 지도자는 당시 반영운동으로 수감 중이던 바 모였다. 당시 만달레이 북쪽 마을 감옥에 수감 중이던 바 모를 5월 13일 일본군 헌병대가 찾아내자 제15군은 6월 4일 버마군정 시행에 관한 포고를 통해 중앙행정기관설립준비위원회를 발족시켰다. '버마 중앙행정기관 설립준비위원회 바 모 박사에게 부여하는 집단명령'은 "모든 시정의 목표를 대동아전쟁의 완승에 두고, 전쟁 승리를 위해 일본군의 요구를 절대 우선으로 취급해야 한다", "일본을 중심으로 한 대동아공영권의 일환으로서 대동아공영권의 건설에 힘써야 한다"²⁶라고 요구했다. 또한 건국의 이념을 '대일본제국을 맹주로 하는 대동아공영권의 일환으로 도의에 근거하는 신버마국을 건설하여 세계 신질서 창조에 기여한다'²⁷라고 명시했다.

이러한 과정에서 바 모는 3월 18일 하네다에 도착해서 3월 28일 하네다를 출발하는 열흘간의 일정으로 일본을 방문했다. 일행은 행정부장관 바 모, 내무부 장관 타킨 미야, 재무부 장관 마웅 떼인, 방위군사령관 아웅산 외에 비서 2명, 부관 1명이었다. 그리고 이 행사에 대한 보도와 선전 방

---

24 JACAR, C01000661500, 「緬甸工作に関する件」
25 JACAR, C01000775600, 「林集団軍政業務概況」
26 防衛庁防衛研究所戦史部 編, 1985, 『南方の軍政: 史料集朝雲新聞社』, 63쪽.
27 防衛庁防衛研究所戦史部 編, 1985, 앞의 책, 47쪽.

⟨그림 26⟩ 265호 표지   ⟨그림 27⟩ 266호 '바 모 장관 감격의 도쿄 체재 12일간'

향이 '성전(聖戰)하 대동아공영권의 맹주인 제국의 숭고한 태도를 안팎으로 높이는 것을 방침으로 한다'[28]라고 결정된 점에 주목할 필요가 있다.

『사진주보』는 265호(1943.3.31) 표지에 '3월 18일 오후 2시 먼 남쪽 하늘에서 날아온 특별항공기에서 내린' 바 모 버마행정장관 일행의 사진을 실었다. 흰 바탕에 공작 깃 모양을 새긴 모자와 감색 상의, 흰 바탕에 문양을 새긴 버마 전통 의상 롱기를 입은 바 모를 선두로 한 버마 일행은 '대동아공영권'을 선전하는 표상이었다. 관련 기사는 266호(1943.4.7) 6~7면에 '바 모 장관 감격의 도쿄 체재 12일간'이라는 제목 아래 황궁 및 메이지신궁, 귀족원 방문, 도조 총리의 환영 만찬 참석 등을 보도했다. 사진을 통해 대동아공영권의 일원으로 맹주 일본에 협력하는 이미지를 선전하는 한편, 기사 마지막을 "우리는 마지막 피 한 방울까지도 대동아 신질서 건설에 바칠 것을 맹세합니다"라는 바 모의 말로 마무리했다.

---

28 JACAR, A05032360800,「ビルマ行政府長官一行来訪に関する件」

〈그림 28〉 286호 표지   〈그림 29〉 286호 '버마국 적 앞의 독립의 날'

마침내 버마는 8월 1일 독립을 선포하고 새 헌법을 발표했다. 이 내용은 『사진주보』 284호(1943.8.11)에서 '버마국의 탄생'이라는 제호 아래 3~7면에 '공동전쟁과 공동건설로 일어선 새 버마국', '버마국 일어서다', '버마 방공(防共)도 도나리구미(隣組)' 등 버마 관련 기사로 채워졌다.

버마 독립의 자세한 내용은 286호(1943.8.25)에서 다루었다. 표지는 '나아가는 동아시아 대건설'이라는 제호로 버마국 국방장관 아웅 산의 얼굴을 실었다. 표지 설명에서는 "버마국의 방위를 양어깨에 짊어진 국방장관 아웅 산 소장이다. 연령 겨우 30세"라고 소개했다. 본문에서는 버마국이 독립과 동시에 일본과 동맹을 맺고 미국과 영국에 선전을 포고했다는 점과 "적을 완전히 굴복시킬 때까지 우리는 이 독립을 단련해서 적 격멸의 무기로 삼을 것이다"라는 내용의 일본에 대한 감사방송을 보도했다. '독립' 그 자체보다 신생 버마국이 미국과 영국을 상대로 하는 전쟁에서 일본과 함께 싸우게 된 것을 강조하는 내용이었다.

한편, 필리핀은 1934년 타이딩스-맥더피 법안(Tydings-McDuffie Act)

의 통과로 미국에 의해 헌법 제정 10년 후의 완전 독립을 약속받았으며, 1935년 9월에 마누엘 케손(Manuel Quezon)이 필리핀 자치령의 대통령으로 선출되었다. 미국 식민지였지만 자치정부를 통한 의회정치로 일본보다 민주국가[29]라는 자부심이 있었던 필리핀을 점령하자 일본군은 계엄령으로 의회를 해산했다. 케손 대통령이 미국으로 망명한 후 바르가스가 필리핀행정위원회 의장이 되었다. 그리고 필리핀 공화국 헌법 승인 후 호세 라우렐(José Laurel)이 국회 만장일치로 새롭게 탄생할 필리핀 공화국의 대통령으로 지명되었다.[30]

그 직후 라우렐과 바르가스, 아키노(Benigno Aquino) 일행은 일본을 방문하여 10월 1일 도조 수상 및 외무대신, 대동아대신 등과 면담했다. 이 자리에서 필리핀 독립과 동시에 미국 및 영국에 대한 선전포고를 요구받았다. 일본 측 자료에는 라우렐이 '대동아 해방을 위한 성전'에 전부를 내던질 굳은 결의를 갖고 있지만, 필리핀 국민의 동의를 얻을 시간을 달라고 호소하면서 "저는 대동아전쟁이 완전히 일본의 승리로 끝날 때가 새 필리핀이 완전히 독립할 때라고 생각합니다"[31]라고 발언했다고 기록되었지만, 라우렐의 회상록에 따르면, 선전포고 요구를 전혀 예상하지 못했기에 충격을 받았다고 한다. 필리핀인은 "미국은 필리핀의 후원자이기 때문에 미국에 선전을 포고하는 것은 인정머리 없는 방법"[32]이라고 생각하

29　石田甚太郎, 1992, 「日本軍による支配の実態と民衆の抵抗 フィリピン」, 『歴史評論』 508, 52쪽.
30　ホセ·P.ラウレル 著, 山崎重武 訳, ホセ·P.ラウレル博士戰爭回顧錄日本語版刊行委員會 編, 1987, 『ホセ·P.ラウレル博士戰爭回顧錄』, 日本教育新聞社出版局, 58쪽.
31　伊藤隆, 廣橋眞光, 片島紀男 編集, 1990, 위의 책, 262쪽.
32　ホセ·P.ラウレル, 1987, 위의 책, 60쪽.

〈그림 30〉 295호 표지 〈그림 31〉 295호 '빛나는 필리핀 독립의 날'

기 때문에 자신도 당장은 국민을 설득하기 어려우니 시간이 필요하다고 했다고 적혀 있다. 군사상의 완전 협력과 일본군대에 대한 편의 제공, 미국과 영국에 대한 '즉시 선전포고'가 필리핀이 독립을 부여받는 대가[33]라고 볼 수 있지만, 결국 필리핀에 대해서는 버마와 달리 '적절한 때 선전포고'로 바뀌었다. 『사진주보』 293호(1943.10.13)는 필리핀 헌법 초안 결정과 라우렐 일행의 방일을 보도했지만, "내일의 독립과 함께 공영권의 일원으로서 어디까지나 대동아전쟁을 싸워 이기는 결의를 충분히 엿볼 수 있다"라고 보도했을 뿐이었다.

필리핀 '독립'에 관한 기사를 보도하는 『사진주보』 295호(1943.10.27)는 표지에 라우렐의 사진을 싣고, 표지 설명에서 라우렐을 "겸허한 동양주의자로서 일찍부터 미국의 정책을 공격해왔다"라고 평가했다. 4~8면의 독립 관계 기사 중 4면의 '빛나는 필리핀 독립의 날'은 "1943년 10월

---

[33] 波多野澄雄, 1996, 『太平洋戦争とアジア外交』, 東京大学出版會, 114쪽.

14일, 필리핀은 독립을 선언하고 대동아공영권의 일원인 완전한 독립국으로 광영의 첫발을 내디뎠다"라는 문장으로 시작하여, "스페인 영유로부터 약 400년 질곡 아래 1,800만 민중이 '필리핀인의 필리핀 건설'을 목표로 싸워온 노력을 만방에 발휘하여 우리 건국의 이상으로 보답받은 결과 새 국가가 창생했으며, 용감하게 약진하는 일본과 더불어 대동아 건설에, 세계질서 확립에 발맞추어 매진하게 되었다"라고 서구 제국주의로부터의 해방이 강조되었다.

3) 대동아회의와 대동아공영권

1943년 5월 31일 어전회의에서는 대동아전쟁 완수를 위해 여러 국가와 여러 민족의 전쟁 협력 강화를 위한 여러 방책을 제시함과 동시에 10월 하순에 대동아 각국의 지도자를 모아 전쟁 완수와 대동아공영권 확립이라는 확고한 결의를 천명하고 전쟁 완수에 매진하도록 할 것[34]이 제시되었다. 그런데 이날 어전회의에서 결정된 각국에 대한 방책에는 식민지가 포함되지 않았고, 기타 점령지역(말레이, 수마트라, 자바, 보르네오, 셀레베스)에 대해서는 '민도가 낮아 독립 능력이 결핍'되었다고 평가했다. 따라서 일본이 생각하는 대동아공영권의 범위는 식민지를 제외하고, 만주국과 난징(南京)정부, 그리고 태국, 프랑스령 인도차이나, 버마, 필리핀 등 동남아시아 일부 국가라는 것을 알 수 있다. 이 사실은 일본이 1943년 11월에 개최한 대동아회의 참가 국가를 통해 확인할 수 있다.

---

34 JACAR, C12120193900, 「4, 第10回御前會議に於ける內閣総理大臣説明」

〈그림 32〉 대동아회의 참가국, 왼쪽부터 바 모, 장징후이(張景惠), 왕징웨이(汪精衛), 도조 히데키, 완와이타야콘, 호세 라우렐, 수바스 찬드라 보스

    회의 참가국은 〈그림 32〉의 왼쪽부터 버마, 만주국, 난징정부, 일본, 태국, 필리핀, 자유인도 임시정부이다. 대동아회의에 대해서는 식민지 조선 및 타이완은 물론, 동남아시아의 총인구의 60% 이상을 점하는 인도네시아, 말레이시아, 프랑스령 인도차이나를 제외한 것을 기본적 결함[35]을 지적할 수 있지만, 정식 초청을 받은 태국 피분 수상이 참석하지 않고 라마 4세의 손자 완와이타야콘을 대리로 파견했다는 점도 문제점이라고 할 수 있다. 피분 수상은 불참의 이유로 건강상의 문제를 내세우면서도, 태국은 '생성의 동기'가 버마, 필리핀, 만주국, 중화민국과 다르다는 점, 일본에 대해 굴복하는 자세를 보임으로써 국내 정치에 분규가 일어난다는 점 등

35　後藤乾一, 1995, 위의 책, 193쪽.

을 지적했다.[36] 즉, 태국은 만주국이나 난징정부와 달리 괴뢰정권이 아니며, 버마나 필리핀처럼 대동아회의를 의식하여 서둘러 독립한 나라가 아닌 본래부터 독립국이라는 의식을 갖고 있었다. 이러한 태국을 대동아회의에 부르기 위해 도조는 피분정권 강화와 태국 민심 수습에 도움이 되도록 과거에 영국과의 조약으로 태국이 포기한 영토의 회복을 추진했다. 이는 이웃 버마의 양보를 전제로 한 것이었지만 결국 피분 수상의 대동아회의 불참으로 효과를 보지 못한 셈이다. 동남아시아 중에서도 『사진주보』가 특별히 지면을 할애 해오던 태국 관련 기사는 점차 줄다가 304호 이래 사라지게 되었다.

주태국대사관 정보부 부장이었던 이와타 레이조(岩田冷鐵)는 피분의 불참 이유를 첫째, 대동아회의 참석으로 버마나 필리핀은 독립을 얻어서 이득이지만 본래부터 독립국이었던 태국은 전쟁이 휘말리게 되므로 손해이며, 둘째, 대동아공영권의 일원이 되는 것은 일본의 식민지가 된다는 것을 의미하므로 회피하려는 심리가 발동했다는 점, 셋째, 영국과 프랑스 2대 세력 사이에서 생존을 꾀해왔던 태국으로서는 '동아시아의 단일 패권'이 성립하는 것을 반가워하지 않는다는 점[37]으로 정리했다.

한편, 대동아회의에 자유인도 임시정부의 찬드라 보스가 옵저버 자격으로 참석한 것에 대해서도 살펴보자. 싱가포르에서 인도국민군을 정비하여 10월 21일에 자유인도 임시정부를 수립하고, 이틀 후 일본정부가 승인한 데는, 민족자결을 부르짖는 대서양헌장이 영국의 지배를 받는 인

---

36 波多野澄雄, 1996, 위의 책, 175쪽.
37 波多野澄雄, 1996, 앞의 책, 177쪽.

〈그림 33〉 298호 표지   〈그림 34〉 298호 '대동아 결집 국민대회장'

도의 현실을 외면하고 있다는 기만을 폭로[38]하는 의미도 있었다. 『사진주보』는 297호(1943.11.10) 6~7면에 '인도인의 인도 획득, 자유인도 임시정부 탄생하다'와 298호 14~15면의 인도국민군 사진과 함께 '동아시아에 100만 인도인 총원 무력 궐기로'라는 기사를 실었다. 이어 대동아회의 특집호라 할 수 있는 298호(1943.11.17) 표지는 "오늘날까지 전 생애를 오로지 폭도 영국 타도, 인도 해방을 위한 투쟁에 바쳐온 보스 씨 47세의 업적이다"라는 설명 아래 찬드라 보스의 얼굴을 내걸었다.

대동아회의는 1943년 일본의 패색이 짙어가는 가운데 연합군의 반격에 대비해서 아시아민족의 결속을 다지고 인적, 물적 동원에 협력하는 체제를 만드는데 그 개최 목적이 있었으나 일본 외무성과 군부의 의견이 대립하면서 당초 계획이 변질되었다.

한편, 대동아회의에 참가한 동남아시아의 '독립'국 지도자들은 연설

---

38 波多野澄雄, 1996, 앞의 책, 182쪽.

을 통해 자기 목소리를 내려고 했다. 특히 필리핀 라우렐 대통령은 회의에 초청받지 못한 '자바, 보르네오, 수마트라의 여러 민족과의 협력'[39]을 언급했다. 일본에 협력함으로써 독립을 획득하고자 했던 수카르노, 핫타 등 인도네시아 지도자들은 대동아회의 직후인 11월 15일에 도조 수상을 면담했으나 도조는 "일본의 전쟁 완수에 대해 협력해 주실 것을 기대하고 확신하는 바입니다"[40]라며 인도네시아의 전쟁 협력만을 강조했을 뿐이었다. 대동아회의를 전후하여 인도네시아 독립을 기대했던 지도자들은 일본에 대한 불신이 깊어졌다.

『사진주보』 298호는 3면에 대동아선언 내용을 싣고, "동아시아의 칼은 단지 대동아를 예속화하려는 미국과 영국의 헛된 희망을 부수는 것일 뿐, 대동아 건설은 세계 진운에 대한 공헌을 염두에 두고 있다. 동아는 이 위대한 의지를 실천함으로써 미국과 영국을 뼈저리게 깨닫게 할 것이다"라고 해설했다.

5. '대동아공영권'의 붕괴

앞에서 살펴본 바와 '대동아공영권'의 붕괴는 이미 대동아회의 개최 당시부터 일어났고 그 시작은 태국이라 할 수 있다. 일본은 1941년 12월

39　後藤乾一, 1995, 위의 책, 194쪽.
40　伊藤隆, 廣橋眞光, 片島紀男 編集, 1990, 위의 책, 367쪽.

8일 중립을 선언한 태국 영토를 침략하여 태국군과 전투를 치른 바 있다. 이는 명백히 조약 위반이기 때문에 당시 유럽과 미국에 있었던 태국 외교관이나 유학생들은 항일운동을 시작했다. 그 중심이 된 것은 재미공사 세니 프라모토였는데, 태국의 선전포고가 미국과 영국에 일본의 협박에 의한 것이라고 설득하는 한편, 태국인의 항일운동을 지도해서 일명 '자유 타이'운동을 시작했다. 태국 본국에서도 섭정 프리디의 지도 아래 '자유 타이' 조직을 결성한 후 경찰 예산을 유용해서 운동을 지원했으며, 연합군과 호응해서 일본군 붕괴를 계획했다.[41] 일본의 항복으로 계획은 실행되지 못했지만 일본 패망 후 태국이 영국과 미국에 대한 선전포고의 무효를 주장하여 패전국 취급을 면하게 된 데는 이러한 '자유 타이 운동'이 있었기 때문이었다. 『사진주보』 기사에서는 태국의 비중이 현저히 줄어 304호 '공영권 소식'에서도 태국 소식은 포함되지 않았다.

그런데 과달카날섬 전투 이후 패색이 짙어진 일본의 상황은 자연스럽게 『사진주보』에도 드러나게 되었다. 305호(1944.1.19)는 표지에 '공습에 예고없다'라는 제호를 달았고, 본문에는 '단연코 황토(皇土)를 지켜낸다', '관청 소개(疏開) 제1진 전진(轉進) 완료', '여자 경방단(警防團) 향토를 지키다' 등 공습의 불안이 일상화된 전시 국민생활을 드러냈다.

한편, 안다만섬을 배경으로 서 있는 찬드라 보스 사진을 표지로 하는 309호(1944.2.16)에도 주목할 필요가 있다. 앞에서 대동아회의 직전의 자유인도 임시정부 수립과 일본의 승인을 설명했지만, 인도 밖에서의 독립운동인 만큼 영토와 인민의 국가 구성요소를 충족하지 못하는 것이 문제가 되었다. '자유인도 임시정부 승인에 관한 법률상의 의견'은 "국가의 근

---

41 高嶋伸欣, 1992, 위의 글, 41쪽.

〈그림 35〉 309호 표지   〈그림 36〉 309호 '인도 진격의 기세 높다-보스 수반 안다만, 니코바르 제도 방문'

거를 갖지 못하는 정부를 승인한다면, 이번 전쟁에서 당장 영국 등에 망명해 있는 단지 상징적 의의만 갖는데 지나지 않는 망명정부, 혹은 충칭에 있는 조선독립정부[42] 등과 같은 존재를 역으로 이론상 근거를 갖게 하는 결과가 될 것이다"[43]라는 의견을 제시했고, 이에 일본정부는 자유인도 임시정부에게 일본해군이 점령하고 있는 안다만(Andaman) 섬과 니코바르(Nicobar)제도를 귀속시키는 방안을 검토했다. 결국 귀속 결정 후에도 일본과 인도의 공동방위를 이유로 일본군 주둔이 계속되어 인도 영토로의 귀속은 상징적 의미에 그치게 되었다.

『사진주보』 309호 표지 사진 설명은 "안다만섬의 방어선에 선 수비스 찬드라 보스 씨는 해안 너머 조국 인도를 바라보았다. 조국 인도에는 지금 거의 3억 8,000명의 동포가 굶주림과 폭압을 견디고 있다. 보스 씨의

---

42 '대한민국 임시정부'를 의미한다.
43 JACAR, B02032938600, 「「スバス・チャンドラ・ボース」ノ印度仮政府樹立関係」

그림자에는 이 괴로움이 그대로 드러나 있다. 그리고 '동포들이여, 기다려 주기를. 우리들이 돌아가는 날까지'라고 마음속으로 외쳤을 것이다"라고 적혀 있어, 영국의 폭압과 보스의 독립 의지만이 강조되었다. 이어지는 6~9면의 '인도 진격의 의욕 높다' 기사 역시 20세에서 40세까지의 인도국민군의 사진을 게재하여 그들의 인도 진격 의지를 강조하면서도 '보스 수반 안다만, 니코바르 양 제도를 방문'이라는 부제를 달아 '영토'에 대해서는 언급하지 않았다. 보스의 인도 진격 의지는 1944년 3월에야 임팔작전으로 실현되었는데, 315호(1944.4.5)의 '인도국민군과 더불어 황군, 인도 영내로 돌입하다', 319호(1944.5.3)의 '인도작전의 전모', 323호(1944.5.31)의 '황군의 용감한 전투, 임팔의 포위 압축' 등 초기의 성과를 소개하는 데 그쳤을 뿐이었다. 5월의 우기와 더불어 보급로가 막혀 기아와 전염병으로 병사 80%를 잃고 7월에 퇴각한 임팔작전은 이후 『사진주보』 지면에서 사라졌다.

한때 대동아공영권의 핵심이었던 동남아시아는 필리핀이 미군과의 공방전에서 패퇴하여 대동아공영권에서 탈락함으로써 『사진주보』에서 점차 관련 기사가 줄다가 361·362호(1945.3.7)의 '자바의 목축' 기사를 마지막으로 자취를 감추게 되었다.[44]

한편, 일본의 전황이 극도로 긴박한 상태에 이르고 있다는 것은 프로파간다 잡지인 『사진주보』 표지를 통해서도 잘 드러난다.

310호(1944.2.23)는 항공대원의 결의에 찬 경례사진, 346호(1944.11.15)는 가미카제 특공대원의 모습을 담았으며, 351호(1944.12.20)는 '총후의 전투에도 아쉬움을 남기지 마라. 육탄공격(体当たり)이다'라는 표제를 달

---

44 玉井清編, 2017, 『『写真週報』とその時代(下)』, 189쪽.

〈그림 37〉 310호 표지　　〈그림 38〉 346호 표지　　〈그림 39〉 351호 표지

았다. 특공대, 즉 '특별공격대'란 폭탄을 적재하고 적기에 부딪쳐 폭파하는 작전을 펼치는 부대로서, 탑승원의 희생을 전제로 한 작전이다. 때문에 '타이아타리(육탄공격)'는 의미상으로는 미군이 붙인 '자살공격'이라는 번역이 오히려 더 적합하다. 그런데 특공대원이 표지에 빈번히 등장하고, 총후(銃後), 즉 후방의 생활에서도 그런 희생이 강요되는 것은 일본 자체가 막다른 곳으로 몰려 있음을 보여주는 것이다.

　　이처럼 1943년 말에서 1945년에 이르는 시기의 『사진주보』는 '대동아공영권'의 내부 붕괴뿐 아니라 일본의 급박한 전시 상황을 숨기지 못하고 드리냈다.

6. 맺음말

이 글에서는 『사진주보』의 동남아시아 관련 기사를 중심으로 일본의 '대동아공영권' 구상의 실체를 분석했다. 아시아태평양전쟁 개전 이전에는 동남아시아 비중이 적었는데, 장제스원조 루트 봉쇄와 네덜란드령 동인도와의 석유에 관한 무역협정체결문제, 태국과 프랑스령 인도차이나 사이의 국경분쟁 중재 등의 문제 등 기사가 등장했다.

아시아태평양전쟁 개전 이후에는 동남아시아 각지에서의 승전소식에서 시작하여 서구 제국주의에서 해방된 동남아시아인들이 일본 점령 아래 발전하는 모습을 강조했다. 특히 도조 수상은 동남아시아 국가를 시찰하며 결속을 다지는 한편, '대동아공영권의 맹주'로서의 이미지도 부각시켰다. 미디어 이용에 탁월했던 도조는 버마와 필리핀에 독립을 부여하고, 자유인도 임시정부를 승인했다. '대동아공영권'의 독립국인 태국에 대해서는 과거의 영토를 회복시키고 특별히 『사진주보』의 지면을 할애했지만, 대동아회의에 피분 수상이 불참한 것은 '대동아공영권'의 내부로부터의 붕괴를 의미했다.

한편, 『사진주보』는 일본의 패전 상황에 대해서 보도하지 않았지만, 점차 지면에서 축소되는 동남아시아 관계 기사와 전쟁기사, 일본 각지의 공습 대응 기사는 패색이 짙어가는 전황을 그대로 드러내게 되었다.

참고문헌

자료
JACAR, C12120201400,「対仏印, 泰施策要綱 大本営政府連絡會議決定 昭和16年 1月 30日」
JACAR, C12120153000,「昭和16年 11月 26日決定 占領地軍政実施に関する陸海軍中央協定」
JACAR, C01000661500,「緬甸工作に関する件」
JACAR, C01000775600,「林集団軍政業務概況」
JACAR, A05032360800,「ビルマ行政府長官一行来訪に関する件」
JACAR, C12120193900,「4, 第10回御前會議に於ける內閣総理大臣説明」
JACAR, B02032938600,「「スバス・チャンドラ・ボース」ノ印度仮政府樹立関係」

단행본
김영숙, 2021, 『사진과 그림으로 보는 전시 일본의 프로파간다』, 동북아역사재단.
조흥국, 2015, 『근대 태국의 형성』, 소나무.
安達宏昭, 2002, 『戰前期日本と東南アジア-資源獲得の視点から-』, 吉川弘文館.
倉沢愛子, 2012, 『資源の戦争「大東亞共榮圈」の人流・物流』, 岩波書店.
後藤乾一, 1995, 『近代日本と東南アジア』, 岩波書店.
玉井清編, 2017, 『『写真週報』とその時代(上・下)』, 慶応義塾大学出版株式會社.
波多野澄雄, 1996, 『太平洋戰爭とアジア外交』, 東京大学出版會.
半藤一利・加藤陽子・保阪正康, 2021, 『太平洋戰爭への道 1931-1941』, NHK出版.
ホセ・P.ラウレル 著, 山崎重武 訳, ホセ・P.ラウレル博士戦争回顧録日本語版刊行委員會 編, 1987, 『ホセ・P.ラウレル博士戰爭回顧録』, 日本教育新聞社出版局.
防衛庁防衛研究所戰史部 編, 1985, 『南方の軍政: 史料集朝雲新聞社』.
吉田裕, 2007, 『アジア・太平洋戰爭』, 岩波書店.

논문
김영숙, 2006, 「태평양전쟁기 일본의 대외 선전-대외 선전 잡지와 정보시스템을 중심으로-」, 『일본역사연구』 24.

김영숙, 2025, 「『사진주보』를 통해 본 식민지의 표상과 역할」, 『일본학』 65.
石田甚太郎, 1992, 「日本軍による支配の実態と民衆の抵抗 フィリピン」, 『歴史評論』 508.
伊藤 隆・廣橋眞光・片島紀男編, 1990, 『東条内閣総理大臣機密記録: 東条英機大将言行録』, 東京大学出版會.
奥健太郎, 2009, 「戰時下日本の労働動員と政府宣伝: 『写真週報』に描かれた女性労働」, 『法学研究』 82-2.
小田義幸, 2015, 「日本の南方進出と戰時プロパガンダ: 日米開戰以前の『写真週報』にみる南方進出」, 『法学研究』 88.
加納実紀代, 2008, 「日本の戰爭プロパガンダとジェンダー―『写真週報』の「大東亞共榮圏」「米英鬼畜」表象を中心に―」, 『人文社會科学研究所年報』 6.
高嶋伸欣, 1992, 「日本軍による支配の実態と民衆の抵抗 タイ」, 『歴史評論』 508.
中尾裕次, 1991, 「蘭印作戰をめぐる南方軍と海軍の葛藤」, 『軍事史学』 27-2・3.

III.
제2차 세계대전 시기 일본의 인도차이나 광물자원 동원과 '대동아공영권'의 현실

정재현 | 목포대학교

1. 머리말

  1940년 9월 22일 프랑스와 일본 정부 사이에 군사 협정이 체결되면서 프랑스령 인도차이나에는 일본군이 진주(進駐)하였다. 이로써 인도차이나는 동남아시아에 있는 서구 열강의 식민지 가운데 최초로 일본의 '대동아공영권'에 예속된 지역이 되었다. 그렇지만 인도차이나는 일본이 군사 정변을 일으켜 프랑스 식민 권력을 전복시키는 1945년 3월 9일 전까지 동남아시아에서 유일하게 기존의 서양 식민 권력이 유지된 지역이기도 했다.[1] 그렇기에 제2차 세계대전 동안 인도차이나의 정치·경제 상황은 일본군이 점령하여 직접 통치한 동남아시아의 다른 지역들과는 사뭇 달랐다.

  인도차이나에서 일본은 프랑스 당국이 계속해서 식민지 행정을 담당하게 하면서, 그에 영향력을 행사하는 '간접 통치'를 실시하였다. 이러한 방식을 통해 일본은 통치 비용을 절감하면서도 인도차이나를 태평양전쟁의 후방 기지로 활용하고자 하였다. 그리하여 인도차이나에서는 프랑스와 일본이라는 두 제국 권력이 '동거'하는 기묘한 상황이 펼쳐졌다. 베트남인들은 이를 '하나의 목에 두 개의 올가미(một cổ hai tròng)'가 씌워진 상황에 비유한다.[2] 그렇지만 인도차이나의 식민지인들에게 올가미를 걸어 매고 있는 두 '주인'의 사이는 원만하지도, 대등하지도 않았다. 이 둘

---

[1] 白石昌也·古田元夫, 1976, 「太平洋戰争期の日本の対インドシナ政策-その二つの特異性をめぐって-」, 『アジア研究』 23巻 3号.

[2] Tạ Thị Thúy (chủ biên), 2014, *Lịch sử Việt Nam, tập 9: Từ năm 1930 đến 1945*, Nxb. Khoa học Xã hội, 494.

의 관계를 잘 표현하는 단어는 '협력'과 '경쟁'이었다.[3] 힘의 우위가 일본에 있음은 명백했고, 일본 당국은 군사적 우위를 무기로 프랑스 측에 여러 요구를 강제하곤 하였다. 프랑스 식민 당국은 인도차이나에 대한 주권을 명목적으로나마 유지하려면 이러한 요구를 받아들일 수밖에 없었다. 그러나 그러면서도 프랑스 당국은 일본의 심기를 건드리지 않는 선에서 가능한 한 프랑스의 기득권을 지키려 애썼다. 한 역사가의 평가에 따르면, 프랑스인들은 "매우 창의적으로 점령자[일본]의 기획을 좌절시키곤 하였다."[4] 일본 측도 인도차이나에서 자신이 원하는 것을 수월하게 얻어 내려면 프랑스 당국을 이용할 필요가 있었으며, 어느 정도는 프랑스 측과 협력해야 했다. 그리하여 제2차 세계대전 시기에 인도차이나는 겉으로는 평화가 유지되면서도 속에서는 두 제국 권력이 치열하게 경쟁하고, 대립하고, 갈등하는 무대가 되었다.[5]

경제적 측면에서 일본이 인도차이나에서 가장 중점을 두었던 목표는 전쟁물자의 확보였다. 일본은 인도차이나의 자원이 중일전쟁 개전 이후 심화하고 있던 물자 부족 문제를 부분적으로나마 해결해 주리라고 기대하였다. 인도차이나의 자원을 통제하려는 일본의 이 같은 기획은 프랑스

---

3   Murakami Sachihiko, 1981, *Japan's Thrust into French Indochina 1940-1945*, New York University, 1.

4   Delphine Boissarie, 2015, "Indochina during World War II: An Economy under Japanese Control," in *Economies under Occupation: The Hegemony of Nazi Germany and Imperial Japan in World War II*, eds. Marcel Boldorf and Okazaki Tetsuji, Routledge, 240.

5   Paul Isoart (dir.), 1982, *L'Indochine française 1940-1945*, Presses Universitaires de France; Jacques Valette, 1993, I*ndochine 1940-1945*: Français contre Japonais, SEDES; Namba Chizuru, 2012, *Français et Japonais en Indochine (1940-1945): colonisation, propagande et rivalité culturelle*, Karthala.

의 기득권에 위협을 가하였다. 프랑스 식민 당국의 보살핌을 받으며 인도차이나 경제를 독점적으로 지배해 온 프랑스 기업들은 이제 일본 정부와 일본군이 후원하는 일본 기업들과 경쟁해야 하는 처지에 놓였다. 더군다나 전쟁의 그림자가 인도차이나까지 그늘을 드리우면서 인도차이나의 생산과 교역 체계 자체가 점점 더 심각한 위기에 봉착했다. 결국 인도차이나 식민지 경제는 일본군이 군사 정변을 일으켜서 프랑스 식민 권력을 제거하는 1945년 3월 9일 이전에 이미 무너지기 시작하였다.[6]

태평양전쟁 기간에 동남아시아에서 일본이 추진한 자원 동원 정책에 관해서는 일본 학자들을 중심으로 이미 많은 연구가 이루어졌다.[7] 다부치 유키치카(田渕幸親)는 일본이 인도차이나에서 획득하고자 한 가장 중요한 물자를 쌀로 파악하고, '식량 확보를 위한 전략'을 중심으로 일본의 인도차이나 '식민지'화 계획과 그 실태를 분석하였다.[8] 그는 일본이 프랑스 "식민지 정권을 잔존시킨 채 인도차이나를 일본의 '식민지'로 만들었다"라고 보았는데,[9] 이는 "인도차이나 당국의 소극적인 저항이 있기는 했지

---

6 Jacques Martin, 1985, "L'économie indochinoise pendant la guerre 1940-1945," *Revue d'histoire de la Deuxième Guerre mondiale*, no. 138; Lê Mạnh Hùng, 2004, *The Impact of World War II on the Economy of Vietnam 1939-45*, Eastern Universities Press; Pierre Brocheux, 2009, *Une histoire économique du Viet Nam 1850-2007*, Les Indes savantes, 154-165.

7 Shiraishi Masaya (ed), 2015, *Indochina, Thailand, Japan and France during World War II: Overview of Existing Literature and Related Documents for the Future Development of Research*, Waseda University of Asia-Pacific Studies.

8 田渕幸親, 1980, 「日本の対インドシナ「植民地」化プランとその実態」, 『東南アジア-歴史と文化-』9号; 1981, 「『大東亞共榮圏』とインドシナ-食糧獲得のための戰略-」, 『東南アジア-歴史と文化-』10号.

9 田渕幸親, 「『大東亞共榮圏』とインドシナ」, 58쪽.

만", 전체적으로 보았을 때 전쟁 수행을 위한 자원 동원을 골자로 하는 "일본의 인도차이나 경제 지배"가 실현되었다고 판단하였기 때문이다.[10] 시라이시 마사야(白石昌也)는 인도차이나의 자원을 확보하기 위한 일본의 계획과 전략을 상세히 검토하였다.[11] 이로부터 그는 "일본의 경제 정책이 본질적으로 인도차이나 자원의 수탈을 기도하는 것"에 있었으며, "황국의 이익 신장과 토착민의 민생"을 조화시키겠다던 일본 당국의 공언이 공허한 구호에 지나지 않았다는 결론을 도출하였다.[12] 이 같은 선구적 연구 업적들을 바탕으로 다음 세대의 연구자들은 일본의 인도차이나 자원 동원 전략을 더 구체적으로 파고들었다. 히키타 야스유키(疋田康行)는 일본 기업들의 인도차이나 광산 개발 사업 진출을 중심으로 일본군의 인도차이나 진주 이전부터 태평양전쟁 발발 시점까지 "일본의 인도차이나 경제 침략" 과정을 추적하였다.[13] 아다치 히로아키(安達宏昭)도 태평양전쟁 발발 이전까지 동남아시아에서 일본이 광물자원을 확보하기 위해 전개한 활동들을 연구하면서 그 일환으로 일본 기업의 인도차이나 광산 개발 사업 진출을 다루었다.[14]

이상의 연구는 일본 측 사료를 꼼꼼히 분석하여 일본의 인도차이나 자원 동원 정책을 밝히는 데 집중하였다는 공통점을 지닌다. 그러나 이

---

10 田渕幸親, 「日本の対インドシナ「植民地」化プランとその実態」, 115쪽.
11 白石昌也, 1986, 「第二次大戰期の日本の対インドシナ経済政策」, 『東南アジア-歴史と文化-』 15号; 1986, 「1940~1941年インドシナをめぐる日仏経済交渉-交渉に臨んでの日本側の意図」, 『第二次世界大戰とアジア社會の変容』, 大阪外國語大學アジア研究會.
12 白石昌也, 「第二次大戰期の日本の対インドシナ経済政策」, 44쪽, 50~51쪽.
13 疋田康行, 阿曽村邦昭 (編), 2013, 「戰前·戰時期日本の対インドシナ経済侵略について」, 『ベトナム國家と民族 上卷』, 古今書院. 이 논문은 1992년에 처음 발표되었다.
14 安達宏昭, 2002, 『戰前期日本と東南アジア-資源獲得の視点から-』, 吉川弘文館.

연구들은 일본의 전략이 현지 상황과의 상호작용 속에서 어떻게 실현되었는지를 규명하는 데는 명백한 한계를 보인다. 앞에서 밝힌 것처럼 인도차이나에는 프랑스 식민 당국이 존속하였고, 일본 당국과 기업들은 이를 고려하면서 행동해야 했다. 그 외에도 자원의 부족 및 개발 상황, 노동력 및 운송 조건 등이 일본의 인도차이나 자원 동원 능력에 영향을 미쳤다. 그러므로 일본의 의도와 계획에만 주목하는 연구는 한계를 지닐 수밖에 없다. 그러므로 일본이 인도차이나의 자원을 어떻게 동원하였는지 이해하려면 일본의 정책뿐 아니라 프랑스 식민 당국의 대응도 함께 살펴봐야 하며, 프랑스 측 사료의 검토와 당시 인도차이나 현지의 상황에 대한 이해가 필수적이다. 이를 고려하여 본 연구는 일본의 정책 결정자들이 본 방식이 아니라 인도차이나 현지의 맥락 속에서 일본의 자원 동원 전략이 현실화하는 과정과 그 결과를 살펴보고자 한다. 이를 위해서 본 연구는 일본 측 사료뿐 아니라 기존 연구에서 충분히 활용되지 않았던 프랑스 측 사료를 적극적으로 활용하였다. 일본 측 사료로는 국립공문서관(國立公文書館), 아시아역사자료센터(アジア歴史資料センター, 이하 JACAR)의 문서들을 검토하였으며, 프랑스 측 사료로는 국립해외문서보관소(Archives Nationales d'Outre-Mer, 이하 ANOM)와 외무부문서보관소(Archives du Ministère des Affaires étrangères, 이하 AMAE)의 문서들을 주요 분석 대상으로 삼았다.

　본 연구는 일본이 인도차이나에서 동원한 여러 자원 가운데 광물자원에 초점을 맞추었다. 일본의 자원 동원 전략이 현지의 상황 속에서 실현되는 과정을 구체적으로 분석하려면 인도차이나의 자원을 뭉뚱그려서 살펴보기보다는 특정 자원의 동원 양상을 세밀하게 추적하는 사례 연구가 선행되어야 한다고 판단했기 때문이다. 광물자원은 제2차 세계대전 동안 인도차이나에서 일본이 관심을 보인 대표적인 자원이었을 뿐 아니라, 일본 기업들이 직접 개발에 뛰어든 부문이기도 했다. 본론 첫째 장에서는 1940년 9월 일본군의 인도차이나 진주 이후 일본이 수립한 인도차이나 광물자원 동원 정책을 살펴볼 것이다. 이어서 둘째 장에서는 일본의 인도차이나 광산 개발 실태를 확인하고, 마지막으로 셋째 장에서는 인도차이나 광물자원의 일본 공급이 어떻게 이루어졌는지 종합적으로 검토하도록 하겠다.

2. 일본의 인도차이나 광물자원 동원 정책

1) 일본의 인도차이나 진주와 자원 동원 계획

1939년 9월 유럽에서 전쟁이 발발했지만, 인도차이나의 상황이 즉각 근본적으로 바뀌지는 않았다. 제2차 세계대전 발발 이후로도 수개월 동안은 프랑스의 식민 지배가 여전히 견고했고, 해외무역을 비롯한 인도차이니의 경제 활동도 큰 어려움 없이 계속되었다.[15] 그러나 1940년 6월 프랑스가 독일에 패배하면서 돌연 상황이 바뀌었다. 이때부터 인도차이나는 '동아신질서(東亞新秩序)'를 수립하려는 일본의 위협에 노출되었다.[16]

15　Lê Mạnh Hùng, *The Impact of World War II on the Economy of Vietnam*, 121-147.
16　Murakami Sachiko, 2019, *Japan's Thrust into French Indochina 1940-1945*; Franck

유럽에서 프랑스가 패배하자, 일본은 프랑스에 대한 압박의 수위를 높여 갔다. 먼저 일본은 인도차이나를 통과하여 중국으로 들어가는 전략물자의 운송을 완전히 중단하고, 이를 감시할 일본 조사단의 배치를 수용하도록 강요하였다. 인도차이나의 프랑스 당국이 이를 받아들이자, 다음으로 일본은 북부 인도차이나에 군대를 주둔시킬 수 있는 권리를 요구하였다. 그리하여 양국은 1940년 8월 30일에 도쿄에서 인도차이나에 관한 원칙적인 합의에 도달하였다. 이 합의는 서명 당사자인 일본 외무대신 마쓰오카 요스케(松岡洋右)와 주일 프랑스 대사 샤를 아르셴앙리(Charles Arsène-Henry)의 이름을 따서 '마쓰오카-앙리 협정'이라 불렸다. 합의문에서 "프랑스 정부는 극동의 경제·정치 분야에서 일본의 우월적 이익을 인정"하는 대신 "일본이 극동에서 프랑스의 권리와 이익, 특히 인도차이나의 영토 보전과 인도차이나 연방 전체에 대한 프랑스의 주권을 존중"하겠다는 약속을 얻어냈다.[17] 뒤이어 9월 22일에 하노이에서 체결된 군사협정으로 일본은 통킹에 최대 6천 명의 병력을 주둔시키고, 비행장 3개를 사용할 수 있는 권리와 함께 최대 2만 명의 병력을 이동시킬 수 있는 권리를 획득하였다. 이로써 인도차이나는 '대동아공영권'에 예속되었다.

일본의 인도차이나 진주는 '남진(南進)'의 첫걸음이었다. '남진론'은 20세기 초부터 일본의 각계각층에서 꾸준히 제기되었지만, 일본의 국가 정책으로 채택된 것은 중일전쟁이 수렁에 빠진 1930년대 말의 일이

Michelin, *La guerre du Pacifique a commencé en Indochine 1940-1941*, Passés composés.

[17] JACAR, B02030669000, 「松岡・アンリ協定」; AMAE, 3GMII, 275, *Échange de lettres entre l'ambassadeur de France à Tokyo et le ministre des affaires étrangères du Japon*, 30 août 1940.

었다.[18] 이 시기에 일본이 동남아시아에 새삼스럽게 관심을 보이게 된 까닭은 이 지역이 일본의 전쟁 수행에 필수적인 자원을 풍족하게 보유했다고 여겼기 때문이었다. 일본의 지도자들은 동남아시아 지역을 '대동아공영권'에 통합함으로써 영국과 미국에 대한 경제적 의존을 극복할 수 있으리라 기대했다.[19]

그러나 자원 확보와 관련하여 일본이 동남아시아에서 가장 주목한 지역은 석유 등의 핵심 전략물자가 풍부한 네덜란드령 동인도(인도네시아)였다. 반면에 1940년 6월에 일본 정부가 처음 인도차이나 진출을 구상했을 때만 해도 인도차이나의 자원에 관한 관심은 그리 크지 않았다. 당시에 일본이 인도차이나에 주목한 배경은 우선 지정학적·군사적 측면에 있었다. 즉, 인도차이나를 한편으로는 중국 남부의 국민당 세력을 압박하고, 다른 한편으로는 다른 동남아시아 지역으로 진출하는 전진기지로 삼으려는 것이 일본의 주된 의도였다. 그렇지만 인도차이나를 일본의 세력권으로 끌어들인다는 목표가 점차 현실화되어 가자, 일본 정부는 인도차이나의 자원에도 주목하기 시작하였다.

이러한 변화에는 크게 세 가지 요소가 작용하였다.[20] 첫째, 미국의 대일 압박이 거세지면서 미국으로부터 물자를 확보하는 것이 점점 더 어

---

18 Mark R. Peattie, "*Nanshin*: "Southward Advance," 1931-1941, as a Prelude to the Japanese Occupation of Southeast Asia", Peter Duus, Ramon H. Myers and Mark R. Peattie (eds), 1996, *The Japanese Wartime Empire, 1931-1945*, Princeton University Press; 허영란, 2022, 『남양과 식민주의-일본 제국주의의 남진과 대동아공영권-』, 사회평론아카데미.

19 마이클 A. 반하트, 박성진·이완범 옮김, 2016, 『일본의 총력전-1919~1941년 경제안보의 추구-』, 한국학중앙연구원출판부.

20 白石昌也, 「第二次大戰期の日本の対インドシナ經濟政策」, 32~34쪽.

려워졌다. 둘째, 네덜란드령 동인도에서 필요한 자원을 확보하려는 계획은 네덜란드 당국의 비타협적인 태도로 인해 난관에 봉착하였다. 반면에 일본의 동맹국인 독일에 대해 '협력(collaboration)' 정책을 펼치는 비시(Vichy) 정권이 들어선 프랑스 당국과의 협상은 비교적 일본이 원하는 방향으로 순조롭게 진행되었다. 셋째, 1939년 여름부터 일본의 식량 사정이 악화하면서 세계 3위의 쌀 수출국이었던 인도차이나가 일본의 새로운 식량 공급처로 부상하였다.[21] 전쟁에 필요한 자원의 부족에 시달리던 일본은 자원을 확보하기 위해 모든 방도를 강구해야 하는 처지에 놓였다. 인도차이나가 일본에 제공할 수 있는 자원이 핵심 전략물자가 아니라고 해도, 혹은 그 양이 많지 않다고 해도 일본은 그에 무관심할 수 없었다.

1940년 8월 30일에 체결된 '마쓰오카-앙리 협정'에서 양측은 조만간 인도차이나에 관한 경제 협상에 착수하기로 합의하였다. 그에 따라 일본 전시 경제의 기획과 조정을 담당한 기획원(企劃院)이 인도차이나에 대해 실시해야 할 경제 정책의 기본방침을 담은 문서 세 건을 1940년 9월 중 각료회의에 제출하였다. 이것이 9월 3일 각료회의에서 채택된 「대(對) 프랑스령 인도차이나 경제 발전을 위한 시책」과 「대(對) 프랑스령 인도차이나 물자 취득 및 무역 방책 요령(A)」, 9월 24일 각료회의에서 채택된 「대(對) 프랑스령 인도차이나 물자 취득 및 무역 방책 요령(B)」이다.[22]

먼저 「대(對) 프랑스령 인도차이나 경제 발전을 위한 시책」은 서두에서 "세계 신질서의 진전에 따라 경제권(經濟圈) 발생의 필연성이 확인되

21　田渕幸親, 「日本の対インドシナ「植民地」化プランとその実態」; 『「大東亞共榮圈」とインドシナ」.

22　白石昌也, 「第二次大戰期の日本の対インドシナ経済政策」, 35~39쪽.

므로, 공존공영의 대국적 입장에 기초하여 속히 프랑스령 인도차이나와 경제적 긴밀화를 도모하고, 황국을 중심으로 한 대동아공영권의 일환으로 삼는 결실을 거두는 것을 목표로" 해야 한다고 선언하였다. 그러나 인도차이나를 대동아공영권에 편입하려는 목적이 일본과 인도차이나의 '공존공영'이 아니라, 일본의 전쟁 수행을 위해 인도차이나의 자원을 활용하려는 데 있다는 점은 이 문서에서도 명백히 드러난다. 이 문서는 "황국이 필요로 하는 중요 물자는 가급적 대동아권 내에서 확보하여 영국과 미국으로부터 자원적 독립을 도모하기 위해서, 프랑스령 인도차이나에 대해서도 일본 기업의 창설 및 경영에 대한 특별 편의의 제공을 요구하고, 그와 동시에 황국의 필수 중요 물자를 황국에 우선 수출하도록 하는 무역협정을 설정하도록 노력할 것"을 정책 목표로 제시한다.[23]

「대(對) 프랑스령 인도차이나 물자 취득 및 무역 방책 요령」이라는 제목의 두 문서는 이를 위해서 취해야 할 구체적인 조치를 담고 있다. 그 가운데 첫 번째 문서(9월 3일 각료회의에서 통과)는 단기간에 실행될 수 있는 '응급 방책'을 다루며, 두 번째 문서(9월 24일 각료회의에서 통과)는 중장기적 관점에서 추진해야 할 '항구 방책'을 다루었다. 먼저 '응급 방책'은 인도차이나에서 기존에 생산되던 물자 가운데 일본이 필요로 하는 것들을 확보하는 데 초점을 맞추었다. 여기에서 핵심은 "프랑스령 인도차이나에서 생산·집하되는 물자, 예를 들어 철광석, 망간 광석, 텅스텐, 주석, 안티모니, 아연, 규사, 인회석, 생고무, 무연탄, 공업용 소금, 옻, 송진, 쌀, 옥수수, 소가죽 등은 본국의 필요량이 우선 공급될 수 있도록 프랑스령 인도차이나 정부가 보증하게 하는 등의 조치를 취하는 것"이었다. 이는 이

---

23 JACAR, B08060400400,「對佛印支經濟發展ノ爲ノ施策」, 閣議決定, 1940年9月3日.

도차이나 상품의 일본 수출 할당량을 설정하는 무역협정을 체결함으로써 달성될 수 있었다. 그에 더해서 기획원은 일본이 인도차이나의 물자를 더 낮은 가격에 구매할 수 있도록 프랑스 당국이 부과하는 수출관세를 폐지하도록 유도할 필요성을 지적하였다. 실제로 인도차이나와의 무역 관계에서 일본이 가진 고질적인 문제는 무역 적자였다. 이러한 상황이 지속된다면 일본이 인도차이나의 물자를 확보하는 능력은 저해될 수밖에 없었다. 그러므로 기획원은 무역 적자를 줄이기 위해 일본 상품의 인도차이나 수출을 장려하는 한편, 일본의 외환보유고를 절약하기 위한 결제 시스템도 설정하고자 하였다. 이러한 조치의 궁극적인 목적은 인도차이나로부터 획득하는 물자의 양을 늘리는 것이었다.[24]

그러나 기존에 생산되던 물자를 획득하는 것만으로는 충분하지 않았다. 기획원은 미개발 상태의 자원이나 충분한 양이 생산되지 않는 자원에 대해서는 일본 기업이 직접 개발에 참여할 필요가 있다고 보았다. 이것이 '항구 방책'에서 다루는 중장기적 조치의 목적이었다. 그 전제조건은 "일본인의 기업 경영에 대한 제한을 철폐"하는 것이었다.[25] 당시 프랑스 당국의 규정에 따르면, 인도차이나에서 광업 활동을 하려는 회사는 "프랑스 법에 의거해 설립되어야 하며, 프랑스 또는 프랑스 식민지들에 본사를 두어야" 하고, "회장과 전무이사를 포함한 이사진의 3/4과 광산소장이 프랑스 국적자, 식민지 신민 혹은 보호령 주민이어야" 했다.[26]

---

24 JACAR, B08060400400,「對佛印支物資取得竝ニ貿易方策要領」, 閣議決定, 1940年 9月3日.

25 JACAR, B08060400400,「對佛印支物資取得竝ニ貿易方策要領」, 閣議決定, 1940年 9月24日.

26 Décret du 8 janvier 1916 fixant les conditions relatives à l'octroi des permis miniers

그에 따라 인도차이나 광산 개발을 위해 1938년에 설립된 일본 기업인 인도차이나산업주식회사(印度支那産業株式會社, Compagnie indochinoise de commerce et d'industrie)는 프랑스인 동업자들을 명의 대여인으로 내세우는 편법을 택하였다. 인도차이나산업회사의 자회사로 1940년 3월에 설립된 인도차이나광업주식회사(印度支那鑛業株式會社, Compagnie indochinoise d'industrie minière)도 정식으로 광업 활동 허가를 받기 위해 이사진 4명 가운데 3명을 프랑스인으로 채워야 했다.[27] 이처럼 외국인의 광업 활동을 제한하는 인도차이나의 규정은 우회할 방법이 없진 않지만, 일본 기업의 활동을 방해하는 거추장스러운 족쇄로 작용하였다. 기획원은 이러한 규정과 더불어 타이응우옌(Thái Nguyên)성의 넓은 철광석 매장지를 개발 보류 구역으로 묶어둔 프랑스 당국의 결정을 철폐해야 할 대표적인 규제로 손꼽았다. 또한 기획원은 자원개발을 보조하기 위해서 "전문적 현지 조사를 실시"하고, 현지에 "시험 연구 기관을 설립"하는 것도 계획하였다. 다른 한편으로는 인도차이나에 진출한 일본 기업 간의 불필요한 경쟁을 방지하기 위해서 "적정한 통제"가 필요하며, '일만지(日滿支)'에 걸친 제국적 차원의 자원 동원 계획 속에서 인도차이나 자원에 대한 "종합적 개발 계획"이 수립되어야 한다고도 강조하였다. 이러한 주장은 인도차이나 자원개발이 그 자체가 목적이 아니라 일본의 전쟁 수행에 필요한 물자를 효과적으로 획득하기 위한 것임을 여실히 드러낸다.[28]

---

dans les colonies françaises, *Journal officiel de la République française, Lois et décrets*, 13 janvier 1916.

27 정재현, 2024, 「제2차 세계대전 전 일본 기업의 프랑스령 인도차이나 진출-인도차이나산업회사를 중심으로-」, 『사총』 111.

28 JACAR, B08060400400, 「對佛印支物資取得並二貿易方策要領」, 閣議決定, 1940年

요컨대 인도차이나 자원의 동원에 관해 기획원이 고안한 전략은 이원적이었다. 기획원은 인도차이나가 이미 충분히 생산하고 있는 자원에 관해서는 생산물의 분배 단계에 개입하여 일본이 필요로 하는 자원을 확보하는 것으로 만족하였다. 반면에 미개발 상태로 남아 있거나, 충분히 생산되지 않는 자원에 관해서는 일본 기업들의 진출을 통해 생산 단계에 직접 개입하여 필요한 자원을 확보하고자 하였다. 이후 일본의 인도차이나 자원 동원 정책은 이 같은 이원적 전략에 기초해 전개된다.

2) 1941년 5월 6일 프랑스-일본 경제 협정

기획원이 수립한 정책에 기초해서 일본 정부는 1940년 12월부터 도쿄에서 프랑스 정부 대표와 경제 협상에 착수하였다. 긴밀한 경제 관계를 구축한다는 원칙론에는 양측의 의견이 일치했다. 일본이 인도차이나의 자원을 원하는 만큼이나 인도차이나도 일본과의 교역이 필요했다. 전쟁 전까지 인도차이나의 가장 중요한 교역 상대국이었던 프랑스와의 교역은 프랑스의 패배 후 사실상 단절되었다. 전쟁의 여파로 인도차이나 경제가 붕괴하지 않으려면 인도차이나의 수출 상품을 구매하고, 인도차이나가 필요로 하는 물자를 공급해 줄 새로운 교역 상대국이 필요했다. 인도차이나의 프랑스 당국은 일본이 그러한 역할을 해주기를 바랐다. 그렇지만 원칙론적 합의를 넘어서 개별 사항에 관한 논의로 들어가자, 일본과 프랑스 간의 협상은 첨예한 갈등에 부딪혔다. 기본적으로 프랑스는 일본에 인

9月24日.

도차이나의 자원을 제공하는 대신 최대한 많은 대가를 받고자 했지만, 일본은 인도차이나가 원하는 것을 공급하는 데에는 큰 관심이 없었다. 다른 한편으로 일본은 인도차이나에서 일본인의 경제 활동에 대한 규제가 완전히 철폐되기를 원했지만, 프랑스는 일본인의 경제 활동을 견제하는 장치들을 유지하고자 하였다. 협상은 난항을 겪은 끝에 1941년 5월 6일에야 합의에 도달하였다.[29]

이 경제 협정에서 핵심적인 부분은 인도차이나와 일본이 각각 상대방에게 수출해야 하는 상품의 할당량을 설정하기로 했다는 것이다. 「일본·인도차이나 간 관세 제도와 무역 및 그 결제양식에 관한 일본·프랑스 협정」의 제15조는 다음과 같이 명시하였다.

양국 정부의 관계 당국은 매년 다음 연도에 대해 한편으로는 일본에 수입되어야 할 인도차이나 생산품의 품목과 수량을, 다른 한편으로는 인도차이나에 수입되어야 할 일본 생산품의 품목과 수량, 그리고 인도차이나 수입 시 할당제도가 적용되는 생산품에 대해 일본에 허용될 할당량을 합의하여 결정한다.[30]

이로써 일본은 인도차이나의 주요 수출 물자를 우선 확보할 수 있는 기반을 마련하였다. 또한 양측 대표는 1941년에 인도차이나와 일본이 각자 상대방에게 수출할 상품의 최소 수량도 결정하였다(〈표 1〉 참조).

29　白石昌也, 「第二次大戰期の日本の対インドシナ経済政策」, 41~43쪽.

30　AMAE, 17GMII, 354, "Accord franco-japonais relatif au régime douanier, aux échanges commerciaux et à leurs modalités de règlement entre l'Indochine et le Japon"; JACAR, B13090962700, 「日本國印度支那間關稅制度, 貿易及其ノ決濟ノ樣式ニ關スル日佛協定」.

<표 1> 1941년 일본에 수입되어야 할 인도차이나 상품의 할당량 (단위: 톤)

품목	수입 수량
쌀	900,000
옥수수	200,000
후추	2,000
소금	40,000
소 생가죽	400
물소 생가죽	1,400
피마자유	1,000
동유(桐油)	800
생고무	15,000
송진	400
옻	1,500
유리 제조용 모래	80,000
인회석	무제한
석탄	800,000
철광석	무제한
망간 광석	전체 생산량
텅스텐 광석	전체 생산량 (300~350톤으로 예상)
주석	전체 생산량 (3,100톤으로 예상) 중 300톤 제외한 나머지
안티모니 광석	전체 생산량
크롬 광석	전체 생산량
아연괴	전체 생산량(6,000~8,000톤으로 예상) 중 약 65%
코프라	생산량 중 수출할 수 있는 수량 전체

출처: AMAE, 17GMII, 354, "Liste C: Produits indochinois susceptibles d'être importés au Japon en 1941" JACAR, B13090962900, 「丙表一千九百四十一年ニ於テ日本國ニ輸入セラルベキ印度支那産品」.

일본은 무역협정에 관해서는 만족스러운 결과를 얻었지만, 인도차이나에서 일본인의 경제 활동을 제한하는 규정들을 철폐하는 문제에서는 그렇지 못했다. 일본 측은 인도차이나에서의 경제 활동에 관해서 일본인에게 프랑스인과 동등한 권리를 부여해 달라고 요구하였다. 실제로 「프랑스령 인도차이나에 관한 일본·프랑스 거주·항해 조약」 제1조는 인도차이나에서 일본인이 '내국민'과 동등한 자격으로 상업과 제조업에 종사할 수 있다고 규정하였다.[31] 그렇지만 광업 분야는 여기에 해당하지 않았고, 일본인의 광업 활동을 제한하는 규제는 완전히 사라지지 않았다. 공표되지 않은 「의정서」 제5조는 프랑스와 일본 양측이 자본금과 이사진을 절반씩 분할하는 프랑스·일본 합작회사에 광업권을 부여할 수 있다고 규정하였다.[32] 이는 기존의 인도차이나 광업 규정에 비해 프랑스인 이사의 비율을 75%에서 50%로 낮춘 것이지만, 전에는 없던 투자 비율에 대한 제한을 신설한 것이었다. 이 규정에 따라 일본 자본이 인도차이나의 광물자원 개발에 합법적으로 참여하려면 여전히 프랑스 자본과 손을 잡아야만 했다.

3) 일본의 인도차이나 자원조사단의 활동

인도차이나의 자원 동원을 위한 일본의 다음 움직임은 자원조사단 파견이었다. 인도차이나 자원조사단은 "프랑스령 인도차이나에서 일본인

---

31 AMAE, 17GMII, 354, "Convention franco-japonaise d'établissement et de navigation relative à l'Indochine française"; JACAR, B13090962300, 「佛領印度支那ニ關スル日佛居住航海条約」.

32 AMAE, 17GMII, 354, "Protocole"; JACAR, B13090962500, 「議定書」.

기업의 강화·확충의 전제 요소로서 3~6개월간의 기간 내에 인도차이나 경제 자원의 현지 조사를 시행하고, 중요 필수 물자의 급속한 획득을 목표로 한 인도차이나 자원 개발 계획을 입안하는 것을 임무로" 조직되었다.[33] 그리하여 1941년 10월에서 12월 사이에 총 148명의 조사단원이 인도차이나에 도착하여 현지 조사에 착수하였다. 이 같은 대규모 편성은 이 시점에서 일본 정부가 인도차이나의 자원 동원을 얼마나 중요하게 여겼는지를 잘 보여준다.[34]

자원조사단 내에서 광산 조사는 5개 반으로 구성된 57명의 조사원이 담당하였다.[35] 이 숫자가 보여주듯 광산 조사는 인도차이나 자원조사단의 활동에서 상당히 중요한 부분을 차지하였다. 광산 조사반은 1941년 11월부터 이듬해 3월까지 현지 조사를 진행했으며, 알려지지 않은 광물 자원을 탐사할 시간적 여유는 없었지만, 주요 광산은 대부분 직접 방문하였다. 광산 조사반이 작성한 결과 보고서는 인도차이나의 거의 모든 광물 자원의 지질 조건과 채굴 조건을 상세히 기술하고, 그것을 개발하는 데 필요한 조치를 제안하였다.[36] 이는 프랑스가 60년 가까이 인도차이나를 지배하면서도 수립한 적이 없었던 야심 찬 규모의 대대적인 인도차이나

---

33 JACAR, B09040765600, 外務省 佛印資源調査團, 「佛印資源調査總括報告書」, 1942年7月30日.

34 田渕幸親, 「日本の対インドシナ「植民地」化プランとその実態」, 106~107쪽.

35 JACAR, B09040765700, 外務省 佛印資源調査團總務部, 「佛印資源調査團事業記錄」, 1942年10月.

36 JACAR, B09040772000, B09040772100, B09040772200, B09040772300, 大東亞省南方事務局, 『佛印資源調査團報告第一輯(其一) 鑛物資源』, 1943.3; B09040772500, B09040772600, B09040772700, 大東亞省南方事務局, 『佛印資源調査團報告第一輯(其二) 鑛物資源』, 1943.3.

광물자원 개발 계획이었다. 물론 자원조사단의 제안 가운데 상당 부분은 실현되지 않았지만, 이 제안들은 태평양전쟁 발발 직전과 직후의 시점에 일본이 인도차이나의 자원 동원 문제에 대해 가진 태도를 보여준다는 점에서 살펴볼 가치가 있다.

자원조사단 보고서가 지적하듯 "프랑스령 인도차이나의 자원개발은 남방 '갑(甲)' 지역의 개발에 의해서도 충족되지 않는 자원과 남방 '갑' 지역의 개발에 의존하는 것보다 프랑스령 인도차이나에 의존하는 것이 유리한 자원의 공급원이 되도록 하여 대동아전쟁의 수행과 대동아공영권의 자급 체제 확립에 기여함을 당면 목표로" 하였다.[37] 그러므로 자원별로 차별화된 전략이 고안되었다. 광물자원의 경우 자원조사단은 이를 두 범주로 분류하였다. 첫 번째 범주는 일본 기업이 생산 과정에 직접 참여하여 자원 개발에 적극적으로 나설 필요가 있는 자원으로서 철, 인회석, 크롬, 텅스텐이 이에 해당하였다. 반면에 두 번째 범주를 이루는 석탄, 아연, 망간, 몰리브덴, 안티모니의 경우에는 당장은 기존의 프랑스인·베트남인 광산 소유자가 공급하는 생산물을 구매하는 것으로 충분하다고 판단하였다.

첫 번째 범주에 들어가는 광물자원은 일본의 전쟁 수행에 필수적이지만, 상대적으로 개발이 덜 된 자원들이었다. 그중에서 가장 중요한 자원은 철광석이었다. 자원조사단은 이전부터 인도차이나에서 철광 개발을 진행해 온 인도차이나광업회사가 계속해서 이 사업을 전담하도록 제안하였으며, 연 생산량이 곧 30만 톤을 넘어서리라고 기대하였다. 일본 자원조사

---

37 JACAR, B09040765700, 外務省 佛印資源調査團總務部,「佛印資源調査團事業記錄」, 1942.10. 남방 '갑' 지역에는 일본이 직접 지배하는 네덜란드령 동인도, 영국령 말라야, 버마, 필리핀 등이 포함되었다. 인도차이나는 태국과 함께 '을' 지역에 포함되었다.

단이 주목한 또 다른 주요 광물자원은 인회석이었다. 인회석은 농업용 비료의 원료로 사용되는 광물로서 라오까이(Lào Cai)성에는 양질의 인회석이 매장되어 있어 확실히 채굴할 수 있는 양만 해도 수백만 톤이 넘을 것으로 추정되었다. 라오까이의 인회석 광산은 인도차이나광업회사를 포함한 일본 기업 3개 회사가 이미 개발에 착수한 상황이었다. 자원조사단은 라오까이 인회석 광산 개발을 촉진하려면 노동력 확보 문제와 채굴된 광석의 운송 문제를 해결해야 한다고 지적하며, 그 구체적인 방안들을 제시하기도 하였다. 그리고 장기적으로 라오까이에서 채굴된 인회석을 원료로 하는 비료 제조공장을 일본·프랑스 합작으로 설립하여 '대동아공영권'에 공급하도록 하는 계획도 구상하였다. 마지막으로 크롬과 텅스텐 역시 일본이 이미 개발에 개입하기 시작한 광물자원이었다.

자원조사단은 인도차이나의 다른 광물자원에 대해서는 일본 기업이 직접 채굴에 나서지 말고, 채굴된 광석을 매입할 것을 권고하였다. 석탄과 아연의 경우에는 기존의 프랑스 광산회사들이 충분한 생산량을 공급할 수 있으므로 일본 기업이 이 부문에 진출하는 것이 불필요한 비용 지출을 초래할 뿐이라고 판단하였다.[38] 다만, 인도차이나 제2의 탄광 기업인 동찌에우탄광회사(Société des charbonnages du Dong-Triêu)에 자재를 공급하는 등의 편의를 제공함으로써 장차 이 회사를 일본·프랑스 합작회사로 전환하도록 유도하여, "통킹 혼가이 지방의 탄광업에 우리의 권익을 뿌리내려서 그 자원을 항구적으로 확보"하기 위한 포석을 마련하고자 하

---

38 제2차 세계대전 시기 인도차이나 탄광업의 상황에 관해서는 Jeoung Jaehyun, 2018, *Exploitation minière et exploitation humaine: les charbonnages dans le Vietnam colonial, 1874-1945*, Université Paris Diderot, 413-464.

였다. 한편 망간, 몰리브덴, 안티모니의 경우는 석탄이나 아연과는 상황이 달랐다. 자원조사단은 이 광물자원들의 생산량이 이미 충분하기 때문이 아니라, 오히려 개발 전망이 밝지 않다고 판단하였기에 프랑스인·베트남인 광산 소유주들에게 채굴을 맡기고, 생산된 광물을 매입하기만 하도록 권고하였다.[39]

흥미로운 점은 인도차이나의 주요 광물자원인 주석이 어느 쪽 범주에도 포함되지 않았다는 것이다. 자원조사단은 일본 기업이 주석 광산 개발에 나서는 것에도, 프랑스 광산회사들이 채굴한 주석을 매입하는 것에도 관심을 보이지 않았다. 이는 1942년 전반기에 일본이 세계 최대의 주석 생산지인 영국령 말라야와 네덜란드령 동인도를 점령하면서 굳이 인도차이나에서 주석을 확보할 필요가 없어졌기 때문이다.

실제로 1941년 12월에 태평양전쟁이 발발하면서 인도차이나 자원 동원 문제를 둘러싼 상황은 크게 바뀌었다. 이제 일본의 관심은 광물자원이 더 풍부한 동남아시아의 다른 지역들로 분산되었다. 그 결과 일본이 애초에 구상했던 대대적인 인도차이나 자원개발 계획은 축소되었고, 그마저도 제대로 실현되지 않았다.[40] 그렇지만 일본 기업들의 인도차이나 광물자원 개발은 자원조사단의 활동이 시작되기 전부터 진행되고 있었으며, 태평양전쟁이 발발한 뒤로도 중단되지 않았다. 1940년 이후 일본 기업의 인도차이나 광산 개발 진출은 어떻게 이루어졌을까?

---

39 JACAR, B09040765700, 外務省 佛印資源調查團總務部,「佛印資源調查團事業記錄」.
40 田渕幸親,「日本の対インドシナ「植民地」化プランとその実態」, 112쪽; 白石昌也,「第二次大戰期の日本の対インドシナ経済政策」, 46~47쪽.

3. 일본의 인도차이나 광산 개발

다부치는 일본이 동남아시아의 다른 지역에 비해서 인도차이나의 자원개발에 대한 투자에 인색했다는 점을 지적하며, 일본의 인도차이나 자원 동원이 '중상주의적'인 방식으로 이루어진 "기생적 '식민지'화"였다고 평가하였다.[41] 시라이시도 그에 동조하며, 일본이 인도차이나와 '중상주의'적인 자원수탈형 경제 관계를 맺었다고 보았다.[42] 큰 틀에서 보면 제2차 세계대전 시기 일본의 인도차이나 자원 동원이 새로운 자원을 개발하기보다는 기존의 생산을 차지하는 방식에 집중되었다는 평가가 틀린 것은 아니다. 그렇지만 그러한 관점에서만 보면 인도차이나에 진출한 일본 기업들에 의해 광산 개발이 추진된 사실을 간과할 수 있다. 그리고 이같은 일본 기업들의 침투야말로 프랑스 당국이 가장 크게 우려한 부분이었다. 인도차이나 총독 장 드쿠(Jean Decoux)는 식민지부 장관에게 보낸 1942년 5월 9일 자 전신에서 "인도차이나 경제에 대한 일본의 장악이 점점 더 심화하고 있다"라며 불안감을 표하였다.[43] 이 당시의 상황은 프랑스 당국이 일본의 광업 투자를 환영했던 1937년과는 전혀 달라져 있었다.[44] 일본이 명백한 힘의 우위를 차지한 상황에서 프랑스 식민 권력은 일본인

---

41 田渕幸親,「日本の対インドシナ「植民地」化プランとその実態」, 116~117쪽, 120쪽.

42 白石昌也,「第二次大戰期の日本の対インドシナ経済政策」, 50쪽.

43 AMAE, 17GMII, 355, Télégramme du gouverneur général de l'Indochine au secrétaire d'État aux Colonies, no. 3538-3552, 9 mai 1942.

44 정재현,「제2차 세계대전 전 일본 기업의 프랑스령 인도차이나 진출」,『사총』111, 476~480쪽 참조.

들이 인도차이나의 광물자원을 장악하려는 시도를 그들의 기득권에 대한 심각한 위협으로 보지 않을 수 없었다.

<표 2> 1935~1944년 인도차이나 주요 광물 생산량 (단위: 톤)

연도	석탄	주석광석	텅스텐광석	아연광석	철광석	망간광석	크롬광석	인회석
1935	1,775,000	2,359	333	11,600	635	1,568	-	-
1936	2,186,000	2,416	465	11,336	10,017	3,429	-	-
1937	2,308,000	2,602	580	11,101	33,285	5,287	-	-
1938	2,435,000	2,729	555	11,735	130,298	2,214	-	-
1939	2,615,000	2,551	486	13,360	134,691	3,521	-	-
1935~1939년 평균	2,263,800	2,531	494	11,827	61,785	3,204	-	-
1940	2,500,000	2,508	361	15,340	32,442	669	-	2,070
1941	2,329,000	2,217	310	18,168	52,249	1,040	-	30,800
1942	1,243,000	1,767	200	16,102	63,856	1,438	3,569	98,800
1943	1,020,000	1,102	100	12,873	80,576	1,452	6,512	64,788
1944	537,000	647	76	3,087	21,975	7,779	2,296	300
1940~1944년 평균	1,525,800	1,648	209	13,114	50,220	2,476	2,475	39,352
1935~1939년과 1940~1944년 평균 증감률	-33 %	-35%	-58%	+11%	+55%	-23%	(신규)	(신규)

출처: Annuaire statistique de l'Indochine, vols. 7-11.

<표 3> 1935~1944년 인도차이나 주요 광물 수출량 (단위: 톤)

연도	석탄	주석광석	텅스텐광석	아연광석	철광석	망간광석	크롬광석	인회석
1935	1,513,084	2,554	370	4,238	-	1	-	-
1936	1,725,575	2,441	490	5,612	1,158	4,495	-	-
1937	1,550,242	2,631	498	3,421	12,605	3,166	-	-
1938	1,579,949	2,674	492	4,560	89,227	481	-	-
1939	1,790,901	2,221	501	3,977	85,450	2,752	-	-
1935~1939년 평균	1,631,950	2,504	470	4,362	37,688	2,179	-	-
1940	1,565,647	2,776	455	5,250	41,701	500	-	-
1941	1,333,639	2,176	163	6,181	38,108	883	-	24,154
1942	337,235	693	20	4,956	61,100	1,623	300	74,750
1943	179,633	516	-	3,256	6,600	-	400	63,806
1944	804	-	-	504	-	-	-	2,820
1940~1944년 평균	683,392	1,232	128	4,029	29,502	601	140	33,106
1944년 평균	-58%	-51%	-73%	-8%	-22%	-72%	(신규)	(신규)

출처: Annuaire statistique de l'Indochine, vols. 7-11.

1) 일본군의 텅스텐 광산 징발

1940년 9월 이후 일본이 인도차이나의 광물자원 개발에 침투하는 과정은 다양한 양상으로 전개되었다. 그중 하나는 기존 사업의 징발이었다.

일본군은 인도차이나의 텅스텐에 각별한 관심을 보였다. 텅스텐 광석은 통킹주석볼프람회사(Société des étain et wolfram du Tonkin)와 그 자회사인 상부통킹주석광산회사(Société des mines d'étain du Haut-Tonkin)가 보유한 통킹 북부 까오방(Cao Bằng)성의 띤뚝(Tĩnh Túc) 광산에서 주로 산출되었다. 인도차이나의 텅스텐 광석 생산량은 1937년 580톤에 이르렀으나, 그 뒤로 감소하여 1942년에는 200톤까지 떨어졌다.[45] 당시 전 세계 텅스텐 생산량에서 인도차이나의 점유율은 약 1%에 불과했다.[46] 그렇지만 일본군으로서는 인도차이나의 텅스텐에 관심을 기울일 만한 충분한 이유가 있었다. 텅스텐은 무기 제조에 반드시 들어가는 핵심 물자였다. 그런데 당시 세계 텅스텐 생산의 절반 이상은 중국에서 나왔으며, 1937년 중일전쟁 발발 이후로 장제스 정부는 텅스텐의 일본 수출을 차단하였다. 중국으로부터 텅스텐을 얻을 수 없게 된 일본으로서는 대체 공급원을 확보하는 것이 시급한 문제였다.[47]

일본군 당국은 여러 차례에 걸쳐 인도차이나의 텅스텐 광석 생산 증가를 요구하였다. 그러나 생산량은 좀처럼 늘지 않았다. 그 이유는 광산이 인구가 희박한 지역에 위치하여 노동자를 증원하기 어렵다는 점과 당국의 감시가 소홀해진 틈을 타서 일부 노동자가 광석을 절도하는 일이 잦아진 점에 있었다.[48] 텅스텐 광석의 생산 증가가 이루어지지 않자, 일본군 당국은 1942년 3월에 마침내 강압적 행동에 들어갔다. 일본군은 통킹

---

[45] "Production miniere de l'Indochine au cours des annees 1937 et 1938", *Bulletin economique de l'Indochine*, 42ᵉ annee (1939), 677; ANOM, GGI SE, 774, "Statistique minière 1942".

[46] AMAE, 17GMII, 359, "Société des étains & wolfram du Tonkin", note pour le ministère des Affaires étrangères, avril 1942.

[47] Chad Denton, 2013, "More Valuable than Gold: Korean Tungsten and the Japanese War Economy, 1910 to 1945", *Seoul Journal of Korean Studies*, vol. 26, no. 2.

[48] AMAE, 17GMII, 359, "Société des étains & wolfram du Tonkin".

주석볼프람회사와 상부통킹주석회사의 현지 광산소장을 협박하여 띤뚝 광산의 경영권을 프랑스와 일본 양측 대표로 구성된 '경영단'에 위임하는 협정에 서명하도록 하였다. 이는 물론 양측이 협의하여 광산을 운영하겠다는 것이 아니라 사실상 일본 측이 광산 경영권을 독차지하겠다는 뜻이었다. 이 강제된 합의에 따르면 운영자금은 일본 측이 조달하고, 수익은 일본과 프랑스 양측이 나누어 갖기로 하였다. 그리고 '경영단'은 전쟁이 끝나고 2년 뒤에 해산하며, 그때 가서야 광산을 원 소유주에게 반환하기로 하였다. 인도차이나 총독에 따르면 일본군은 광산소장의 서명을 받아내기 위해서 "수차례에 걸쳐 거의 감금 수준에 이르는" 위협과 압박을 가하였다.[49] 더군다나 일본군은 프랑스 측이 이 합의를 받아들이지 않는다면 "힘에 의한 해결책"을 강제하겠다는 뜻을 숨기지 않았다.[50]

이 사건은 비단 텅스텐 광산의 문제로 끝나는 것이 아니라, 프랑스인이 소유한 재산을 일본군이 강제로 징발할 수 있다는 '위험한 선례'를 만들 수 있는 문제였기에 프랑스 당국의 경각심을 일깨웠다.[51] 본국의 식민지부 장관 샤를 플라통(Charles Platon)은 "일본 산업의 수요를 충족시키기 위해서 인도차이나의 텅스텐 생산을 늘리고자 한다고 해서, 반드시 프랑스·일본 합작회사를 설립할 필요는 없다"라고 반박하며, "프랑스·일본 합작회사의 설립[에 관한 1941년 5월 6일 경제 협정의 규정]은 신규 회사 설립을 위한

---

49 AMAE, 17GMII, 359, Télégramme du gouverneur général de l'Indochine au secrétaire d'État aux Colonies, no. 1886-1889, 14 mars 1942; Télégramme du gouverneur général de l'Indochine au secrétaire d'État aux Colonies, no. 1937-1944, 15 mars 1942.

50 AMAE, 17GMII, 359, Télégramme du gouverneur général de l'Indochine au secrétaire d'État aux Colonies, no. 2473, 1er avril 1942.

51 AMAE, 17GMII, 359, "Société des étains & wolfram du Tonkin".

것이지 기존 기업의 전환을 위한 것은 아니다"라고 지적하였다.[52] 프랑스 외무부도 주일 프랑스 대사에게 일본군의 "부당하고 자의적인 행위"에 대해 일본 외무성에 항의하도록 지시하였다.[53] 통킹주석볼프람회사 이사회 역시 일본의 요구대로 생산량을 늘리는 데 최대한 노력하겠지만, 일본 측이 광산 경영에 개입하는 것은 받아들일 수 없다며 반발하였다.[54]

그렇지만 일본군 당국은 아랑곳하지 않고, 띤뚝 광산 경영에 개입하겠다는 뜻을 고수하였다.[55] 이를 막기 위해 프랑스 당국이 도쿄와 하노이에서 일본 당국을 상대로 펼친 노력은 성과를 거두지 못했다. 일본군이 "초법적 수단"도 불사하겠다는 강경한 의지를 보이자, 총독은 최악의 사태를 막기 위해서 일본군의 요구에 굴복할 수밖에 없었다.[56] 그러나 협정의 적용은 계속 연기되었으며, 일본군은 1944년 3월에 가서야 띤뚝 광산에 대한 경영권을 인수하였다. 그 이유는 정작 일본군이 광산 경영을 감독할 전문 인력을 배치할 여력이 없었기 때문으로 추정된다. 일본군은 광산을 징발하였지만, 실질적인 관리는 여전히 프랑스 기술자들에 의존할 수밖에 없었다. 그 사이에 텅스텐 광석의 채굴량은 계속해서 감소하였다

---

52 AMAE, 17GMII, 359, Télégramme du secrétaire d'État aux Colonies au gouverneur général de l'Indochine, 19 mars 1942.

53 AMAE, 17GMII, 359, Télégramme du ministre des Affaires étrangères à l'ambassadeur de France au Japon, no. 269-272, 27 avril 1942.

54 AMAE, 17GMII, 359, Lettre d'un administrateur de la Société des étains & wolfram du Tonkin au directeur des affaires économiques du secrétariat d'État aux Colonies, 11 avril 1942.

55 AMAE, 17GMII, 359, Télégramme du gouverneur général de l'Indochine au secrétaire d'État aux Colonies, no. 3230, 26 avril 1942.

56 AMAE, 17GMII, 359, Télégramme du gouverneur général de l'Indochine au secrétaire d'État aux Colonies, no. 3666 et suite, 26 avril 1942.

(〈표 2〉 참조). 전쟁이 끝난 뒤에 통킹주석볼프람회사 이사회가 주주들에게 제시한 설명에 따르면, 이는 프랑스인 기술자들이 고의로 태업을 벌인 결과였다.[57] 여하튼 일본군도 띤뚝 광산의 생산량 감소를 초래한 근본적인 원인인 노동력 부족과 광물 절도 문제를 해결하지는 못했다. 일본군의 개입이 텅스텐 생산 증가라는 목표로 이어지지 않은 것이다.

그러나 일본군 당국이 직접 나서서 광산을 징발한 텅스텐 광산의 경우는 일반적이기보다는 예외적인 사례였다. 대개는 강력한 자금력과 일본 정부의 지원을 등에 업은 일본 기업들이 인도차이나의 광물자원 개발을 주도하였다. 그리고 이들의 활동은 강제 징발보다는 훨씬 '합법적'인 형태로 진행되었다.

2) 인도차이나광업회사의 사업 확대

일본의 인도차이나 광산 개발에서 중심적인 역할을 담당한 것은 1938년에 이미 인도차이나에 진출한 인도차이나산업회사의 자회사인 인도차이나광업회사였다.[58] 그렇지만 인도차이나산업 시절부터 회사의 핵심 사업이던 철광 개발은 1940년 9월 일본군의 인도차이나 진주 이후에도 기대만큼 순조롭게 발전하지 못하였다(〈표 4〉참조). 1940년 인도차이나광업회사의 철광석 채굴량은 일본군의 진주가 초래한 혼란의 여파로

---

[57] Étains et wolfram du Tonkin, *Assemblée générale ordinaire du 13 novembre 1945*.

[58] 정재현, 2024, 「제2차 세계대전 전 일본 기업의 프랑스령 인도차이나 진출-인도차이나산업회사를 중심으로-」, 『사총』 111.

인해 3만 톤 이하로 떨어졌다. 기존에 인도차이나광업회사가 개발하던 광구들 가운데 '릴리트(Lilith)' 광구(꾸번 Cù Vân 광산)는 지표면 근처의 광석층이 고갈되자 1939년에 채굴이 중단되었다. 그 뒤로 인도차이나광업회사의 철광석 채굴은 '아벨(Abel)' 광구(모린남 Mo Linh Nam 광산)에 집중되었으나, 이곳은 채굴 비용이 너무 높다는 단점이 있었다. 1941년에 인도차이나광업회사는 그 근처에 있는 '자네트(Jeanette)' 광구를 임차하여 채굴에 착수하였다. 그렇지만 이 광구의 매장량은 회사가 목표로 설정했던 연 생산량 30만 톤을 달성하기에는 충분하지 않았다.[59]

<표 4> 1940~1944년 인도차이나광업회사의 생산량 (단위: 톤)

연도	철광석	망간 광석	인회석
1940	29,644	-	-
1941	47,224	-	6,420
1942	55,372	90	29,900
1943	70,272	496	-
1944	-	7,109	-

출처: ANOM, GGI SE, 774, "Statistique minière 1941"; "Statistique minière 1942"; AN, 1977 1403, 63, "Rapport annuel du service des mines 1944".

그러나 인도차이나광업회사는 인도차이나에서 철광식 매장량이 가장 많은 것으로 알려진 '이본(Yvonne)' 광구에 특히 관심을 보였다. 그리하여

---

[59] ANOM, GGI SE, 767, Lettre de Georges Barondeau, administrateur délégué de la Compagnie indochinoise d'industrie minière, à l'amiral Jean Decoux, gouverneur général de l'Indochine, 26 décembre 1941.

1940년에는 이 광구를 임차하기 위한 가계약을 체결하기도 하였다.[60] 그러나 프랑스 당국은 프랑스 기업이 이 광산의 개발을 맡아주기를 바랐다. '이본' 광구는 결국 1942년 11월에 동찌에우탄광회사에 임차되었다.[61] 인도차이나의 광물자원을 장악하려는 일본 기업의 시도에 프랑스 당국이 응하지 않은 것이다. '이본' 광구를 포기할 수밖에 없게 된 인도차이나광업회사는 그 대신 랑히(Lang Hi) 광산의 불하를 요청하였다.[62] 이 광산은 개발 보류 구역으로 묶여 있었기에 프랑스 당국은 본래 이 요청을 거부하고자 하였으나, 일본군 당국이 압력을 넣어오자, 불하를 승인할 수밖에 없었다.[63] 그렇지만 랑히 광산이 개발에 들어간 뒤로도 철광석 생산은 크게 늘지 않았다. 1943년에 7만 톤까지 채굴량이 증가했지만, 인도차이나와 일본 간의 화물 운송이 어려워지면서 그해 7월부터 철광석 채굴은 완전히 중단되었다.[64]

철광 개발이 부진을 면치 못하는 동안 인도차이나광업회사는 비철금속 광산 개발로 돌파구를 마련하고자 하였다. 1942년에 인도차이나광업회사는 까오방성에서 망간 광석과 안티모니 광석 채굴에 착수하였고, 선라(Sơn La)성에서 납 광산 탐사에 나섰으며, 이듬해에는 라오까이성과 남

60　安達宏昭,『戰前期日本と東南アジア』, 197쪽.

61　ANOM, GGI SE, 767, Lettre de Georges Gautier, secrétaire général du gouvernement général de l'Indochine, au résident supérieur au Tonkin, 25 novembre 1942.

62　ANOM, GGI SE, 767, Lettre de Georges Barondeau au gouverneur général de l'Indochine, 26 décembre 1941.

63　ANOM, GGI SE, 767, Lettre d'André Guillanton, inspecteur général des Mines et de l'Industrie, au gouverneur général de l'Indochine, 14 janvier 1942.

64　AN, 1977 1403, 63, "Rapport annuel du service des mines 1944".

부 라오스 지역에서 구리 광산 탐사를 시행하였다.[65] 프랑스 당국은 인도차이나광업회사의 이러한 사업 확대에 제동을 걸고자 하였다. 예를 들어, 납 광석이 풍부하게 매장된 것으로 알려진 '아르모리크(Armorique)' 광산이 경매에 나와, 인도차이나광업회사가 매입하려는 의사를 보이자, 인도차이나 총독부는 이를 막기 위해서 프랑스인 매입자를 찾으려 하였다. 그러나 관심을 보이는 프랑스 기업은 나타나지 않았고, 총독부는 '아르모리크' 광산이 인도차이나광업회사에 넘어가는 것을 허용할 수밖에 없었다. 그 대신 총독부는 인도차이나광업회사에게 총독부와 공동으로 투자하여 광물 탐사를 진행하고, 조사 결과에 따라 광산 경영도 공동으로 하자고 제안하였다. 인도차이나광업회사는 이 제안을 받아들였다.[66] 그러나 '아르모리크' 광산을 비롯한 비철금속 광산 개발도 별다른 성과를 내지 못하였다. 그동안 인도차이나에서 프랑스 기업들이 납, 구리, 안티모니 등의 개발에 적극적으로 나서지 않았던 것은 이 광물자원들의 채산성이 떨어지기 때문이었다. 일본 기업이라고 해서 채산성이 낮은 광물자원을 개발할 별다른 방법이 없었다.

그래도 크롬 광산 개발은 약간의 성과를 거두었다. 1941년 3월에 인도차이나광업회사는 안남 북부 타인호아(Thanh Hóa)성의 꼬딘(Cổ Đinh)에 있는 크롬 광산과 부속시설을 매입하였다. 이 광산은 1931~1932년에 개발이 시도되었으나, 크롬 가격 하락으로 채굴이 중단되었다. 이후 인

---

65 安達宏昭, 『戰前期日本と東南アジア』, 197쪽.

66 ANOM, GGI SE, 766, Lettre d'André Guillanton, inspecteur général des Mines et de l'Industrie, au gouverneur général de l'Indochine, 18 mai 1942; Télégramme du gouverneur général de l'Indochine au secrétaire d'État aux Colonies, no. 936SS-940SS, 20 juillet 1942.

도차이나광업회사의 조사로 양질의 크롬 광석이 다량 매장된 것이 확인되자, 1942년 6월 30일 자본금 50만 피아스트르 규모의 프랑스 법인 '인도차이나크롬회사(Compagnie des chromes d'Indochine, 印度支那クローム會社)'가 설립되어 채굴에 착수했다. 이 회사는 같은 해 3월, 대만척식주식회사(臺灣拓殖株式會社)가 쇼와광업주식회사(昭和鑛業株式會社)와 함께 타이완에 세운 '크롬광업주식회사(クローム鑛業株式會社)'의 자회사이며, 동시에 인도차이나산업회사의 모회사이기도 했다.[67] 인도차이나크롬회사는 인도차이나 총독부로부터 정식으로 광업 활동 허가를 획득하였으며, 채굴량은 1942년에 3,500톤, 1943년에 6,500톤, 1944년에 2,300톤을 기록하였다.[68]

3) 라오까이 인회석 광산 개발을 둘러싼 일본 기업 간의 경쟁

한편 1941년부터는 라오까이성의 인회석 광산 개발이 인도차이나광업회사의 핵심 사업이 되어갔다. 그러나 다른 광산 개발 사업과 달리 이 사업에서 인도차이나광업회사는 다른 일본 기업들과 경쟁을 벌여야 했다. 일본 기업들의 라오까이 인회석 광산 개발 사업 진출은 일본군의 인도차이나 진주 이전으로 거슬러 올라간다. 이 지역의 인회석 광맥은 1930년대 중엽에 처음 발견되었지만, 1940년까지도 인도차이나의 주요

---

67 安達宏昭, 2002, 『戰前期日本と東南アジア』, 198~199쪽.
68 ANOM, GGI SE, 774, "Statistique minière 1942"; AN, 1977 1403, 63, "Rapport annuel du service des mines 1944".

프랑스 광산회사들은 별다른 관심을 보이지 않았다. 이는 라오까이의 인회석으로 만드는 비료가 인도차이나의 토양에는 적합하지 않았기 때문이다. 반면에 일본에서는 그에 대한 수요가 컸으며, 바로 그러한 이유에서 일본 기업들이 라오까이의 인회석 광산에 적극적인 관심을 보였다.[69]

인도차이나광업회사 외에 인회석 광산 개발에 뛰어든 회사는 둘이었다. 그 가운데 하나는 남양군도의 개발을 목적으로 1936년에 설립된 국책회사인 남양척식주식회사(南洋拓殖株式會社)였다. 설립 초기부터 남양척식회사는 팔라우(Palau)의 앙가우르(Angaur) 인광석 광산 개발을 주력 사업으로 삼았으며, 그 연장선상에서 인도차이나의 인회석 광산에도 관심을 보였다. 라오까이 인회석 광산 개발에 뛰어든 또 다른 회사는 대일본인광주식회사(大日本燐鑛株式會社)였다. 대일본인광회사는 1939년에 농림성의 주도하에 여러 일본 민간기업이 투자하여 설립되었으며, 인광석 채굴·매입·판매에 종사하였다.[70] 이 세 회사는 모두 1940년 상반기에 프랑스인 동업자를 통해 각자 라오까이 지역에서 인회석 광구를 확보하였다. 인도차이나광업회사와 대일본인광회사는 그 뒤로도 계속해서 동업자 명의로 광산 개발을 진행했지만, 남양척식회사는 1940년 8월에 프랑스 법인 회사인 인도차이나인회석개발주식회사(印度支那燐灰石開發株式會社, Société d'exploitation des phosphates de l'Indochine)를 설립하여 정식으로 광업 활동 허가를 받았다.

---

69 ANOM, GGI SE, 801, Lettre de Jacques Desrousseaux, chef du service des Mines, au gouverneur général de l'Indochine, 21 aout 1940.

70 Justin Adam Schneider, 1998, *The Business of Empire: The Taiwan Development Corporation and Japanese Imperialism in Taiwan, 1936-1946*, Havard University, 208-209.

일본 정부는 일본 회사들이 경쟁적으로 라오까이 인회석 광산 개발에 뛰어드는 상황이 중복 투자와 불필요한 경쟁을 초래할 것을 우려하였으며, 세 회사의 통합을 계획하였다. 농림성은 각 회사가 보유한 광구의 가치를 조사하고, 통합된 개발 계획을 수립하기 위해서 1940년 8월에 기술자를 파견하였고, 1941년 3월에는 척무성(拓務省)도 기술자를 파견하였다. 그러나 세 회사 모두 국책회사였는데도 통합을 위한 합의에 도달하는 과정은 지지부진하였다. 가장 쟁점이 되었던 문제는 새로 설립할 회사의 지분을 대만척식회사, 남양척식회사, 대일본인광회사 간에 어떤 비율로 분배할 것인지였다. 세 회사 간의 경쟁과 부처 간의 주도권 다툼에다가 각 회사가 프랑스인 동업자와 맺은 계약 문제까지 더해져서 문제는 더욱 복잡해졌다. 1941년 11월에 기획원, 척무성, 농림성은 이듬해 7월까지 회사를 통합하기로 합의하였다. 그러나 세 회사의 인회석 개발 사업을 통합한 인도차이나인광주식회사(印度支那燐鑛株式會社)는 1944년 11월에 가서야 설립되었다.[71]

일본 당국이 라오까이 인회석 광산을 통합해서 개발할 회사를 준비하는 동안 프랑스 당국도 일본 기업들이 이 광물자원을 완전히 장악하는 것을 막기 위한 대응 계획을 준비하였다. 인도차이나 총독이 보기에 "식민지의 이익을 현저히 침해하는 이러한 사태"에 맞설 가장 현실적인 방법은 프랑스와 일본 양측이 동등한 지분을 소유한 합작회사를 설립해서 인회석 광산을 개발하도록 하는 것이었다. 그렇지만 문제는 일본 기업들과 동업 관계에 있는 프랑스 광산 소유주들은 충분한 자금력을 갖추고 있지 않다는 것이었다. 따라서 총독은 프랑스의 대형 광산회사들을 동원하여

---

71 Ibid., 206-212; 安達宏昭, 『戰前期日本と東南アジア』, 202~205쪽.

일본 기업들에 대항할 컨소시엄을 구성하고자 하였다.[72] 식민지부 장관은 총독의 계획을 승인하였으며,[73] 얼마 후에는 여러 광산회사가 컨소시엄에 참여하겠다는 의사를 알려왔다고 전하였다.[74] 그렇지만 프랑스 기업들을 인회석 광산 개발에 참여시키려는 계획은 결국 성사되지 못하였다. 일본 기업들이 이 사업을 이미 확고히 장악한 마당에 일본 정부로서는 프랑스 기업들이 끼어드는 것을 허용할 이유가 없기 때문이었다.

그러므로 인회석 광산 개발은 전적으로 일본 기업들의 주도로 시작되고 발전하였다. 인회석 채굴은 1940년에 처음 이루어졌지만, 생산량이 빠르게 증가하여 1942년에는 10만 톤에 이르렀다(〈표 2〉 참조). 이 해에 인회석은 인도차이나의 전체 광업 생산액의 5%를 차지하였다. 수출량도 급증하여 1942년에는 74,750톤의 인회석이 일본으로 수출되었다.[75] 인회석 광산 개발은 제2차 세계대전 중에 일본 기업이 인도차이나에서 실시한 광물자원 개발 사업 중 가장 인상적인 성공을 거둔 사례였다. 그렇지만 인회석 채굴도 인도차이나와 일본 간의 화물 운송이 어려워지면서 1943년 중에 사실상 중단되었다.

일본 기업들의 인도차이나 광산 개발 사업 진출이 확대된 것은 제2차 세계대전 시기에 일어난 중대한 변화였다. 그렇지만 결국 인도차이나의 전체 광업 활동에서 일본 기업이 차지한 중요성은 얼마나 될까?

---

72 AMAE, 3GMII, 329, Télégramme du gouverneur général de l'Indochine au secrétaire d'État aux Colonies, no. 2887-2895, 14 avril 1942.

73 AMAE, 17GMII, 355, Télégramme du secrétaire d'État aux Colonies au gouverneur général de l'Indochine, no. 2493-2495, 25 avril 1942.

74 AMAE, 17GMII, 355, Télégramme du secrétaire d'État aux Colonies au gouverneur général de l'Indochine, no. 3234-3236, 3 juin 1942.

75 *Annuaire statistique de l'Indochine*, vol.10, 101, 176.

<표 5> 1940~1942년 인도차이나의 광업 생산액 중 일본 기업의 점유율

	철광석	망간 광석	크롬 광석	인회석	총 생산액
1940	96%	-		100%	0.7%
1941	98%	-		100%	2.2%
1942	91%	35%	100%	100%	8.2%

출처: ANOM, GGI SE, 774, "Statistique minière 1941"; "Statistique minière 1942".

    인도차이나의 광업 총생산액 중 일본 기업의 점유율은 1940년 0.7%에서 1941년 2.2%, 1942년 8.2%로 높아졌다(〈표 5〉 참조). 더군다나 철, 크롬, 인회석 광산 개발에서는 일본 기업들이 지배적인 위치를 차지하였다. 이는 프랑스 당국의 우려를 자아낼 만한 상황이었다. 그렇지만 인도차이나 광업 전체를 놓고 보면, 이들의 비중은 여전히 미미했다. 인도차이나의 핵심 광물자원은 여전히 프랑스 기업들의 수중에 남아 있었다. 이는 일본군 점령 이후 일본 기업들이 기존의 광산들을 접수한 네덜란드령 동인도나 동남아시아 다른 지역의 상황과 대비된다.[76] 일본이 인도차이나에 대한 프랑스의 주권을 존중하기로 한 이상, 기존 프랑스 기업들의 재산권도 존중해야 했다. 또한 기존의 프랑스 광산회사들에 의해 충분한 양의 생산이 이루어지고 있는 광물자원에 대해서는 일본 기업의 진출을 자제시켜 불필요한 투자를 막는 것이 일본의 정책이기도 했다. 띤뚝 텅스텐 광산의 사례처럼 프랑스 회사 소유의 광산을 징발하는 일이 있긴 했지만, 이는 예외적인 경우였다. 기존 프랑스 광산회사들의 재산권을 건드리지

---

[76] Loe de Jong, 2002, *The Collapse of a Colonial Society: The Dutch in Indonesia during the Second World War*, KITLV Press, 236.

않는다면, 일본 기업들이 인도차이나에서 개발할 수 있는 광물자원은 대부분 그전까지 프랑스 기업들이 낮은 채산성을 이유로 방치했던 미개발 자원들뿐이었다. 제2차 세계대전 동안 인도차이나에서 일본 광산회사들이 거둔 성과가 그리 두드러지지 못한 것은 그러한 이유 때문이었다.

4. 인도차이나 광물자원의 일본 공급

1930년대 말부터 시작된 일본 기업의 인도차이나 광산 개발 사업 진출이 1940년 9월 일본군의 진주 이후로 더 활발해지긴 했지만, 일본 기업들이 인도차이나 광업 전체를 지배하는 지경에 이르지는 않았다. 그러나 인도차이나의 광산을 장악하는 것 그 자체가 일본의 목적은 아니었다. 일본으로서 더 중요한 것은 전쟁을 치르는 데 필요한 광물자원을 확보하는 것이었으며, 광산 개발에 직접 뛰어드는 것은 이러한 목적에 도달하기 위한 하나의 수단일 뿐이었다. 그렇다면 제2차 세계대전 동안 인도차이나 광물자원의 일본 공급은 일본이 원하는 대로 진행되었을까?

1941년 5월 6일 일본과 프랑스가 체결한 경제 협정에 따라 일본은 인도차이나의 수출품을 우선 매입할 권리를 확보하였다. 그 후 인도차이나의 수출은 일본에 집중되었으며, 일본은 인도차이나의 사실상 유일한 교역 상대국이 되었다.[77] 광물 수출도 예외가 아니었다(〈표 6〉 참조). 일본 공

---

77 Delphine Boissarie, "Indochina during World War II", 232.

급을 목적으로 개발된 철광석, 망간 광석, 크롬 광석, 인회석은 전량 일본으로 수출되었고, 그 외의 광물도 1942년을 기점으로 일본 수출의 비중이 크게 높아졌다. 예컨대, 인도차이나의 가장 중요한 광업 생산물인 석탄의 경우, 1940년에는 총수출량에서 일본 수출이 차지하는 비중이 약 31%에 지나지 않았으며, 나머지는 중국(44%)과 홍콩(13%) 등으로 수출되었다.[78] 그러나 1942~1943년에는 일본 수출의 비율이 약 85%로 높아졌고, 중국과 홍콩 수출의 비율은 합쳐서 7~8%대로 줄어들었다.[79]

<표 6> 1940~1944년 인도차이나 광물의 일본 수출 (단위: 톤)*

	석탄	인회석	철광석	망간 광석	텅스텐 광석	주석 광석	아연괴	크롬 광석
1940	479,007 (30.9%)	-	40,500 (97.1%)	500 (100%)	203 (44.7%)	92 (3.3%)	2,250 (42.9%)	-
1941	506,445 (38.0%)	24,154 (100%)	38,991 (100%)	883 (100%)	1,352 (57.8%)	n.d.	n.d.	
1942	288,662 (85.6%)	74,750 (100%)	62,723 (100%)	1,623 (100%)	n.d.	n.d.	n.d.	300 (100%)
1943	151,740 (84.5%)	59,706 (93.6%)	6,600 (100%)	-	-	516 (100%)	3,206 (98.5%)	400 (100%)
1944	-	2,820 (100%)	-	-	-	-	504 (100%)	-

* 괄호 안의 수치는 각 품목의 전체 수출 중 일본 수출의 비율을 나타낸다.
출처: Annuaire statistique de l'Indochine, Vol.9-11, 1939-1946.

---

78 *Annuaire statistique de l'Indochine*, vol. 9, 161, 167-169.

79 *Annuaire statistique de l'Indochine*, vol. 10, 168, 174-176; vol. 11, 171, 177-180.

그렇지만 유의해야 할 사실은 전체 수출에서 일본 수출이 차지하는 비율이 상승했다고 해서, 일본으로 수출되는 절대량이 증가한 것은 아니라는 점이다. 석탄의 예를 다시 들자면, 1941년에서 1942년 사이에 일본 수출의 비율이 38.0%에서 85.6%로 높아졌지만, 수출량은 오히려 506,445톤에서 288,662톤으로 크게 줄었으며, 1943년에는 151,740톤까지 떨어졌다. 인도차이나의 주요 광업 생산물인 석탄, 주석, 텅스텐, 아연 가운데 제2차 세계대전 기간에 일본 수출이 뚜렷이 늘어난 품목은 찾아볼 수 없다.

그러므로 인도차이나 광물의 일본 수출은 일본과 프랑스 양국이 설정한 할당량을 대체로 충족하지 못하였다(〈표 7〉 참조). 더군다나 1941년 이후로 양국이 할당량을 낮추는 경향을 보였는데도, 할당량을 충족시키는 비율은 오히려 더 떨어졌다. 예컨대, 1941년에 인도차이나가 일본에 수출하기로 한 석탄은 80만 톤이었지만, 실제 수출량은 약 50만 톤(충족률 63%)이었으며, 2년 후인 1943년에 할당량은 56만 톤으로 줄었는데도, 수출량은 약 15만 톤(충족률 27%)으로 더 빠르게 줄었다. 다른 광물도 상황은 별반 다르지 않았다. 1942년 크롬 광석의 일본 수출 할당량은 1만 톤이었지만, 실제 수출량은 300톤에 불과했다. 보크사이트의 일본 수출량은 1942년 12만 톤, 1943년 5만 톤으로 책정되었지만, 실제 수출량은 1942년 15,835톤, 1943년 2,450톤에 미물렀다.[80]

---

80 *Annuaire statistique de l'Indochine*, vol. 10, 168; vol. 11.

<표 7> 1941~1944년 인도차이나 광물의 일본 수출 할당량 (단위: 톤)

	1941	1942	1943	1944
인회석	무제한	무제한	무제한	100,000톤
석탄	800,000톤	650,000톤	560,000톤	500,000톤
철광석	무제한	무제한	무제한	무제한
망간 광석	전체 생산량	전체 생산량	무제한	무제한
텅스텐 광석	전체 생산량 (300~350톤 예상)	전체 생산량 (300톤 예상)	300톤	300톤
주석	전체 생산량 (3,100톤 예상) 중 300톤 제외한 나머지	전체 수출 가능량 (900톤 예상) 중 100톤 제외한 나머지	600톤	600톤
안티모니 광석	전체 생산량	전체 생산량	무제한	전체 생산량
크롬 광석	전체 생산량	전체 생산량 (10,000톤 예상)	무제한	무제한
티탄 광석	-	500톤	무제한	-
보크사이트	-	120,000톤	50,000톤	50,000톤
아연괴	전체 생산량 (6,000~8,000톤 예상) 중 약 65%	전체 생산량 (4,000톤 예상) 중 약 65%	무제한	생산 재개될 경우 추후 논의

출처: AMAE, 17GMII, 354, "Liste C: Produits indochinois susceptibles d'être importés au Japon en 1941". JACAR, B13090962900, 「丙表一千九百四十一年ニ於テ日本國ニ輸入セラルベキ印度支那産品」. JACAR, B13090964300, 「丙表一千九百四十二年ニ於テ日本國ニ輸入セラルベキ印度支那産品」. JACAR, B13090964300, "Liste C: Produits indochinois susceptibles d'être importés au Japon en 1942". AMAE, 17GMII, 355, "Liste C: Produits indochinois susceptibles d'être importés au Japon en 1943". JACAR, B13090969000, 「昭和十九年(千九百四十四年)度ニ於ケル印度支那産品ノ輸出ニ關スル取極及附屬文書」.

결국 인도차이나는 일본이 전쟁을 치르는 데 필요한 광물자원의 핵심 공급원이 되지 못하였다(〈표 8〉 참조). 일본이 1937년부터 인도차이나에서 광산 개발까지 나서며 공들였던 철광석의 경우, 1940~1945년 일본의 전

<표 8> 1940~1944년 일본의 인도차이나 광물 수입량 (단위: 톤)*

	석탄	철광석	아연	인광석·인회석
1940	431,000 (6.1%)	47,000 (0.8%)	800 (3.4%)	20,000 (2.8%)
1941	350,000 (5.4%)	44,000 (0.7%)	3,000 (38.0%)	22,400 (5.7%)
1942	421,000 (6.6%)	55,000 (1.2%)	3,300 (38.8%)	55,000 (16.1%)
1943	145,000 (2.8%)	13,000 (0.3%)	3,000 (30.0%)	48,300 (20.4%)
1944	-	-	600 (9.8%)	4,500 (5.0%)
1940~1944년 평균	269,400 (4.9%)	31,800 (0.7%)	2,140 (19.1%)	30,040 (8.5%)

* 괄호 안의 수치는 각 품목의 전체 수입 중 인도차이나 수입의 비율을 나타낸다.
출처: The United States Strategic Bombing Survey, The Effects of Strategic Bombing on Japan's War Economy, Over-all Economic Effects Division, December 1946, 189-193.

체 수입에서 인도차이나산이 차지한 비중은 1%도 채 되지 않았다. 인도차이나의 광물자원 중에서 가장 중요한 수출 품목이었던 석탄도 일본의 전쟁물자 동원에서 핵심적인 역할을 하지는 않았다. 1940~1945년 일본의 전체 석탄 수입에서 인도차이나산 석탄이 차지하는 비중은 5%가 되지 않았다. 태평양전쟁 발발 후 선박편이 부족해진 일본으로서는 인도차이나보다는 더 가까운 만주나 조선에서 석탄을 확보하는 편이 훨씬 유리하였다.[81] 인도차이나의 광물자원 가운데 일본의 전쟁물자 동원에서 유의미한 중요성을

---

81 박현, 2013, 「식민지 조선에서 석탄 생산력확충계획의 수립과 전개」, 『경제발전연구』 19권 1호.

지닌 것은 아연과 인회석뿐이었다. 인도차이나산 아연은 1941~1943년에 일본의 전체 아연 수입의 30% 이상을 차지하였으며, 인도차이나산 인회석도 점유율이 점점 높아져서 1943년에는 일본의 전체 인광석·인회석 수입의 20% 이상을 차지하였다. 그러나 인도차이나에서 생산된 어떤 광물도 일본의 전체 광물자원 동원에서 지배적 위치를 점하지는 못했다.

 요컨대, 일본이 인도차이나의 광물자원을 동원하기 위해 세운 야심 찬 계획에도 불구하고, 결과는 일본의 기대에 미치지 못하였다. 인도차이나 광물자원의 일본 공급이 충분하지 못했던 한 가지 이유는 생산량이 부족했거나 감소했다는 점에 있다. 철, 망간, 크롬, 보크사이트처럼 제2차 세계대전 발발 전후로 개발이 막 시작된 자원의 경우에는 채굴 조건이 불리한 경우가 많았고, 그렇지 않다고 해도 광산을 새로 개발하는 데 많은 시간과 비용이 필요했다. 반대로 석탄, 주석, 텅스텐, 아연처럼 예전부터 개발이 이루어졌던 광물자원의 경우에는 노동력 부족과 광물 채굴에 필요한 각종 장비나 자재의 부족이 제2차 세계대전 동안 생산량 감소를 초래하였다. 노동력 부족은 전쟁의 여파로 물가가 급등했지만, 광산 노동자의 임금은 그에 상응하여 상승하지 않았기에 노동자들이 광산 노동을 꺼리게 된 것이 그 원인이었다. 한편 광산에서 사용되는 각종 장비나 자재의 경우에는 전쟁 전까지 주로 프랑스를 비롯한 외국에서 수입해 왔는데, 프랑스의 패배 이후 이를 수급할 길이 막혀버렸다. 일본은 이러한 물자를 생산할 수 있는 산업을 갖추고 있었지만, 이를 인도차이나에 공급하는 데에는 관심이 없었다. 일본의 공장은 일본의 전쟁에 직접 필요한 군수품을 생산하는 데도 급급했기 때문이다.[82]

---

82 Delphine Boissarie, "Indochina during World War II", 239; Jeoung Jaehyun,

그러나 제2차 세계대전 동안 인도차이나 광산들의 생산 능력이 감소한 것도 사실이지만, 적어도 예전부터 개발이 이루어진 주요 광물자원의 경우 생산량이 줄어든 더 결정적인 이유는 생산물의 수출이 점점 더 어려워졌다는 데 있었다. 즉, 생산이 감소해서 수출이 감소했다기보다는 수출이 감소해서 생산이 감소한 것이었다. 상황이 이렇게 흘러간 결정적 계기는 1941년 12월에 시작된 태평양전쟁이었다. 사실 그전까지 인도차이나 광업의 상황은 그리 나쁘지 않았다. 1939년 9월 제2차 세계대전의 발발과 1940년 6월 프랑스의 패배는 수출 의존적 성격이 강한 인도차이나 광업에 심각한 타격이 될 수 있었다. 이러한 상황에서 일본이 인도차이나의 광물자원에 관심을 보인 것은 경제적으로만 보자면 인도차이나에도 꼭 나쁜 상황이 아니었다. 일본은 전쟁물자의 공급원을 필요로 했고, 인도차이나는 수출 시장을 필요로 했기에, 양자 간의 경제 관계 강화는 상호이익이 될 수 있었다. 실제로 1941년부터 1942년 중엽까지 인도차이나 광업은 약간의 활기를 띠었다.[83]

그러나 태평양전쟁이 발발하자, 일본과 인도차이나 간의 교역이 심각한 어려움에 봉착하였다. 일본의 점령지가 동남아시아 전 지역으로 확대되자, 인도차이나와 일본을 연결할 선박편이 부족해졌다. 더 큰 문제는 1942년 중엽부터 일본이 서태평양에서 점차 제해권을 상실했다는 점이다. 일본 선박이 미군 잠수함의 공격을 받을 위험성이 높아짐에 따라 인도차이나의 물자를 일본으로 운송하는 일은 점점 더 어려워졌다. 나아

Exploitation minière et exploitation humaine, 437-438.

83 Lê Mạnh Hùng, *The Impact of World War II on the Economy of Vietnam*, 129, 190-191.

가 1942년 8월부터 인도차이나 본토가 미군의 공습을 받기 시작하였다. 그리하여 1943년에는 인도차이나의 광물 대부분이 수출되는 하이퐁(Hải Phòng) 항구가 폐쇄되었다.[84] 그에 따라 수만 톤의 광물이 일본으로 운송되지 못하고, 항구와 광산에 묶여버렸다. 1944년 초에 인도차이나크롬회사와 인도차이나광업회사가 인도차이나에 쌓아둔 재고는 각각 크롬 광석 8천 톤과 망간 광석 4천 톤에 이르렀다.[85]

태평양전쟁 발발 후 인도차이나가 일본의 더 중요한 광물자원 공급원이 되지 못한 결정적인 원인은 이처럼 전쟁의 여파로 인도차이나 광물의 일본 수출길이 막힌 데 있었다. 일본은 자신의 전쟁을 위해서 인도차이나의 광물자원이 필요했지만, 역설적으로 그것이 가장 필요한 시점에서 바로 자신이 일으킨 전쟁 때문에 인도차이나의 광물자원을 확보할 기회를 상실하였다.

5. 맺음말

1940년 9월에 인도차이나를 '대동아공영권'에 편입시킨 일본은 전쟁 수행을 위해 인도차이나의 자원을 동원하고자 하였다. 1941년 5월 6일

---

[84] Ibid., 191-192, 228-229; Jacques Martin, "L'économie indochinoise pendant la guerre 1940-1945", 86.

[85] Ibid., 69.

에 프랑스와 일본 사이에 체결된 경제 협정은 일본의 이 같은 목적에 이바지하기 위한 조항들로 채워졌다. 그 후 일본 정부는 인도차이나의 자원 상황을 파악하고, 종합적인 개발 계획을 세우기 위해 대규모 조사단을 현지에 파견하였다. 광물은 일본이 인도차이나에서 확보하고자 했던 주요 자원 가운데 하나였다. 인도차이나의 광물자원을 확보하기 위해서 일본은 두 가지 전략을 사용하였다. 첫 번째는 인도차이나의 생산물을 매입할 수 있는 우선적 권리를 획득하는 것이었고, 두 번째는 일본 기업이 인도차이나의 광산 개발에 직접 참여하는 것이었다. 그 결과 인도차이나의 광물자원 수출은 점점 더 일본에 집중되었고, 일본 기업들은 이때까지 개발되지 않은 채 남아 있던 인도차이나의 광물자원 개발에 나섰다. 이처럼 인도차이나의 광물자원 동원에 관한 일본의 초기 구상은 야심 찼지만, 그 결과는 일본의 기대에 크게 못 미쳤다. 인도차이나는 결국 일본의 주요 광물자원 원이 되지 못했다. 다음의 요인들이 일본의 인도차이나 광물자원 동원을 제한하는 방향으로 작용하였다.

첫째, 일본이 인도차이나를 프랑스의 식민지로 유지하기로 한 이상 프랑스인이나 프랑스 기업의 재산을 임의로 몰수하기는 어려웠다. 일본의 군정이 실시된 동남아시아의 다른 지역에서는 일본 당국이 영국·네덜란드 회사 소유의 광산을 몰수하여 일본 기업에 넘겨주었지만, 인도차이나에서는 띤뚝 팅스텐 광산을 제외하고는 그런 일이 일어나지 않았다. 그 결과 프랑스 기업들은 인도차이나의 주요 광산들에 대한 소유권과 경영권을 유지할 수 있었다.

둘째, 일본 정부는 기존의 프랑스 기업들에 의해 이미 개발이 이루어진 광물자원의 생산에 직접 뛰어들 필요를 느끼지 못했다. 당시에 일본은 인력·자금·물자 부족에 시달리고 있었기에 불필요한 비용 지출은 피해야 했다. 그 결과 일본 기업들의 인도차이나 광산 개발은 미개발 상태로 남아 있지만, 일본의 전쟁 수행에 필수적인 광물자원에 한정해서 이루어졌다. 바로 그 때문에 제2차 세계대전 중 일본의 인도차이나 광업 투자는 제한적인 수준에 머물렀다.

셋째, 일본 기업의 광산 개발 활동은 여전히 인도차이나에 대한 행정권을 지닌 프랑스 당국의 견제를 받았다. 물론 일본군의 진주 이후 일본 기업들은 인도차이나에서 전보다 더 많은 활동의 자유를 누렸고, 일본 당국의 지원을 받을 수 있었다. 그렇지만 일본이 인도차이나에 대한 프랑스의 주권을 존중하기로 한 이상 프랑스 법을 대놓고 무시할 수는 없었다. 더군다나 프랑스 당국은 일본의 인도차이나 경제 장악 시도에 맞서서 프랑스의 이해관계를 지키기 위해서 다양한 수단들을 동원하였다.

넷째, 일본 기업이 가진 제한된 수단으로 단기간에 신규 광산을 개발하고, 생산량을 빠르게 늘리는 것은 기술적으로 쉽지 않은 일이었다. 철광석 생산량이 인도차이나광업회사의 목표였던 연간 30만 톤은커녕 10만 톤에도 이르지 못했다는 사실은 이를 잘 보여준다.

다섯째, 태평양전쟁 발발 후 일본이 인도차이나보다 전략적 광물자원을 더 풍부하게 보유한 다른 동남아시아 지역들을 점령하면서 인도차이나의 광물자원에 대한 일본의 관심이 줄어들었다. 일본은 말라야나 네덜란드령 동인도 같은 점령지에서 얻을 수 있는 광물에 대해서는 인도차이나보다 그곳들에서 조달하는 편을 장려하였다. 그렇게 되자 일본 기업들의 인도차이나 광산 개발이 지닌 중요성이 줄어들었다.

마지막으로 1942년 중엽부터 일본 선박과 인도차이나의 운송 시설이 미군의 공격 목표가 되면서 일본과 인도차이나 사이의 운송 조건이 악화하였다. 일본으로 광물을 운송하기 어려워지자, 인도차이나의 광물 생산이 급감하였다. 전쟁이라는 상황 속에서 일본은 인도차이나의 광물자원을 확보할 수 있었지만, 또한 바로 전쟁이라는 상황 때문에 그에 대한 접근권을 상실하였다.

결국 일본의 인도차이나 자원 동원은 일본의 의도와 계획뿐 아니라 인도차이나를 둘러싼 국지적·국제적 차원의 정치적·경제적 상황에 좌우되었다. '대동아공영권' 경제는 일본이 유일한 행동 주체로서 모든 것을 지배하는 공간이 아니었다.

참고문헌

자료
문서보관소 문서

AMAE [Archives du Ministère des Affaires Étrangères]
3GMII (Guerre 1939-1945 Vichy, Série E. Asie)
275: "Indochine: Commerce indochinois avec le Japon (juillet 1940-décembre 1941)".
329: "Japon: Japon et Indochine, mission économique (avril 1941-avril 1943)".
17GMII (Guerre 1939-1945 Vichy, Relations commerciales)
354: "Accord franco-japonais relatif au régime douanier, aux échanges commerciaux et à leurs modalités de règlement entre l'Indochine et le Japon (mai 1941-avril 1944)".
355: "Accord franco-japonais relatif au régime douanier, aux échanges commerciaux et à leurs modalités de règlement entre l'Indochine et le Japon (juillet 1941-avril 1943)".
359: "Emprise japonaise sur l'économie indochinoise (1942-1944)".
AN [Archives Nationales]
1977 1403 (Conseil général des mines)
63: "Vietnam (1928-1962)".
ANOM [Archives Nationales d'Outre-Mer]
GGI SE [Gouvernement Général de l'Indochine, Services Économiques]
766: "Convention avec la Compagnie indochinoise d'industrie minière sur la prospection en commun avec le gouvernement général des concessions minières (1942-1943)".
767: "Demandes d'amodiation de concessions minières (1942-1943)".
774: "Renseignements statistiques annuels et mensuels sur l'activité minière de l'Indochine (1937-1943)".
801: "Propositions du service des Mines tendant à permettre aux sociétés dont les capitaux sont en majorité étrangers d'acquérir les droits miniers en Indochine pour certains produits (1940)".

아시아역사자료센터 문서

JACAR, B02030669400,「支那事変関係一件 / 仏領印度支那進駐問題(1940年9月4日, 日仏印軍事協定) 第一巻」

JACAR, B02030669000,「松岡, アンリー正式交渉開始ヨリ妥結マデ / 昭和15年8月30日」.

JACAR, B08060399800,「大東亞戰争中ノ帝國ノ対南方経済政策関係雑件(支那事変及第二次欧州戰争ヲ含ム) 第三巻」

JACAR, B08060400400,「仏領印度支那ニ対スル経済政策関係」.

JACAR, B09040767000,「仏領印度支那資源調査団派遣関係一件 第一巻」

JACAR, B09040765600,「調査報告関係 / 分割1」.

JACAR, B09040765700,「調査報告関係 / 分割2」.

JACAR, B09040771700,「仏領印度支那資源調査団派遣関係一件 / 調査団報告 第一巻」

JACAR, B09040772000,「分割1」.

JACAR, B09040772100,「分割2」.

JACAR, B09040772200,「分割3」.

JACAR, B09040772300,「分割4」.

JACAR, B09040772500,「分割5」.

JACAR, B09040772600,「分割6」.

JACAR, B09040772700,「分割7」.

JACAR, B13090962100,「仏領印度支那に関する日仏居住航海条約並びに日本國印度支那間関税制度, 貿易及び其の決済の様式に関する日仏協定」

JACAR, B13090962300,「調印書」.

JACAR, B13090962500,「議定書」.

JACAR, B13090962700,「日本國印度支那間関税制度, 貿易及び其の決済の様式に関する日仏協定調印書」.

JACAR, B13090962900,「協定第十五条に依り作成せられたる表」.

JACAR, B13090964300,「協定第十五条に依り作成せられたる表(1942年度用)」.

JACAR, B13090964700,「協定第十五条に依り作成せられたる表(1942年度用)」.

JACAR, B13090968200,「日, 仏印経済協定」

JACAR, B13090969000,「昭和十九年(一九四四年)度に於ける印度支那産品の輸出に関する取極及附属文書」.

Étains et wolfram du Tonkin, *Assemblée générale ordinaire du 13 novembre 1945*.

Journal officiel de la République française, Lois et décrets, 13 janvier 1916.

단행본

마이클 A. 반하트, 박성진·이완범 옮김, 2016, 『일본의 총력전-1919~1941년 경제 안보의 추구-』, 한국학중앙연구원출판부.

安達宏昭, 2002, 『戰前期日本と東南アジア-資源獲得の視点から-』, 吉川弘文館.

Brocheux, Pierre, 2009, *Une histoire économique du Viet Nam 1850-2007*, Les Indes savantes.

De Jong, Loe, 2002, *The Collapse of a Colonial Society: The Dutch in Indonesia during the Second World War*, KITLV Press.

The United States Strategic Bombing Survey, December 1946, *The Effects of Strategic Bombing on Japan's War Economy*, Over-all Economic Effects Division.

Boissarie, Delphine, 2015, "Indochina during World War II: An Economy under Japanese Control", Marcel Boldorf and Okazaki Tetsuji (eds), *Economies under Occupation: The Hegemony of Nazi Germany and Imperial Japan in World War II*, Routledge.

Isoart, Paul (dir), 1982, *L'Indochine française 1940-1945*, Presses universitaires de France.

Lê Mạnh Hùng, 2004, *The Impact of World War II on the Economy of Vietnam 1939-45*, Eastern Universities Press.

Michelin, Franck, 2019, *La guerre du Pacifique a commencé en Indochine 1940-1941*, Passés composés.

Namba Chizru, 2012, *Français et Japonais en Indochine (1940-1945): colonisation, propagande et rivalité culturelle*, Karthala.

Peattie, Mark R., 1996, "Nanshin: "Southward Advance," 1931-1941, as a Prelude to the Japanese Occupation of Southeast Asia", Peter Duus, Ramon H. Myers and Mark R. Peattie (eds), The Japanese Wartime Empire, 1931-1945, Princeton University Press.

Shiraishi Masaya (ed), 2015, *Indochina, Thailand, Japan and France during World War II: Overview of Existing Literature and Related Documents for the Future Development of Research*, Waseda University of Asia-Pacific Studies.

Tạ Thị Thúy (chủ biên), 2014, *Lịch sử Việt Nam, tập 9: Từ năm 1930 đến 1945*, Nxb. Khoa học Xã hội.

Valette, Jacques, 1993, *Indochine 1940-1945: Français contre Japonais*, SEDES.

논문

박현, 2013, 「식민지 조선에서 석탄 생산력확충계획의 수립과 전개」, 『경제발전연구』 19권 1호.

정재현, 2024, 「제2차 세계대전 전 일본 기업의 프랑스령 인도차이나 진출-인도차이나산업회사를 중심으로-」, 『사총』 111.

허영란, 2022, 『남양과 식민주의-일본 제국주의의 남진과 대동아공영권-』, 서울: 사회평론아카데미.

白石昌也, 1986, 「第二次大戰期の日本の対インドシナ経済政策」, 『東南アジア-歴史と文化-』 15号.

白石昌也, 1986, 「1940~1941年インドシナをめぐる日仏経済交渉-交渉に臨んでの日本側の意図」, 『第二次世界大戰とアジア社會の変容』, 大阪外國語大學アジア研究會.

白石昌也·古田元夫, 1976, 「太平洋戦争期の日本の対インドシナ政策-その二つの特異性をめぐって-」, 『アジア研究』 23巻 3号.

疋田康行, 2013, 「戰前·戰時期日本の対インドシナ経済侵略について」, 阿曽村邦昭 (編), 『ベトナム國家と民族 上巻』, 古今書院.

田渕幸親, 1980, 「日本の対インドシナ「植民地」化プランとその実態」, 『東南アジア-歴史と文化-』 9号.

田渕幸親, 1981, 「『大東亞共榮圏』とインドシナ-食糧獲得のための戰略-」, 『東南アジア-歴史と文化-』 10号.

Annuaire statistique de l'Indochine, vol. 7: 1936-1937; vol. 8: 1937-1938; vol. 9: 1939-1940; vol. 10: 1940-1942; vol. 11: 1943-1946.

"Production minière de l'Indochine au cours des années 1937 et 1938", *Bulletin économique de l'Indochine,* 42e année, 1939.

Roux, A., 1933, "L'industrie minière de l'Indochine en 1932", *Bulletin économique de l'Indochine*, 36e année.

Denton, Chad, 2013, "More Valuable than Gold: Korean Tungsten and the Japanese War Economy, 1910 to 1945", *Seoul Journal of Korean Studies*, vol. 26, no. 2.

Jeoung Jaehyun, 2018, *Exploitation minière et exploitation humaine: les charbonnages dans le Vietnam colonial, 1874-1945*, Université Paris Diderot.

Martin, Jacques, 1985, "L'économie indochinoise pendant la guerre 1940-1945", *Revue d'histoire de la deuxième guerre mondiale*, no. 138.

Murakami Sachiko, 1981, *Japan's Thrust into French Indochina 1940-1945*, Dissertation, New York University.

Schneider, Justin Adam, 1998, *The Business of Empire: The Taiwan Development Corporation and Japanese Imperialism in Taiwan, 1936-1946*, Harvard University.

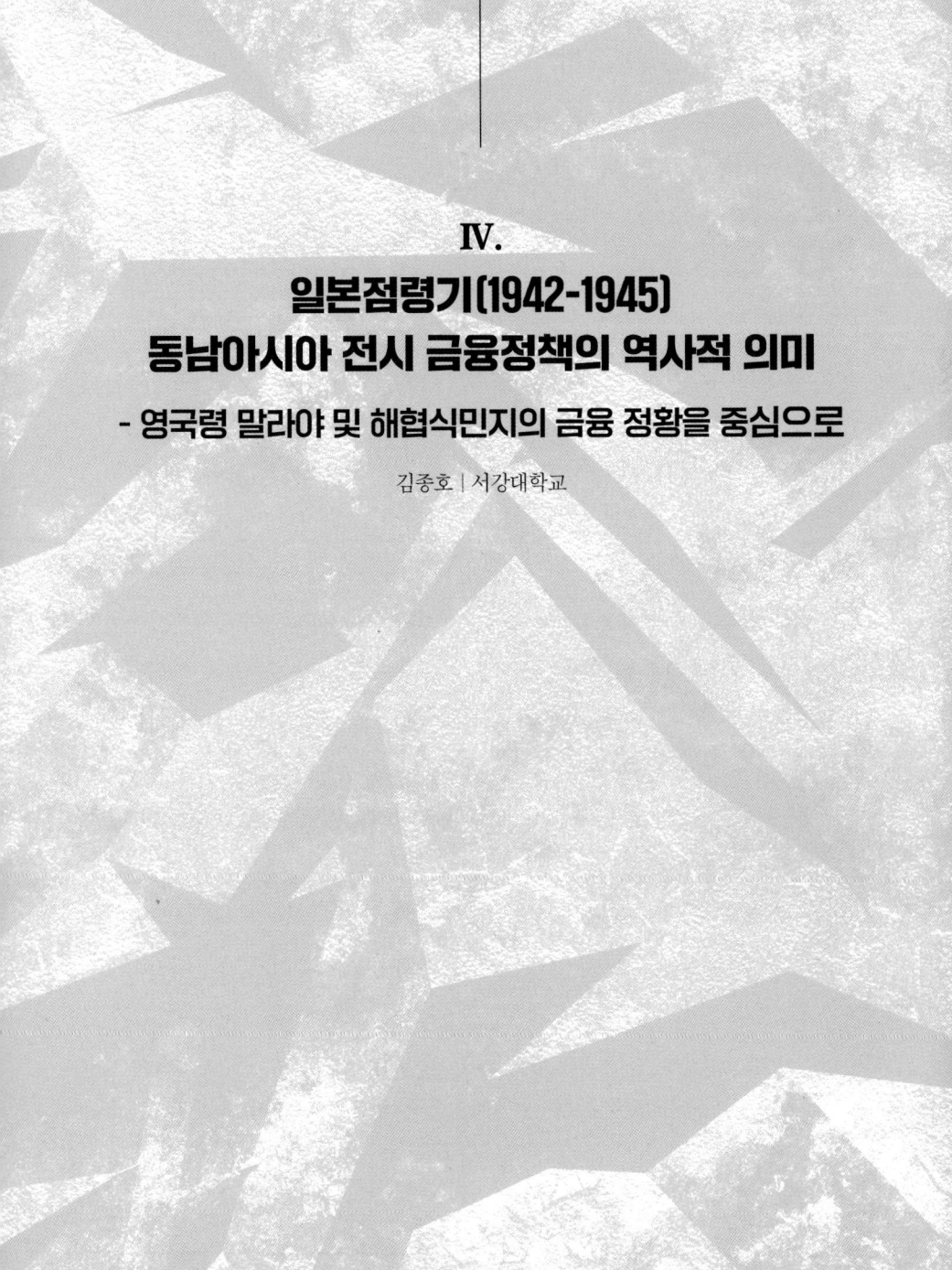

IV.
일본점령기(1942-1945) 동남아시아 전시 금융정책의 역사적 의미
- 영국령 말라야 및 해협식민지의 금융 정황을 중심으로

김종호 | 서강대학교

1. 머리말

근현대 동남아시아 경제, 특히 금융 정황을 통시적으로 살펴볼 때 직면하는 문제점 가운데 하나는 바로 제국주의 시기의 식민지 경험과 제2차 세계대전 종전 이후의 현상을 어떻게 연결할 것인가이다. 식민 시기 연구와 전후 체제 관련 연구가 단절되어 개별적으로 이루어지는 경우가 많고, 두 시기를 포괄하여 살펴보는 연구 역시 이를 연속적으로 파악하는 적극적인 시도는 드물었다.[1] 오히려 일본점령기(1942~1945)는 전전(戰前)과 전후(戰後) 시기와는 동떨어진 시기로 따로 연구되는 경향이 강하다.[2] 이는 1942년에서 1945년까지 아시아태평양전쟁과 함께 시작된

---

[1] Booth, Anne E., 2004, "Linking, De-linking and Re-linking: Southeast Asia in the Global Economy in the Twentieth Century." *Australian Economic Review* 44, no. 1; Cheong, Kee Cheok, Kam Hing Lee, and Poh Ping Lee., 2013, "Surviving Financial Crises: The Chinese Overseas in Malaysia and Singapore." *Journal of Contemporary Asia* 45; Duus, Peter., Ramon H. Myers, and Mark R. Peattie, eds., 1996, *The Japanese Wartime Empire, 1931-1945*. Princeton, NJ: Princeton University Press; Drabble, John H., 2000, *An Economic History of Malaysia, c. 1800-1990: The Transition to Modern Economic Growth*. London: Macmillan Press Ltd.; Huff, Gregg, and Giovanni Caggiano., 2007 "Globalization, Immigration, and Lewisian Elastic Labor in Pre-World War II Southeast Asia." *The Journal of Economic History* 67, no. 1.

[2] 물론 학계에서는 일본점령기를 동남아시아사 근현대사에서 중요한 분수령으로 보고 있는 것은 분명하다. 그에 따라 관련 연구 역시 그 중요성만큼이나 다종다양하고 풍부하다. 더 나아가 싱가포르에서는 중등학교 역사교육에서도 같은 관점에서 매우 중요한 비중으로 다루고 있기도 하다. 즉, 오히려 중요성이 광범하게 인식되고 있기에 따로 연구되는 측면 역시 존재한다. 또한 이 시기는 전후 독립 국가 및 민족주의 고조의 직접적 계기로서 중시되는 경향이 강하다. Eaton, Clay., 2018, "Governing Shōnan: The Japanese Administration of Wartime Singapore", Columbia University; Huff, Gregg, and Shinobu Majima., 2013, "Financing Japan's World War II Occupation

일본점령기에 이루어진 동남아시아 전시 금융정책을 일종의 단절로 보는 시각이 내재되어 있기 때문이다. 물론 일본의 전시 동원은 미국 및 중국과의 전쟁을 위해 동남아시아의 기존 경제적 인프라를 파괴하는 방향으로 진행되는 경우가 많았고, '주적'인 연합국의 식민지일 경우 더욱 그런 경향이 강했던 것은 분명하다. 그럼에도 부정적 영향이든 긍정적 영향이든 이 시기를 연결, 혹은 연속이라는 관점에서 구체적으로 살펴볼 필요가 있지만, 지금까지 그러한 시도가 이루어진 경우는 드물었다.[3]

본 연구는 일본점령기의 금융정책이 식민 시기와 전후 냉전 시기를 어떻게 연결하는지 모색해 보고자 한다. 구체적으로 점령기 일본이 핵심 항구이자 군정이 들어선 싱가포르와 말레이반도에서 진행한 전시 금융정책을 분석함으로써 전전과 전후를 연결하는 시기로서 일본점령기 동남아시아의 역사적 의미를 가늠해 보고자 한다. 특히 식민 시기의 금융 정황을 서구 금융업계와 함께 이 지역 금융업을 주도하던 화인 금융을 중심으

---

of Southeast Asia." *The Journal of Economic History* 73, no. 4; Huff, Gregg, and Shinobu Majima., 2015, "The Challenge of Finance in South East Asia during the Second World War." *War in History* 22, no. 2; Huff, Gregg, and Shinobu Majima., 2018, *World War II Singapore: The Chōsabu Reports on Syonan*. NUS Press; Huff, Gregg., 2020, *World War II and Southeast Asia: Economy and Society under Japanese Occupation*. Cambridge University Press; Kratoska, Paul H., ed., 1995, *Malaya and Singapore during the Japanese Occupation*. Singapore University Press; Kratoska, Paul H., 1998, *The Japanese Occupation of Malaya: A Social and Economic History*. Hurst & Company.

3   Goto, Ken'ichi., 2003, *Tensions of Empires: Japan and Southeast Asia in the Colonial & Postcolonial World*. Athens, Ohio University Press; 고토 겐이치 저, 라경수 역, 2023, 『동남아시아로부터 본 근현대 일본: '남진(南進)'·점령·탈식민화를 둘러싼 역사 인식』, 고려대학교 출판문화원; Kratoska, Paul H., 1992, "Banana Money: Consequences of the Demonetization of Wartime Japanese Currency in British Malaya." *Journal of Southeast Asian Studies* 23, no. 2.

로 개관하고, 일본이 침략과 점령을 통해 기존 식민지 금융정책을 어떻게 전시 금융정책으로 변화시켰는지, 그리고 전후 영국의 재지배와 함께 진행된 새로운 금융 시스템의 구축에는 어떠한 계기를 마련해 주었는지를 알아봄으로써 일본점령기의 역사적 의미를 모색해 보려 한다.

2. 일본 점령 이전 영국령 말라야 및 해협식민지 금융 정황

19세기 이후 서구 제국이 주도한 동남아시아의 식민지 경제는 식민본국을 상대로 한 자유무역과 세계시장에의 링크가 핵심이었기 때문에 최대한 넓은 경작지를 (유휴지 없이) 조성한 뒤 기존 자생 산품(향신료, 갬비어, 각종 자원)에 더해 외부에서 가져온 산품(고무, 담배, 설탕 등)을 최대한 생산하여 수출하도록 직간접적으로 강제하는 구조였다.[4] 그렇게 생산된 산품들은 각 식민지역의 도시들(싱가포르, 페낭, 양곤, 바타비아, 마닐라, 사이공 등)로 운반된 뒤 세계시장으로 수출되는데, 이 때문에 19세기에서 20세기 중반까지 동남아시아의 식민지 경제는 양적으로 급성장하는 모

---

4   유럽 열강들의 동남아시아 진출은 16세기 스페인, 포르투갈, 17세기 영국, 네덜란드 등 그 역사가 길지만, 본격적인 제국주의적 식민지 점령은 산업혁명 이후 19세기부터로 본다. 같은 맥락에서 동남아시아 근대 경제 역시 이 식민지적 구조에서 기인한 것으로 보고, 그 직접적인 계기는 1830년 네덜란드가 자바섬에서 실시한 강제경작제도(Cultivation system)로 보는 것이 일반적이다. Brown, Ian., 1997, *Economic Change in South-East Asia, c.1830-1980*. Oxford University Press.

습을 보인다.[5]

동남아시아 식민경제를 구성하는 또 다른 요소는 바로 대량이주를 통한 노동력 공급이었다. 상품작물을 생산하는 대농장과 광물자원을 채굴하는 광산의 노동력이 중국계, 인도계 이주민들로 채워졌고, 재배 및 채굴된 산품의 도농간 물류, 세계시장으로의 수출 등과 같은 본격적인 상업활동 역시 중국계, 인도계와 같은 이주민들에 의해 주도되었다. 이러한 경향은 영국, 네덜란드, 스페인(이후 미국)에 의해 수출주도 식민지 경제가 이루어진 해양부 동남아시아에서 특히 두드러졌다. 중국계 이주민들은 이러한 기회를 적극적으로 활용하여 거대한 부를 쌓았다.[6] 식민지 경제는 동남아시아에 현지인 중심의 농촌지역과 이방인 중심의 도시, 혹은 농업생산 중심의 현지인과 상업과 무역 중심의 중국계 이주민이라고 하는 특유의 이중구조를 형성하였다.

말레이시아의 식민지 경제 역시 수출입 주도 경제의 형성과 대도시를 통한 근대화가 핵심이었다. 주요 수출품은 고무, 주석, 팜오일, 코코넛, 파인애플, 목재 등이었다.[7] 특히 중국계 이주민들의 상업활동은 주석 채취와 고무 생산에 집중되어 있었지만, 그 외에도 교통, 경공업, 쌀, 식료품, 각종

---

5 Booth, Anne E., 2007, *Colonial Legacies: Economic and Social Development in East and Southeast Asia*. University of Hawai'i Press.

6 Trocki, Carl A., 2002, "Opium and the Beginnings of Chinese Capitalism in Southeast Asia." *Journal of Southeast Asian Studies* 33, no. 2, 297-314; Wu, Xiao An, 2010, *Chinese Business in the Making of a Malay State, 1882-1941: Kedah and Penang*. New edition. NUS Press; Kuhn, Philip A, 2008, *Chinese among Others: Emigration in Modern Times*, NUS Press; Kuo, Huei-Ying, 2014, *Networks beyond Empires: Chinese Business and Nationalism in the Hong Kong-Singapore Corridor, 1914-1941*, Brill.

7 Drabble, John H., 2000, *An Economic History of Malaysia, c. 1800-1990: The Transition to Modern Economic Growth*. Macmillan Press Ltd.

도시 서비스 등 다양했다. 다만 한 가지 분명한 것은 화교화인들의 경제적 역량이 높았고 그 담당 분야 역시 광범위했지만, 이는 다른 종족인 말레이계, 인도계에 비해 압도적으로 높은 비중을 차지했다는 것일 뿐 근본적으로는 서구, 특히 영국계 자본에 종속된 상업집단이었다는 점이다.[8]

영국령 말라야(British Malaya)와 해협식민지(Straits Settlements, 싱가포르, 페낭, 믈라카)로 구성되어 있던 식민 시기 싱가포르와 말레이반도의 금융업(특히 통화제도 및 은행업)은 고무 및 주석과 같은 1차 산품의 수출과 서구로부터의 2차 가공품 및 동남아시아 역내 무역품의 수입을 보조하기 위한 도구로 시작하였다.[9] 특히 은행업의 경우 수출입을 위한 즉각적인 대금 결제가 필요했고, 이를 위해서는 거대 자본을 보유하고 있으면서 끊임없이 유동자금을 순환할 수 있는 기능을 가진 은행을 통한 송금이 필요했기 때문에 출발한 측면이 있다. 즉, 식민본국인 영국과 식민지 사이의 수출입 업무를 보조하기 위한 목적으로 은행업이 시작된 것이다. 그 때문에 식민 시기 이 지역의 은행업은 주로 페낭(Penang)과 싱가포르(Singapore)와 같은 수출입항에서 시작하는 경우가 대부분이었다. 수출입항에서 은행은 수출업자 및 수입업자를 위한 대금의 결제, 자본의 저장, 필요한 자금의 대출 등과 같은 업무를 수행하였다. 그리고 19세기까

---

8   본 연구에서 전체 중국계 이주민을 지칭할 때는 화교화인을 쓴다. 역사적인 측면에서 귀향 혹은 귀국을 담보로 한 이주민을 의미하는 화교와 이주지에서 영구 정착하는 화인은 구분하기 힘들 정도로 혼합되었다. 그로 인해 최근 학계의 경향은 이를 함께 지칭하는 경우가 많다. 다만, 맥락에 따라 화교, 혹은 화인으로 지칭하는 경우도 있다는 점을 미리 밝혀둔다.

9   Lee, Sheng-Yi, 1986, *The Monetary and Banking Development of Singapore and Malaysia*. Revised ed. Singapore University Press; Drabble, John H, 2000, *An Economic History of Malaysia, c. 1800-1990: The Transition to Modern Economic Growth*. Macmillan Press Ltd.

지만 해도 제국주의 국가가 설립한 서구 은행이 대부분이었다. 그 때문에 이 시기 은행의 기능은 일반 대중들을 대상으로 한 예금이나 입출금 업무보다는 무역, 송금, 외환 등에 집중된 경향이 강했다. 그런 이유로 초기 업무는 태환에 집중되어 있었는데, 주로 금과 은 사이의 환전, 혹은 스털링 화폐와 식민지 자체 화폐 사이의 환전이었다.

19세기 말레이반도와 싱가포르에는 다종다양한 화폐가 통용되고 있었다. 스페인 달러, 멕시칸 달러, 동인도회사 발행 화폐, 영국 및 미국이 아시아 무역을 위해 발행한 무역 달러(Trade Dollars), 뒤늦게 등장하는 일본 엔화 등 다양한 화폐가 무질서하게 유통되었는데, 대부분 개별 은행이 발행한 지폐 혹은 은 주화였다.[10] 법정화폐(Legal tender)가 없다는 점은 통합된 행정 구역에서 화폐를 활용한 교역 및 금융거래에는 심각한 장애물이었는데, 일찍이 영국 식민정부는 직접 지배로 통치하는 해협식민지에 인도에서 영국이 은을 주조하여 발행한 루피화를 법정화폐로 도입하려 시도했으나 실패한 바 있다.[11] 다양한 화폐가 유통되다 보니 같은 식민 구역에서도 종족이나 방언그룹에 따라 다른 화폐를 사용하는 경우도 발생하여 빠른 결제와 거래에 어려움을 주고 있었다. 게다가 개별 은화마다 은 함유량이 달라 환전 비율을 측정해야 하는 번거로움도 있었다.

금속을 활용한 주화가 화폐일 경우의 문제는 유통의 어려움과 동시에 금속이라는 특성으로 인해 외부 환경에 따라 그 수급에 문제가 발생할 수 있다는 사실이다. 특히 1870년에서 1893년까지 이어진 멕시코 달러와 일

---

10 Lee, Sheng-Yi, 1986, 앞의 책; Drabble, John H, 2000, 앞의 책; Drake, P. J, 1969, *Financial Development in Malaya and Singapore*, Australian National University Press.

11 Drabble, John H, 2000, 앞의 책.

본 엔화의 공급 급감은 무역 거래에서 일시적 은화 부족 현상을 야기했고, 이는 그대로 해협식민지로부터 은화가 급격히 유출되는 현상을 불러일으켜 지역 경제에 심대한 타격을 주기도 했다.[12] 물론 일찍이 홍콩상하이은행(HSBC)이나 차터드은행(Chartered Bank)을 비롯한 다양한 서구 은행이 이 은화를 보조하기 위해 은행권(bank note)을 발행하기는 했지만, 법정화폐를 대체하기에는 충분하지 않았기에 식민 구역의 금융 및 무역 거래에 독점적으로 활용할 만한 지폐의 발행이 계속해서 요구되고 있었다.

이에 해협식민지 정부는 통화 위원회(Board of Commissioner of Currency)를 설립하여 1899년부터 지폐를 발행함으로써 은행권을 대체해 가기 시작했다.[13] 아울러 기존 상업은행에서 개별적으로 발행하던 지폐 역시 금지하였고, 1903년부터 '해협식민지 달러(Straits Dollar)'가 식민지의 유일 화폐(Legal tender)로 발행되기 시작한다.[14] 1910년대에 이르면

---

[12] 이 사건은 기존 은화 기반 은본위제 통화 체제를 금본위제로 변경해야 한다는 의견에 힘을 실어주는 계기가 되었다. 1900년대 초, 금융업이 발달한 해협식민지의 다양한 언론에서 관련 논의가 본격적으로 진행된 바 있다. Kemmerer, Edwin Walter., 1916, *Modern Currency Reforms: A History and Discussion of Recent Currency Reforms in India, Porto Rico, Philippines Islands, Straits Settlements and Mexico*. The Macmillan Company.

[13] 초기 해협식민지 통화정책을 통제하던 이 기관은 1938년 새로운 법령과 함께 전체 말레이반도 지역을 통합하는 화폐를 발행하기 위한 기관으로 변모하는데, '말라얀 통화국(Malayan Currency Board)'의 시작이다. 이 기관에서 발행하는 통합화폐가 1940년부터 말라얀 달러로 지역의 법정화폐가 된다. 이후 1952년에는 보르네오 지역까지 통합하였고, 1967년까지 존속하다가 이 지역이 싱가포르, 브루나이, 말레이시아로 나뉘면서 문을 닫았다. 말라얀 통화위원회(Malayan Currency Commissioner)라 칭하기도 했다. Lee, 앞의 책; Kemmerer, 1916, 앞의 책; George, Josephine., 2016, "The Malayan Currency Board (1938-1967)." *Studies in Applied Economics* 53.

[14] 이후 해협식민지를 중심으로 말레이반도와 싱가포르에는 정부 산하 금융기관에서 발행되는 법정화폐 시스템이 자리 잡는데, 이는 일본점령기, 영국 재지배 시기, 말레이시

이 해협식민지 달러가 해협식민지에서는 은화를 넘어 주요 유통 화폐로 여겨지게 되었다. 한 가지 해협식민지 달러와 관련된 중요한 이슈는 바로 이 화폐를 은과 금, 어느 금속에 연동시킬 것인가였는데, 영국 식민정부의 선택은 금본위제였고, 1908년에서 1909년 사이 런던의 금 보유고에 연동시킴으로써 해협식민지의 독립적인 금융 및 통화 생태계 형성이 가능해졌다.[15] 아울러 스털링화를 매개로 영국령 말라야와 북보르네오 지역의 자체 발행 통화 역시 해협식민지 달러를 통해 금본위제로 편입되어 안정성을 가진 통화로 주요하게 활용되었다. 이러한 상황은 1931년 미국발 세계 대공황의 영향으로 영국 본국이 금본위제를 포기하면서 스털링화 기준 통화 체제로 넘어가는 순간까지 이어진다. 이후 해협식민지 달러는 영국이라는 제국적 질서 속에서 신뢰받는 화폐로 홍콩 달러(HKD)와 함께 주요 기준 화폐로 해당 지역뿐 아니라 주변 지역에까지 유통되기도 했고, 20세기 전반 주요 결제 수단으로 각광을 받았다.

1932년 발간된 「1931년 해협식민지 연간 보고서(Annual Report on the Social and Economic Progress of the People of the Straits Settlements, 1931)」에 따르면, 금본위제 폐기 직전 해협식민지 달러에 대해 아래와 같이 설명하고 있다.

아, 싱가포르 국가 성립 이후에도 계속 이어진다. 각 시기별 법정화폐 목록은 〈부록 1〉 참조.

15 해협식민지에서 19세기 말에서 20세기 초에 이어진 화폐개혁은 이 지역 금융사, 재정사에 중요한 기점일 뿐 아니라 동남아시아의 영국 식민사에서도 중요한 전환점이다. 특히 화교화인경제에 미친 영향이 크고, 각종 화교화인 근대 은행업이 본격화되는 계기이기도 하다.

"해당 식민지의 기준 주화는 해협식민지 은화다. 해당 은화와 0.5달러(은)는 무제한 법정화폐. 그리고 20센트, 10센트, 5센트 단위의 보조 은화가 있다. 5센트 액면가의 니켈 주화도 있다. 이 보조 동전은 2달러의 금액에 대한 법정화폐다. (중략) 1906년 통화위원회의 위원들은 금과 교환하여 7파운드에 60달러의 비율로 지폐를 발행할 수 있는 권한을 부여받았고, 국왕의 명령에 따라 영국 금화가 법정화폐로 선언되었으며, 달러의 스털링 명목 가치는 2실링 4펜스로 고정되었다. (중략) 이 법의 요건은 최소한 통화 보증 기금 일부가 유통되는 지폐의 2/5 이상, 즉 식민지의 현재 은화 및 금화, 금, 영국 은행에 예치된 현금, 재무부 지폐, 콜 현금 또는 기타 런던에서 쉽게 실현 가능한 유가 증권으로 '유동적' 형태로 유지되어야 한다는 것이다."

위 보고서의 관련 내용은 해협식민지의 화폐 종류로는 동전과 은화로 대표되는 주화와 지폐로 나뉘는데, 동전은 사라지는 추세이고, 낮은 단위의 은화가 유통되면서 좀 더 높은 단위의 지폐가 유통되고 있다는 것이다. 아울러 해협식민지 달러의 경우 런던에서 고정된 금과 스털링의 비율에 고정적으로 연동된다는 점 역시 명시하고 있는데, 이는 해협식민지 달러의 환율 시장에서의 안정성을 보증하는 것이었다. 화폐 시스템의 정비는 무엇보다 국제항구로서 싱가포르의 지위를 더욱 공고히 하였고, 동남아시아 전역의 화교화인 사업가들이 안정성을 위해 싱가포르에 유동자산을 두는 이유가 되었다. 이 역시 싱가포르 화인 금융업의 발전에 중요한 영향을 끼쳤다.

통화 체제의 개혁을 통한 지폐와 주화가 조화된 화폐의 활용은 점증하는 서구 제국이 주도하는 아시아 무역량을 감당해야 했던 다양한 계층의 기업가, 자본가, 관료들의 필요와 요구에 의한 것이었다. 아울러 이러한 통화 체제의 전환뿐 아니라 개별 상인과 기업들이 수출입 및 각종 역내 거래를 진행하는 데에 있어서 점차 거대해지는 거래 자본을 중개할 만한 금융기관의 필요성 역시 증대하였다. 19세기 말까지 서구 제국의 이익을 보조하는 은행 기업들이 대부분이었으나 20세기 이후에는 은행 기업의 수가 점차 늘어나는 추세를 보인다. 물론 인도 타밀계 체티어(Chettiar) 대부업자 및 화인 방업 그룹 중심 대부업이나 전장(錢莊)업, 송금업과 같은 인적 네트워크에 기반을 둔 전통적 금융거래 역시 크고 중요한 비중을 차지하고 있었으나, 점차 신용 기반 근대적 은행업의 중요성이 20세기 전반기 해협식민지와 영국령 말라야의 상인, 기업 사이에 공유되어 가고 있었다.

해협식민지에 은행업이 시작된 시기는 1840년부터인데, 이 당시에는 인도와 말레이반도, 중국의 홍콩과 상하이를 잇는 무역 거래의 결제 및 송금을 위한 외환업을 주로 담당하는 유럽인들을 위한 금융기관이었다. 당시 화인 및 현지인들의 경우 주로 각 공동체의 자체적인 전통적 금융거래에 의존하고 있었다. 1840년 '캘커타 유니언은행(Union Bank of Calcutta)'이 설립된 이래, '오리엔탈은행(Oriental Bank)', '아시아틱은행(Asiatic Banking Corporation)', '인도통상은행(Commercial Bank of India)' 등의 기업이 1840년대에 설립되었고, 1850년대에서 1870년대 사이 '상업은행(Mercantile Bank)', 차터드은행, 홍콩상하이은행 등이 해협식민지에 분행을 설치하면서 은행업이 본격적으로 시작되었다. 다만, 상술한 것처럼 외환 거래가 중심이라는 점과 일반 예금이나 장기 대출과 같은 업무를 진행하지 않았다는 점은 이러한 은행업의 기반이 외부의 경제적 영향에 취약하다는 것을 의미했고, 실제 19세기 후반 외부로부터의 경제위기를 맞을 때마다 상술한 은행 기업들은 문을 닫아야만 했다.

19세기 후반과 20세기 초반 해협식민지와 영국령 말라야의 중요한 변화 가운데 하나는 중국계 이주민의 급증이었다. 중국계 이주민의 급증은 이들을 상대하고 관리하는 현지 화인 자본가들의 성장과 자본 증대를 의미했고, 이들은 기존 전통 네트워크 기반 금융 관행이 아닌, 근대식 은행업을 통한 금융 자산에 관심을 기울이기 시작하였다. 그 영향으로 20세기 초 20년 동안 7개의 화인 은행이 설립되었다. 대부분 싱가포르에서 시작한 것으로 광익은행(Kwong Yik Bank 1903), 사해통은행(Sze Hai Tong Bank 1906), 화상은행(Chinese Commercial 1912), 화풍은행(Ho Hong Bank 1917), 화교은행(Oversea-Chinese Bank 1919), 이화은행(Lee Wah Bank 1920)이었고, 여기에 추가로 베이징에 본 행을 둔 교통은행(交通銀行)이 분행을 설립하였다.[16] 화인 은행 기업들의 특징은 근대식 은행업을 표방했지만, 여전히 방언그룹 중심의 은행이라는 점이다. 예를 들어, 사해통은행의 경우 광둥성 차오저우(潮州) 출신을 대상으로, 화교, 화상, 화풍은행(OCBC)의 경우 주로 푸젠성 남부를 의미하는 민난(閩南, Hokkien) 출신을 대상으로, 이화은행의 경우 광둥인(Cantonese)들을 대상으로 한 은행이었다.[17]

　화인 은행의 또 다른 특징은 싱가포르와 말레이반도 전역에 분행이나 지행, 혹은 연락사무소를 두는 경향이 강했다는 점이다. 이를 통해 현지 깊숙이까지 들어가지는 않는 성향의 영국계 은행과 현지 산업을 연결해 주는 역할을 하기도 했다. 게다가 홍콩상하이은행을 제외하고는 대부분 런던에 본사를 두고 있어 의사결정과정이 느리다는 이유로 즉각적인 자본 동원이 어려운 영국계 은행과는 달리, 화인 은행은 즉각적인 자금 동원을

---

[16] Drabble, 2000, 위의 책.
[17] 1938년 기준 영국령 해협식민지 전체 은행 목록은 〈부록 2〉 참조.

통한 기업 지원이 가능하다는 점에서 영국계 은행과는 상보적 관계를 구축하였다. 이와 같은 화인 은행의 특징은 이후 일본이 아시아태평양전쟁의 발발과 함께 이 지역을 점령했을 때, 현지 지역에 대한 금융통제를 위해 일부 화인 은행들은 영업을 재개할 수 있도록 하는 이유가 된다.

식민 시기의 이러한 통화정책 및 은행업에 변화가 찾아온 것은 바로 일본의 위협이었다. 1937년 일본은 '남진(南進)'이라는 이름 아래 중국과 동남아시아로의 군사적 진출을 본격화하기 시작하였다.[18] 중국에서는 이미 중일전쟁(中日戰爭)이 발발한 상황이었다. 일본의 위협은 정치적으로나 경제적으로 동아시아 전역에 광범위하게 영향을 미쳤고, 동아시아의 정세를 불안정하게 만들었다. 특히 전시에는 외환이 국제 경제 시스템의 필수 요소였기 때문에 외화의 유입과 유출은 엄격한 규제의 대상이었다.

영국은 중일전쟁 직후 해협식민지와 영국령 말라야에서 이미 통화 유출에 대한 엄격한 규제를 실시하고 있었다.[19] 싱가포르와 말레이반도의 거주민이 본국으로 송금할 때 200달러(SD) 이상일 경우 식민지 사무소에 등록하고 허가를 받아야 했다. 특히 영국 식민지 정부는 화교화인의 외환 송금 시 200달러(SD) 미만의 금액이라도 송금인과 수취인의 명확한 신분증과 소득 내역을 요구했다. 또한, 이전 송금 기록과의 비교를 위해 서명

---

18 일본은 이미 20세기 초 타이완 식민화 이래 고무 및 차 제품의 대량 생산을 바탕으로 동남아시아 시장에 경제적으로 진출한 바 있다. 이 시기 동남아시아 시장은 제1차 세계대전을 기준으로 기존 영국 자본이 정체되고, 화상 자본, 일본 상사 자본, 미국 기업이 각축하는 시장으로 변모한다. Kuo, Huei-Ying., 2014, *Networks beyond Empires: Chinese Business and Nationalism in the Hong Kong-Singapore Corridor, 1914-1941*. Leiden: Brill.

19 中央銀行經濟研究處 編. 연도미상, 『民國三十年下半期國內經濟概況』, 中央銀行經濟研究處.

역시 필요했다. 이러한 구체적 통제 조치는 영국 정부가 싱가포르를 포함한 말레이반도에서의 통화 유출에 대해 민감하게 반응했음을 잘 보여준다. 다만, 영국 식민정부의 이러한 전시 대비 정책은 자본의 유출에 대한 것이고, 그 이외에 이루어지는 인적, 물적 유출에 대해서는 그리 엄격하게 통제하지 않은 것으로 보인다. 공식적으로 영국 식민정부는 중일전쟁에서 중립을 취하고 있었고, 관계가 우호적이었던 탄카키(Tan Kah Kee)와 같은 화상들이 중국을 지원하기 위해 기술공 및 자원을 보내려 했을 때도 허가해 주었다.[20] 영국 식민정부가 염려한 것은 대량의 송금과 그로 인한 통화 시스템의 불안정이었다.

3. 대동아공영권 형성과 일본의 동남아 점령지 금융통제 정책

1895년 청일전쟁(淸日戰爭)의 결과 타이완을 넘겨받은 이후 일본이 제2차 세계대전에서 패전한 1945년까지 식민화한 영토는 타이완, 한반도, 만주에 걸쳐있었고, 홍콩과 동남아시아를 비롯한 중국 북부, 중부, 동남부 해안 지역은 중일전쟁(1937)부터 제2차 세계대전 종전까지 일본이 군사적으로 점령한 지역에 해당한다.[21] 1939년 9월 유럽에서 제2차 세계대전이 발발했고, 독일군이 네덜란드와 프랑스를 빠르게 점령했다. 영국

20　夏玉淸, 2019, "赤子功勳：南僑機工回國抗戰紀實". 『炎黃春秋』 제7기.
21　溝口敏行, 1988, 『旧日本植民地経済統計』, 東洋経済新報社.

역시 독일 침략의 위협 아래 놓이게 되었다. 독일의 군사적 침공은 일본이 '남진' 계획을 실행에 옮길 수 있는 공간을 만들었다. 일본은 유럽의 전쟁 상황을 이용하여 1942년 초까지 영국령 말라야 및 버마, 프랑스령 인도차이나, 네덜란드령 동인도, 미국령 필리핀, 태국 등 동남아시아 대부분을 빠르게 점령한다. 아울러 일본 군정은 통치에서의 편의성을 위해 식민지 경계를 다시 그리면서 새로운 군정 권역을 설정했다.[22] 1942년 초, 동남아시아 점령으로 형성된 '대동아공영권'은 일본의 점령과 착취의 의도와는 무관하게 전후 동남아시아 지역질서에 다양한 영향을 남겼다.

동남아시아를 포함하여 광대한 영역을 아우르는 '대동아공영권'은 넓은 영역을 효율적으로 통치하기 위해 일본이 설계한 지배구조에 따라 작동되는 구조였다. 동남아시아의 경우 대동아공영권 내에 핵심 지역인 일본, 만주국, 중국 전역에 원자재를 공급해 주거나 미국과의 해상 전투에서 보급 및 인력을 수급하고 군사기지를 제공하는 역할을 부여받았다. 1억 5천만에 달하는 노동력에 더해 기름, 철, 주석, 고무 등 각종 지하자원이 풍부한 동남아시아 지역은 중국 전역과 일본 제국에 형성된 전선을 유지하기 위한 보급기지로서 유용하다고 판단되었다.

다만, 그 유용성에도 불구하고 동남아시아 지역은 타이완이나 한반도, 만주국과는 다른 방식으로 점령지 통제 정책이 펼쳐졌는데, 1941년 11월 동남아시아 침공 직전, 당시 대장대신(大藏大臣, 재무장관)이던 가야 오키노리(賀屋興宣)는 "일본 제국은 반드시 남방에서 자급자족 정책을 채택해야 한다. 명령을 수행하기 위해 본국으로부터 보급을 최소한으로 받

---

22 Booth, Anne E., 2007, *Colonial Legacies: Economic and Social Development in East and Southeast Asia*, University of Hawai'i Press, 150.

으면서 현재의 노동력을 계속 활용해야 한다. 화폐 가치 하락의 시기와 앞으로 계속될 경제적 고립을 무시하면서 (이 정책을) 밀고 나가야" 한다고 한 바 있다.[23] 즉, 동남아시아 점령과 통치의 핵심은 이 지역이 본국이나 다른 식민지의 지원이나 보급 없이 자급자족하는 것이고, 그 과정에서 본국의 전쟁 수행에 물적, 인적, 자본적 도움을 주는 것이었다.

그런 이유로 동남아시아를 점령한 일본군은 현지 서구 식민지의 유무형 인프라를 최대한 활용해야만 했고, 여기에는 금융 분야 역시 마찬가지였다. 오히려 다양한 인력과 물품을 전시 체제 아래 동원하기 위해서는 현지에서의 금융 시스템을 최대한 활용하는 가운데, 일본의 체제를 적용해야 하는 과정이 필요했다. 효율적 통치를 위해 일본은 동남아시아 점령지를 재분할하고, 군정(軍政)을 싱가포르에 두었다.[24] 재분할은 영국령 말라야, 해협식민지, 네덜란드령 인도네시아, 필리핀 등 연합국 세력이 다스리던 해양부 지역은 '갑(甲)' 지역으로 분류하여 직접 통치, 태국과 프랑스령 인도차이나 지역은 '을(乙)' 지역으로 간접통치의 대상이었다.[25] '갑' 지역의 핵심은 말레이반도와 인도네시아의 자원이 모일 수 있고, 화상 자본의 근거지 및 허브 역할을 하던 싱가포르였다. 또한, 전략적으로 싱가포르는 수마트라섬, 말레이반도, 보르네오섬, 조호르, 해협식민지를 통제하

---

23 Huff, Gregg., 2007, "Financial Transition in Pre-World War II Japan and Southeast Asia." *Financial History Review* 14, no. 2.

24 일본점령기 싱가포르의 중요성은 일본 군정이 이 지역의 명칭을 '쇼난토(昭南島)'라 변경한 것으로도 충분히 짐작할 수 있다. '쇼난토'는 당시 일본 천황의 연호였던 '쇼와의 남쪽섬'이라는 의미다. 싱가포르의 쇼난시대는 매우 중요한 연구주제이기도 하다 (Kratoska, 1995; Huff, 2018).

25 柴田善雅 編, 1999, 『占領地通貨金融政策の展開』, 日本經濟評論社; 多田井喜生 編, 1983, 『占領地通貨工作』, みすず書房.

는 작전의 핵심이었고, 북부 말레이 주들은 태국 정부에 속하게 되었다. 이렇게 재분할된 상황에서 직접 지배 대상인 '갑' 지역의 경우 요코하마 정금은행(橫浜正金銀行)과 타이완은행(臺灣銀行)이 금융 회복을 시도하면서 싱가포르와 말레이반도 지역이 일본 전시 체제의 중요한 지역이 된다.

일본의 전격적인 동남아시아 점령의 목적은 원자재를 확보하고, 당시 미군과 치열하게 아시아태평양전쟁을 벌이고 있던 본국인 일본에 물적, 인적 자원을 지원하기 위한 것이었다.[26] 동남아시아 식민지 영토에서 본국의 지원을 최소화한 채 자급자족을 추구하는 정책을 채택하면서 이를 어떻게 지원하고, 원자재를 어떻게 조달할 것인가가 급격히 광대해진 일본의 권역을 유지하는 데 가장 중요한 문제로 남게 되었다. 그 주요 해답 가운데 하나가 바로 일본의 침략 및 통치 목적에 부합하는 금융 시스템을 만드는 것이었다. 그 핵심이 바로 경제적 자급자족을 유지하는 것뿐 아니라 본국을 지원하기 위한 안정적인 통화 유통 및 금융통제였다. 동남아시아의 일본 군정은 전시 통화 및 금융정책을 실행하기 위해 1942년 1월에 경제성(經濟省)을 설립했으며, 1943년 4월에 재무성(財務省)으로 명칭을 변경했다.[27] 상술한 대장대신 카야 오키노리의 선언은 일본 본국으로부터의 공급이 제한적일 것이며, 일본이 동남아시아 내에서 자급자족을 위한 새로운 경제 및 행정 시스템을 구축해야 한다는 것을 공식화한 것이었기 때문이다.

이러한 고위급 지휘체계에서의 판단에 따라 일본 남방총군(南方総軍)은 1942년 6월 19일 "1942년 제2기 예산 편성에 관한 개설"이라는 제목

---

26 고토 겐이치, 2023, 위의 책.
27 柴田善雅 編, 1999, 위의 책, 535쪽.

으로 동남아시아 각 지역의 군정에 지침을 하달했다.[28]

가. 1942년 8월 10일까지 아래의 원칙에 따라 예산안을 제출할 것
나. 각 지역의 재정 균형을 고려함과 동시에 안보, 산업, 경제 진흥을 위해 각 지역의 특성에 따라 적극적인 조치를 강구할 것
다. 일반 행정 수수료의 삭감
라. 조세 제도를 관리하는 기관의 설립
마. 임시 군사 지출을 국방비로 취급하고 많은 자금을 배정할 것

상기 지침은 각 군정의 재무부서가 개별적으로 예산을 책정할 때 채택하도록 일종의 가이드라인을 제시해 준 것이다. 이는 정부의 구체적인 방침이 없었고 예산 편성이 각 군정의 재량에 맡겨질 것임을 시사하고 있다. 유일한 강제 요건은 가능한 한 군사 지출을 최대한 할당하는 것이었다. 해당 지침에 포함된 두 가지 기본 원칙은 경제적 자급자족 정책과 군사비 지출 유지 및 증진에 중점을 두고 있다. 이러한 지침은 일본의 동남아시아 점령 목적을 분명히 보여준다.

다만, 동남아시아의 자급자족 정책에서 한 가지 중요한 예외는 바로 통화 체계였다. 자급자족을 달성하고 일본의 통치에 적합한 새로운 경제 체제를 만들겠다는 방침이 세워지면서, 일본과 동남아시아 간의 금융적 연결은 아시아에서 일본의 전쟁 비용을 유지하는 데 중요한 요소가 되어가고 있었다. 1942년 2월 23일, 일본 정부는 동남아시아에서의 통화정책

---

28 柴田善雅 編, 1999, 앞의 책, 536쪽.

에 관한 근본적인 조치를 아래와 같이 마련했다.[29]

동남아시아 통화 및 금융정책의 기본 조치와 태국 및 프랑스 인도차이나에 대한 긴급 조치

갑(甲) 지역

가. 미국 및 영국 통화와 금본위제 또는 은본위제 통화 시스템을 폐지하고, 일본 엔화를 기반으로 하는 관리형 통화 시스템으로 전환한다.

나. 통화의 기준 가치는 일본 엔화에 연동되어야 한다. 일본 엔화와의 환율은 대동아공영권 내 다른 지역과의 경제적 연관성을 고려하여 결정되어야 한다.

다. 기본적으로 점령지역의 외환 거래는 일본 엔화를 기준으로 이루어져야 한다. 또한, 일본 본토(도쿄)에서 발행한 일본 엔화를 활용하는 중앙 집중적 결제 시스템을 구축해야 한다.

라. 지폐 발행 시스템을 완비하고 개별 지역의 조건에 즉시 적용될 수 있는 통화, 금융 및 환전 통제 기관을 조직한다.

상기 명령이 하달된 2월 23일은 일본의 싱가포르 점령이 마무리된 2월 15일 직후다. 핵심 목적은 대동아공영권 권역 내에서 일본 엔화 기반의 통화 시스템을 구축하여 모든 금융 및 무역 거래가 일본 엔화를 통해 이루어지도록 하는 것이었다. 동남아시아를 점령한 직후 일본 정부는 일

---

29 多田井喜生 編, 1983, 위의 책, 609쪽.

본 엔화 기반의 통화 시스템 구축을 통해 경제적 거래에 대한 완전한 통제를 추구했다. 즉, 이 명령에 따르면 '갑'지역(말라야, 버마, 해협식민지, 인도네시아)에서 유통되는 화폐는 일본 엔화가 아니었다. 엔화 중심 통화 시스템에 연동된 지역별 개별 화폐였다. 이는 일본 군정이 '갑' 지역에 일본 엔화와 연계된 반독립적인 통화 시스템을 구축하고자 했음을 나타낸다.[30]

1942년 2월 제25군 군정에서 작성한 '통화 및 금융 조치에 관한 요점'에 따르면 일본 군정은 '갑'지역에서 군용 지폐(軍票) 독점 사용, '해협식민지 달러' 혹은 '말라얀 달러'와 같은 현지 통화를 일본 군용 지폐와 동등한 가치로 인정하고 금융기관을 개편하는 조치를 추진했다.[31] 예를 들어, 일본군은 말레이반도와 싱가포르에 진주하면서 수많은 군용 지폐를 도입했다. 당시 일본이 싱가포르를 점령하고 난 이후 발행하기 시작한 신문 "쇼난 데일리(The Syonan Daily)"에서는 다음과 같이 발표했다.[32]

"말라야에서 통용되는 통화는 첫째, 일본 제국 정부가 사용하는 군용 엔화 지폐와 둘째, 현지 통화임을 알려드립니다. 현재 두 통화는 모두

---

30 '을'지역(태국 및 프랑스령 인도차이나) 의 경우 직접 통치하지 않았기 때문에 '갑'지역과 동일한 정책을 채택하기 어려웠다. 대신 일본 정부는 일본 엔화를 '을'지역의 각 통화와 동등하게 연동시키려고 했다. 따라서 태국과 프랑스령 인도차이나 당국은 자체 통화를 발행할 수 있었지만, 그 통화는 일본 엔화와 연동되어야 했다.

31 柴田善雅 編, 1999, 위의 책, 548쪽. 일본은 중일전쟁과 함께 전쟁을 통해 점령한 중국 화중, 화남, 홍콩, 싱가포르 및 동남아시아 '갑'지역에는 일본 정부가 발행한 군용 지폐를 발행함으로써 각 지역의 기존 화폐들을 대체하려 노력하였다. 후술하겠지만, 이러한 군용 지폐들은 다시 각 지역의 점령지 괴뢰 정부 및 군정에서 발행한 새로운 화폐로 대체된다. 이는 기존 중국 국민당 정부 및 서구 제국들이 발행한 아시아 화폐들을 일본이 발행한 '지역' 화폐로 대체하기 위한 과정이었다.

32 Kratoska, 1995, 위의 책, 209-210.

동일한 가치를 지니고 있습니다. 이 두 가지 통화 외에는 다른 통화를 사용하거나 보유해서는 안 됩니다."

　점령 직후 발표된 전시 통화제도에 관한 이 선언과 함께 동남아시아의 은행 산업 역시 군사 정권에 의해 완전한 통제 아래 놓이게 되었다. 상술한 해협식민지의 연합국(미국, 영국, 네덜란드 등) 계열 은행과 화인 은행은 영업을 정지당했을 뿐 아니라 자본금, 어음, 회계 장부 등 모든 자산을 압류당했다.[33] 기존 은행들의 공백은 일본계 은행인 타이완은행(남부 보르네오, 셀레베스, 필리핀), 요코하마정금은행(말라야, 인도네시아, 북부 보르네오, 버마)이 대체하였다. 일본계 은행들은 모든 금융기관을 장악함과 동시에 기존 금융권이 마련해 놓은 금융 관련 인프라를 최대한 활용하려 시도했다. 특히, 중앙은행과 통화 발행 은행은 일본이 장악하고 있었으며, 외환 거래는 허용되지 않았다.[34] 무엇보다 동남아시아의 금융 중심지였던 싱가포르는 요코하마정금은행의 분행이 있었고, 그 분행을 통해 주변 지역까지 통합하는 금융 중심지가 되었다.

　그러나 광대한 해양부 동남아시아 지역을 담당하기에 일본계 은행만으로는 역부족인 것은 사실이었다. 관련 사업을 시작하고 일부 금융 서비스를 통제하기 시작했지만, 전체 '갑'지역을 커버할 수는 없었고, 동남아시아에서 중앙은행의 역할을 온전히 수행할 수도 없었다. 동남아시아에서 일본의 목적, 즉 자원 및 물자, 자본의 착취를 위해서는 통화 및 금융 자급자족을 달성하는 것이 핵심 요건 가운데 하나였기 때문에 화폐를 발

33　柴田善雅 編, 1999, 위의 책, 549쪽.
34　柴田善雅 編, 1999, 앞의 책, 540쪽.

행하고, 통화량을 통제할 수 있는 금융기관이 중요했다. 이를 위해 화폐의 발행과 회수, 채권의 발행 등 거시적인 측면에서의 금융 상황을 통제할 수 있는 지역의 중앙은행 설립이 동남아시아 자급자족의 핵심으로 부각되었다.

1941년 12월, 일본 제국 관료들 사이에서 군용 지폐 유통 관련, 이를 관리할 금융기관 설립에 관한 일련의 논의가 있었다. 이 논의의 주요 골자는 동남아시아 점령의 주요 목표 가운데 하나였던 천연자원 확보를 위한 특수 금융기관 설립, 채권 발행을 통한 개발 자금 조달, 군용 지폐 관리의 필요성이었다.[35] 사실 일본은 이미 1942년 2월 20일 '남방개발금고법(南方開發金庫法)'을 공포한 바 있었는데, 1942년 3월에는 '남방개발금고 운영에 관한 문건'을 발표했다. 이 문서들을 요약하면 다음과 같다.[36].

가. 남방개발금고는 동남아시아('갑'지역)의 천연자원 개발 및 활용을 위한 기금 조성을 추구하며, 통화 및 재정 상황을 통제하는 것을 목표로 한다.
나. 금고는 주로 도쿄에 있으며, 다른 지점의 준비금은 동남아시아 지역에서도 보유할 수 있다.
다. 남방개발금고의 업무에는 예금, 금과 은의 거래, 통화 교환, 외환 거래가 포함된다.
라. 남방개발금고는 투자 자본의 최대 10배(1억 엔)까지 채권을 발행할 수 있다.

---

[35] 柴田善雅 編, 1999, 앞의 책, 563쪽.
[36] 多田井喜生 編, 1983, 위의 책, 655~659쪽.

마. 군용 지폐와 현지 통화 간의 환전을 관리한다.

사. 국가 준비금 관리와 관련하여 남방개발금고는 일본은행의 대행사 역할을 한다.

아. 남방개발금고는 일반 고객의 외환 거래는 취급하지 않는다. 다만, 모든 상업은행의 외환 자본은 중앙은행이 설립될 때까지 남방개발금고에 집중되어야 한다.

상기 조치의 발표와 함께 얼마 지나지 않은 1942년 3월 30일 '남방개발금고'가 설립되었다. 관련 법과 명령에서 알 수 있듯이 동남아시아('갑' 지역)의 통화, 외환, 군용 지폐, 금은 등의 금속화폐와 같은 모든 화폐 거래는 지역 주민을 위한 일반 상업 업무를 제외하고 남방개발금고의 업무영역 내에서만 이루어져야 했다. 공식적인 업무를 시작하기 위해 싱가포르, 자바, 마닐라(1942년 7월), 버마(1943년 8월)에 남방개발금고의 지점들이 설립되었다. 동시에 요코하마정금은행과 타이완은행의 지점에 개별 연락사무소도 개설하여 상술한 조치와 관련된 업무 수행을 맡겼다.[37]

화폐 발행의 경우 일본은 1943년 1월 20일부로 남방개발금고가 이전의 군용 지폐와 동일한 화폐를 발행할 수 있도록 결정했다. 이 결정은 일본점령기 통화정책의 큰 맥락에서 볼 때 그 목적이 더욱 선명해지는데, 상기 소치에서 알 수 있듯이 남방개발금고는 중앙은행의 원형이라고 볼 수 있다. 남방개발금고의 초기 단계에는 그 설립 관련 법령(1942년)에 독자적 화폐 발행에 관한 조항이 포함되어 있지 않았다. 그러나 싱가포르의 일본 군정은 군용 지폐의 추가 발행을 금지하고, 남방개발금고에서 발행

---

37 柴田善雅 編, 1999, 위의 책, 568쪽.

한 새로운 화폐, 즉 '남발권(南發券)'으로 남방총군에서 발행한 군용 지폐와 해협식민지 달러를 대체하기 시작했다.[38]

일본의 이러한 통화 정책상의 변화는 점령지 전시 통화정책의 중요한 지점으로 주목할 만하다. 도쿄 중앙정부의 명령을 받는 남방총군에서 발행하는 군용 지폐를 금지하고 '갑'지역의 중앙은행으로 간주되는 남방개발금고에서 화폐를 발행하기로 한 것은 일본 점령 지역 내에서 자급자족 통화 시스템으로 점령 정책이 변경되는 과정이 진행되고 있다는 것을 분명히 보여준다. 이는 동남아시아 '갑'지역이 대동아공영권의 일부 지역으로서 금융과 통화를 통한 자급자족 경제권을 건설하기 위한 중요한 단계였다.

또한, 남방개발금고는 채권 발행권을 가진 은행이라는 지위를 통해 사업 영역을 확장했다. 요코하마정금은행과 타이완은행이 현지 민간 금융 영역을 장악해 가고 있었지만, 남방개발금고는 일본 군정의 재정 지출에 핵심적인 금융 지원을 제공하면서 중앙은행 역할을 수행했다.[39]

게다가 남방개발금고 관리 관련 법 규정에는 화폐 발행 수량에 대한 제한이 없었기 때문에 일본 군정을 지원하기 위해 무제한으로 화폐를 발행할 수 있었다. 아시아태평양전쟁이 절정에 달했던 1944년과 1945년, 전쟁은 서서히 끝을 보이고 있었고, 수세에 몰린 일본군은 남방개발금고를 통해 대량의 지폐를 발행한다. 대량의 화폐 발행은 결국 동남아시아 경제를 통화 인플레이션의 위기로 이끌었고, 이는 그대로 일본 패전의 주요 원인 가운데 하나가 되었다.

---

38 柴田善雅 編, 1999, 앞의 책, 570~571쪽.
39 柴田善雅 編, 1999, 앞의 책, 574쪽.

상술한 바와 같이 일본은 동남아시아를 점령하는 동안 해당 지역에 금융적인 측면에서 일본 본토와 연계된 자급자족 경제권을 형성하려고 노력했다. 이러한 목표를 달성하기 위해 일본은 화폐(군용 지폐 및 남발권)를 발행하고, 현지 은행업(요코하마정금은행 및 타이완은행)을 통제하며, 화폐 발행 은행 및 통화 관리의 역할을 하는 '프로토타입'의 중앙은행(남방개발금고)을 설립하는 등 다양한 통화정책을 실시했다.[40] 이를 통해 동남아시아 '갑'지역에서의 천연자원 동원, 각종 물자 거래를 용이하게 하려 하였고, 이는 그대로 전쟁의 지원에 소비되는 구조가 일본이 의도한 대동아공영권 내 동남아시아 지역의 역할이었다. 다만, 중앙은행의 역할을 한 남방개발금고의 남발권 발행에 제한을 두지 않은 점은 해당 통화 및 금융정책이 전시에 실행된 것이라는 점에서 끝없는 화폐의 발행을 예고하는 것이었고, 이는 소위 '하이퍼 인플레이션'을 유발하여 일본의 전시 금융전략 및 통제가 제대로 이루어지지 않은 요인으로 작용했다.

이와 같은 구조는 동남아시아에만 국한되는 것이 아닌, 대동아공영권 전체 구역에 해당하는 것으로 일본은 전쟁으로 점령한 각 점령지마다 이와 유사한 금융통화 시스템을 구축하려 하였다. 중일전쟁 과정에서 점령한 중국의 화중과 화남 지역의 경우 장제스(蔣介石)의 정치적 경쟁자인 왕징웨이(汪精衛)를 내세운 괴뢰 국민정부를 세우고, 그 아래 중앙저비은행

---

40 이러한 일본의 점령지 통화정책에 대해 현지 상계 및 주민들, 특히 화교화인들의 경우 더욱 적극적으로 대응하였는데, 동남아시아와 중국 사이의 자본, 물자, 이주 네트워크를 통해 이익을 거두고 있었기 때문이었다. 그들은 한편으로는 이러한 체제에 적응하면서, 다른 한편으로는 일본 군정의 통화 시스템을 불신하며 기존 화폐를 신뢰하는 모습을 보여준다. 이들의 이중적 대응 양상에 대해서는 김종호, 이정희, 2018b, 「왕징웨이 난징국민정부시기 화교 송금시스템의 변화-중국 화남지역 사례연구」, 『중국근현대사연구』 78 참조.

(中央儲備銀行)을 두어 '저비권(儲備券)'을 발행함으로써 현지의 국폐(國幣, 장제스 정부가 발행한 화폐) 및 군용 지폐를 대체하려 하였다. 홍콩은 군정을 두면서 군용 지폐의 유통을 통해 홍콩 달러를 대체하려 하였다.[41]

<표 1> 아시아태평양전쟁기 일본 점령지 지역별 금융정황

점령지역	점령정부	중앙은행	발행화폐
중국 화중/화남	왕징웨이 국민정부	중앙저비은행	저비권
홍콩	군정	요코하마 정금은행	군용 지폐
동남아 '갑'	군정	남방개발금고	남발권
동남아 '을'	간접통치	자체 금융기관	자체 발행화폐

출처: 저자 구성

 이처럼 개별 점령지마다 중앙은행 격의 금융기관을 두고, 자체적인 화폐를 발행한 조치의 궁극적인 목적은 대동아공영권 내에서 일본 엔화를 중심으로 이루어지는 결제 시스템의 통합이다. 즉, 첫 번째 목적은 개별 점령지에 이미 발행되고 있던 '로컬 화폐'를 구축(驅逐)하는 것이고, 두 번째 목적은 점령지 사이의 무역이나 송금에서 개별 화폐 사이의 환전 과정이 일어나도록 유도한 것이다. 두 번째 목적과 관련하여 개별 화폐 사이의 환전은 일본 도쿄의 엔화를 기반으로 이루어져야 했다. 동남아시아 '갑' 지역의 화교 노동자가 화남지역의 가족에게 송금하기 위해서는 남발

---

41 본 연구에서는 다루지 않지만, 중국 화북지역과 만주국 역시 각각의 금융 통화체제를 구축하였는데, 이에 대해서는 조명근, 2013, 「월경하는 화폐, 분열되는 제국-만주국폐의 조선유입실태를 중심으로-」, 『동북아역사논총』 42 참조.

권에서 저비권 사이의 환전이 엔화를 기축통화로 이루어져야 했고, 이를 위해 각 금융기관은 일본에 계좌를 가지고 있어야만 했다.[42]

한 가지 흥미로운 점은 1942년 2월 일본이 싱가포르에 군정을 설치한 이후 '갑'지역의 경제를 장악하고, 물자를 동원하기 위해 연합국 및 중국계 은행의 모든 자산을 동결하고 접수하기 시작했는데, 여기에서 몇몇 은행의 경우 예외가 되었다는 사실이다. 바로 5개의 화인 은행과 3개의 인도계 은행이었다(Shimizu 2002: 116). 화인 은행의 경우 이화은행, 만홍리은행(Ban Hin Lee), 사해통은행, 중국연합은행(the United Chinese Bank), 화교은행이었고, 인도계 은행은 인도은행(the Indian Bank), 인교은행(the Indian Overseas Bank), 말라야 오리엔탈은행(the Oriental Bank of Malaya) 등이었다. 명백한 적산(敵産)으로 분류된 서구권 은행과는 달리, 인도계 은행의 경우 영국으로부터 독립전쟁을 수행 중이었던 강경파 인도 그룹의 독립운동을 지원하고 있었기 때문에 금융 활동을 허가해 준 측면이 있었다.

화인 기업가들이 운영하던 은행들은 일본 군정에 협력할 여지가 있다고 판단한 경우에는 허가해 주었는데, 실제로 중국 국민당계 금융기관으로 간주되던 중국은행과 광둥성 은행의 경우는 재산이 몰수되었다.[43] 또한, 싱가포르를 비롯한 말레이반도의 경제력에 큰 축을 담당하고 있던 화인 자본 은행이 한정된 인력과 자원으로 인해 식민지 통제에 어려움을 겪

---

42 실제 당시 이와 같은 환전이 이루어진 송금 자료가 지금까지도 남아 있다[김종호, 2018a,「싱가포르 화교은행(OCBC)과 동아시아 전시체제 - 동남아 화상(華商)기업의 전시(戰時) 위기대응과 생존 - 」,『史叢』93; 김종호, 이성희, 2018b,「왕싱웨이 난징국민정부시기 화교 송금시스템의 변화-중국 화남지역 사례연구」,『중국근현대사연구』78.

43 중국은행은 중국의 정부은행이었고, 광둥성 은행은 성정부의 은행이었다.

고 있던 일본 군정의 동남아 '갑'지역 통치에 도움을 줄 것이라고 판단한 측면도 있었을 것이다. 당시 화인 자본 은행들의 경우 중국 본토와 연계된 초국적 금융 네트워크가 같은 영역에 대동아공영권을 형성해 놓고 금융 시스템을 장악하려 했던 일본 군정의 주요 목표였다. 영업을 허가해 준 은행들이 각 방언그룹을 대표하는 은행들(푸젠계 화교은행 및 만흥리은행, 광동계 이화은행, 차오저우계 사해통은행)이라는 점 역시 일본 군정이 이 지역의 화인 자본 은행의 관행을 충분히 인지하고 있었고, 이를 통해 남중국해를 잇는 금융 네트워크를 일본의 통제 아래 재개하려는 목적 아래 시행한 조치라는 점을 잘 보여준다. 실제 관련 연구에서도 화인 자본의 은행들이 일본의 통제 아래 관련 은행 업무를 그대로 수행한 것으로 보고 있다.[44]

4. 전후 영국의 말레이반도 및 싱가포르 재지배와 금융 체계 재구축

수잔 페퍼(1978)가 1945년 8월 일본 항복 이후의 상황을 '끝의 시작'이라고 지칭한 것처럼, 전쟁은 끝나지 않았다. 전쟁에서 승리하고 일본을 몰아낸 미국은 아시아에서 공산주의 세력을 막기 위해 중국에서는 국민

---

[44] 그리고 일본점령기간 영업을 이어간 화인 자본의 은행들은 지금까지도 말레이시아와 싱가포르의 금융업을 주도하는 금융기업으로 성장하는데, 사해통은행을 합병하는 화교은행(OCBC)을 비롯하여, 이화은행을 합병하는 중국연합은행(현 UOB의 전신)과 만흥리은행(현 CIMB의 전신) 모두 여기에 해당한다. 김종호, 2018a, 위의 글.

당 정부, 동남아시아에서는 반공산주의 세력을 지원하기 시작했다. 미국과 소련의 대립은 전 세계를 향후 수십 년 동안 냉전이라는 새로운 전쟁으로 내몰았는데, 미국의 지원에도 불구하고 국민당 정부는 국공내전에서 패배하였고, 중국에는 중화인민공화국이라는 사회주의 정권이 수립되었다. 이에 미국은 아시아에서 공산주의 운동이 더 이상 확장되는 것(도미노 효과)을 막기 위해 한국전쟁과 베트남전쟁에 직접 개입하기 시작한다.

한편, 영국의 경우 2차 세계대전 이후 동남아시아에서 불기 시작한 민족주의 열풍에도 불구하고, 말레이반도와 싱가포르를 포함한 옛 식민지를 다시 점령하기 위해 귀환하였다. 2차 세계대전 이전 영국은 동남아시아의 국제적 위상 및 중요성을 과소평가하는 경향이 있었다. 당시 외무부 보고서에는 동남아시아가 '중요하지 않고 잘 알려지지 않은 지역'으로 여겨지고 있었다.[45] 그러나 전후 상황이 급변하는데, 여기에는 두 가지 이유가 있다.

첫째, 영국은 1945년 워싱턴에서 세계 곡물 생산량이 과대평가되었기 때문에, 1946년 식량 부족이 발생할 것이라는 소식을 접하게 된다. 예상되는 부족량은 약 500만 톤이었다.[46] 상술한 것처럼 동남아시아를 점령한 일본은 이를 두 구역으로 나누고 각 지역의 경제적 자급을 목표로 했는데, 이 정책의 결과 프랑스령 인도차이나, 버마, 태국과 같은 쌀 수출국은 자급자족할 수 있을 만큼만 생산했고, 대륙부 동남아시아의 쌀을 수

---

[45] 이러한 경향은 인도와 버마라는 광대한 식민지와 비교되기 때문이기도 하다. 식민시기 말레이 지역의 중요성은 싱가포르와 페낭으로 대표되는 국제항구도시에 기인한 바가 크다. Remme, Tilman.. 1995. *Britain and Regional Cooperation in South-East Asia, 1945-49*. New York: Routledge.

[46] Remme, 1995, 앞의 책, 44.

입해서 식량을 수급해 오던 인도네시아, 말레이반도 등 나머지 쌀 수입국이 일본 점령 기간 동안 기아에 직면하게 된 것이다.[47] 일본 점령 이전 식민제국의 경제구조 아래 해양부 동남아시아의 식량은 대륙부 동남아시아의 쌀 수입으로 대체되고 있었다. 일본은 이러한 구조를 분리시킴으로써 해양부 동남아시아로의 식량 유입을 통제한 것이다. 이는 이 지역을 재지배하려는 영국의 입장에서는 중대한 악재였다.

둘째, 제2차 세계대전으로 인해 영국의 정치적, 경제적 지위는 다양한 방식으로 영향을 받게 된다. 미국은 동아시아와 동남아시아를 점령한 일본 제국을 몰아냈고, 그 결과 '극동' 문제의 새로운 리더로 부상한 반면, 영국은 일본에 패배함으로써 버마 서쪽 전선까지 후퇴해야 했다. 미국의 부상과 영국의 몰락이라는 새로운 시대가 열리는 상징적 사건이었다. 게다가 영국 경제는 전쟁으로 인해 심각한 타격을 입었는데, 특히, 영국은 미국과의 대외 무역에서 심각한 무역 적자를 겪고 있었다. 반면에 영국령 말라야는 세계 최대의 고무와 주석 생산국으로 이 자원들을 미국에 수출할 수 있었고, 고무와 주석 수출로 벌어들인 돈으로 영국의 무역 적자를 충당할 수 있었다. 영국, 말레이반도, 미국 간의 삼각 무역을 통해 영국은 1948년 고무와 주석으로만 6천만 파운드에 달하는 달러 수입을 올리기도 했다.[48] 그런 이유로 영국 정부가 말레이반도와 싱가포르를 경제 회복을 위한 핵심지역으로 간주하기 시작한 것이다.

그러나 세계 정세는 영국의 이러한 재지배 의도와는 점점 멀어지고 있었다. 영국이 미국보다 세계에서의 정치적 지위가 낮아지고 있는 상황

---

47 Remme, 1995, 앞의 책, 44.
48 Remme, 1995, 앞의 책, 12.

에서 냉전과 중국 국공내전의 영향으로 아시아에서 패권 분쟁이 발생했으며, 이후 동남아시아에서 민족주의와 공산주의가 부상하고 있었을 뿐 아니라, 기존 제국주의적 질서의 재림을 원하지 않는 국제적 여론이 형성되는 등 몇 가지 장애물들이 있었다. 그럼에도 영국은 경제적 이유로 말레이반도와 싱가포르를 먼저 점령하고 안정화할 필요가 있었다.

> "향후 몇 년 동안 싱가포르를 중심으로 지역 시스템을 구축하는 것이 불가능하지 않을 것이며, 이는 관련 지역 간의 정치적 유대를 강화하고 방어 전략을 용이하게 할 뿐만 아니라 영국에 상당한 경제적, 재정적 이익을 가져다줄 것입니다."[49]

싱가포르에 기반을 둔 이러한 지역 체제는 정치적 패권이 아닌 경제적 이득을 목표로 한 것이었기 때문에 영국은 독립운동과 민족주의의 고조를 지역 협력 내에서 수용하려 한 측면 역시 존재했다. 무엇보다 안정적인 지역 체제 구축이라는 과제는 전후 영국 통치를 위한 효과적인 금융정책에 달려있었다. 전후 영국령 말라야의 통화 상황은 상술한 일본점령기 유통된 통화와 이전 화폐가 뒤섞여 상당히 복잡했기 때문이다.[50]

Secret. 401 BMA (M)
1. 1940년 1월 1일 자로 발행된 녹색의 1달러짜리 말라얀 통화위원

---

49 "Stock-Taking Memorandum-Far East" (FO 371, 63549, F2616). Remmer, 1995, 앞의 책, 재인용.

50 Malaya, Civil Affairs and Administration, 1945. "Document of British Military Administration of Malaya". National Archives of Singapore (WO 203/4380)

회의 지폐가 이곳에서 유통되고 있는 것을 발견. 이 지폐와 유사한 파란색 5달러 지폐가 해상에서 독일 정찰병의 손에 들어갔으며, 아마도 일본인에게 넘겨져 발행된 것으로 추정. 전체 화폐 파일에는 이 위탁품의 번호를 식별할 수 없음.

왕실 요원에게 이 정보와 해당 지폐의 번호를 확인하도록 요청함. 적에 의해 발행된 이 화폐를 캡처한 결과, 말레이 통화위원회가 발행한 지폐가 아닌 것으로 판명났으므로 법정화폐는 아님.

2. 다만, 이러한 지폐를 정부가 법정화폐로 교환해야 하는지에 대해서는 신중한 검토가 필요. 일본의 말라야 화폐 불인정에 따른 일본 화폐의 인플레이션은 '지폐' 자체에 대한 대중의 신뢰를 상당히 흔들었음. 둘째, 통화 포고문에는 이러한 지폐가 법정화폐가 아니라고 구체적으로 명시되어 있지 않았음. 일부는 일반 대중이 굳은 신뢰하에 받아들였을 수도 있음. 따라서 관련 금액이 적다면 영국 지폐의 가치를 일시적으로 달러화함으로써 대중에게 더 큰 충격을 주는 것보다는 정치적 관점에서 이 지폐를 교환하는 것이 더 나을 수 있음. 따라서 문제의 규모를 확인하기 위해 이 지폐가 법정화폐는 아니지만 이에 대한 지불 여부가 고려 중이라는 내용의 공지를 발표했음. 보유자는 해당 어음을 영국령 말라야 군정청(BMA)에 예치하라는 안내를 받았음. (1월) 31일 이전에 예치하도록 지시했으며 이 날까지 예치되지 않은 어음에 대해서는 어떠한 경우에도 청구가 제기될 것이라고 경고.

1945년 10월 영국 말라야 군정청(BMA, British Military Administration, Malaya)에서 작성된 이 보고서에 따르면, 이들은 전후 영국 말라야에서 정체불명의 말라얀 지폐와 일본 발행의 지폐가 뒤섞여 혼란스러운 통화 상황을 우려했다. 이에 따라 영국 정부는 화폐 상황을 정리할 필요가 있다는 것을 인식하게 되었는데, 여러 통화가 혼용되면서 말라야 군정청은 인플레이션의 위험성과 함께 혼란스러운 화폐 유통으로 인해 통화 시스템에 대한 대중의 신뢰가 떨어질 것을 우려한 것으로 보인다. 이러한 통화 문제를 해결하기 위해 영국은 관련 통화정책을 마련하였다.[51]

임시 통화 및 금융 가이드-말라야
(말레이해협 식민지, 연방 및 비연방 말레이 주에 적용)

가. 말라야에서 연합군은 영토에 진입하는 날부터 말라얀 통화위원회가 발행한 달러로 표시된 영국 말라얀 지폐를 사용. 이 지폐의 충분한 공급은 시행 개시일부터 1센트에서 10달러 범위의 지폐로 제공. 다만, 아래의 두 가지는 이른 시기에 보충될 예정.
  가) 액면가 50센트 미만의 지폐를 점진적으로 대체할 주화
  나) 최대 $10,000의 더 높은 액면가의 지폐는 상황이 요구하는 것보다 빨리 유통되어서는 안되고, 특히 이용 가능성이 더욱 편리할 수 있는 암시장이 발생할 경우 더욱 그러함.

해당 주에서 발행되는 해협식민지 달러, 말레이 지폐 및 점령 전 발행 동전과 함께 모든 통화를 법정화폐로 지정하는 포고문을 발표해야 하지만, 10,000달러 및 1,000달러 지폐의 점령 전 발행을 제

51　Re-occupation of British banking facilities. 1945. "Provisional Monetary and Fiscal Guide-Malaya". National Archives of Singapore (CO 852/586/1)

외하고는 법정화폐가 아니어야 하며 소지자는 그 출처에 대한 조사를 위해 행정부에 기탁하도록 안내. 조사 결과 해당 지폐가 합법적으로 취득한 것으로 밝혀지면 소지자에게 법정화폐를 교환.

나. 10,000달러 및 1,000달러의 구권 지폐에 대한 위의 예외를 제외하고, 점령 전 발행된 해협식민지 달러 및 말라얀 지폐는 새로운 발행과 동등한 기준으로 군사 정부에 의해 승인. 그러나 어느 지역에서든 일시적인 통화 부족이 발생하지 않는 한 재발행을 엄금. 이러한 방식으로 특별 교환의 어려움 없이 새 지폐를 위해 구 지폐를 점진적으로 구축할 수 있도록 조치. 현재 유통 중인 해협식민지 달러 및 말라야 동전은 계속 사용할 수 있도록 허용.

다. 달러 또는 엔화로 표시된 일본인이 발행한 지폐는 법정화폐로 신고해서는 안됨. 그러한 지폐는 시간의 경과로 인해 도심에서는 어쨌든 일반 화폐가 되었다고 가정해야 하지만, 영토가 해방될 무렵에는 그 가치가 너무 떨어질 것으로 예상되어 완전히 무시하는 것이 실용적이기 때문. 그럼에도 가능한 한 이 정책으로 인해 과도한 어려움이 발생하면 구호품과 모든 종류의 정부 요금을 지불 할 때 개인으로부터 5달러 이하의 지폐는 수락. 이를 위해 처음에는 1 말라얀 달러에 20엔(또는 달러)의 환율을 적용하되, 공지없이 환율을 하향 조정할 수 있음. 이러한 제한적 허용은 말라얀 지폐가 충분히 유통되고 있다고 판단되는 즉시 중단.

상기 임시 계획상의 세 조항은 이전 통화를 재정비하고 새로운 통화 시스템을 구축하는 조치에 관한 것이다. 전후 재지배를 감행한 영국 식민정부 관료들의 가장 큰 우려는 점령 이후 발행한 신권(말라얀 달러)과 이전에 발행된 구권(해협식민지 달러, 말라얀 달러 등) 간의 갑작스러운 대규모 교환으로 인한 통화 혼란이었다. 이러한 예측 가능한 혼란을 피하고 대신 점진적이고 평화로운 구권 철수를 보장하기 위해 영국은 시장에서 신권과 구권을 자연스럽게 교환하는 유연한 조치를 채택했다. 일본이 발행한 지폐의 경우 원칙적으로 교환 금지를 표명했지만, 이 원칙이 일반 주민들에게 적용될 경우 과도한 경제적 피해가 발생할 수 있었다. 따라서 5달러 이하 단위의 일본 발행 화폐의 경우 교환을 허용하기로 계획한 것이다.

이런 식으로 영국은 전후 일본 지폐와 말레이 지폐(해협식민지 달러 포함) 간의 자연스러운 교환을 유도한 것으로 보인다. 새로운 통화로의 점진적인 전환을 보장하고, 갑작스러운 대량 화폐의 유통을 경계하는 것이 재지배 초기 영국 통화정책의 원칙이었다. 그러나 1945년 9월 4일 통화 포고령에서 일본 화폐의 저액권 수용을 담은 세 번째 조항은 받아들여지지 않았다.[52] 그 결과 일본 화폐를 영국령 말라얀 달러로 대체하기 위해 말라얀 화폐를 대량으로 발행한다는 말라야 군정청의 발표만 여러 차례 있었다.[53] 즉, 최종적으로 일본이 발행한 화폐에 대한 교환없이 신권의 대량 유통을 통해 통화 혼란을 해결하려 한 것이다.[54]

---

52 Malaya, Civil Affairs and Administration. 1945. "Part 1, Brief for Supreme Allied Commander on Penang Currency Situation". National Archives of Singapore (WO 203/4380).

53 "Report on Financial and Economic Conditions in Malaya December 1945". 1946. National Archives of Singapore (WO 203/4382); "Document of War Office". 1946. National Archives of Singapore (WO 203/4382).

54 같은 형상이 또 다른 영국령이었던 홍콩에서도 벌어졌고, 그 결과 각 가정에는 다량의 일본 군표가 그대로 남아 있게 되었다. 실제 지난 2015년 영국 BBC의 보도에 따르면 몇몇 홍콩인들이 일본 정부를 상대로 이 군표의 환전을 요구하는 소송을 걸기도 했다. 주요 소송 진행자 가운데 하나인 람(Lam) 씨가 가진 군표를 현 시세로 환산하면 9만

영국은 식민지 거주민들에게 야기될 금전적 혼란에 더하여 또 다른 이유로 점령기 일본 발행 화폐의 교환에 따른 대규모 통화 발행에 민감했다. 미국, 영국, 말라야 간의 삼각 고무 및 주석 무역에 관여하는 영국 기업인들에게 대금 결제는 외환, 특히 미국 달러를 통해 이루어졌고, 식민 지역에서 발행되는 화폐는 스털링으로 뒷받침되는 영국의 통화 블록 아래 보호되고 있었다. 따라서 말레이 통화가 과도하게 발행되면 영국 파운드화와 미국 달러화의 환율에 영향을 미칠 수 있었다. 실제로 영국령 말라야 및 해협식민지 결제은행의 은행들이 달러 판매율 하락을 주장하기도 했다.55

동시에 영국 정부는 통화 흐름에 대해서도 우려했다. 상술한 통화 조치 가운데 본 연구에 직접 인용하지는 않은 다섯 번째 조항에 따르면, 공식적인 목적을 제외한 모든 통화 수출입을 금지해야 한다.56 해당 조치는 통화 안보를 위한 것이었지만, 다양한 현상을 발생시켰는데, 예를 들어 당시 중국으로 향하던 화교화인 송금에도 영향을 미쳤다. 이는 전쟁 후 송금 감소의 원인 중 하나가 되기도 했다.57 다른 한편으로 통화정책과 함께

달러에 달한다고 한다. Liu, Juliana., October 14, 2015, "The Hong Kong Fight to Cash in Japanese Military Yen." BBC News.

55 "Report on Financial and Economic Conditions in Malaya December 1945", 1946, National Archives of Singapore (WO 203/4382).

56 "Provisional Monetary and Fiscal Guide-Malaya", 1945, National Archives of Singapore (CO 852/586/1)

57 제국주의 시기 화교화인의 본국 및 고향 송금은 동남아시아 거주 중국계 이주민의 숫자만큼이나 대량으로 이루어졌고, 일부 중국의 국가 및 지역경제, 특히 현금 유통에 큰 영향을 끼치는 자본의 유입이었다.

은행 업계를 대상으로 한 새로운 조치도 시행되었다.[58]

재지배 지역을 점령하면 즉시:
가. 모든 은행, 재무부, 저축은행을 포함한 금융기관, 금고 및 대여금고를 폐쇄하고 귀중품, 기록물 및 건물을 보호하기 위해 가능한 모든 조치를 취한다.
나. 점유 전 채무에 대한 전체적인 지급 유예를 선언한다.
다. 가능한 한 빨리 계좌를 면밀히 조사하고 (가)에 해당하는 금고와 상자를 열어야 한다.

이러한 조치는 일본의 자산과 협력 증거를 확보하기 위해 은행업을 조사하는 과정에서 시행되었다. 원래 전쟁 이전 영국령 말라야에서 영업을 하던 많은 은행이 전쟁이 끝나기 전에 이미 전쟁의 끝을 예상하고 영업 재개를 요청했는데, 화교은행(OCBC)이 대표적이었다. 그 외에도 많은 화인, 인도계 은행들이 영업 재개를 요청하였고, 1945년 12월, 모든 은행이 사업을 재개할 수 있게 되었다.[59] 동시에 영국령 말라야의 은행 산업을 주도하던 홍콩상하이은행, 차터드은행과 같은 영국계 은행들도 은행 업무를 재개했다.[60]

물론 일본점령기 이후 영업을 재개한 화인 은행들의 행위는 영국의

---

58 "Provisional Monetary and Fiscal Guide-Malaya", 1945, National Archives of Singapore (CO 852/586/1)
59 "Report on Financial and Economic Conditions in Malaya December 1945", 1946, National Archives of Singapore (WO 203/4382).
60 "Document of War Office", National Archives of Singapore (WO 203/4382).

적성국 교역부(Trading with the Enemy Department)에서 제정한 적성국 교역법(Trading with the Enemy Act, TWE)에 따라 분명한 적산으로 처벌대상이었다. 그러나 상술한 것처럼 전후 미국 주도의 국제질서에서 영국은 말라야 지역 재지배가 필요했고, 이를 위해서 현지 지역사회에 수많은 예금 고객과 금융 영향력을 가진 화인 은행의 정상영업은 식민지역의 안정을 위한 필요조건이었다. 비슷한 요구가 각 관련 부서에서 계속해서 제기되었고, 각종 편법을 통해 적산 기업의 정상영업이 가능하게 되었다.[61]

전후 영국의 재지배와 금융 관련 정책을 통해 파악할 수 있는 일본점령기의 영향은 크게 두 가지로 정리할 수 있다. 우선, 일본 점령과 자체적 통화정책의 도입으로 인해 영국 재지배 이후 새로운 통화 질서가 구축될 수 있었다. 영국의 동남아시아 진출 이후 싱가포르와 말레이시아는 해협식민지, 영국령 말라야, 북보르네오, 사락와 지역으로 나뉘어 화폐가 개별적으로 난립하고 있었다. 물론 1938년 이후 통합 시도가 있었던 것은 사실이다. 그러나 기존 해협식민지 달러와 다양한 화폐의 난립으로 이마저도 1940년에서야 실시될 수 있었다. 즉, 기존 통화 체계를 완전 대체하지는 못했고, 그럴만한 계기도 없었다. 그런 상황에서 일본점령기 군정이 기존 통화를 일소하는 시도를 하면서 통화 통합의 중요한 계기를 마련해 준 것으로 볼 수 있다. 통계에 따르면, 점령 이전 2억 3천 9백만 달러의 지폐, 2천 4백만 달러의 은화가 다양하게 발행되었는데, 통화위원회는 이 두 종류의 통화가 1948년 8월, 1949년 9월 이후부터는 법정화폐(Legal tender)

---

61 Cheong, Kee-Cheok, Poh-Ping Lee, and Kam-Hing Lee, 2015, "Colonial Policies on Remittances from Malaya and Singapore to China Just Before and After the Second World War," Paper presented at *The Qiaopi Industry in China and Overseas: International Conference,* Nanyang Technological University.

로 인정받지 못한다는 것을 분명히 하였다.[62]

전후 사라왁과 북보르네오까지 통합하게 된 영국 식민정부는 새로운 화폐의 발행과 유통을 통해 이전 화폐의 청산이 필요했는데, 일본점령기의 통화정책이 이를 실행할 주요 명분 및 계기로 작용한 것이다. 영국 식민정부는 1940년대 후반 상술한 일련의 조치를 통해 일본 발행 화폐는 무시하고, 이전 식민정부 화폐는 제한적으로 교환해 준 뒤 1950년 전 지역을 통합하는 새로운 통화협정(Currency Agreement)을 통해 지역을 모두 포괄하는 통화 발행을 실시할 수 있게 되었다. 실제 당시 통화위원회의 보고서에 따르면, 영국의 재지배와 함께 실시된 기존 화폐 회수 정책을 통해 총 96%의 식민시기 화폐를 회수할 수 있었다(Lee 1986). 이를 계기로 새롭게 통합된 통화 유통 환경이 조성된 것이다. 〈부록 1〉의 1945년 '말라얀 달러', 1953년 '말라얀 영국령 보르네오 달러'의 발행은 그 일환으로 이해할 수 있다. 그리고 독립한 말레이시아와 싱가포르가 그 영향을 그대로 이어간다.

두 번째, 일본점령은 전후 화인 금융기업 성장의 계기가 되었다. 상술한 것처럼, 일본이 점령과 함께 서구 은행과 중국 대륙의 은행을 모두 폐쇄 조치하고, 지역의 방언그룹 중심 화인 금융기업의 영업은 허가해 주면서 주요 화인 은행들이 그 기반을 계속 이어갈 수 있었다. 이는 주요 화인 금융기업들이 전후에도 계속 영업을 이어가면서 20세기 후반뿐 아니라 지금까지도 지역에서 영향력 있는 금융기업으로 성장할 수 있도록 하였다.[63] 무엇보다 일본의 점령은 은행업에서의 공백을 발생시켰다. 사실

---

62 Lee, 2015, 위의 책.
63 이 가운데 화교은행(OCBC)와 중국연합은행(현 UOB)는 싱가포르 3대 은행으로 꼽히

식민시기 화인 은행의 발흥에도 불구하고 서구 은행의 영향력은 압도적이었지만, 일본 군정의 서구 은행업 일소는 화인 금융기업들이 전후 그들의 영역을 더욱 확장할 공백을 창출하였다. 실제 이 기업들이 전후 급격히 성장하였다. 다만, 이 시기에도 식민시기에는 전무했던 말레이계 은행이 그 공백을 기회로 삼을 수는 없었다. 물론 관련 시도가 없었던 것은 아니다. 1947년 쿠알라룸푸르에서 말레이국립은행(Malay National Banking Corporation Ltd)이 설립되었지만, 자본의 부족과 임원진의 경험 부족으로 1952년 실패하였고, 본격적인 말레이계 은행의 시작은 1966년 말레이시아 독립 이후 정부에 의해 부미푸트라 은행(Bank Bumiputra)의 설립을 기다려야 했다(Chin 2017).

5. 맺음말

일본점령기 싱가포르에 설치된 군정의 금융정책은 기존 영국 식민지 화폐를 일본의 점령지 금융기관이 발행한 화폐로 대체하는 통화정책과 기존 서구 은행업계를 일소하고 일본계 은행과 군정의 허가를 받은 소수의 현지 은행만을 남기는 은행업 통제정책으로 정리할 수 있다. 이

고, 만흥리은행(현 CIMB) 역시 현재 말레이시아의 주요 상업은행이다. 특히 화교은행의 경우 2023년 포브스 선정 전 세계 기업순위에서 동남아시아 기업들 가운데 가장 높은 순위를 기록했다.

후 말레이반도와 싱가포르의 재지배를 시도한 영국 식민정부는 대미 무역 적자를 메우기 위해 말레이반도의 자원 수출과 싱가포르 항구의 국제적 지위를 전쟁 이전처럼 점유할 필요가 있었다. 그리고 그 핵심 사항 가운데 하나가 바로 일본점령기 새로운 통화 시스템과 은행업 철폐로 인해 혼란스러워진 금융환경을 재편하는 것이었다. 영국 식민정부의 금융 관련 조치들의 핵심은 일본점령기 발행된 화폐는 무시하고, 말레이반도, 싱가포르, 사라왁, 북보르네오를 포괄하는 통합된 통화 시스템을 구축하는 것이었다. 그에 따라 1952년까지는 보르네오까지 포함한 '말라얀 달러', 1953년부터는 전체를 포괄하는 새로운 '말라얀 영국령 보르네오 달러'가 발행되면서 1967년까지 이 지역의 통합된 통화 체제를 구성하였다. 다른 한편으로 화인 은행의 광대한 네트워크와 현지 사회에서의 영향력을 활용하기 위해 일본에 협력하였음에도 영업을 이전처럼 재개할 수 있도록 한 것 역시 그 일환이었다.

결국 일본의 점령과 점령지 통화정책은 전쟁 이전 구역마다 다양하던 화폐들을 통합할 수 있도록 해주었고, 화인 은행들이 서구 은행업계의 영향력을 대체하여 지역 금융계의 강자로 성장할 수 있는 계기를 마련해 주었다. 이는 그대로 1965년 말레이시아와 싱가포르 국가 성립과 함께 두 국가가 통합된 법정화폐 시스템을 마련할 수 있는 제도적 유산으로 작용하였고, 두 국가의 경제성장에 기여하는 은행업계의 성장으로 이어졌다. 즉, 싱가포르와 말레이시아는 전쟁 이전과 이후 모두 영국의 식민을 겪지만, 점령 경험 이후 영국의 재지배는 통합된 통화 체제의 형성이라는 측면에서 이 지역의 독립 국가 형성과 통합된 통화 체제를 예비한 것으로 평가할 수 있을 것이다.

참고문헌

자료

"Annual Report on the Social and Economic Progress of the People of the Straits Settlements, 1931". 1932. London: Stationery Office

"Annual Report on the Social and Economic Progress of the People of the Straits Settlements, 1932". 1933. London: Stationery Office

"Annual Report on the Social and Economic Progress of the People of the Straits Settlements, 1934". 1935. London: Stationery Office

"Annual Report on the Social and Economic Progress of the People of the Straits Settlements, 1935". 1936. London: Stationery Office

"Annual Report on the Social and Economic Progress of the People of the Straits Settlements, 1936". 1937. London: Stationery Office

"Annual Report on the Social and Economic Progress of the People of the Straits Settlements, 1937". 1938. London: Stationery Office

"Annual Report on the Social and Economic Progress of the People of the Straits Settlements, 1938". 1939. London: Stationery Office

Colonial Office, Economic Department, "Re-Occupation of the Far East: Banking Facilities (Overseas Chinese Banking Corporations)" 1944, National Archives of Singapore(CO 852/586/13)

Foreign Notes (Prohibition of Circulation) No.13 of 1913, "An Ordinance to prohibit the circulation of foreign notes", Hong Kong University Library

"Geographic Support Project: Growth Rates of Chinese and Malay Populations in Malaysia". 1964. CIA Report (CIA-RDP79T01019A000200320001-3)

Malaya, Civil Affairs and Administration, Part 1, "Brief for Supreme Allied Commander on Penang Currency Situation", National Archives of Singapore (WO 203/4380)

Malaya, Civil Affairs and Administration, "Document of British Military Administration of Malaya" 1945, National Archives of Singapore (WO 203/4380)

Malaya, Civil Affairs and Administration, Part 3, "Document of War Office" 1946, National Archives of Singapore (WO 203/4382)

Malaya, Civil Affairs and Administration, "Report on Financial and Economic Conditions in Malaya December 1945", National Archives of Singapore (WO 203/4382)

Re-occupation of British banking facilities, "Provisional Monetary and Fiscal Guide-Malaya" 1945, National Archives of Singapore (CO 852/586/1)

단행본

고토 겐이치 저, 라경수 역, 2023, 『동남아시아로부터 본 근현대 일본: '남진(南進)'·점령·탈식민화를 둘러싼 역사 인식』, 고려대학교 출판문화원.

姚啟勛, 1940, 『香港金融』, Hong Kong University Library Special Collection.

中央銀行經濟研究處 編, 연도미상, 『民國三十年下半期國內經濟概況』, 中央銀行經濟研究處

上海市档案馆 編輯, 2005, 『日本在华中经济掠夺史料』, 上海书店出版社.

海軍省調查課, 1942, 『大東亞共榮圈論』,

溝口敏行, 1988, 『旧日本植民地經濟統計』, 東洋經濟新報社.

柴田善雅 編, 1999, 『占領地通貨金融政策の展開』, 日本經濟評論社.

多田井喜生 編, 1983, 『占領地通貨工作』, みすず書房.

Akashi, Yoji, and Yoshimura Mako, eds., 2008, *New Perspectives on the Japanese Occupation in Malaya and Singapore, 1941-1945*. Singapore: NUS Press.

Booth, Anne E. 2007, *Colonial Legacies: Economic and Social Development in East and Southeast Asia*. Honolulu: University of Hawai'i Press.

Brown, Ian., 1997, *Economic Change in South-East Asia, c.1830-1980*. New York: Oxford University Press.

Cushman, Jennifer, and Gungwu Wang, eds., 1988, *Changing Identities of the Southeast Asian Chinese Since World War II*. Hong Kong: Hong Kong University Press.

Drabble, John H., 2000, *An Economic History of Malaysia, c. 1800-1990: The Transition to Modern Economic Growth*. London: Macmillan Press Ltd.

Drake, P. J., 1969, *Financial Development in Malaya and Singapore*. Canberra: Australian National University Press.

Duus, Peter, Ramon H. Myers, and Mark R. Peattie, eds., 1996, *The Japanese Wartime Empire, 1931-1945*. Princeton, NJ: Princeton University Press.

Goto, Ken'ichi., 2003, *Tensions of Empires: Japan and Southeast Asia in the Colonial & Postcolonial World*. Athens, OH: Ohio University Press.

Henley, David, ed., 2014, *Environment, Trade and Society in Southeast Asia*. Leiden: Brill.

Huff, Gregg., 2020, *World War II and Southeast Asia: Economy and Society under Japanese Occupation*. Cambridge: Cambridge University Press.

Huff, Gregg, and Shinobu Majima., 2018, *World War II Singapore: The Chōsabu Reports on Syonan*. Singapore: NUS Press.

Huttenbach, August., 1903, *The Silver Standard and the Straits Currency Question*. Singapore: Fraser and Neave, Limited, Printers.

Kemmerer, E. W., 1916 Edwin Walter. *Modern Currency Reforms: A History and Discussion of Recent Currency Reforms in India, Porto Rico, Philippines Islands, Straits Settlements and Mexico*. New York: The Macmillan Company.

Kratoska, Paul H., ed., 1995, *Malaya and Singapore during the Japanese Occupation*. Singapore: Singapore University Press.

Kratoska, Paul H., 1998, *The Japanese Occupation of Malaya: A Social and Economic History*. London: Hurst & Company.

Kuhn, Philip A., 2008, *Chinese among Others: Emigration in Modern Times*. Singapore: NUS Press.

Kuo, Huei-Ying., 2014, *Networks beyond Empires: Chinese Business and Nationalism in the Hong Kong-Singapore Corridor, 1914-1941*. Leiden: Brill.

Lee, Sheng-Yi., 1986, *The Monetary and Banking Development of Singapore and Malaysia*. Singapore: Singapore University Press.

Pan, Lynn, ed., 1988, *The Encyclopedia of the Chinese Overseas*. Singapore: Chinese Heritage Center.

Tamaki, Norio., 1995, *Japanese Banking: A History, 1859-1959*. New York: Cambridge University Press.

Remme, Tilman., 1995, *Britain and Regional Cooperation in South-East Asia, 1945-49*. New York: Routledge.

Shimizu, Hiroshi, and Hitoshi Hirakawa., 2002, *Japan and Singapore in the World Economy: Japan's Economic Advance into Singapore 1870-1965*. New York and London: Routledge.

Tagliacozzo, Eric, and Wen-Chin Chang, eds., 2011, Chinese Circulations: *Capital, Commodities, and Networks in Southeast Asia*. London: Duke University Press.

Wu, Xiao An., 2010, *Chinese Business in the Making of a Malay State, 1882-1941: Kedah and Penang*. New edition. Singapore: NUS Press.

논문

김종업, 최종석, 2011, 「말레이시아 종족간의 갈등 원인과 현황연구: 신경제정책(The New Economic Policy, NEP)와의 연관성을 중심으로」, 『사회과학논집』 42(1).

김종호, 2016, 「중일전쟁초기(1937~1941) 중국 및 화교 금융기업의 생존전략-동남아시아 화교 송금 네트워크와 中國銀行、中南銀行-」, 『중국근현대연구』 71.

김종호, 2018a, 「싱가포르 화교은행(OCBC)과 동아시아 전시체제 - 동남아 화상(華商)기업의 전시(戰時) 위기대응과 생존 -」, 『史叢』 93.

김종호, 이정희, 2018b, 「왕징웨이 난징국민정부시기 화교 송금시스템의 변화-중국 화남지역 사례연구」, 『중국근현대연구』 78.

김주아, 2019, 「말레이시아 화인기업(華商)의 네트워크 활용 실태 조사」, 『중국과 중국학』 37.

오명석, 1999, 「말레이시아 화인사회(1945~1969)」, 『동남아시아연구』 7.

이병관, 1999, 「제4편 싱가포르의 금융제도」, 『동남아 주요국의 금융제도: 태국, 인도네시아, 말레이시아, 싱가포르를 중심으로』, 한국금융연구원.

정승원, 1999, 「제3편 말레이시아의 금융제도」, 『동남아 주요국의 금융제도: 태국, 인도네시아, 말레이시아, 싱가포르를 중심으로』, 한국금융연구원.

조원일, 2016, 「19세기 말레이시아 지역의 화교조직 연구」, 『인문학연구』 101호.

조명근, 2013, 「월경하는 화폐, 분열되는 제국-만주국폐의 조선유입실태를 중심으로-」, 『동북아역사논총』 42호.

홍재현, 2008, 「말레이시아 종족폭동과 화교와의 관계에 대한 고찰」, 『중국인문과학』 40.

夏玉清, 2019, 「赤子功勳: 南僑機工回國抗戰紀實」, 『炎黃春秋』 第7期 l of Global History 5(1).

Akashi, Yoji., 1970, "Japanese Policy Towards the Malayan Chinese 1941-1945." *Journal of Southeast Asian Studies* 1, no. 2.

Booth, Anne E., 2004, "Linking, De-linking and Re-linking: Southeast Asia in the Global Economy in the Twentieth Century." *Australian Economic Review* 44, no. 1.

Cheong, Kee Cheok, Kam Hing Lee, and Poh Ping Lee., 2013, "Surviving Financial Crises: The Chinese Overseas in Malaysia and Singapore." *Journal of Contemporary Asia* 45, no. 1.

Cheong, Kee-Cheok, Poh-Ping Lee, and Kam-Hing Lee., 2015, "Colonial Policies on Remittances from Malaya and Singapore to China Just Before and After the Second World War." Paper presented at *The Qiaopi Industry in China and Overseas: International Conference,* Nanyang Technological University, Singapore.

Chin, Yee Whah., 2017, "The State and Malaysian Chinese Business: Past, Present and Future." *Malaysian Journal of Chinese Studies* 6, no. 1 & 2.

Eaton, Clay., 2018, *Governing Shōnan: The Japanese Administration of Wartime Singapore*. PhD diss., Columbia University.

Eaton, Clay., 2023, "Strategic Races: Understanding Racial Categories in Japanese-Occupied Singapore." *Asian Ethnicity* 23, no. 4.

George, Josephine., 2016, "The Malayan Currency Board (1938-1967)." *Studies in Applied Economics* 53.

Huang, Jianli., 2006, "Entanglement of Business and Politics in the Chinese Diaspora: Interrogating the Wartime Patriotism of Aw Boon Haw." *Journal of Chinese Overseas* 2, no. 1.

Huff, Gregg., 2007, "Financial Transition in Pre-World War II Japan and Southeast Asia." *Financial History Review* 14, no. 2.

Huff, Gregg, and Giovanni Caggiano., 2007, "Globalization, Immigration, and Lewisian Elastic Labor in Pre-World War II Southeast Asia." *The Journal of Economic History* 67, no. 1.

Huff, Gregg, and Shinobu Majima., 2013, "Financing Japan's World War II Occupation of Southeast Asia." *The Journal of Economic History* 73, no. 4.

Huff, Gregg, and Shinobu Majima., 2015, "The Challenge of Finance in South East Asia during the Second World War." *War in History* 22, no. 2.

Huff, Gregg., 2019, "The Great Second World War Vietnam and Java Famines." *Modern Asian Studies* 54, no. 2.

Kemmerer, E. W., 1904, "A Gold Standard for the Straits Settlements." *Political Science Quarterly* 19, no. 4.

Kheung, Lam Chee., 2012, "Wee Kheng Chiang of Sarawak: Entrepreneur Extraordinaire." *Malaysian Journal of Chinese Studies* 1.

Kian, Kwee Hui., 2013, "Chinese Economic Dominance in Southeast Asia: A Longue Durée Perspective." *Comparative Studies in Society and History* 55, no. 1.

Koon, Heng Pek., 1996, "Chinese Responses to Malay Hegemony in Peninsula Malaysia 1957-96." *Southeast Asian Studies* 34, no. 3.

Koon, Heng Pek., 1997, "The New Economic Policy and the Chinese Community in Peninsula Malaysia." *The Developing Economies* 35, no. 3.

Kratoska, Paul H., 1992, "Banana Money: Consequences of the Demonetization of Wartime Japanese Currency in British Malaya." *Journal of Southeast Asian Studies* 23, no. 2.

Raghavan, Mala Valliammai., 2004, "The Changing Malaysian Financial Environment and the Effects on Its Monetary Policy Transmission Mechanism." Econometric Society 2004 Australasian Meetings 239. Econometric Society.

McKeown, Adam., 1999, "Conceptualizing Chinese Diasporas, 1842 to 1949." *The Journal of Asian Studies* 58, no. 2.

Tan, Ee-Leong., 1953, "The Chinese Banks Incorporated in Singapore & the Federation of Malaya." *Malaysian Branch of the Royal Asiatic Society* 26, no. 1.

Trocki, Carl A., 2002, "Opium and the Beginnings of Chinese Capitalism in Southeast Asia." *Journal of Southeast Asian Studies* 33, no. 2 (2002).

Wood, John H., 1992, "Monetary Policy in a Small Open Economy: The Case of Singapore." *Economic Review* (Second Quarter).

Yacob, Shakila., 2011, "Anglo-American Cooperation in the Malayan Automobile Market Before the Pacific War." *Malaysian Journal of History, Politics & Strategic Studies* 38, no. 2.

기사 / 인터넷

Liu, Juliana., 2015, "The Hong Kong Fight to Cash in Japanese Military Yen." BBC News, October 14. Accessed January 5, 2024.
https://www.bbc.com/news/business-34460098.

<부록 1> 시기별 말레이시아 & 싱가포르 통용화폐 목록

발행 및 유통기간	발행기관	통용화폐	비고
1903~1939년	해협식민지 통화위원회 (Board of Commissioner of Currency)	해협식민지 달러 (SSD)	19세기까지 은본위제 기반 다양한 은 주화 및 개별 은행들이 발행하는 다양한 지폐들이 난립하던 것을 정리하기 위해 법정화폐로 발행하기 시작
1940~1942년	말라얀 통화청(Malayan Currency Board)	말라얀 달러(Malayan Dollar)	1938년 통화조례(Currency Ordinances) 발표와 함께 해협식민지와 영국령 말라야를 통합하는 화폐 발행을 제도화하였음
1942~1945년	일본 남방개발금고	남발권	
1945~1953년	말라얀 통화청(Malayan Currency Board)	말라얀 달러(Malayan Dollar)	
1953~1967년	말라얀/ 영국령 보르네오 통화청(Malayan/ British Borneo Currency Board)	말라야 영국령 보르네오 달러(Malaya and British Borneo dollar)	전후 북보르네오(사바)와 사라왁이 영국령에 편입되면서 1952년 싱가포르, 말레이반도, 보르네오 지역을 통합하는 새로운 화폐의 발행을 결의한 결과
1967~현재	싱가포르 통화청	싱가포르 달러 (Singapore dollar)	1965년 싱가포르의 독립과 함께 자체적 화폐 발행 시작
1967~현재	말레이시아 중앙은행	말레이시아 달러/ 말레이시아 링깃 (Malaysia Ringgit)	1993년 화폐 단위가 달러에서 링깃으로 변경

출처: "Annual Report on the Social and Economic Progress of the People of the Straits Settlements, 1938". 1939; Lee 앞의 책; Drake, 앞의 책.

<부록 2> 1938년 해협식민지 은행 목록

1938년 기준 해협식민지 은행 목록

Chartered Bank of India, Australia and China. Hongkong and Shanghai Banking Corporation. Mercantile Bank of India, Eimited. P. & O. Banking Corporation, Limited. Eastern Bank, Limited. Messrs. Thomas Cook & Son (Bankers), Limited. Netherlands Trading Society (Nederlandsche Handel Maats-chappij). Banque de L'Indo-Chine. National City Bank of New York. Netherlands India Commercial Bank (Nederlandsch Indische Handelsbank). Bank of Taiwan, Limited. Yokohama Specie Bank, Limited. Bank of China.	중국계 은행 Sze Hai Tong Banking and Insurance Company, Limited. Oversea-Chinese Banking Corporation, Limited. China and Southern Bank, Limited. Kwong Lee Banking Company. Lee Wah Bank, Limited. United Chinese Bank, Limited. Ban Hin Lee Bank, Limited. Bian Chiang Bank(Kuching)

V.
베트남제국과 쩐쫑낌 내각
(1945년 3~8월)

노영순 | 한국해양대학교

1. 머리말

일본군이 1940년 9월 베트남 북부에 첫발을 내디딘 이후, 일본은 프랑스 제국과 협력 관계를 4년 6개월 동안 유지해 왔다.[1] 그러나 1945년 3월 9일, 일본은 이 협력을 청산하고 인도차이나 지역의 지배권을 독점하게 된다. 일본에서는 이 사건을 '프랑스령 인도차이나 무력처리작전'(작전명:明号作戰)이라 부르고, 베트남에서는 '일본정변'(Cuộc Đảo Chính Nhật)이라고 부른다. 이 사건은 많은 베트남인에게 프랑스 식민 지배로부터 해방과 독립의 기회로 여겨졌고, 그 결과 '독립' 베트남제국이 수립되었으며, 쩐쫑낌(Trần Trọng Kim) 내각이 구성되었다. 이 내각은 1945년 4월 17일부터 8월 17일까지 약 4개월 동안 활동하다가, 8월 혁명 이후 베트민(Việt Minh)에게 권력을 이양하였다.

길지 않지만 결정적인 순간에 베트남을 대변했던 쩐쫑낌 내각의 성격에 대한 해석은 크게 세 가지 관점으로 나뉜다. 첫 번째 시각은 쩐쫑낌 내각을 '월간(越奸) 매국정부'로 규정하는 부정적 시각이다. 이는 당시 베트민의 관점과 맞닿아 있으며, 쩐쫑낌 정권을 일본과 협력한 반민족적 집단으로 비판하는 선전적 수사에 바탕을 둔다. 이 내각의 '매국' 성격은 학문적으로 충분히 구체화되지는 않았으나, 『역사연구(Nghiên Cứu Lịch Sử)』와 같은 역사 잡지에서는 이를 단순히 '친일 매국 내각'으로 단정하기도

---

[1] 노영순, 2006, 「프랑스-일본 제국의 협력과 베트남 친일 협력집단」, 『아시아연구』 제49-4 참조.

했다.[2]

두 번째 시각은 쩐쫑낌 내각에 대한 보다 소극적인 평가를 제시한다. 이 시각은 내각의 공과(功過)를 인정하면서도 그 한계를 강조하며, 이 시기가 '그림의 떡'과 같은 독립의 시기였다고 본다. 쩐쫑낌 정부가 큰 성과를 내지 못한 이유로는 내각의 권력 부재, 대중의 정치적 미성숙, 일본의 강력한 통제와 패망 직전 상황이 꼽힌다.[3]

특히 팜홍뚱(Phạm Hồng Tung)의 연구는 이와 유사한 관점에서 쩐쫑낌 내각을 평가한다. 그는 쩐쫑낌과 그 내각 구성원들이 일본 군국주의의 본질을 제대로 인식하지 못한 채 일본을 통해 베트남의 민족 해방을 성취하려 했다고 본다. 그러나 이러한 시도는 결국 이들을 일본의 전쟁기계 부품과 도구로 전락하게 만들었고, 결과적으로 민족의 이익에 반하는 결과를 초래했다.[4]

세 번째 시각은 쩐쫑낌 내각을 더욱 긍정적으로 평가한다. 이 시각에 따르면 1945년은 '독립의 헛된 꿈'의 시기가 아니라 '독립 이행기'였으며, 쩐쫑낌 내각은 헌법 제정과 탈식민화의 초석을 놓은 정부로 이해된다. 이 내각은 세제와 교육 개혁, 기근 문제 해결에도 적극적으로 나섰으며, 일

---

[2] Tran Huy Lieu-Nguyen Luong Bich, Nguyen Khac Dam Bien soan, 1957, *Tai lieu Tham Khao Lich Su Cach Mang Can Dai Viet-Nam (Tap VIII), Xa Hoi Viet Nam trong Thoi Phap Nhat (1939-1945)* Quyen I, NXB Van Su Dia.

[3] Huynh Kim Khanh, 1982, *Vietnamese Communism 1925-1945*, Cornell University Press; Philippe Devillers, 1952, *Histoire du Vietnam de 1940 a 1952*, Editions du Seuil; Pierre Brocheux, Daniel Hemery, 1994, *Indochine: La Colonisation ambigue 1958-1954*, Editions la Decouverte.

[4] Pham Hong Tung, 2003, "Ve Cuong De va To chuc Viet Nam Phuc Quoc Dong Minh Hoi trong thoi ky The chien II," *NCLS*, 5-6 (328), 13.

본과의 협상을 통해 하노이, 하이퐁, 다낭, 코친차이나 등 주요 지역의 주권 확보를 시도했다.[5] 이 시각에 따르면, 쩐쫑낌 내각은 프랑스 식민 행정을 '베트남화(Vietnamization)'하며 민족 해방의 첫 단계를 수행한 내각이었다. 그러나 이 내각이 겪은 한계는 강력한 반대 세력인 베트민의 존재, 일본의 소극적 태도, 그리고 내각의 짧은 생존 기간에서 비롯되었다.[6]

본 논문은 프랑스로부터의 해방과 일본과의 협력 사이에 위치한 베트남제국의 '독립'(1945. 3~8)의 의미를 탐구하고자 한다. 이를 위해 쩐쫑낌 내각을 중심으로 다음과 같은 세 가지 질문을 다룰 것이다. 첫째, 일본 정변 직전 일본의 대베트남 '독립' 구상의 실체는 무엇이었으며, 협력자를 선택한 기준은 무엇이었는가? 둘째, 쩐쫑낌과 내각 구성원들의 사회적·직업적 배경과 정치 성향은 어떠했으며, 일본 점령하에서 이들이 가졌던 전망은 무엇이었는가? 셋째, 4개월간의 짧은 집권기간 동안 제국과 내각이 수행한 주요 활동은 무엇이었는가? 이러한 분석을 통해 쩐쫑낌 내각이 베트남 현대사에서 가지는 의의를 규명하고자 한다.

---

5   David G. Marr, 1995, *Vietnam 1945: The Quest for Power*, University of California Press, 119-151; Vu Ngu Chieu, 1986, "The Other Side of the 1945 Vietnamese Revolution: The Empire of the Viet-Nam (March-August 1945)," *The Journal of Asian Studies*, Vol. 45, No. 2.

6   Vu Ngu Chieu, 1986, 앞의 글.

2. 일본의 전략적 계획으로서의 베트남 '독립'과 베트남 협력자 선정 과정

쩐쫑낌 '친일내각'의 성격을 밝히기 위해서는 1945년 3월 9일 일본정변에 이르게 한 일본의 인도차이나 정책 재검토 시점과 이유, 그리고 베트남 '독립' 구상과 협력자 선택 과정을 이해하는 것이 중요하다.

일본이 인도차이나에 대한 정책을 재검토하게 된 배경은 무엇보다도 국제 정세의 변화와 태평양전쟁의 전황에서 비롯되었다. 가장 먼저 주목할 변화는 프랑스 정부의 태도 변화이다. 1944년 후반 친독 비시정권의 붕괴 이후 드골정부는 전 식민지 복원에 더욱 강한 의지를 보였으며, 프랑스 식민정부 내에서도 본국과 접촉하여 일본으로부터 인도차이나 식민지를 되찾으려는 시도가 표면화되기 시작했다. 이로 인해 일본은 기존의 협력 파트너였던 프랑스 식민정권을 더는 신뢰할 수 없게 되었고, 프랑스 식민정권의 타도를 포함한 새로운 인도차이나 정책을 모색해야 했다.

또한 1944년 12월 레이테 해전에서의 일본 패배는 인도차이나의 전략적 중요성을 재조명하게 했다. 이제 인도차이나는 태평양전쟁의 후방 기지가 아닌 최전선이 되었고, 미국의 해상 봉쇄로 인해 인도차이나를 통한 육로 확보가 작전 수행에 필수적이 되었다. 이에 따라 인도차이나 점령 지역에 대한 안정적 통제가 무엇보다 중요한 과제로 떠올랐다.

이와 같은 배경에서, 1944년 12월 일본군은 인도차이나 주둔 제38군을 재조직 및 증강하고, 군사령관 쓰치하시 유이쓰(土橋勇逸) 중장의 지휘 아래 '프랑스령 인도차이나 무력처리작전안'을 수립했다. 프랑스 식민당국을 무력으로 타도하는 군사 부문에 대해서는 1945년 1월 1일 별다른 반대 없이 원안이 통과되었다. 그러나 정치 부문에서는 두 가지 대안이 제시되었다. 하나는 일본군의 직접 군정 실시였고, 다른 하나는 친일 성향의 독립정권 수립이었다.

쓰치하시와 군부 고위층은 군정 실시를 선호하는 반면, 외무성, 대동아성 고위 관료 및 현지 장교들은 독립정권 구성을 지지했다. 특히 베트남 주재 헌병대 장교 하야시 히데스미(林秀澄)는 끄엉데 왕자를 귀국시키고, 응오 딘 지엠이 이끄는 정부를 구성해야 한다는 보다 구체적인 안을 제시했다. 끄엉데를 국가의 수장으로 하고 지엠을 총리로 임명하는 친일 독립국가 구상은 실체를 가진 계획이었다.

1944년 8월, 끄엉데를 권좌에 앉히기 위한 조직이 결성되었으며, 하야시는 이들에게 '작전 이후'의 계획을 준비시키기도 했다. 이 조직은 응오 딘 지엠(회장), 응우옌 쑤언 쯔(부회장, 애국당 지도자), 레 또안, 끄엉데의 비서실장 부 딘 주이가 주도했다. 이들은 일본군 사령부에서 모임을 가졌고, 헌병대의 하야시와 다른 일본군 장교들의 적극적 지지를 받았다. 외부에는 이들이 "건국위원"으로 소개되었다.[7]

이와 같은 논쟁은 1945년 1월 12일 미국 해군기동부대가 인도차이나 중·남부 해안을 공격하면서 정리되었다. 일본은 이 공격 직후 연합군의 인도차이나 상륙이 임박했으며, 프랑스 식민정부가 연합군에 협조할 가능성이 높다고 판단했다. 이에 따라 1월 26일 일본은 무력을 통해 프랑스 식민정부를 타도하고, 인도차이나인이 프랑스와 체결한 식민조약을 무효

---

[7] Tran My-Van, 2005, "Working for the Japanese, Working for Vietnamese Independence," 1941-45, Paul H. Kratoska ed., *Asian Labor in the Wartime Japanese Empire, Unknown Histories*, An East Gate Book, 294; Tran My-Van, 2005, *A Vietnamese Royal Exile in Japan, Prince Cuong De (1882-1951)*, Routledge, 170-171.

화하게 하기로 결정했다.[8]

일본이 베트남에 실질적인 독립을 허용하지 않을 것이라는 사실은 이때부터 명백했다. 랄프 스미스(Ralph B. Smith)는 다음과 같이 평가한다. "일본의 권력 아래서 베트남에 실제 의미의 독립은 존재하지 않았다."[9] 결국 일본정변의 목적은 프랑스 식민정부를 제거하고 인도차이나 사회를 안정화하며, 가능하다면 베트남인들에게 독립의 희망을 주어 일본의 전쟁 수행에 협력하도록 만드는 데 있었다.

1월 26일 일본의 결정은 국내 여러 이해관계 집단 간의 타협의 결과로 나온 '최소한의 합의'였다. '독립' 친일 정부 구성과 같은 구체적인 사안들은 쓰치하시에게 일임된 것으로 보인다. 그는 우선 프랑스 식민정부를 무력으로 제거하는 조치를 했다. 1945년 3월 9일, 일본은 프랑스군과 경찰을 일본군의 작전통제 하에 두고, 프랑스 관료들은 모두 일본 정부의 명령에 복종해야 한다는 최후통첩을 인도차이나 총독 드꾸(Amiral Decoux)에게 보냈다. 드꾸에게 주어진 시한은 단 2시간이었다.[10]

2시간 후 작전이 개시되었고, 24시간이 채 되지 않아 하노이와 사이공 등 주요 도시에서 프랑스군은 일본군에 항복했다. 중국과의 국경 지대에서 저항이 이어졌으나, 수일 내에 진압되었다. 이 과정에서 1,662명의

---

8 Pham Hong Tung, 2004, "Ve Moi Quan He Cong tac Cong tri Nhat-Phat o Viet Nam trong The chien II va Nguyen nhan cua Cuoc Dao Chinh ngay 9-3-1945", *NCLS*, Vol. 333, No. 2, 48; 立川京一, 2000, 『第二次世界大戦とフランス領インドシナ:「日仏協力」の研究』, 彩流社, 159~160쪽.

9 Ralph. B. Smith, 1978, "Japanese Period in Indochina and the Coup of 9 March 1945," *Journal of Southeast Asian Studies*, Vol. 9, No. 2, 285

10 Amiral Decoux, 1949, *A La Barre de L'Indochine, Histoire de mon gouvernement general (1940-1945)*, Librairie Plon, 330.

프랑스 군인이 전사했고 수천 명이 포로가 되었다.[11] 당시 인도차이나에는 6만 명의 프랑스 정규군과 2만 2000명의 예비군이 주둔하고 있었으며, 이에 맞선 일본군은 6만 6천 명의 병력을 보유하고 있었다.

일본정변이 진행되는 동안 약 3,000명의 까오다이(Cao Đài) 자원군이 일본군과 협력해 프랑스인을 체포하고 관공서를 포위했다. 또한, 북부 국경지대에서는 공산주의자들이 주도하는 항일군이 프랑스군과 함께 일본군에 저항했다.[12]

프랑스의 식민 통제를 제거하고 인도차이나를 장악한 쓰치하시는 베트남 친일 분자들이 기대했던 끄엉데 왕자의 귀국을 허락하지 않았다. 대신, 명목상의 황제였던 바오다이를 그대로 황제 자리에 두는 결정을 내렸다. 3월 9일 작전 당일 밤, 요코야마 마사유키(横山正幸) 일본대사는 바오다이에게 "대동아공영권의 건설을 위해 일본과 협력할 것"을 요구했다. 바오다이는 이를 수용하며, 일본군의 승리를 축하하는 메시지를 전한 뒤, "일본의 행동으로 베트남이 외국 지배에서 해방되었다"라고 선언했다. 바오다이는 베트남의 독립을 보장받기 위해 일본과 협력할 것을 다짐했다. 같은 날 밤, 안남의 추밀원(Viện Cơ Mật) 구성원들은 일본의 압력에 대항할 방법이 거의 없다고 판단하고, 협력 방침에 동의했다.[13] 3월

---

11 Tran Huy Lieu, Nguyen Khac Dam bien soan, *Tai Lieu Tham Khao Lich Su Cach Mang Can Dai Viet Nam (Tap VIII), Xa Hoi Viet Nam trong Thoi Phap Nhat (1939-1945)*, 46-61.

12 Tran My-Van, march 1996, "Japan and Vietnam's Caodaists: A Wartime Relationship (1939-1945)," *Journal of Southeast Asian Studies* Vol. 27, No. 1, 186-188; Tran Huy Lieu, Nguyen Khac Dam bien soan, *Xa Hoi Viet Nam trong Thoi Phap Nhat (1939-1945)* Quyen II, 17; Tran Huy Lieu, Nguyen Khac Dam bien soan, *Xa Hoi Viet Nam trong Thoi Phap Nhat Quyen* I, 61.

13 Phillippe Devillers, 1952, *Histoire du Viet-nam. de 1940 a 1950*, Éditions du Seuil, 124

10일, 도쿄 라디오는 "인도차이나의 독립을 지원하는 것이 일본의 의무"라는 메시지를 방송했다.[14]

3월 11일(바오다이 20년 1월 27일), 바오다이는 1884년 프랑스와 맺은 보호령 조약을 파기한다고 선언했다. 이와 동시에 요코야마 대사가 작성한 독립선언서가 발표되었고, 바오다이와 추밀원 구성원이 여기에 서명했다.[15] 당시 추밀원 구성원은 다음과 같았다.

내무: 팜 꾸인(Phạm Quỳnh)
재무: 호 닥 카이(Hồ Đắc Khải)
예무: 웅 위(Ung Uy)
사법: 부이 방 도안(Bùi Bằng Đoàn)
교육: 쩐 타인 닷(Trần Thành Đạt)
경제: 쯔엉 느 딘(Trương Như Đính)

독립선언서 전문은 다음과 같다.

"세계적인 상황, 특히 아시아의 상황을 고려하여, 베트남 정부는 오늘을 기해 프랑스와 맺은 보호조약이 폐기되었음을 선언한다. 이로써 베트남은 독립국가로서 권리를 되찾았다.
베트남 정부는 독립국가로 발전하기 위해 적절한 방법을 채택할 것이며, 공동 번영을 위해 대동아의 지시에 따를 것이다. 또한 일본의 충성

---

14 David Marr, 1995, *Vietnam 1945, The Quest for Power*, 114.
15 Phillippe Devillers, 1952, 위의 책, 125.

을 신뢰하며, 앞서 언급한 목표를 달성하기 위해 일본과 협력할 것을 결의한다."

이후 캄보디아는 3월 13일, 라오스는 4월 8일에 각각 독립을 선언했다. 이들 인도차이나의 세 독립국은 모두 대동아공영권의 이념에 따라 일본과 협력할 것을 약속했다.¹⁶

그러나 프랑스 통치 체제를 그대로 유지한 탓에, 일본정변 이후에도 인도차이나의 실제 상황은 크게 변하지 않았다. 일본은 프랑스인을 대신해 일본 관료들을 고위직에 임명했을 뿐, 기존의 베트남 관료체제는 유지되었다.¹⁷ 3월 16일, 인도차이나 총독 자리는 쓰치하시가 맡았으며, 남부에서는 미노다 후지오(蓑田不二夫)가 지사로 임명되었다. 북부 통킹에서는 니시무라 구마오(西村熊雄)가 고문 역할을 맡았고, 안남과 캄보디아, 라오스에도 일본인 고등고문이 배치되었다. 안남의 고등고문은 요코야마 마사유키(橫山正幸)였다.

그러나 프랑스 식민지 시기 관직에 있던 인물들은 대부분 그대로 남아 있었으며, 특히 평판이 나쁜 인물이나 강경한 친불주의자 몇 명을 제외하고는 기존 고위직에 그대로 천거되었다. 이는 베트남 내 독립과 개혁에 대한 일본의 의지가 형식적이었음을 보여준다.¹⁸

---

16 Kiyoko Kurusu Nitz, 1984, "Japanese Military Policy towards French Indochina during the Second World War: The Road to the Meigo Sakusen (9 March 1945)," *Journal of Southeast Asian Studies*, Vol. 14, No. 2(September, 1983), 345.

17 Tran Huy Lieu, 1957, Nguyen Khac Dam bien soan, *Xa Hoi Viet Nam trong Thoi Phap Nhat*, NXB Van Su Dia, 32.

18 Vu Ngu Chieu, 1986, 위의 글, 295-296; Kiyoko Kurusu Nitz, 1983, *Japanese Military Policy towards French Indochina during the Second World War: The Road*

일본은 프랑스 통치체제를 그대로 유지하는 동시에, 황제 바오다이와 추밀원 구성원 전원을 해임하기로 결정했다. 3월 19일, 일본은 추밀원 각료들을 일괄 해임했다. 이들은 일본과의 협력을 선언하고 '독립' 선언서에 서명한 인물들이었는데도 해임된 것이다. 일본이 이들을 해임한 이유는 팜 꾸인을 비롯한 친프랑스적 인물들이 '해방된 공간'에서 여전히 식민지의 상징으로 남아 있다는 사실이 친일 민족주의자들과 베트남 사회에 실망과 반발을 불러일으킬 수 있었기 때문으로 해석된다.[19]

일본은 상징적 제스처로 바오다이의 선택지를 넓히는 전략을 택한 것으로 보인다. 황제를 그대로 유지하면서 기존 추밀원 인사들을 해임함으로써 '새로운 독립국'을 구축하려는 이미지를 부각하려 했다. 이는 바오다이 본인과 동시대 인물들조차 크게 놀란 조치였다. 일본이 오랫동안 후원해 온 끄엉데 왕자가 독립 베트남의 수장이 될 것으로 베트남 사회 전반에 인식되어 있었기 때문이다. 1937년 중일전쟁 이후 일본의 후원을 받아 형성된 친일 세력은 모두 끄엉데를 중심으로 한 정치 질서를 기대하고 있었다. 그 대표적인 예가 1945년 3월 15일 자 베트민 문건이다. 이 문건에서 베트민은 "일본이 친일파인 대월국가연맹과 베트남복국동맹에게 꼭두각시 정부를 세우게 했다"라고 비판했다.[20]

일본이 끄엉데(Cường Để) 대신 바오다이를 선택한 이유에 대해서는 여러 가지 해석이 있다. 첫째, 쓰치히시는 오랜 망명생활로 베트남 사정을

---

to the Meigo Sakusen (9 March 1945), The Institute of Developing Economies, 346; Philippe Devillers, 1952, 위의 책, 128.

19 Ralph. B. Smith, 1978, 위의 글, 287-288; Phillippe Devillers, 위의 책, 126.
20 Dang Cong San Viet-Nam Ban chap hanh trung uong, 1978, *Van Kien Dang, 1930-1945*, Ban Nghien cuu Lich su Dang trung uong Xuan Ban, 509-511.

잘 모르는 노년의 끄엉데보다 바오다이가 더 세련되고 교육받은 인물이라고 판단했다. 바오다이가 친불·반일적이며 민의 복지에 무관심하다는 평가에도 불구하고, 쓰치하시는 그를 선택했다. 1945년 6월 초, 쓰치하시는 바오다이와 협의해 끄엉데에게 대공(Prince Grand Duke)의 작위를 부여하고 추밀원 의장으로 임명했다. 그러나 끄엉데는 정권의 몰락 전까지도 베트남으로 돌아오지 못했다.[21]

일본의 바오다이 선택은 몇 가지 정치적 이점도 제공했다. 쓰치하시는 황제가 망명하면 반일 민족주의자들이 그의 주변에 모여들 것을 우려했다. 실제로, 일본군이 1945년 1월 베트남 내에서 까오다이교와 연계된 반프랑스 조직을 구성할 때도 황제의 신변을 확보하는 것이 주요 임무 중 하나였다.[22] 황제가 그대로 남는 것은 캄보디아와 라오스에 미칠 영향을 고려한 조치이기도 했다. 또한, 바오다이를 유지함으로써 베트남 엘리트와 부유층 가문들이 일본의 독립 구상을 지지하도록 유도할 수 있었다.[23]

그러나 무엇보다도 쓰치하시가 끄엉데 대신 바오다이를 선택한 이유는 기존 정치 질서를 최소한으로 유지하면서 일본군이 인도차이나 방어와 연합군과의 전쟁에 집중할 수 있는 조건을 마련하는 것이 유리하다고 판단했기 때문이다. 끄엉데를 선택하면 예상치 못한 정치적 격변이 발생해 일본의 전략에 불리하게 작용할 위험이 있었다.[24] 끄엉데를 지지하는

---

21 Kiyoko Kurusu Nitz, 1984, "Independence without Nationalists? The Japanese and Vietnamese Nationalism during the Japanese Period, 1940-1945," *Journal of Southeast Asian Studies*, Vol. 15, No. 1, 128-129.
22 Kiyoko Kurusu Nitz, 1983, 위의 책, 344.
23 Vu Ngu Chieu, 1986, 위의 글, 297.
24 Pham Hong Tung, "Ve Cuong De va To chuc Viet Nam Phuc quoc Dong Minh Hoi trong Thoi ky The Chien," 12; Traun Huy Lieu, Nguyen Khac Dam bien soan, *Xa Hoi*

반대 세력에 맞서, 쓰치하시는 "바오다이를 지원하되 일본은 인도차이나 내정에 개입하지 않을 것"이라는 원칙을 명확히 밝혔다.[25] 이와 같은 방침 아래 일본은 내각 구성을 바오다이에게 위임하고 추인하는 형태를 취한 것으로 보인다. 쩐쫑낌도 바오다이의 고문 요코야마를 비롯해 일본인이 그의 각료 선임에 개입하지 않았음을 분명히 했다.[26]

물론, 쓰치하시를 중심으로 한 사실상의 점령군정과 일본인 고문들의 조언은 호의적으로 수용되었을 가능성이 높다. 요약하자면, 바오다이의 선택은 인도차이나의 사회 안정을 유지하고 전쟁 수행에 집중할 수 있도록 하기 위한 최선의 방안이었다. 동시에 일본은 인도차이나에 피보호인을 둔 일본 내 반대자들의 간섭과 그로 인해 발생할 수 있는 불확실성을 줄이려 했다.

쓰치하시는 베트남 내 친일 분자들을 신뢰하지 않았다. 그는 이들이 개인적 이익과 권력을 추구할 뿐이며, 실질적인 정치 지도력이 부족하다고 판단했다. 또한 이들은 기존 관료나 지방관을 효과적으로 통솔할 역량도 갖추지 못했다고 보았다.[27] 이는 끄엉데와 응오 딘 지엠, 그리고 대월(Dai Viet)과 애국당 같은 친일 단체 지도자들이 일본이 구상한 독립 정부에 참여하지 못한 이유이기도 하다.

일본이 바오다이에게 대월 구성원 중에서 수상을 고르도록 조언하지 않은 것도 그리 놀랄 일이 아니다. 추천을 받았다고 히더라도, 이들 또

Viet Nam trong Thoi Phap Nat (1939-1945) Quyen II, 55.

25 Kiyoko Kurusu Nitz, 1984, 앞의 글, 128.

26 Tran My-Van, 1996, "Japan and Vietnam's Caodaists: A Wartime Relationship (1939-1945)," *Journal of Southeast Asian Studies* Vol. 27, No. 1, 189.

27 David G. Marr, Vietnam 1945: *The Quest for Power*, 116.

한 응오 딘 지엠과 마찬가지로 바오다이와 협력하기 어려웠을 가능성이 높다.[28] 어찌 되었든 끄엉데와 응오 딘 지엠, 그리고 다른 친일 인사들이 기용되지 못한 현실은 친일 세력의 무기력함을 보여준다. 또한, 일본 측에 불리하게 전개된 전황은 이들에 대한 일본의 지지마저 퇴색시키는 결과를 낳았다.

3월 17일, 바오다이가 "민위귀"(民爲貴, dan vi quy, '백성을 귀하게 여긴다')라는 통치 원칙에 따라 대동아공영권 건설에 협력하며 진정한 독립 국가체제를 정비하겠다는 칙령을 발표한 지 이틀 후, 일본은 팜 꾸인(Phạm Quỳn)을 비롯한 추밀원 각료들에게 사퇴를 요구했다. 일본은 바오다이에게 '위신' 있는 새로운 인물들을 물색하도록 촉구했다.[29]

일본점령기 동안 독립 베트남을 이끌었던 각료들에 대한 구체적인 논의는 다음 장에서 다루게 될 것이다. 여기에서는 먼저, 바오다이의 비서를 통해 내각 참여를 초대받았던 인물들과 그들이 왜 내각 참여를 거절했는지를 살펴본다.

이들 인사 대부분은 일본이라는 기회를 이용해 프랑스 식민 유산을 정리할 수 있다고 보았으며, 일본에 특별히 반감을 갖지는 않았다. 그러나 일본 후원하의 새 정부가 실질적인 독립을 이룰 가능성은 낮다고 판단하거나, 일본과 타협하며 내각에 참여하는 것이 현명하지 않다고 여겼다. 더욱이 이들은 일본이 태평양전쟁에서 패배로 기울고 있는 '지는 태양'이라는 사실을 이미 간파하고 있었다.

---

28 Ralph B. Smith, "The Japanese Period in Indochina and the Coup of 9 March 1945," 288.

29 Tran Huy Lieu, Nguyen Khac Dam bien soan, *Xa Hoi Viet Nam trong Thoi Phap Nat (1939-1945)* Quyen II, 55; Vu Ngu Chieu, 1986, 위의 글, 296.

먼저 후인 특 캉(Huỳnh Thúc Kháng)을 살펴보자. 민족주의자로 널리 알려진 그는 개혁 지향 잡지인 『인민의 소리』(Tiếng Dân)의 편집인이었으며, 프랑스 당국의 탄압을 경험한 인물이다. 그는 일본에 있던 끄엉데와도 접촉한 경험이 있었다. 형식적으로 보자면, 그는 일본의 후원을 받은 '독립' 베트남제국 내각의 각료가 될 자격을 갖추고 있었다.

그러나 바오다이의 비서가 그를 설득해 새 정부 구성에 참여하도록 요청했을 때, 그는 바오다이 알현조차 거부했다고 한다. 이는 그가 일본이 새 내각에 실질적 권한을 부여할 것인지 의심했기 때문이었다. 사실, 그는 이미 1942년 끄엉데가 보낸 문의에 대해 일본의 지원이 기대할 만한 것이 못 된다는 점을 분명히 지적한 바 있다.[30]

응오 딘 지엠(Ngô, Đình Diệm)은 어떤가? 그는 1929년 빈투언 지방관으로 재직하던 시절부터 청렴한 관료라는 평판을 쌓았고, 반공산주의자로서도 이름이 높았다. 또한, 그는 1933년 바오다이와 함께 '개혁' 정부의 내무장관으로 일한 경력이 있었다. 1943년, 일본의 동남아정책이 현지 '독립 정부'를 조직하는 방향으로 옮겨가던 시기, 지엠은 베트남 가톨릭 교도들의 재통합을 시도하며 끄엉데와 접촉하기도 했다. 1944년 6~7월, 프랑스가 지엠이 이끈 대베트남부흥회(Đại Việt Phục hưng Hội)를 적발해 회원들을 대거 체포하자, 그는 일본의 보호를 받으며 위기를 모면했다.[31]

이러한 경력들은 지엠이 일본의 지원을 받는 새 내각을 이끌 충분한 자격을 갖춘 인물임을 보여주는 듯했다. 여러 인물이 그를 추천했고, 바

---

30 David G. Marr, Vietnam 1945: The Quest for Power, 116; Tran My-Van, 2005, *A Vietnamese Royal Exile in Japan, Prince Cuong De (1882-1951)*, Routledge, 161-162.

31 Vu Ngu Chieu, 1986, 위의 글, 306.

오다이는 일본을 통해 지엠에게 정부를 구성해 달라는 초청장을 두 차례 보냈으나, 지엠은 이를 받지 못했다고 한다.[32] 다른 설명에 따르면, 지엠은 바오다이의 초청을 받았으나 이를 거절했고, 나중에 후회했다고 한다.[33]

그러나 지엠이 초청받았는지의 여부는 중요하지 않다. 그는 이미 1945년 1월 일본이 바오다이를 내세울 것이며, 끄엉데는 물론 자신도 새 정부에 참여하지 못할 것임을 하야시 히데스미에게 들어서 알고 있었다. 끄엉데를 국가 수반으로 추대하려는 조직의 회장이었던 지엠은 바오다이의 중용에 반대했을 가능성이 크다. 또한, 쓰치하시 유이치가 끄엉데의 기용과 귀국 모두를 반대하는 상황에서 지엠이 바오다이 내각에 들어가는 것은 바람직하지 않으며 실현 가능성도 낮다고 판단했을 것이다.

일본점령기 동안 베트남 '독립' 정부에 참여 요청을 받고 거절한 인물들은 적지 않았다. 어떤 이들에게 이는 개인적 이익과 민족 독립을 동시에 도모할 기회로 여겨졌다. 특히, 프랑스 지배 하에서 친불 인사로 이름을 날렸던 인물들도 새로운 정치 구상에 합류했다. 예를 들어 호앙 쫑 푸(Hoàng Trọng Phu), 팜 꾸인, 호 닥 지엠(Hồ Đắc Điềm) 등은 동아시아 공영권 내 독립국가 건설을 위한 조언을 하기 위해 일본이나 바오다이의 초청을 받거나 자발적으로 후에로 몰려들었다.[34]

일본의 기회를 활용해 프랑스 식민 통치가 남긴 유산을 정리·발전시키려 한 이들도 있었다. 예를 들어, 프랑스인이 차지하고 있던 관료직을 베트남인으로 대체하도록 촉구하거나, 청년 조직을 재조직해 인도차이

---

32 Huynh Kim Khanh, *Vietnamese Communism 1925-1945*, 294.

33 "Vision, Power and Agency: The Ascent of Ngo Dinh Diem, 1945-1954," *Journal of Southeast Asian Studies*, Vol. 35, No. 3, 2004, 437.

34 Vu Ngu Chieu, 1986, 위의 글, 297.

나인의 애국심을 고취하려는 노력이 그 예다. 전자는 쩐쫑낌 내각의 경제장관 호 따 카이(Ho Tai Khai)가 맡은 활동이었고, 후자는 주간지 『청의(Thành Nghị)』를 통해 이루어졌다. 이 잡지는 1941년 창간 이후 일본점령기 동안 하노이 지식인 사회에서 중요한 역할을 했다. 부 딘 호에(Vũ Đình Hòe)가 편집을 맡았으며, 이들은 근본적으로 프랑스와 유럽의 문화를 토대로 베트남의 근대성을 창조하려는 노선을 추구했다.

정치적으로 이들은 마르크스주의자들과 논쟁을 벌인 자유주의자들이었으며, 그 대표적인 인물은 교육자이자 문학 평론가인 당 타이 마이(Dang Thai Mai)였다. 이들은 대부분 젊고 법률과 관련된 직업에 종사했으며, 잡지는 과학, 역사, 시, 소설 등 다양한 주제를 다루었다(Vu Han Hien, Vũ Đình Hòe). 『청의(Thành Nghị)』의 기고자 중 일부는 1945년 4월 쩐쫑낌 정부에 참여하기도 했다. 그러나 이들은 일본의 파시즘을 지지하지 않았고, 이후 1945년 8월 베트민 하의 새 정부에 합류했다. 부 딘 호에와 몇몇 인물은 1944년 창당된 민주당이나 1946년 창당된 사회당에 참여했다. 두 정당은 공산주의자가 아니면서도 베트민을 지지한 세력들이었다.[35] 이들 중 한 인물인 판 아인(Phan Anh)은 이후 쩐쫑낌 내각의 청년부 장관으로 활약했다.[36]

베트남인 다수는 '프랑스령 인도차이나 무력처리작전'으로 프랑스가 패배한 사실을 환영했으나, 일본이 주도한 독립선언과 일본과의 협력에는 열광적인 반응을 보이지 않았다. 독립이 아무리 형식적이라 할지라도

---

35   Ralph B. Smith, "The work of the Provisional Government of Vietnam," 583-584; Pierre Brocheux, Daniel Hemery, *Indochine: La Colonisation Ambigue 1858-1954*, 334

36   David G. Marr, *Vietnam 1945: The Quest for Power*, 117

처음으로 독립이 눈앞에 다가왔다는 점은 흥분할 만한 일이었지만, 이는 동시에 또 다른 점령 세력이 제공한 독립이라는 점에서 모호한 태도를 낳았다. 베트남인들은 자신들이 처한 상황이 복잡하고 미묘함을 인식하고 있었다. 게다가, 일본의 패전 가능성은 날이 갈수록 확실해지고 있었다.[37]

하노이와 사이공 등 주요 도시에서는 친일 집단들이 일본을 환영하기 위해 시위를 조직했으나, 곧 시위는 멈추었다. 특히 남부(코친차이나)에서는 일본이 준 해방을 만끽하고자 하는 분위기가 감지되기도 했다. 3월 16일, 까오다이교의 쩐 꽝 빈(Trần Quang Vinh)과 베트남국가독립당의 호 반 응아(Hô Văn Ngà)는 사이공에서 "일본군이 베트남을 해방했다"라는 감사의 표시로 대규모 시위를 조직했다. 그러나 일본군이 시위를 금지하는 명령을 내렸다. 이어 3월 30일, 남부 지사 미노다 후지오는 "안남과 캄보디아는 독립을 선포했지만, 남부는 여전히 일본군의 점령과 지배 하에 있다"라고 선언했다.[38] 다른 자료에 따르면, 이는 쓰치하시 유이치의 발언이었다고도 전해진다.[39]

작전 이후 1주일 만에, 친일 집단 연합체인 대월국가연맹(Đại Việt Quốc gia Liên minh)은 "재능 있는 이들이여, 나랏일을 짊어져라"라는 호소문을 발표했다. 그러나 이 호소는 거의 반응을 얻지 못했다. 잠시의 머뭇거림 끝에 수많은 정치 단체들이 새롭게 등장하기 시작했다. 당시 한 신

---

37 Pierre Brocheux, Daniel Hemery, 1994, *Indochine la colonisation ambigue 1858-1954*, 339.

38 Tran Huy Lieu, Nguyen Khac Dam bien soan, 1957, *Xa Hoi Viet Nam trong Thoi Phap Nat (1939-1945)* Quyen II, 16-17.

39 Nguyen Ky Nam, Hoi Ky 1925-1964, Dan Chu Moi, 1964, 1; Tran My-Van, 2005, *A Vietnamese Royal Exile in Japan, Prince Cuong De (1882-1951)*, Routledge, 179.

문 조사에 따르면, 북부에서만 30개가 넘는 정당이 활동 중이었다. 이들 중 일부는 작전 이전에 일본의 지지를 받았으나, 이들이 일본점령기 동안에도 여전히 친일적이었는지는 의문이라는 의견도 있다. 이는 일본이 이들을 격려하거나 정치적으로 활용하지 않았기 때문일 가능성이 크다.[40]

한 가지 더 고려할 점은, 일본의 프랑스 타도가 일부 베트남인들에게 기회로 인식되었다는 가정이 언제나 성립하지는 않는다는 것이다. 바오다이와 새 내각의 협력이 어느 정도는 일본의 압력과 위협 아래 이루어졌을 가능성도 배제할 수 없다. 즉, 일본에 복속하면서 전쟁 수행을 지원하지 않을 경우, 일본이 전쟁이나 직접 점령을 통해 자신의 필요를 충족시킬 것이라는 두려움을 베트남 지도부가 느꼈을 수 있다. 이와 같은 상황 인식은 다음과 같은 내각의 대국민 선언에 반영된 것으로 보인다.

"막 새로이 독립한 우리나라가 누구와 전쟁을 한다는 것은 상상할 수 없다. 우리는 대일본 국가에 성심성의를 다해 협력해야 한다."[41]

또 다른 중요한 요인도 무시할 수 없다. 일본이 프랑스를 몰아내고 베트남에 독립을 부여한 상황에서 독립을 거부한다면, 이는 곧 일본의 직접 지배를 인정하는 셈이 될 수 있었다. 이러한 아이러니한 상황은 베트남뿐만 아니라 일본 점령하에서 정부를 구성했던 버마와 필리핀의 정치 지도자들도 마주했던 문제였다.

---

40 Huynh Kim Khanh, *Vietnamese Communism 1925-1945*, 297-298.
41 Thanh Nhgi, So. 108, 12-5-1945, Tran Huy Lieu, Nguyen Khac Dam bien soan, *Xa Hoi Viet Nam trong Thoi Phap Nat (1939-1945)* Quyen II, 58-59에서 재인용.

3. 쩐쫑낌과 그 정부 구성원에 대한 분석

1945년 3월 말, 일본의 쓰치하시 유이치와 바오다이의 관심은 쩐쫑낌(Trần Trọng Kim)에게 집중되었다. 교육자로서 명망이 높았던 쩐쫑낌은 유교, 불교, 그리고 베트남 역사에 관한 꾸옥 응우(Quoc Ngu) 문체로 된 저술로 종교계와 학계에서 평판이 높았다. 그의 도덕 교과서는 식민지시기 베트남 학교에서 널리 사용되었으며, 1919년에 출판된 『월남사력(越南史略 Việt Nam sử lược)』은 새로운 세대에게 전통 시대의 연대기를 알리는 중요한 저술이었다. 특히 그의 유교 비판은 1930년대 지식인 사회에서 중요한 논쟁을 촉발하기도 했다.

1939년에는 프랑스 식민 행정의 조언 기구 역할을 하는 통킹인민대표원 의원으로 임명되며 정치적 활동을 시작했다. 그러나 쩐쫑낌이 일본의 주목을 받게 된 계기는 베트남학에 관심을 갖고 있던 일본 연구자들이 그와 접촉한 것을 프랑스 경찰이 의심하며 감시 대상에 올리면서부터였다. 드꾸(Amiral Decoux) 행정부가 친일 성향의 베트남인을 탄압할 계획을 세우자, 일본은 1943년 10월 그를 보호하기 시작했다.

1945년 3월 30일, 바오다이는 쩐쫑낌에게 새로운 독립 정부 구성을 요청했고, 쩐쫑낌은 4월 17일 내각 명단을 제출해 바오다이의 승인을 받았다. 프랑스 시민권자 르우 반 랑(Lưu Văn Lang)을 제외한 내각 구성원 대부분은 4월 말과 5월 초 후에 도착해 쩐쫑낌 정부가 정식 출범했다.[42]

---

42 Tran Trong Kim, *Mot con Gio Bui,* Vinh Son, 1969, 50-54, Tran My Van, "Japan and Vietnam's Caodaists", 189에서 재인용; Vu Ngu Chieu, 1986, 위의 글, 301.

일본과 바오다이가 쩐쫑낌을 수상으로 선택한 이유는 그의 학술적 명성과 보수적 가치관에서 찾을 수 있다. 그는 유교와 불교를 중심으로 베트남 문화와 역사에 대한 깊은 조예를 갖추고 있었고, 이러한 전통주의적 신념과 국가 및 황제에 대한 충성심이 일본과 바오다이 모두에게 설득력 있는 인물로 비쳤다.[43]

또한 쩐쫑낌의 정치적 이력은 상대적으로 깨끗하고 정당이나 특정 지지 세력이 없었으며, 대체로 존경받는 인물이라는 점이 강점으로 작용했다.[44] 후인 특 캉(Huỳnh Thúc Kháng)이나 응오 딘 지엠(Ngô Đình Diệm)이 정치적 상황상 사용이 불가능한 시점에서, 쩐쫑낌은 '무난한 선택'으로 임명되었다고 볼 수 있다.

쩐쫑낌의 시각에서는 프랑스의 패배와 일본의 지배, 그리고 바오다이의 독립선언이 이루어진 시점에서 황제에게 봉사하며 내각을 이끄는 것이 자신의 의무이자 책임이라고 여겼던 것으로 보인다.

쩐쫑낌 내각 구성원들의 출신 배경과 직업적 특성을 이해하기 위해 다음 〈표 1〉로 정리할 수 있다.

---

43 David Marr, *Vietnam 1945, The Quest for Power*, 118; Ralph. B. Smith, "Japanese Period in Indochina and Coup of 9 March 1945," 288.

44 Vu Ngu Chieu, "The Other Side of the 1945 Vietnamese Revolution: The Empire of the Viet-Nam (March-August 1945)," 300-304.

<표 1> 쩐쫑낌 내각의 구성원 일람표

이름 직무	생몰년	출신지	가족 배경	교육	직업 (거주지)	비고
쩐 쫑 낌 수상	1883 ~1953	하 띤 (중부)		Ecole Normale(프)	역사교사, 장학관 (하 띤)	유교, 불교, 역사 저술. 1939 북부인민대표 원 의원, 8월혁명 후 광저우, 홍콩으로 망 명하다, 1947년 귀국 하여 남부에서 생활
쩐 반 쯔엉[45] 외교/부수상	1898 ~1986	(남부)	관료	법(프)	변호사 (하노이)	유일하게 일본과 밀접 히 교류
쩐 딘 남 내무	1896	응예 안 (중부)	관료	의학	의사 (다 낭)	후인 특 캉 일족
호 따 카인[46] 경제	1908	판 티엣 (중부)	제조업 (느억맘)	의학(프)	의사 (사이공)	『반랑』(Van Lang)집 단[47]의 일원. 베트남신정당 소속
호앙 쑤엔 한[48] 교육	1908 -1996	하 띤 (중부)	공무원	Ecole Polytech- enique(프)	교사 (하노이)	하노이과학대학 교수

45 쩐 반 쯔엉(Tran Van Chuong)은 황가의 친족에 속하는 이와 결혼하여 바오다이와는 사촌지간이었다. 이전에는 프랑스 협력자 진영에 속했으며, 일본시기에는 일본 협력자 진영으로 선회했다고 한다. 쩐 반 쯔엉은 쩐쫑낌 내각에 들어오기 전에는 북부에서 유명한 변호사였으며, 1954년 이후에는 응오딘지엠 정부의 미국대사가 되었다. 그는 당시 '사실상의 영부인' 마담 응오 딘 누의 부친이었다.

46 호 따 카인(Ho Ta Khanh)은 자신을 아나키스트라고 밝혔다. 일본정변 직후 행정관리를 베트남인으로 즉각 교체할 것을 요구하는 시위를 조직했으며, 친일내각의 각료시절에는 소극적으로 활동하다가, 8월초 베트민이 힘이 강하므로 통치의 기회를 가져야 한다며 전내각의 사임을 촉구하고 자신도 사임했다.

47 『반랑』집단의 주요 구성원은 응우옌 반 냐(Nguyen Van Nha), 카 방 깐(Kha Vang Can), 팜 응옥 타익(Pham Ngoc Thach)이다. 팜 응옥 타익은 스탈린주의자로 비밀리에 이 조직에 들어와 활동했다고 한다.

48 호앙 쑤엔 한(Hoang Xuan Han)은 국어로 된 첫 과학사전을 펴내고 『과학보(Bao Khao Hoc)』를 출간했다. 1951년 프랑스로 건너갔다. 1954년 판 아인, 부 반 히엔 그리고 응

응우옌 흐우 티 공급	1899	다 낭 (중부)	-	의학	수출업 (다 낭)	
쩐 딘 타오[49] 사법	1901	하노이 (북부)	-	법(프)	변호사 (사이공)	
부 응옥 아인[50] 보건	1901 ~1945	하노이 (북부)	관료 (가톨릭)	의학(프)	의사 (타이 빈)	7월 23일 미국공습으로 박보에서 죽음
판 아인[51] 청년	1912 ~1990	하 띤 (중부)	-	법(프)	변호사 (하노이)	쩐쫑낌과 동향
부 반 히엔 (Vũ Văn Hiền) 재정	1912	하노이 (북부)	-	법(프)	변호사 (하노이)	세금에 관한 글을 씀

〈표 1〉을 통해 쩐쫑낌 내각의 특징을 몇 가지로 정리할 수 있다.

먼저, 베트남의 중북부가 프랑스의 보호령이 된 1883년에 태어나 당시 62세였던 쩐쫑낌을 제외한 나머지 각료들은 30~40대의 비교적 젊은 층이었다. 쩐쫑낌을 제외하면 1939년 북부인민대표원 의원을 지낸 정치적 경력을 가진 인물도 드물었다. 남부 출신의 변호사였던 쩐 반 쯔엉을 제외

우옌 마인 하의 요청으로 남과 북 베트남의 통일을 실현하는 해법을 제시하기 위해 제네바회의에 참석하기도 했다.

49 쩐 딘 다오(Trịnh Đình Thảo)는 나중에 지엠의 정적이 되었으며, 1968·1975 남베트남의 "제3의 힘"의 지도자가 되었다.

50 부 응옥 아인(Vu Ngoc Anh)은 프랑스 지배 하 연방의회(Conseil Federal)의 의원이었다.

51 판 아인은 1934~1937년 파리에서 공부할 때 프랑스사회당에 가입하여 활동했다. 1940년 귀국하여, 부 딘 호에, 부 반 히엔과 함께 『청의(Thành Nghị)』(1941~1945)를 창간했다. 1845년 8월혁명이 발발하자 내각을 사퇴하고 하노이로 돌아갔다. 1946년 베트남민주공화국의 국방장관이 되었으며, 1948년 경제부장관, 1954년 상공부장관을 역임했다. 이후에도 여러 중직을 맡았으며, 1988년부터는 조국전선 중앙위원 주석단 부주석이었다.

하면, 모든 구성원은 중부와 북부 출신이었다. 특히 중부 출신자가 6명에 달했으며, 가족 배경이 알려진 5명 중 4명은 관료 집안 출신이었다.

문필 활동으로 알려진 쩐 딘 남과 쩐 반 쯔엉을 제외하면, 나머지 구성원들은 책을 저술하거나 잡지에 기고하면서 인지도를 얻었다. 의사 출신 2명을 제외하고는 모두 프랑스 유학 경험이 있으며, 2명은 교육자, 4명은 의사와 변호사였다. 종합하면 쩐쫑낌 내각은 중부 지역 관료 집안 출신으로, 프랑스 유학을 통해 고등교육을 받은 인물들로 구성되었고, 대부분은 1920~1930년대에 성인이 된 세대였다.

이러한 인물들로 구성된 쩐쫑낌 내각은 독립을 위한 전환기에 있어 중요한 역할을 하기에는 한계가 있는 '테크노크라트적 성격'을 가진 정부였다. 즉, 이들은 전문 분야에서는 능력이 있었지만, 정치적 경험이 부족해 혼란스러운 시기에 국가를 이끌 강한 리더십을 발휘하기 어려웠다.

이들 내각의 정치적 성향을 일반화하기는 어렵다. 하지만 내각에 참여한 사실만으로도 이들은 일본과의 협력에 대해 강경한 친일파는 아니었으나, 일본이 수립한 독립 정부가 의미 있다고 믿었음을 시사한다. 비록 일본 천황제와 같은 체제를 지지하지는 않았으나, 이들은 베트남에서 바오다이 황제가 중심이 되는 정치체제에 동의했다. 또한 공산주의는 이들에게 대안이 되지 못했으며, 실용적이고 체계적인 이데올로기 없이도 모호하게나마 독립된 국가에 대한 전망을 품고 있었다. 그들의 목표는 전통문화의 계승과 근대적 요소의 수용을 통해 베트남 민족국가를 건설하는 것이었다.

쩐쫑낌과 호앙 쑤언 한은 저술을 통해 베트남의 역사와 언어뿐만 아니라, 유교와 불교 등 전통문화와 과학 등 근대적 지식을 확산시키려 했다.[52]

---

52 Vu Ngu Chieu, 1986, 위의 글, 305.

부 반 히엔, 호앙 쑤언 한, 판 아인을 포함한 최소 3명은 1940년대 초부터 하노이 지식인 집단에 속했으며, 1941년 하노이에서 창간된 『청의(Thành Nghị)』와 밀접한 관계를 맺고 있었다. 이 잡지는 민족의 재발견을 목표로 다양한 지식을 전파하고, 과학, 기술, 산업, 교육 및 공공 건강을 강조했다.

쩐쫑낌 내각의 구성원 중 부 딘 호에(Vu Dinh Hoe)를 포함해 주요 인물 4명 중 3명이 이 잡지와 관련된 활동을 했던 점은 의미가 있다.[53] 이후 이들 중 일부는 베트민이나 중국 민족주의 정당을 지지하며 유력 인사로 성장했다.

마지막으로 내각이 일본과 맺은 관계와 이들이 일본과의 협력을 선언한 배경에서 어떤 전망을 가졌는지 살펴볼 필요가 있다. 일반적으로 내각원 모두가 일본과 관계를 맺었다고 여겨지지만, 이용할 수 있는 자료를 통해 이를 명확히 확인하기는 어렵다. 쩐쫑낌의 일본과의 관계는 앞서 언급되었으며, 호앙 쑤언 한과 판 아인의 경우 쩐쫑낌과의 인연이 내각 진입에 중요한 역할을 한 것으로 보인다.

한편, 부수상으로 지명된 쩐 반 쯔엉은 집안이 친불 성향에서 친일 진영으로 이동하며 일본과 직접적인 연결 고리를 가진 것으로 추측된다. 프랑스 식민시기 연방의회 의원이었던 부 응옥 아인도 이와 비슷한 범주에 포함될 수 있다. 나머지 내각 구성원들은 특별히 친일 경력이 두드러지지 않지만, 친불주의자나 공산주의자와도 거리를 두며 베트남 사회의 개혁

---

53 David Marr, *Vietnam 1945*, The Quest for Power, 92; Ralph. B. Smith, "Japanese Period in Indochina and the coup of 9 March 1945," 289. 후에 이들은 베트민과 그 지지집단 혹은 중국 민족주의자들을 지지하는 정당에서 유력한 인물이 되었다.

과 정치적 변화에 관심을 가졌던 인물들이다. 이들의 가문, 교육, 그리고 전통적인 영향력은 '복국(復國)' 같은 친일집단에 비해 상대적으로 컸다.

일본이 내각 인선 과정에 직접 개입했을 가능성은 낮아 보이며, 바오다이와 쩐쫑낌의 영향력이 더 크게 작용했을 가능성이 높다. 그렇다면 일본과의 협력하에서 내각에 참여한 이들이 지녔던 전망은 무엇이었을까?

바오다이 황제는 내각 구성원들이 미래를 위해 희생할 각오를 한 정부의 일원이 될 것이라고 예견했다. 이는 일본의 직접 지배를 피하려고 베트남인의 정부를 구성해야 한다는 인식에서 비롯되었다. 더불어, 일본의 패배가 멀지 않았고, 연합군의 승리와 프랑스의 복귀에 대비하여 '독립'을 기정사실로 만들려는 의도도 담겨 있었다.

이러한 전망은 단순히 국가의 독립 열망을 고취하는 데 그치지 않았다. 그들은 행정, 경제, 군사적 지배의 토대를 마련하고 민족 통합과 통일을 실현하려는 목표를 품고 있었다.[54] 이는 바오다이뿐 아니라 내각에 참여한 다수의 인물이 품고 있던 책임감과 열망이었다.

'일본이라는 기회를 활용한다'라는 생각은 단지 내각 구성원의 전유물이 아니었다. 호치민 지도 아래 베트남민주공화국 경제 장관이 될 응우옌 마인 하(Nguyễn Mạnh Hà)는 당시 하이퐁과 북부 경제를 관리하며 영향력을 넓히고 있었다. 마찬가지로, 호치민 정부의 외교장관이 될 호앙 민 쟘(Hoàng Minh Giám)은 일본-베트남 간 연락업무를 담당하며 정치적 경험과 훈련을 쌓았다.

후에 베트민 혁명위원회의 의장이 될 똔 꽝 티엣(Tôn Quang Phiệt)은 전국청년위원회의 고문으로 활동하며, 일본의 후원으로 창설된 신베트남

54　Phillippe Devillers, *Histoire du Viet-nam de 1940 a 1952*, 127.

당의 총서기로도 활약했다. 바오다이의 사무실 실장과 경제장관 호 따 카인을 포함한 여러 관료의 조언자 역할도 맡았다.[55]

남부에서는 공산주의자임에도 불구하고 팜 응옥 타익(Phạm Ngọc Thạch)이 일본에 접근해 청년선봉(Thanh niên Tiền phong)을 통제했다. 청년선봉은 1945년 5월 일본의 후원으로 조직된 단체로, 당시 '판 아인의 청년'이라는 별칭으로도 불렸다. 팜 반 바익(Phạm Văn Bạch)은 남부의 행정과 저항위원회의 의장이 되었는데, 벤쩨 지방에서 검사직을 맡기 전 인도차이나공산당의 조언을 구했다.[56] 청년선봉의 실제 지도자는 카 방 깐(Kha Vạng Cân)으로, 1945년 8월 19일 이전까지 이끌었다.

이러한 사례들은 친일 협력 정권 하에서도 비밀 공산주의자나 베트민 지지자들이 기회를 포착해 정치 개입을 시도했음을 보여준다. 이는 당시 정치 상황의 복잡성을 드러내며, 다양한 진영의 인물들이 일본 점령을 단순한 억압이 아닌 정치적 발판으로 활용하려 했음을 시사한다.

4. 쩐쫑낌 내각의 '독립'을 위한 정책

첫 각료회의 직후인 5월 8일에 발표된 쩐쫑낌 내각의 정책성명서는 이 정부의 정책 방향을 종합적으로 제시할 뿐만 아니라, 실제로 이행에

---

55 Vu Ngu Chieu, 1986, 위의 글, 306.
56 Ibid., 307.

나섰다는 점에서 중요한 의미를 가진다. 정책성명서는 베트남이 대동아 건설에 일본과 협력해야 할 필요성을 전제로, 과거 애국 영웅의 재평가, 정치범의 석방, 기근 피해 구제, 세제 표준화, 청년의 독립 보호 참여 격려와 같은 다양한 과제를 선언했다.[57] 5월 4일의 각료회의에서는 국호와 지역 명칭을 포함한 헌법 문제도 논의되었으며, 이에 관한 내용은 *Opinion Impartial* 잡지를 통해 확인할 수 있다. 같은 날 바오다이는 헌법준비위원회(의장: 판 아인)를 발족시켰고, 6월 12일에 '베트남 제국(Đế quốc Việt Nam)'이라는 국호와 국기, 애국가가 공식 발표되었다. 당 타이 마이(Đặng Thai Mai)는 헌법준비위원회의 위원으로 초대되었으며, 이후 베트민이 구성한 헌법위원회(9월 20일)에도 참여했다.[58]

정책성명서의 첫 문장에 등장하는 '대동아의 건설과 일본과의 협력'이라는 구호는 일본을 주축으로 한 대동아질서에 베트남이 부속되어 전쟁에 기여해야 한다는 의미를 담고 있다. 그러나 이것은 적극적인 의지의 표현이라기보다는 의례적인 선언으로 보인다. 전쟁 지원이 정책의 핵심 과제였음에도 불구하고, 쩐쫑낌 정부가 실제로 일본의 전쟁 요구에 따라 인력이나 재원을 어느 정도 제공했는지는 명확한 자료로 확인하기 어렵다. 다만, 일본이 이전에 프랑스 식민당국과 협력할 때 구축한 쌀 공급 체계를 유지하는 데 주력했을 뿐, 이 이상의 자원 동원은 이루어지지 않았을 가능성이 크다.

쩐쫑낌 정부가 공식적으로 활동을 시작할 당시, 이미 전쟁에서 패색이

---

57 David Marr, *Vietnam 1945, The Quest for Power*, 119.

58 Ralph B. Smith, "The Work of Provisional Government of Vietnam, August–December 1945," 584.

짙어진 일본군과 이내 붕괴할 것으로 보였던 정부 모두 대규모 전쟁 협력에 나설 여력이 없었다. 기근 속에서 살아남은 베트남인들에게도 일본을 위해 전쟁에 협력하는 것은 현실적으로 불가능한 상황이었다.

과거 민족 영웅들을 영예롭게 하는 정책은 쩐쫑낌 정부가 추진한 대표적인 탈식민 프로젝트로 볼 수 있다. 이 정책은 베트남 역사의 재구성과 식민지 잔재를 청산하려는 시도로, 프랑스의 억압에 저항한 인물들을 재평가하고 그들의 업적을 부각하는 데 중점을 두었다. 예를 들어, 프랑스 인도차이나 총독 메르랭 저격 시도 중 순교한 응우옌 타이 혹과 같은 애국 영웅들을 기리며, 그들을 의열사에 안장할 명단을 작성했다.

'수치스러운 유산 퇴치 운동'의 일환으로 프랑스식 거리 이름을 베트남의 민족 영웅, 반불 애국지사, 그리고 응우옌 왕조 황제들의 이름으로 교체하고, 공공장소에 세워진 프랑스 영웅들의 동상도 철거했다. 이러한 탈식민화 작업은 출판계의 움직임과도 맞물렸다. 프랑스 식민주의의 죄악과 협력자들을 고발하는 책들이 출간되었으며, 판 딘 풍, 데 땀, 판 보이 쩌우, 판 쭈 찐, 응우옌 타이 혹 등 반불 투쟁가들의 업적을 찬양하는 저서들이 등장했다.[59] 이와 같은 문화적 탈식민화 노력은 쩐쫑낌 내각의 제한된 권한에도 불구하고 베트남인들이 어느 정도 '독립'을 실질적으로 경험할 수 있게 했다는 점에서 중요한 의미를 지닌다. 이는 비록 일본군의 점령과 내각의 한계가 있었지만, 정치적·문화적 독립의 씨앗이 발아되기 시작했음을 보여준다.

5월에는 정치범의 석방과 복권이 시작되었으며, 법 개혁과 통일을 위

---

59 Ralph. B. Smith, "Japanese Period in Indochina and the Coup of 9 March 1945," 287; David Marr, *Vietnam 1945, The Quest for Power*, 115; Vu Ngu Chieu, 1986, 위의 글, 309.

한 기구도 마련되었다. 이는 정치적 자유의 확대를 모색한 조치로, 비록 허가를 받아야 했지만, 회사 설립의 자유와 집회의 자유와 같은 일정한 민주적 권리를 보장하는 명령이 발포되었다.[60]

언어 정책의 변화도 중요한 조치였다. 쩐쫑낌 정부는 베트남어(꾸옥 응우, Quốc Ngữ)를 공식 언어로 채택했으며, 이는 탈식민과 민족 정체성 강화를 상징했다.[61] 기존의 프랑스어는 일본어와 영어에 이어 제3외국어로 격하되었다. 이와 함께 꾸옥 응우 사용을 장려하고 기술 교육 발전을 촉진하는 교육 개혁도 추진되었다. 이러한 변화는 식민 지배의 유산을 청산하고 베트남 문화와 언어의 자주성을 회복하려는 노력으로 해석할 수 있다.

쩐쫑낌 정부가 직면한 가장 심각한 위기는 1944년 후반부터 시작된 대규모 기근이었다. 당시 최대 200만 명이 아사했다는 기록이 있을 정도로 피해가 심각했으며, 기근의 최대 피해 지역은 정부가 관할하던 베트남 중부와 북부였다.[62]

기근의 원인은 전쟁 상황과 자연재해의 복합적 결과였지만, 일본의 '대동아공영권'을 위한 강제 쌀 공출 정책이 기근을 악화시켰다. 이로 인해 기근 문제를 해결하는 것은 단순한 구호의 문제가 아니라, 일본과 협상하여 인민의 고통을 줄이는 정부의 역량을 시험하는 문제가 되었다.

쩐쫑낌은 높은 세금이 기근을 악화시키는 주요 원인이라 판단해, 가장

---

60 Tran Huy Lieu, Nguyen Khac Dam bien soan, *Xa Hoi Viet Nam trong Thoi Phap Nat (1939-1945)* Quyen II, p. 61; Vu Ngu Chieu, 1986, 위의 글, 309.

61 David Marr, *Vietnam 1945, the Quest for Power*, 122.

62 Bui Minh Dung, July, 1995, "Japan's Role in the Vietnamese Starvation of 1944-45," *Modern Asian Studies*, Vol. 29, No. 3, 574-577.

빈곤한 가구를 대상으로 인두세 감면을 요구했으나, 일본의 니시무라는 1944년 수준의 세율 유지를 고집하며 이를 거부했다. 토지세 감면도 일본의 반대로 불발되었다. 한편, 7월에야 하노이에서 미곡 강제매출을 완화하는 양보를 이끌어냈지만, 이미 피해는 심각한 상태였다.

추가적으로, 정부의 지시에도 불구하고 베트남 관료들은 일정량의 미곡을 시장 가격의 절반에도 못 미치는 가격으로 농민들에게 강제 매각하도록 했다. 이는 3무 이상 소유 농민을 대상으로 했으며, 기근 상황에서 농민들의 불만을 고조시켰다.[63]

쩐쫑낌 정부가 기근 문제 해결에 실패하는 동안, 베트민은 곡물 창고를 습격해 식량을 배분하며 긴급 구호 활동을 펼쳤다. 이러한 활동은 베트남 민중의 베트민에 대한 신뢰를 높이는 계기가 되었다. 점차 베트민의 영향력은 확산되었고, 이는 향후 8월 혁명에서 결정적인 역할을 하게 된다.

쩐쫑낌 내각의 가장 야심 찬 프로젝트는 청년조직의 육성이었으며, 이 부문은 가장 활발하게 활동한 각료 판 아인(Phan Anh)이 주도했다. 정책성명서에서도 밝힌 바와 같이, 청년정책은 "베트남 독립을 공고히 하기 위한 중요한 활동"으로 간주되었다. 판 아인은 프랑스 마지막 총독 드꾸(Decoux)가 촉발한 청년운동을 더욱 확대하는 데 전념했다. 이 과정에서 특히 판 응옥 타익(Phạm Ngọc Thạch)이 이끄는 남부 청년선봉(Thanh niên Tiền phong) 조직을 적극 지원했다.

1945년 6월 12일, 미국의 사이공 공습으로 200여 명이 넘는 희생자가

63　Vu Ngu Chieu, 1986, 위의 글, 308; David Marr, *Vietnam 1945, The Quest for Power*, 126-127; Phillippe Devillers, *Histoire du Viet-nam de 1940 a 1952*, 131.

발생했을 때, 청년선봉은 희생자의 신원을 확인하고 사체를 수습하는 활동을 펼쳤다. 이 사건은 청년선봉의 대중적 관심을 불러일으키는 계기가 되었으며, 단기간에 수만 명의 청년이 조직에 몰려들게 되었다. 남부 지사 미노다(Minoda)의 격려 또한 청년선봉의 확대에 중요한 역할을 했다.[64]

그러나 1945년 5월, 팜 응옥 타익이 인도차이나공산당에 가입하면서, 청년선봉은 점차 공산주의 혁명 세력의 동력으로 전환되었다. 8월 베트민 혁명에 청년선봉이 핵심 역할을 담당하게 된 것도 이러한 변화의 결과였다.

쩐쫑낌 정부는 행정 부문에서도 중요한 개혁을 시도했다. 일본의 허가를 받아 프랑스인을 관료직에서 배제했으며, 각 정부 기구의 베트남인 부관들이 주요 직책으로 승진했다. 행정의 효율성을 높이고 권력을 안정화하기 위해, 쩐쫑낌 내각은 관료들의 도덕성과 애국심에 호소했다. 또한, 관료들을 공직총회로 조직화하여 정치적 도구로 활용하려는 시도도 이루어졌다.[65]

6월에는 프랑스인의 공직 퇴출과 동시에 신베트남당(Đảng Việt Tân)이 창설되었다. 이 정당은 일본의 지원을 받아 결성되었으며, 많은 저명한 지식인들이 참여한 베트남 유일의 합법 정당이었다. 신베트남당은 공식적으로 일본과 협력하며 새로운 질서를 구축하는 데 기여했지만, 이러한 협력의 한계는 곧 드러나게 된다.

쩐쫑낌 내각의 성과 중 가장 중요한 것으로 꼽히는 것은 베트남 영토

---

64 Phillippe Devillers, *Histoire du Viet-nam de 1940 a 1945*. 124; David Marr, *Vietnam 1945, The Quest for Power*, 133-134.
65 Phillippe Devillers, 앞의 글, 128; Vu Ngu Chieu, 1986, 위의 글, 305.

를 제국의 관할권으로 완전하게 편입시키려는 노력이다. 정변을 통해 프랑스를 타도한 이후 일본이 베트남에 넘긴 영토는 황궁이 있는 중부 지역(즉 안남)에 한정되어 있었다. 이에 따라 북부를 '독립' 베트남 제국의 관할로 회복하는 문제가 최우선 과제가 되었다. 일본정변 직후, 쓰치하시는 니시무라를 북부 지사로 임명해, 그에게 프랑스 식민시기의 고등주차관과 유사한 지위와 책임을 부여했다. 이후 4월 27일, 일본과 협의한 결과, 정부는 베트남인 북부감찰대신(Bắc Kỳ Khâm sai đại thần)이 일본인 지사의 역할을 대신할 것임을 선언하며 북부에 대한 관할권을 회복했다.

그러나 이 회복은 제한적인 형태였다. 일본 고등고문의 의견을 존중해야 한다는 조건이 붙었으며, 하노이와 하이퐁은 여전히 일본군의 지배하에 남아 있었다. 5월 2일, 프랑스군이 중국 남부로 완전히 철수하자, 타이빈 지방관이었던 판 께 또아이(Phan Kế Toại)가 북부감찰대신에 임명되었다. 니시무라는 이때부터 조언자이자 고등고문으로 역할을 축소했다. 이후 니시무라는 점진적으로 행정 권한을 판 께 또아이에게 양도했으나, 이러한 권한 이양은 일본의 안전에 영향을 미치지 않는 범위 내에서만 이루어졌다. 6월까지 문서상으로는 행정권이 상당히 이양된 것으로 평가되었지만, 실제로는 일본 고문의 감독 아래 이루어진 제한적인 통제에 불과했다.[66]

하노이, 하이퐁, 다낭과 남부 영토 반환에 대한 협상은 5월에 시작되었다. 5월 18일 독일의 패망 이후, 일본의 권력 양도 의지는 더욱 명확해졌다. 6월 중순, 쓰치하시와의 논의 끝에 바오다이는 베트남의 통일이 머지않았음을 선언할 수 있었다. 이에 따라 7월 13일, 쩐쫑낌은 쓰치하시와

---

66 David Marr, *Vietnam 1945, The Quest for Power*, 131.

협상하여 7월 20일을 기점으로 하노이, 하이퐁, 다낭의 반환에 합의했다. 또한, 남부 지역도 곧 베트남에 반환될 것이라는 의사가 명확히 전달되었다.[67] 7월 말까지 하노이(Trần Văn Lai), 하이퐁(Vũ Trọng Khánh), 다낭(Nguyễn Khoa Phong)의 시장이 베트남인으로 임명되었다. 특히 하이퐁 시장으로 임명된 부 쫑 카인(Vu Trong Khanh)은 변호사 출신으로, 8월 혁명 이후 베트남민주공화국의 법무부 장관을 역임했으며, 1945년 9월 20일 발족한 헌법기초위원회 위원으로도 활동했다.[68]

8월 14일, 일본군이 연합군에 항복을 통지하자, 바오다이는 프랑스와의 모든 식민 조약을 파기하고 베트남 통일을 선언했다. 이와 함께, 일본의 지원으로 태국에 망명 중이던 응우옌 반 썸(Nguyễn Văn Sâm)을 남부감찰대신으로 임명함으로써 형식적으로나마 베트남의 영토 완결성을 확보했다.[69]

일본의 항복 직후 베트민이 총봉기를 일으키자, 베트남제국은 마지막으로 권력을 유지하려는 시도를 했다. 북부에서는 응우옌 쑤언 쭈(Nguyễn Xuân Chữ)가 쩐쫑낌의 허락을 받아 민족해방위원회를 조직했다. 남부에서는 8월 17일, 비(非)베트민 정당들과 여러 집단이 국가통일전선(Mặt trận Quốc gia Thống nhá)을 결성했다. 남부감찰대신 응우옌 반 썸은 남부 통일을 위해 8월 22일 사이공에 도착하여 공식적으로 민족 독립과 영토

---

67 Vu Ngu Chieu, 1986, 위의 글, 310-311.

68 Kiyoko Kurusu, "Japanese Military Policy towards French Indochina during the Second World War: The Road to the Meigo Sakusen(9, March 1945)," 347. David Marr, *Vietnam 1945, The Quest for Power*, 132-133.

69 Vu Ngu Chieu, 1986, 위의 글, 312.

통일을 선언했다.[70] 그러나 이 모든 시도는 베트민의 급속한 부상 앞에서 무위로 돌아갔다. 8월 19일, 응우옌 쑤언 쭈는 베트민에 항복했으며, 8월 23일에는 베트민이 후에에서 권력을 장악했다. 8월 25일, 바오다이는 공식적으로 퇴위를 선언했고, 응우옌 반 썸도 사이공에서 베트민에 권력을 양도했다. 이로써 베트남제국은 몰락하며 역사의 무대에서 사라졌다.[71]

5. 맺음말

앞서 분석한 바와 같이, 베트남제국은 '독립'을 구축하기 위한 다양한 정책을 제시하며 실현하려고 노력했다. 일본의 항복 직전까지 일본군으로부터 형식적이나마 주권을 이양받는 데 성공했다는 점에서 의미를 찾을 수 있다. 그러나 쩐쫑낌 내각이 근본적인 성공을 거두지 못한 이유는 여러 측면에서 분석될 필요가 있다.

첫째, 정치·경제적 위기와 내각의 무력화 측면이다. 쩐쫑낌 내각이 활동했던 짧은 기간 동안 심각한 경제 위기와 정치적 혼란이 지속되었다. 특히 대기근으로 인해 수백만 명이 사망한 상황에서 내각의 정책은 실질적인 효과를 내지 못했다. 정치적으로는 국내외 다양한 세력, 특히 베트

70　Tran Huy Lieu, Nguyen Khac Dam bien soan, Xa Hoi Viet Nam trong Thoi Phap Nat (1939-1945) Quyen II, p. 60; Vu Ngu Chieu, 1986, 위의 글.

71　Vu Ngu Chieu, 1986, 위의 글, 313.

민의 도전이 거세지면서 내각에 대한 환멸이 깊어졌다. 7월경부터 각료들 사이에 무력감과 무관심이 확산되었고, 이는 내각의 기능 마비로 이어졌다.

포츠담선언에 이어 7월 26일 미·중·영이 일본에 무조건 항복을 요구한 시점에 이르러, 베트민과 연합군 간의 관계 강화와 일본 협력자에 대한 처벌 가능성이 부각되면서 쩐쫑낌 내각은 사실상 붕괴되었다. 8월 초, 내무·경제·공급 장관이 잇따라 사임했고, 호 따 카인(Hồ Tá Khanh)은 베트민의 힘이 강해지는 것을 이유로 내각의 총사퇴를 요구했다. 8월 7일에는 쩐쫑낌을 제외한 대부분의 각료가 사임했다. 이어 8월 8일 소련의 대일 선전포고와 똔 꽝 피엣(Tôn Quang Phiệt)의 지시를 받은 팜 칵 호에(Phạm Khắc Hòe)가 바오다이에게 자진 퇴위를 권고하면서 내각의 붕괴는 불가피해졌다.[72]

둘째, 내각 정책의 한계와 임시적 성격의 측면이다. 쩐쫑낌 내각의 정책은 식민지 시대 이후 베트남이 열망했던 독립을 실현하기 위한 시도였으나, 이는 부분적이고 제한적이었다. 내각의 정책이 일시적일 수밖에 없었던 이유는 그 운명이 일본의 패망과 연결되어 있었기 때문이다.[73] 이러한 상황에서 내각의 정책이 대중에게 영향을 미쳤다고 해도 지속적인 지지를 얻기에는 역부족이었다.

군사적 한계 역시 뚜렷했다. 비록 프랑스 인도차이나군 출신 약 10,000명을 재조직하는 데 성공했으나, 그 무장력은 여전히 일본의 통제

---

72 Vu Ngu Chieu, 1986, 위의 글, 311.

73 Philippe Devillers, *Histoire du Viet-nam de 1940 a 1952*, 129; Vu Ngu Chieu, 1986, 위의 글, 303.

아래 있었다.[74] 또한, 내각의 예산 역시 일본의 통제를 받았으며, 사용할 수 있는 자원은 중부 지역에 한정된 상태였다.[75] 이처럼 물질적 수단의 부족은 내각이 국가 건설과 독립 수호를 위해 정책을 추진하는 데 큰 걸림돌이 되었다.

마지막으로 베트남제국의 긍정적 유산 측면이다. 베트남제국 시기는 베트남의 독립 과정에서 중요한 일각을 구축했다고 평가할 수 있다. 비록 일본과 긴밀히 협조해야 했지만, 프랑스와의 구 협약을 폐기하고 하노이, 하이퐁, 다낭, 남부 지역을 영토에 재편입한 것은 국가 통일을 위한 형식적 성취로 볼 수 있다. 또한, 베트남어를 국어로 공식 채택하고, 의열사 건립과 애국 영웅의 기념 활동을 추진한 것은 이후 베트남 사회에서 중요한 유산으로 남았다.

내각은 정치범의 석방과 해외망명 인사의 귀국 방안을 모색했으며, 기근 극복을 위해 쌀 투매 방지와 상환 연기 같은 경제 조치를 취하기도 했다. 비록 이러한 노력이 베트민의 영향력에 미치지 못했지만, 기근 구제를 위한 다양한 정책을 시도했다는 점은 평가할 만하다.

쩐쫑낌 내각은 일본의 패망이라는 구조적 제약과 내부의 한계 속에서도 베트남의 주권 회복과 독립 실현을 위해 노력했다. 이 내각의 실패는 정치적 도전과 물질적 한계의 복합적 결과였지만, 국가 통일과 독립의 상징적 밑걸음을 내디뎠다는 점에서 의미를 찾을 수 있다. 이러한 시도와

---

[74] Kiyoko Kurusu, "Independence without Nationalists? The Japanese and Vietnamese Nationalism during the Japanese Period, 1940-1945," 122.

[75] Thanh Nghi so 119, 4-8-1945, Annuaire statistique.1939-1946 trong K.90, Tran Huy Lieu, Nguyen Khac Dam bien soan, *Xa Hoi Viet Nam trong Thoi Phap Nat (1939-1945)* Quyen II, 58-59에서 재인용.

경험은 이후 베트남 독립운동의 중요한 자산이 되었으며, 비록 짧은 기간이었으나 베트남 사회의 전환기에 중요한 역할을 했다. 베트민의 급부상과 함께 쩐쫑낌 내각은 역사의 무대에서 사라졌지만, 그들의 노력은 이후 독립 베트남의 정체성을 형성하는 데 중요한 자양분이 되었다.

참고문헌

단행본

立川京一, 2000, 『第二次世界大戰とフランス領インドシナ:「日仏協力」の硏究』, 彩流社.

Admiral Decoux, 1949, *A La Barre de L'Indochine, Histoire de mon gouvernement general (1940-1945)*, Librairie Plon.

David G. Marr, 1995, *Vietnam 1945, The Quest for Power*, University of California Press.

Dang Cong San Viet-Nam Ban chap hanh trung uong, 1978, *Van Kien Dang, 1930-1945*, luu hanh noi bo, Ban Nghien cuu Lich su Dang trung uong Xuan Ban.

Huynh Kim Khanh, 1982, *Vietnamese Communism 1925-1945*, Cornell University Press.

Paul H. Kratoska ed., 2005, *Asian Labor in the Wartime Japanese Empire, unknown histories*, An East Gate Book.

Phillippe Devillers, 1952, *Histoire du Viet-nam de 1940 a 1952*, Editions du Seuil.

Pierre Brocheux, Daniel Hemery, 1994, *Indochine La Colonisation ambigue 1858-1954*, Editions La Decouverte.

Tran Huy Lieu, Nghuyen Khac Dam bien soan, 1957, Tai Lieu Tham Khao Lich Su Cach Mang Can Dai Viet Nam (Tap VIII), *Xa Hoi Viet Nam trong Thoi Phap Nhat*, NXB Van Su Dia.

Tran Huy Lieu, Nghuyen Khac Dam bien soan, 1957, Tai Lieu Tham Khao Lich Su Cach Mang Can Dai Viet Nam (Tap IX), *Xa Hoi Viet Nam trong Thoi Phap Nhat(1939-1945)*, NXB Van Su Dia.

Tran My-Van, 2005, *A Vietnamese Royal Exile in Japan*, Prince Cuong De (1882-1951), Routledge.

논문

"Vision, Power and Agency: The Ascent of Ngo Dinh Diem, 1945-1954." *Journal of Southeast Asian Studies*, Vol. 35, No. 3, 2004.

Bui Minh Dung, July, 1995, "Japan's Role in the Vietnamese Starvation of 1944-45,"

Modern Asian Studies, Vol. 29, No. 3.

Hong Chuong, 1962, "Cuong De, Anh hung cuu quoc hay Viet gian ban nuoc"[끄엉데, 구국영웅인가 매국월간인가?], *Nghien Cuu Lich Su(NCLS)*, Vol. 43, (thang 10).

Kiyoko Kurusu Nitz, 1984, "Independence without Nationalists? The Japanese and Vietnamese Nationalism during the Japanese Period, 1940-1945," *Journal of Southeast Asian Studies*, Vol. 15, No. 1.

Kiyoko Kurusu Nitz, "Japanese Military Policy towards French Indochina during the Second World War: The Road to the Meigo Sakusen (9, March 1945)," *Journal of Southeast Asian Studies*, Vol. 16, No. 2.

Pham Hong Tung, 2003, "Ve Cuong De va To chuc Viet Nam Phuc Quoc Dong Minh Hoi trong Thoi ky The Chien II"[2차대전기 끄엉데와 베트남복국동맹회에 관하여], *NCLS*, Vol. 328, No. 3.

Pham Hong Tung, 2004, "Ve Moi Quan He Cong Tac-Cong Tri Nhat-Phap o Viet Nam trong The Chien II van Nguyen Nhan cua Cuoc Dao Chginh ngay 9-3-1945" [2차대전시 베트남에서 일-불의 공작 공치 관계와 1945년 3월 9일 쿠데타의 원인에 관하여], *NCLS*, Vol. 333, No. 2.

Quoc Quang, 1963, "Gop Y kien ve Duong De," *NCLS*, Vol. 48, (thang 3).

Ralph. B. Smith, 1978, "The Work of the Provisional Government of Vietnam, August-December 1945," *Modern Asian Studies*, Vol. 12, No. 4.

Ralph B. Smith, 1978, "The Japanese Period in Indochina and the Coup of 9 March 1945," *Journal of Southeast Asian Studies*, Vol. 9, No. 2.

Tran My-Van, "Japan and Vietnam's Caodaists: A Wartime Relationship (1939-1945)," *Journal of Southeast Asian Studies* Vol. 27, No. 1 (march 1996).

Vu Ngu Chieu, "The Other Side of the 1945 Vietnamese Revolution: The Empire of the Viet-Nam (March-August 1945)," *The Journal of Asian Studies*, Vol. 45, No. 2 (Feb., 1986).

VI.
'대동아공영권' 하의 인도네시아
(1942~1945년 9월)

고토 겐이치 | 와세다대학교

1. 머리말 - '백인 우위의 신화' 붕괴

'그날 오후, 일본군은 상륙지점인 마우크(서부 자바) 방면에서 수도 자카르타에 입성했다. 군중들이 연도를 가득 메우고 있었다. 그들은 대열을 짜서 들어오는 일본군을 향해 "만세, 만세"를 연신 외치며, 히노마루와 민족기 홍백기를 흔들었다. 그들은 유럽인과 비교해서 일본인이 너무나도 키가 작은 것을 보고, 더욱 놀라운 마음을 금치 못했다. 게다가 일본 병사들은 복장이나 장비 면에서도 별 볼 일 없는 행색을 하고 있었다.'[1]

'(네덜란드의 항복은) 동인도에서 네덜란드제국의 종말이었다. 바타비아(자카르타)에서 식민지 전체를 지배하고 있던 때의 네덜란드인은 자부심이 있었고, 존대하고 냉혹했으나 이같은 인간이 치라차프(인도양에 면한 자바의 군항)의 쓰레기 가운데 일본도 앞에서 용서를 구하고 있었다. 이를 본 나의 마음속에는 추억으로 동인도에서 네덜란드제국의 붕괴가 새겨졌다.'[2]

위에 소개된 문장은 하나는 인도네시아를 대표하는 이름 높은 작가의 일본점령기의 체험을 담은 사상소설, 하나는 훗날의 외무대신, 부대통령,

---

1 S. T. アリシャバナ, 後藤乾一他訳, 1983, 『戰争と愛(上)』, 井村文化事業社.
2 アダム・マリク, 1981, 『共和国に仕える: インドネシア副大統領アダム・マリク回想録』, 秀英書房.

그리고 국제연맹총회의장이 된 청년민족주의자의 자전에서 보이는 네덜란드령 동인도의 붕괴(1942.3)와 일본군 상륙의 모습을 묘사한 것이다.

'빈약'한 자신들과 같은 피부를 가진 아시아의 일본인이 오랫동안 자신들을 지배해 온 강대한 '백인제국'을 너무도 간단히 타파하고 식민지 민중의 '백인 우위의 신화'를 갈가리 부순 충격의 깊이가 들여다보인다. 이는 또한 '강요된 남방 각 민족의 해방', '대동아공영권'의 수립을 부르짖고 무력 남진에 돌입한 일본에 대한 인도네시아인의 당초 기대감이 얼마나 컸는지도 말해 주는 것이었다.

그로부터 며칠 후 '해방군' = 일본군 당국은 인도네시아 각계의 지도자를 한곳에 모아 '대동아전쟁'의 수립을 향해 그들의 협력을 요청했다. 그날, 처음으로 일본군 당국과 대면한 인도네시아인 지도자의 반응을 그 장소에서 목격했던 작가 알리샤바나는 이렇게 소설 안에서 묘사했다.[3]

"대일본이 대동아전쟁에 돌입한 것을 우리 인도네시아인은 기쁜 마음으로 지켜보고 있었다. 그러나 오늘의 연설을 듣고 매우 실망했다. 개전 전의 도쿄방송에서는 우리들이 너무도 사랑하는 민족가(歌) '인도네시아 라야'가 흘러나왔고 우리들은 언제나 자부심을 가지고 듣고 있었다. 그런데 오늘의 이 회합에서 '기미가요(君が代)'만 들려주고 '인도네시아 라야'가 완전히 잊혀져 갔다는 것은 무엇보다 유감스러운 일이었다. 우리로서는 이해할 수 없는 일이었다. … 또한 이 모임 장소에 아름다운 히노마루(日の丸) 옆에 우리 홍백기가 보이지 않았던 것도 기이한 마음을 품게 했다."

---

3 S. T. アリシャバナ, 後藤乾一他訳, 1983, 위의 책, 77쪽.

여기서도 지적된 것처럼 일본군 당국은 군정 시행 직후부터 민족주의의 상징이었던 '인도네시아 라야'나 '홍백기'(현재의 국기)의 사용을 금지했다. 이와 같은 조치는 일본의 '해방' 지원 슬로건에 과도한 기대를 품었던 인도네시아인에 머리 위에서 찬물을 끼얹은 것이 되었고, 기대가 컸던 만큼 더 큰 실망감을 그들에게 안겨 주었다.

일본점령기는 필리핀을 제외한 동남아시아 근현대사에 있어 하나의 중요한 분수령이었다는 견해가, 1950년대 이후의 국제학계에서 널리 수용되어 왔다. 연구사를 돌아보면, 이러한 이해는 주로 인도네시아의 사례를 통해 느슨한 형태로 일반화=합의 형성이 이뤄졌다고 말할 수 있을 것이다. 거기서 합의되었던 일본 군정=충격체-요약하면 전전과 전후 사이의 큰 단절과 변화를 유발했다는 의미에서의-라는 지적은, 동남아시아 각지에서 지역 차가 있지만, 단순화해서 말하자면 인도네시아에서는 상대적으로 크고, 필리핀에서는 작았으며, 버마나 말라야를 비롯한 다른 지역에서는 양자의 중간에 해당한다고 말할 수 있다.

이 글에서는 일본 군정하에서 인도네시아가 처한 상황을, 정치·군사면, 사회·경제면, 그리고 문화면의 관점에서 살펴보고자 한다.

2. 일본 군정과 인도네시아 독립문제

1) 일본 군정의 기본방침

그렇다면 일본군 당국은 어떠한 구상과 계획 아래 인도네시아에서 점령정책을 시행하려고 했던 것일까? '대동아전쟁' 개전 불과 20일 정도 전인 1941년 11월 20일, 당시 일본의 실질적인 최고정책결정기관이었던 대본영정부연락회의(1937.11 발족)가 '남방작전' 완료 후의 사태에 대비하여 「남방점령지 행정 실시요령」이라는 것을 결정했다. 그리고 그 서두에서 군정 시행 후의 기본방침으로서 '치안의 회복, 중요 국방자원의 급속 획득 및 작전군의 자활 확보'를 말했다. 이것이 일반적으로 '군정 3원칙'이라 불리는 것이다.[4]

앞에서 본 인도네시아 지식인의 실망도 이 3원칙 중 하나인 '치안 회복' 또는 그것을 구체화한 '독립운동이 지나치게 빨리 유발되지 않도록 한다'의 1항과의 관련지어 보면, 어쩌면 당연한 것이었다. 또한 인도네시아 특히 스마트라, 칼리마탄은 일본에 개전을 결의시킨 최대 요인인 석유 등 전략자원의 보고였던 점(이를테면 1930년도에 일본의 석유 수입은 미국에서 62.2%, 이어서 인도네시아로부터 17.6%였다), 나아가 자바는 식량, 의료 그리고 노동력의 공급지로서 선택받아 인도네시아가 '군정 3원칙'을 적용할 가장 적절한 요지라고 판단되어 커다란 '기대'를 받게 되었다.

---

4   일본의 동남아시아 점령정책에 대한 기본자료로는 防衛庁防衛研究所戰史部編著, 1985, 『史料集 南方の軍政』, 朝雲新聞社 참조.

따라서 일본의 군정 당국은 남방 최대의 병참기지인 인도네시아의 협력을 얻는 것이 불가결했으며, 그 때문에 한편으로는 민족주의자의 독립을 지향하는 활동을 억제하면서 다른 한편으로는 그들의 요구를 어느 정도 받아들인다는 이른바 '당근과 채찍'을 구별해서 사용하는 정책이 필요했다. 이 이율배반이야말로 인도네시아에서 일본 군정을 관철해 가는 가장 큰 특징이었다. 그중 '당근'이란 '독립'을 부여할 가능성을 시의를 봐가면서 조금씩 보여주는 것이었으며, '채찍'이란 전쟁 수행에 필요한 인적, 물적 자원의 징발, 혹은 민족주의적 감정이 일정 한도를 넘어서 고양되지 않도록 항상 감시, 통제하며 억제적인 조치를 하는 것이었다.

1942년 초, 서전(緒戰)의 전승 분위기에 취한 가운데 도조 히데키(東條英機) 수상은 '점령지 귀속'에 관해 의회 연설 가운데 몇 번이나 언급했다. 그리고 1월 말에서 2월에 걸쳐 버마 및 필리핀에 대해서는 독립 허가 방침을 분명히 했다. 그렇지만 인도네시아에 대해서는 "우리 진의를 이해하여 대동아건설에 협력해온 데 대해서는 그 희망과 전통을 존중하여 인도네시아 민족을 미국과 영국의 괴뢰인 네덜란드 망명정부의 압정에서 해방하여 그 지역을 '인도네시아인' 안주의 땅으로 삼고자 합니다"라는 매우 애매한 내용의 장래방침을 표현하는 데 그쳤다.

이러한 일본 정부와 군부 중앙의 인도네시아 민족에 대한 시책은 이듬해인 1943년에 들어서도 기본적으로 계승되었다. 특히 일본의 전황이 매우 악화되었음이 명확히 드러난 1943년 5월 31일 어전회의에서 결정된 「대동아정략지도대강(大東亞政略指導大綱)」에서는 버마, 필리핀의 '독립'이 확약된 데 비해 인도네시아 전역은 '말레이'(현재의 말레이시아, 브루나이, 싱가포르)와 더불어 '제국영토로 결정하여 중요자원의 공급원'으로 삼는 것이 다시금 확인되었다. 게다가 이처럼 중요하면서도 만일 세상에 밝혀지면 결정적인 마이너스 효과를 내게 될 미묘한 1항은 '당분간 발표하지 않는다'라며 극비에 부치기로 했다.

어전회의 석상에서 도조 수상은 '영구 확보'의 이유로서 이들 지역은 '민도가 낮아 독립 능력이 결여되었고, 나아가 대동아 방위를 위해 제국이 이를 확보할 필요가 있기 때문이다'라고 설명했다. 그리고 이 기본방침과 더불어 '원주민의 민도에 부응하여' 민족주의자와 행정관을 정치에 '참여'시킨다는 회유방침을 내놓았다. 달리 설명할 것도 없이 이 방침은 인도네시아의 독립은 인정하지 않지만, 군정의 원활한 수행을 위해서는 그들의 협력이 불가결하다는 인식에서 나온 것이었다.

버마와 필리핀에 부여하는 '독립'이 약속된 것은 지금까지 대일 '협력'을 통해 평화리에 독립을 손에 넣으려는 방침을 취해온 수카르노 등 인도네시아측 지도자에 커다란 충격을 주었다. 인도네시아측의 실망이 너무나도 컸기 때문에 일본 측은 같은 해 6월 중순에 우선 '제국영토'로 정해졌던 '말라야, 수마트라, 자바, 보르네오 및 세르베스(인도네시아라는 말은 고의로 사용하지 않았다-인용자)에 정치 참여를 허용한다'라는 회유정책을 발표했다. 구체적으로는 당국의 자문기관인 중앙참의원과 각 주의 참의회의 창설, 혹은 행정 각 분야에 대한 인도네시아인 지도자의 적극적인 등용 등이 제시되었다. 또한 9월에는 군정사상 가장 커다란 의미를 갖는다고 일컬어진 자바향토방위의용군(Tentara Pembela Tanah Air, 약칭 PETA)[5]이 조직되는 등 정치, 행정, 군사면에서 일종의 적극정책이 시행되었다.

---

5 아시아태평양전쟁 말기 1943년 10월에 일본 군정하의 네덜란드령 동인도 자바에서 민족군으로 결성된 군사조직이다. 자바 이외에도 발리, 수마트라, 말레이반도에서도 향토방위의용군이 조직되었다.

이러한 일련의 정책은 '결과'적으로 보면 '고요하고 평온한 지배'를 원칙으로 하는 네덜란드 시대와 비교해 훨씬 광범위한 층에 정치적, 행정적, 그리고 군사적 훈련의 장을 제공하게 되었다. 특히 일본이 패전했을 때 훗날 제2대 대통령이 되는 수하르토(Soeharto)를 비롯하여 약 35,000명의 장병이 PETA에서 군사훈련을 수료한 것은 그 후 1949년 가을까지 이어진 네덜란드에 대한 독립 투쟁에서 매우 중요한 의미를 지닌다.[6]

2) 대동아회의의 의미

　인도네시아에 대해서 강온을 오가는 정책이 기획되었던 1943년 중반이 지나자, 전쟁의 판도는 일본에게 한층 더 불리한 상황이 되었다[남태평양에서는 이미 2월에 과달카날섬(Guadalcanal Island) 철수, 북방에서는 5월에 애튜섬(Attu Island) 수비대가 옥쇄했다].

　이러한 배경 아래 같은 해 6월 말부터 도조 수상은 약 2주간, 동남아시아 각지를 방문했다.[7] 수행원으로는 사토 겐료(佐藤賢了) 육군성 군무국장, 야마모토 구마이치(山本熊一) 대동아성 차관, 가미무라 신이치(上村伸一) 외무성 정책국장 등이 동행했으며, 방콕, 싱가포르, 자카르타, 마닐라의 경로를 거쳤다. 자카르타에 도착한 것은 7월 7일이었다.

6　PETA에 관한 기본 문헌으로는, Nugroho Notosusanto, 1979, *The Peta Army during the Japanese Occupation in Indonesia*, WasedaUniversity Press, 참조.

7　後藤乾一, 2011, 『東南アジアから見た近現代日本―「南進」・占領・脱植民地化をめぐる歴史認識』, 岩波書店, 제2장 참조(한국어판은 라경수 번역, 2023, 『동남아시아로부터 본 근현대 일본 '남진(南進)'・점령・탈식민지화를 둘러싼 역사 인식』, 고려대학교출판문화원).

자카르타에서는 수카르노(Sukarno), 핫타(Mohammad Hatta) 등에게 정치 참여의 권리를 부여한다고 전달하였으며, 이와 더불어 도조 수상은 군정당국이 준비해 둔 봉공광장(奉公広場, 현 무르데카광장)을 가득 메운 '민중감사대회'에 출석하여 '새로운 자바 건설에 전 민중을 하나로 모으는' 열변을 토했다. 10월에 필리핀에 독립을 부여할 것을 약속했다는 것을 알고 있었던 수카르노는 '정치 참여'보다 더 나아간 선물을 일본의 최고 권력자에게 기대했지만, 그 기대는 배신당했다.

도조 수상과 동행했던 사토 군무국장은, 인도네시아측에 '독립'에 대한 언질을 주지 않은 것은 그들의 '민도는 낮고 경제도 어려웠으므로', '독립을 시켜줘도 제대로 되지 않을 것이다.'라고 판단했기 때문이라고 전후에 집필한 회고록[8]에서 설명했다. 이에 덧붙여 사토 겐료는 인도네시아는 석유, 알미늄, 니켈, 고무, 키나 등 중요 물자의 '세계적 보물창고'이므로 이 땅을 '일본의 생명선'으로서 '확실하게 일본이 쥐고 있어야 한다'라고 판단하고 있었다고 회고했다.

한편, 도조 수상 일행의 귀국 후 얼마 되지 않은 같은 해 9월 30일의 어전회의에서 그 전 해 3월에 이어 두 번째 '전쟁지도요령'을 결정하고, "제국 전쟁수행상 태평양 및 인도양 방면에서 절대로 확보해야 할 주요 지역을 지시마(千島), 오가사하라(小笠原), 내남양(內南洋, 중서부) 및 서부 '뉴기니', '순다', '버마'를 포함하는 권역으로 한다"라는 이른바 절대국방권 구상을 제시했다. 이 범위는 개전 당초와 비교했을 때 대폭 축소된 것으로서 일본이 이미 수세로 돌아섰음을 분명하게 보여주는 것이었다.

그런 까닭에 일본에 대한 연합국측의 반격 루트 권외에 있다고 상정되

---

8 佐藤賢了, 1966, 『大東亞戰爭回顧錄』, 德間書店.

자바의 군정 관계자들 사이에서는 이 무렵부터 빈번하게 '결전 군정'이라는 단어를 부르짖게 되었으며, '남방보급원'으로서의 자바의 역할을 보다 한층 '기대'하게 되었다. 한편, 인도네시아측에서는 위기에 직면해 있던 일본을 위협해서 흔들기보다는 여전히 일본에 대해 '협력' 자세를 취하면서 구체적인 양보를 촉구한다는 '화평 저항' 노선을 계속하고 있었다.

이러한 일본과 인도네시아의 의도나 이해관계가 서로 뒤얽히는 가운데 1943년 11월 중순에 수카르노, 핫타 등 요인들의 일본 방문이 준비되었다. 일본 측은 이 기회에 인도네시아측에 전쟁수행에 대한 협력을 한층 더 요청하고, 또한 인도네시아측은 일본의 중앙정부를 통해 독립을 향한 구체적 양보를 얻어내려고 생각했던 것이다.

여기서는 인도네시아 대표단의 방일을 살펴보기에 앞서 그 직전인 11월 초에 도쿄에서 개최된 대동아회의에 관해서 잠시 살펴보고자 한다. 이 회의는 앞에서 설명한 같은 해 5월의 「대동아정략지도대강」에서, '대동아 각국의 지도자를 도쿄에 모아서 견고한 전쟁 완수의 결의와 대동아공영권의 확립'을 위해 대동아회의를 개최한다는 조항을 구체화한 것이었다.

그리고 11월 5~6일, 히비야공회당(日比谷公會堂)에서 도조 수상의 초청으로 일본을 방문한 중화민국 왕자오밍(汪兆銘) 행정원 원장, 태국 완와이타야콘 전하, 만주국 장징후이(張景惠) 총리, 필리핀 라우렐(José Paciano Laurel y García) 대통령, 버마의 바 모(Ba Maw) 수상 등 '대동아공영권' 안의 '독립'국 지도자가 한곳에서 만난 대동아회의가 개최되었고, 마지막 날에 대동아공동선언이 채택되었다.[9]

---

9 後藤乾一, 1995, 『近代日本と東南アジア』, 岩波書店, 192~195쪽.

'공존공영 질서의 건설, 자주독립의 상호 존중, 인종적 차별의 철폐' 등을 주창하는 선언을 당시의 일본과 '독립' 여러 국가와의 관계라는 현실과 겹쳐서 보면, "부족한 인원 수를 급히 끌어모아 맞춘 것처럼 '대동아공영권'의 허울뿐인 구체화가 착착 진행되어 왔다. 대동아회의는 이른바 그 집약적인 표현"[10]이라는 평가가 타당하다고 할 수 있다.

다만 대동아회의의 실질적인 프로듀서역을 맡았던 외무대신 시게미쓰 마모루(重光葵)가 8월 9일의 수기에서 "대동아 전역으로 확장된 우리 전선은 오늘날의 육·해군 보유선박 및 물자의 생산력 등을 가지고는 생각보다 빨리 붕괴할 수도 있다. 무인(武人)들이 낙관론을 펼칠 때 정치가는 세심한 주의를 기울여 장래의 경륜에 대한 방안을 생각해야만 한다"라고 기술한 것처럼 일본의 패전을 예상하면서도 일본의 전쟁 목적 혹은 전후 구상이라는 것을 세계를 향해 분명하게 보여주려는 의도가 외무성 등의 일부에 있었다는 측면 또한 부정할 수 없으리라. 이를테면, 대동아회의 약 반년 이상 전인 4월 20일의 수기 가운데 시게미쓰는 훗날 채택될 '대동아공동선언'의 기본적 성격을 대서양헌장에 대항하는 것이라고 자리매김하고 있었다.[11]

더욱이 시게미쓰 마모루는 제1차 세계대전 후의 베르사이유회의에서 언급한 그 당시의 수기에서 "패자를 위해서는 민족주의가 유린되었을 뿐 아니라 동양에 대해서는 아시아 식민지의 관념은 무엇 하나 바뀐 것이 없다. 즉 동양인에 대해서는 인종 평등도 인정되지 않았고, 민족주의의 한 조각도 실행되지 않았다. 동양을 영원히 서양의 노예로 삼으려는 생각이

---

10 尾崎秀樹, 1971, 『旧植民地文学の研究』, 勁草書房.
11 波多野澄雄, 1996, 『太平洋戦争とアジア外交』, 東京大学出版會, 제7장을 참조.

계속 유지된 것은 매우 모순이었다"라고 서술하고 있다.

고노에 후미마로(近衛文麿)의 유명한 논문 「영국과 미국 중심의 평화주의를 배격한다(英米本位の平和主義を排す)」[『일본 및 일본인(日本及日本人)』, 1918년 12월 호]와도 일맥상통하는 서구 열강에 대한 강렬한 울분(ressentiment, 프랑스어 원어는 약자가 덤비기 어려운 강자에 대해 내면에 품는 분노, 원한, 증오, 비난, 질투 등 복잡한 감정을 가리킴. 그 결과 약한 자신을 '선'으로 규정하고, 강자를 '악'이라 생각하는 '가치의 전도'가 일어남-역자 주)의 표명이자, 시게미쓰와 고노에가 개전 전후의 외교이념 형성에 기여한 역할도 이러한 제1차 세계대전기의 정치적 심정과 결코 관계가 없지는 않을 것이다. 패전 후 고노에가 연합군의 체포에 앞서 음독자살(1945.12.16)을 시도했고, 한편으로는 미주리호 선상에서의 항복조인식(1945.9.2)의 일본 전권을 맡은 것이 시게미쓰 마모루였던 것은 운명의 아이러니라고 할 수밖에 없다.[12]

3) 수카르노 등의 일본 방문과 독립문제

그런데 자바 군정 당국의 자문에 답하는 중앙참의원 의장에 임명된 수카르노가 핫타 및 이슬람계의 유력 지도자 키 바구스 하디쿠스모 등과 더불어 도쿄에 도착한 것은 '대동아공영권' 안의 '독립'국 지도자가 초대 받은 대동아회의가 폐막한 직후인 11월 13일이었다. 통역을 겸하여 군정감부(軍政監部)의 미요시 슌기치로(三好俊吉郎), 데라다 요시이치(寺田喜

---

[12] 이 내용에 관련해서는 重光葵, 2020, 『巢鴨日記 正·續合本新裝版』, 吉川弘文館을 참조.

市) 두 명(둘 다 도쿄외국어대학 말레이어과 출신으로 외무성에서 파견되었다) 이 일행과 동행했다.

『아사히신문(朝日新聞)』 11월 4일 자 기사는, 일본이 인도네시아 대표를 초대한 목적에 대해 "오랜 네덜란드 압정의 질곡에서 해방된 자바는 대동아 결집 태세의 일환으로서 원주민의 정치 참여라는 영예를 허가받았으므로 이 영예에 감사하고, 아울러 전시하 제국의 국정을 시찰하기 위해서"라고 일행이 도착하기 전부터 떠들썩하게 선전했다.

인도네시아 대표는 11월 10일에 자카르타를 출발하여 마카사르[Makassar, 1971~1999년에는 우준판당(Ujung Pandang)], 마닐라, 타이페이에서 1박씩 머문 후 도쿄에 도착했는데, 일본에 의해 '독립'을 부여받은 (같은 해 10월) 직후의 마닐라에 들렀을 때 수카르노의 옆얼굴을 미요시 슌기치로는 다음과 같이 묘사했다.[13]

"아직 시중에는 가는 곳마다 독립 축하의 장식이 남아 있었고, 집집마다 새 국기가 휘날리고 있었다. 남보다 훨씬 더 감상적인 수카르노는 비행장에 내리자마자 이것을 보고 감동하여, 미친 사람처럼 얼굴 가득 눈물을 흘리면서 큰소리를 내어 울었다. 필리핀 독립의 영웅 호세 리살(José Protasio Rizal)의 동상을 참배했을 때도 뭐라고 알아듣기 어려운 기도와 같은 말을 외치고 있었다…"

이러한 광경에서도 추측할 수 있듯이, 수카르노 일행은 이번 일본 방문을 단순히 '정치 참여를 부여해 준것에 대한 답례 인사'의 기회를 떠나

---

13 三好俊吉郎, 2009, 『ジャワ占領軍政回想録』, 龍溪書舎, 111쪽.

버마, 필리핀과 마찬가지로 인도네시아에 대해서도 '독립'에 관해 한발 더 나아간 구체적인 약속이 주어질 것을 기대했던 것이 분명하다.

그런데 준국빈 대우를 받으며 18일간 체재하는 가운데 일행은 천황에 대한 알현을 허가받았으며, 도조 수상과도 몇 차례나 회견하는 등 곳곳에서 '열렬'한 환영을 받았지만, 독립문제에 관한 구체적인 이야기는 무엇 하나 진전을 보지 못했다. 일본 측으로부터 "전쟁 승리에 대해서는 승산과 확신이 있으므로 전승 완수 후 적당한 시기에 반드시 여러분의 요망에 보답하도록 하겠으니" 반드시 협력해 주었으면 한다는 추상적인 이야기가 반복되었을 뿐이었다. 더욱이 일행이 도쿄에 들어섰을 때 버마, 필리핀 등 아시아의 '독립'국 지도자는 이미 대동아회의를 마치고 귀국한 후였으므로 그들과 의견을 교환하고 싶다는 인도네시아측의 바람도 무위에 그치고 말았다.

다만 도조 수상은 일행의 열의에 굴복하는 형태로 군정 시행 이래 금지해 왔던 민족깃발과 민족가의 사용만은 허가하기로 했다. 그리고 이것이 수카르노에 대한 훈2등 서보장(勳二等瑞寶章), 핫타와 하디쿠스모에 대한 훈3등 서보장(勳三等瑞寶章) 및 살바산 주사액 만 병과 함께 몇 안 되는 인도네시아 대표에 대한 '선물'이 되었다.

그러나 자카르타에 돌아간 후 하라다 구마키치(原田熊吉) 제16군 군사령관과 고쿠부 신시치로(國分新七郎) 군정감에 인사를 하러 갔던 일행은 군정감으로부터 민족 깃발과 민족가 사용은 현지 군 당국으로서는 허가할 수 없다는 의사를 전달받았다. 이 자리에 입회했던 미요시는 당시 상황을 이렇게 묘사했다.[14]

---

14 三好俊吉郎, 2009, 앞의 책, 116쪽.

"고쿠부 군정감은, 여러분은 일본에서 매우 환대를 받고 응석을 부리며 이것저것 해 달라고 한 모양인데, 예를 들자면, 일본의 중앙정부는 할아버지고 현지군은 아버지와 같은 존재이다. 할아버지는 손자에 대해 맹목적으로 응석을 받아주지만, 아버지는 자식의 장래를 위해 엄격한 훈육을 하는 것이다."

버마, 필리핀의 '독립'이 허가된 반면, 인도네시아의 독립문제가 여전히 방치되어 있는 상황에서 인도네시아는 전국의 악화와 더불어 '인적, 물적 자원의 공급지'로서의 역할을 지금까지 이상으로 다할 수밖에 없었다. 그러나 이듬해인 1944년이 되자, 인도네시아 각지에서 반일 저항운동이 분출되었으며, 또한 전국도 같은 해 7월의 사이판섬 함락을 계기로 한층 더 악화되었다. 이러한 상황이 인도네시아에 대한 일본의 정책에도 적지 않은 영향을 미치게 되었다.

이러한 정세 아래 도조 내각이 무너지고 후임 수장이 된 육군대장 고이소 구니아키(小磯國昭)는 1944년 9월 7일, 제국의회에서 "가까운 장래에 동인도 독립을 허용"한다고 발표했다. 구체적인 시기를 명시하는 것을 회피하고, 나아가 수상은 민족감정에 불을 붙이기 쉬운 인도네시아라는 단어를 용의주도하게 사용하지 않았던 성명이었지만 이듬해인 1945년이 되자 자카르타에서 처음으로 '인도네시아독립준비조사회'(훗날의 독립준비위원회)와 같은 공적인 조직이 창설되어 독립문제가 현실적인 느낌으로 다가오게 되었다. 또한 각종 청년 정치단체도 각각의 스타일과 방법으로 열띠게 독립문제를 논하고 있었다. 그리고 그런 가운데 일본의 무조건 항복으로 군정은 돌연히 사실상 마지막을 고하고 이틀 뒤인 8월 17일, 수카르노와 핫타가 '인도네시아 민족의 이름으로' 독립을 세계에 선언했다.

당초 양 지도자는 아직 손상을 입지 않은 채 강대한 군사력을 보유한 일본군 당국과 접촉을 끊고 나서 점진적인 주권 이양을 할 생각이었다. 그런데 이러한 방법으로 독립하는 것은 미온적이고, 나아가 연합국측에서 '일본제' 괴뢰국가라는 딱지를 붙일 우려도 있다는 청년 지도자들의 지적으로 수카르노와 핫타는 일본군과 관계없는 형태로 독립을 선언한 것이었다. 그것은 전세계 식민지에 앞선 최초의 독립선언이었다(그 직후인 9월 2일에는 호치민이 베트남의 독립을 선언했다).

더욱이 육군(군정당국)측과의 연락기관으로 설립되었던 자카르타 해군무관부의 마에다 다다시(前田精) 무관 저택이 이 독립선언문을 기초하는 장소가 되었다. 16일 심야부터 새벽에 걸쳐서 수카르노, 핫타 등 지도자와 수카르니, 하이루루, 사례 등의 청년 지도자와의 사이에 열띤 논쟁이 이루어진 점, 그리고 그 장소에 무관부의 마에다, 니시지마 시게타다(西嶋重忠), 요시즈미 유고로(吉住留五郎), 그리고 군정감부의 미요시 슌키치 등 일본인이 입회했던 점은 널리 알려진 에피소드이다(단, 인도네시아측의 여러 문헌에서는 독립선언문을 기초하는 장소에 일본인이 입회한 것을 언급하고 있지 않다).[15]

---

15 早稲田大学社會科学研究所編, 1959, 『インドネシアにおける日本軍政の研究』, 紀伊國屋書店, 제7장 2~3절 참조.

3. '대동아공영권'하의 인도네시아

1) 정치 · 군사면

인도네시아에서는 1920년대 초반부터 종주국 네덜란드로부터의 독립을 목표로 하는 내셔널리즘이 고조되어, 네덜란드령 동인도를 판도로 한 '인도네시아'라는 단어에 의지해 '상상의 공동체(베네딕트 앤더슨)'를 실체화하려는 운동이 활발해졌다.

하지만 그러한 전전기 민족주의 운동의 성과인 통일체로서의 인도네시아라는 '의사(擬似)' 국민국가를, 일본 군정은 행정적으로 육군이 통치하는 자바, 수마트라와 해군이 지배하는 술라웨시, 칼리만탄 등 그 외 기타 지역으로 삼분할해서 통치했다.「점령지 군정 실시에 관한 육해군중앙협정(占領地軍政実施ニ関スル陸海軍中央協定)」(1941.11.26 결정)은, 육군 담당 지역은 '인구가 조밀해 행정처리가 번잡한 지역', 해군 담당 지역은 '인구가 희박해 장래 제국을 위해 보유해야 하는 처녀지역'으로 규정했다.

이 일이 일정한 단계까지 성숙했던 인도네시아의 내셔널리즘, 통일을 지향하는 감정을 강하게 자극했다. 즉, 일본 군정에 의해 삼분할당한 것이 오히려 민족주의자들 사이에서 인도네시아라는 일체감을 강화하는 계기가 된 것이다. 이 점은 1945년 봄에 처음으로 해군 지배하에 있는 남칼리만탄 방문을 허락받은 모하마드 핫타(핫타 개인은 서수마트라 출신, 독립 후 초대 부통령)의 다음 연설에 상징적으로 드러나고 있다.[16]

---

16 Hatta, Mohammad, 1976, *Kumpulan Karangan*(『論文集』), Bulan Bingtang, 238-240

"우리는 바다에 의해 격리되어 있다. 하지만 우리는 마음으로 하나로 연결되어 있다. 우리는 모두 하나의 조국, 인도네시아의 아이다. … 내 형제인 반자르의 여러분, 사마린다의, 다약의, 그리고 폰티아낙의 여러분, 여러분은 자신을 반자르인, 사마린다인, 혹은 폰티아낙인이라고 말해서는 안 된다. 여러분은 다른 무엇이 아닌 인도네시아인이다. 의심할 여지없이 인도네시아인이다… 여러분은 역사를 갖지 않은 약소민족이 아니다. 위대한, 눈부신 과거를 가진 민족의 후예인 것이다… 과거의 영광을 되찾지 않겠는가….”

일본 패전 이틀 후, 세계의 식민지보다 한발 앞서 발포된 독립선언을 참고해 제정된 「1945년 인도네시아공화국 헌법」에서는, 독립국가의 존재형태로서 지방분권형 연방제를 채용하지 않고 단일한 공화제 국가를 구축하는 것이 결정되었다. 이 결정은 일본 군정의 분할통치에 대한 강렬한 안티테제이며, 전쟁 전부터 계속된 민족주의운동의 성과를 재확인하는 것이기도 했다.

여기서 일본의 점령정책의 기본적인 방향을 구 종주국인 네덜란드와 비교해 보도록 하자. 네덜란드 식민지 정부는 인도네시아 사회의 기층 부분에는 직접 손을 대지 않았지만, 일본은 반대로 촌락 차원에 이르는 사회 말단까지 대상화해 그에 따라 일반주민을 동원하고 거기서 얻은 힘을 전쟁 수행에 이용한다는, 방향성이 크게 다른 정책을 도입했다. 엄청난 수의 이름없는 청년층, 여성, 혹은 네덜란드 시대에는 정치적 발언을 금지당했던 이슬람 지도자 등 사회의 수많은 계층과 집단을 동원(청년단, 부인회, 회교연합 등으로 조직화)해서, 그것을 일본 군정의 통제하에 두었다.

특히 군정 당국은 농촌 사회에서 강력한 정치적, 사회적 영향력을 가진 이슬람 지도자를 적극적으로 이용해, 그 잠재적 에너지를 군정에 주입한다는 방침을 세웠다. 하지만 한편으로는 무슬림 사회에 여러 일본적 가치를 강요한 탓에[도쿄 요배(遙拜)가 전형적인 예] 그들 사이에 강한 반일의식을 조성하고, 군정 말기에는 이슬람 지도자가 선두에 선 반일 봉기가 각지에서 발생하는 원인이 되기도 했다.[17]

군사조직에 관해서는, 네덜란드는 치안유지(주된 목적은 민족주의 운동의 억압)를 위한 식민지군=네덜란드령 동인도군을 창설했지만, 외적에 대항하는 것을 목적으로 인도네시아 청년에게 무기를 들려주고 군사훈련을 시행하는 것에 대해서는 마지막까지 주저했다. 또한 네덜란드령 동인도군 병사는 암본섬 출신의 기독교도를 중심으로 선발해, 의도적으로 민족적, 종교적 분열을 유도했다.

반대로 일본 군정은 전쟁 수행을 위해 병력이 부족한 일본군을 보완할 목적으로, 전황 악화에 따라 자바 향토방위의용군(약칭 PETA), 수마트라 의용군, 그리고 병보(兵補) 등 다양한 군사, 준군사조직을 만들었다. 구성원으로는 주로 농촌 출신의 신체 건장한 청년층을 모집 대상으로 삼아, 그들에게 일본적인 군사훈련과 정신교육을 실시했다.

그중에도 1943년 10월에 창설된 자바 향토방위의용군(PETA)은 전체 66대단(大團) 총계 33,000명의 청년을 선발하여, '조국' 방위의식을 주입시켜 철저히게 훈련히였다. 이렇게 양성된 청년 장병은 일본 패전 후 재식민지화를 목적으로 복귀한 네덜란드를 상대로 4년여에 걸친 독립전쟁에서 중요한 역할을 맡았으며, 또한 상당수가 독립 후 국군의 중핵이 되었다.

---

17 민중의 동원과 통제에 관해서는 倉沢愛子, 1992, 『日本占領下のジャワ農村の変容』, 草思社를 참조.

단, 오늘날 인도네시아에선 PETA만을 국군의 모체로 보지 않고, 독립전쟁에 참가한 각지의 다양한 무장집단[라스카르 라캿(Laskar Rakyat)]과 심지어 네덜란드령 동인도군 출신자 등도 구성요소로 삼아 국군이 탄생했다고 정의한다. 여기에는 국군을 일본 군정의 '사생아'로 간주하는 것에 대한, 내셔널리즘에 근거한 역사의식이 존재한다고도 생각할 수 있다.

2) 경제면

전쟁 전의 인도네시아는 앞에서 설명한 것처럼 종주국 네덜란드를 비롯해 구미를 중심으로 하는 세계 무역 네트워크에 종속적인 형태로 포함되어 있었다. 일본 군정은 이러한 인도네시아 경제의 대외 경제관계에 종지부를 찍고, 일본을 핵으로 하는 폐쇄적인 '대동아공영권' 속에서 인도네시아 경제를 재편할 방침을 내세웠다. 특히 주요 수출 부문이었던 설탕 등 플랜테이션형 산업에 의거한 경제부터, 전시 요청에 대응하기 위한 식량, 면화 중심의 경제로의 급격한 전환이 시도되었다. 그 결과 그에 따른 다양한 경제적 혼란이 생겨났다(생활물자 부족에 기인한 유통통화의 확장, 급격한 인플레이션 진행 등 예시에 대해서는 이 장의 「기본적인 여러 문제들의 조감」 인플레이션 문제를 참조).

또한 1943년 4월 이후가 되면 미곡의 강제 공출도 더욱 강화되어, 농민은 수확한 작물에서 일정량을 의무적으로 군정 당국에 납부해야 했다. 그 조치가 주민의 압도적 비율을 점하는 농민의 일상생활에 직접적인 압박을 가해, 자바를 중심으로 각지에서 '쌀 문제'가 원인이 된 로컬한 농민 반란이 다발하게 된다. 이러한 상황은 군정 후반기에 기록된 현지 일본 측 자료에도 완곡한 표현으로나마 '주민의 물질적 생활은 반드시 만족스러운 상태라고 단정하기는 힘들다. 식료품을 비롯한 주요 생활필수품의 핍박은 점차 현저해지는 경향'이 있다고 기록될 정도였다.[18]

하지만 이러한 경제적 궁핍이 민중에게 준 타격에 대해 군정 당국은 '원주민의 생활이 전쟁의 영향으로 힘들어지는 것은 역시 피하기 힘들다'면서 수인론을 내세우고, 그와 동시에 '그들에게는 이 물질적인 괴로움을 대신해 정신적으로 광명을 주어, 그들을 신아시아를 이루는 하나의 민족으로서 갱생시켜나가는' 것이 중요하다는 논리를 준비한 것이다.[19]

3) 문화면

문화정책면에서 일본 군정의 특징 중 하나는, 인도네시아어(말레이어)에 대한 기본적인 접근법에 있다. 네덜란드는 식민지 난인의 다민족·다언어 상황을 전제로 두고, 언어권의 차이를 기준으로 인도네시아 사회를 19개 법역권으로 나눠 문화정책을 실시했다. 바꿔 말하면 네덜란드는 식민지 네덜란드령 동인도의 언어적 다양성을 강조하면서 '인도네시아'라는 문화적·정치적 일체감을 가진 지역개념, 민족은 존재하지 않는다는 입장을 취했다.

더 나아가자면, 문화적 분절 상태에 있다고 간주했던 식민지 사회 내부에서 '하나가 되고 싶다'는 구심적인 문화적 아이덴티티와 그에 기반한

---

18 ジャワ新聞社, 1944, 『ジャワ年鑑』, 27쪽.
19 『朝日新聞』, 1942.8.26.

정치적 아이덴티티가 결합하는 데에 경계심을 품고 있었다.

그렇기에 1920년대 이후에 자국 식민지에서 민족주의 운동이 고양되면서, 동시에 그 심볼이자 저항의 문화적 무기가 된 인도네시아어가 근대어로서 성숙하는 데는 최대한 소극적인 대응으로 일관했다. 유일한 공용어인 네덜란드어, 각지에서 사용하는 일상생활언어로서의 자바어·순다어(서자바)·미낭카바우어(서수마트라)·발리어 등의 지방어 사이에 위치하는 존재로서, 인도네시아어는 네덜란드령 동인도정청에게 '민족어'로서 적극적으로 육성해야 하는 언어로 받아들여지지는 않았다.

네덜란드와 대조적으로 일본 군정 당국은 '적성언어'로 간주한 네덜란드어의 사용을 금지하고, 처음에는 일본어를 '대동아공영권'의 공통어로 한다는 방침으로 성급한 일본어 보급정책을 펼쳤다. 이러한 언어 정책은 인도네시아뿐 아니라 동남아시아 점령지 전체에서 기본적으로 대동소이했다.

예를 들어, 남방 군정의 중심지 '쇼난(昭南)'의 사례를 보면, 군에 의한 선무정책에 징용된 문화인 중 하나로, 전후 좌파논단의 기수가 되는 나카지마 겐조(中島健蔵)는 1942년 4월 29일(천황 생일)의 『진중신문(陣中新聞)』에 「일본어 보급 운동 선언(日本語普及運動宣言)」이란 제목으로 글을 써 이렇게 호소했다.[20]

"새로운 국민[일본 군정하의 현지 주민을 가리킴]이, 설령 단어를 더듬거리는 수준으로라도 모두 일본어를 말하는 날이야말로, 대동아공영권 확립이 열매를 맺는 날이다 … 올바르고 강하고 아름다운 일본어를

---

20 明石陽至編, 2001,『日本占領下の英領マラヤ・シンガポール』, 岩波書店, 304쪽.

말레이 및 수마트라 섬(당시 동일하게 제25군 관할하)에 충실하도록…
재주하는 여러 민족이여 일본어 아래에 협동일치하라."

하지만 일본어를 단기간에 '대동아공영권의 공통어'로 만드는 것은 언어학적으로도 비현실적이라는 사실이 금세 판명되어, 그것을 대신하는 대체 조치로서 인도네시아어를 일본어와 함께 공용어로 정했다.

인도네시아어는 그때까지 말레이어라는 이름으로 군도 각지를 연결하는 링구아 프랑카로서 폭넓게, 그리고 느슨하게 사용되어왔고, 또한 1928년 10월의 제2회 인도네시아 청년 회의에서 채택된 「청년의 맹세(靑年の誓い)」에 의해 민족어=장래의 국어로서 민주주의 운동의 세계에서는 '공인'되어 있었지만, 언어학적으로는 아직 충분히 체계화된 근대언어의 영역에는 도달하지 못했다.

그러한 상황을 고려해, 군정 당국(군정감부 문교부)는 1942년 10월에, 수탄 탁디르 알리샤바나(S·Sutan. Takdir Alisjahbana), 사누시 파네(サヌシ·パネ Sanusi Pane)와 같은 대표적인 문화인을 등용해 「인도네시아어 정비위원회」를 발족시켰다. 그 위원회를 통해서 인도네시아어의 근대화를 꾀하고, 그것을 통해 행정·군사·정치·문화 등 각 분야에서의 공통어로 육성하고 널리 활용하는 것을 장기적 목표로 삼았다.

종래 군정 당국은 공적인 자리에서 '인도네시아'라는 단어의 사용을 주의 깊게 피하고 '동인도'를 사용하거나 자바, 수마트라와 같은 개별 지역명을 사용하는 것이 일반적이었다. 그런 가운데 「인도네시아어 정비위원회」는 '인도네시아'라는 이름을 내건 일본 점령하에서의 유일한 공적 기관이라 말해도 무방했다.

그 배경에는 일본 측 위원으로서 이 위원회에 깊이 관여한 구마모토

현 구마(球磨) 출신 이치키 다쓰오(市来龍夫) 등의 존재가 있었다. 이치키[옛 성 모미키(樅木)]는 1928년에 사진사로 동남아시아로 건너가 그 후 일본어신문인 『동인도일보(東印度日報)』 기자로서 민족주의 지도자들과도 긴밀한 관계를 구축해 온 인물이다. 그 이치키는 1944년 11월호 『새 자바』지에 「독립과 언어-인도네시아어가 나아갈 길(独立と言語―インドネシア語の進むべき道)」이라는 제목의 논문을 기고해, 이렇게 말했다.

"'인도네시아어'라는 언어를 완전히 말살해야 한다는 주위의 주장에 대하여, 나는 언제나 이론을 제기하고, 또한 그래서는 안된다는 의견을 상사에게 건의했으며, 또한 적어도 말레이어문 속에서는 '인도네시아 민족', '인도네시아어'라는 단어의 사용을 허가하도록 자신의 의지로 관철시켰던 자 중 하나"로 명언하고 있다.[21] 단, 일본 군정의 언어정책에 의해 인도네시아어가 독립 후에 국어로 성장할 수 있었다는 견해는 정확한 해석이 아니다.

기술했듯, 인도네시아어의 기초가 되는 말레이어가 수 세기에 걸쳐 현재의 인도네시아 각지를 잇는 링구아 프랑카로 기능했다는 역사적·문화적 배경, 나아가 「청년의 맹세」를 상징으로 인도네시아어를 민족어로 승화시키기를 염원하는 내셔널리즘의 발전, 그리고 무엇보다 인도네시아어 문학작품을 계속해서 시도한 문예지 『푸장가 바루(Poedjangga Baroe)』(「새 시인」)에 의한, 탁디르 알리샤바나 등 신시대 작가들의 노력을 간과하지 않는 것이 중요하다.[22]

---

21 이치키의 평전으로 後藤乾一, 1977, 『火の海の墓標-ある〈アジア主義者〉の流転と帰結』, 時事通信社出版을 참조.
22 이 점에 관한 최신 연구로는 姫本由美子, 2021, 『「大東亞戰争」と文化人―日本軍政下のインドネシアにおける文化政策と「國民」文化』(와세다 대학 학위 논문)을 참조.

인도네시아에서 일본 군정이 문화적인 면에 남긴 '유산' 가운데 동남아시아 다른 지역과 비교하여 특히 색다른 점은 구 종주국 언어의 지위 저하 및 민족어의 급격한 보급이다. 전자에 관해서는 1950년대 이래 교육·학문 등의 문화적인 면뿐 아니라 사회생활 전반에서 네덜란드어의 중요성이 현저하게 감소하게 되었는데, 이 점은 독립 후 필리핀에서 미국어가, 말레이시아, 싱가포르에서 현재 영국어가 갖고 있는 압도적인 중요성과 비교하면 매우 대조적이다. 그런 의미에서 네덜란드어의 운명은 인도네시아어의 경우와 같으며, 무력 투쟁을 통해 독립을 쟁취한 베트남에서 프랑스어가 처한 운명과도 비슷하다고 할 수 있다.

오늘날 공용어로서의 인도네시아어의 보급률은 전국 평균 61.4%(1990년 국세조사)이며, 완전 보급에 이르기까지는 앞으로 반세기 이상 걸릴 것이라고 추측할 수 있다.[23] 그렇다고는 하지만 360여 개의 에스닉 그룹으로 구성된 다민족사회 인도네시아에서는 언어를 둘러싼 종족 간 대립이 거의 없다. 그 주요 원인이 인도네시아어 보급에 있다는 점은 말할 필요도 없다. 그리고 이 인도네시아어의 보급은 '고육지책'으로 도입된 일본 군정의 언어정책이 초래한 부산물 중 하나였다.

그러나 1928년 제2회 인도네시아 청년회의에서 채택된 「청년의 맹세」를 통해 인도네시아어가 민족어로 인지되었다는 점을 고려할 필요가 있다. 이후 약 십여 년 동안 인도네시아어는 네덜란드를 상대로 언어적 민족주의를 강화하며 공인을 받는 과정에 있었다. 또한 인도네시아어의 모체인 말레이어가 그 이전 수 세기 동안 '혼성 국제어(lingua franca)'로서 군도 전역에 서서히 보급되었던 사실도 기억해야 한다. 이런 맥락에

---

23 石井米雄監修, 1991, 『インドネシアの辞典』, 同朋舎, 6쪽.

서 "일본은 인도네시아를 행정적으로는 분할했지만, 언어문화적으로는 통일했다"라는 주장을 과도하게 강조하는 것은 매우 성급한 결론이라고 할 수 있다. 이러한 점과 관련지어서 말하자면, '1928~1945년의 인도네시아어의 발전은 언어나 이국적인 귀속감에 바탕을 둔 분리운동을 방지한다는 점에서 매우 중요한 영향'[24]을 주었다는 지적과 함께 보다 장기적인 시간 축 안에서 이해하는 것이 중요하다.

인도네시아의 전쟁 이전 시기와 독립 후의 비연속성이 논의될 때 새로운 엘리트로서 일본점령기에 군사훈련을 받은 청년층의 정치적 대두가 종종 지적된다. '젊고 활력이 넘치는 애국적인 지방 지도자'[25], 혹은 일본인은 '서구의 식민지체제에서 배제된 잠재적인 리더쉽을 가진 층'[26]을 새로운 엘리트로서 육성했다는 등의 기술이 그 전형이다. 이들의 견해는 PETA를 비롯한 일본 군정이 창출한 각종 군사·준군사조직에 대량의 청년이 동원되어 집중적인 군사적, 정신적 훈련을 받은 결과, 그들이 전후의 공화국 지도층의 공급원이 될 수 있었다고 이해한다. 그들의 존재는 B. 엔더슨이 묘사하는 것처럼, '(청년에 대한 여러 조직은) 가속상태지만 아직 기어가 들어가 있지 않은 거대한 엔진'[27]으로 비유되고 있으며, 그것이 없이는 독립혁명의 방향과 속도는 크게 달라졌을 것이라는 점은 분명하리라.

그런 의미에서 청년층의 정치화는 적극적인 가치를 가진 일본 군정의

---

24 AC.Mackie(ed), 1980, Indonesia:*The Making of A Nation*, Australian National University, 679.

25 Josef Silverstein, 1966, *Southeast Asia in World War 2: Four Essays*, Southeast Asian Studies Yale University, 7

26 Joyce Lebra, 1977, *Japanese Trained Armies*, Heineman Educational Books, 167.

27 Benedict R.O'G Anderson, 1972, *Jawa in A Time of Revolution, Occupation and Resistance 1944-1946*, Cornell University Press, 31.

충격을 초래할 수가 있었으리라. 그렇지만 그 반면에 '협소한 감정적 사상은 일본점령기의 유산'[28]이라는 대표적 지식인의 지적(일본류 정신주의를 가리킨다-인용자)이 보여주는 것처럼 정치화한 대량의 청년층의 등장은 부정적인 유산으로 널리 이해되고 있다. 따라서 가치관을 포함하는 많은 면에서 일본 군정의 여러 가지 충격은 긍정적이거나 부정적인 양면의 유산을 남겼다고 할 수 있다.

일본 군정은 일본군과 일반 민중 사이의 매개체로서 네덜란드에 대한 비협력으로 일관했던 저명한 민족지도자를 중앙 차원에서 등용하는 동시에, 지방에서 큰 영향력을 지닌 이슬람 지도자도 적극적으로 등용했다. 즉, 그들을 동원하여 그들의 반서구, 반기독교주의를 부르짖어 가면서, 일본의 성전(聖戰)에 대한 협력을 추구했던 것이다. 네덜란드가 무슬림의 정치의식 고양을 주의깊게 회피한 데 비해, 일본은 이와는 대조적으로 그들을 정치화하거나 또한 일정 정도 군사화함으로써 발생하는 에너지를 이용했다고도 할 수 있다. 그러나 전쟁 후반기 농촌지역에서 경제적 궁핍화, 로무샤 징발과 쌀 강제공출에 의한 사회적 불만을 바로 눈앞에서 목격한 입장에 있었던 지방의 이슬람 지도자는 도쿄 요배(東京遙拜)로 상징되는 일본적 가치관을 강요하는 데 대한 반발도 한 원인이 되어 1944년 이래 각지에서 발생하는 농민반란의 지도자가 되어 갔다.[29]

28　Ｓ．Ｔ.アリシャバナ, 위의 책(下), 233쪽.
29　『ジャワ新聞』, 1944.3.7.

4) 항일 반란 발생

일본군 점령 아래 있었던 인도네시아, 특히 자바의 민중사회가 일본에 대하여 어떠한 반응을 보였는가를 고찰할 때 하나의 단서가 되는 것은 어떠한 형태로 불만이 표명되었는가 하는 것이다. 인도네시아를 비롯한 동남아시아 각지에서 전시에 발생한 항일운동을 '담당자'의 관점에서 분류하면 대체로 다음 5개 형태로 나눌 수 있을 것이다.[30]

첫째는 구 종주국, 혹은 연합군과 밀접한 관계를 가지면서 조직된 항일운동이 있는데, 그 전형적인 예로는 필리핀에서 극동미군(USAFE) 지휘 아래서 펼친 게릴라 투쟁이 있다. 자유태국운동도 이것과 거의 가까운 형태라고 할 수 있다.

둘째는 공산주의 세력의 영향을 받아서 진행된 운동을 들 수 있는데, 베트남의 베트민(베트남독립동맹회), 필리핀의 후쿠바라하프(항일인민군) 등 농촌을 거점으로 한 항일투쟁, 나아가서 말라야 인민항일군의 활동을 들 수 있다.

셋째는 일본 군정 아래서 일본 측에 의해 창설된 조직으로서 결과적으로 '부모를 닮지 않은 아이'가 된 일본 지배에 반기를 든 형태의 봉기이다. 인도네시아 PETA의 프리타르 반란(1945.2) 및 버마국군의 반란(1945.3)이 그 가장 적절한 예일 것이다.

넷째는 특정 이데올로기나 조직 없이, 가혹한 사회경제적 착취와 문화적 마찰 속에서 '자연발생'적으로 일어난 민중 봉기를 들 수 있다. 쌀의 강제 공출이나 노동자의 징용 등에 기인한 서자바의 싱가파르나 사건(1944.2)이

---

30 자세한 것은 後藤乾一, 2022, 『日本の南進と大東亞共榮圈』, めこん, 제4장 참조.

대표적인 예라고 할 수 있다.

다섯째로는 전후 오랫동안 발굴되지 않았지만, 현재 당시 기록이 확실하게 밝혀져 큰 화제가 된 '바바르섬 주민 학살 사건'(武富登巳男編,『バパル島事件関係書類』), 혹은 서칼리만탄의 폰치아낙 사건(井関恒夫,『証言·西ボルネオ住民虐殺事件』)과 같이 일본 측이 반일 봉기 시도라고 과잉반응을 보여 사전에 진압해 버린 형태의 '항일운동'이다.

인도네시아의 경우 흥미있는 점은 자바에서는 셋째 및 넷째의 형태가 가장 많은데 비해 해군 관할 아래 놓여 호주로부터의 연합군 반격의 표적이 되기 쉬웠던 지역에서는 다섯째 타입이 많았다는 것이다. 그에 비해 첫째 및 둘째 형태의 저항운동은 인도네시아에서는 실질적으로 거의 존재하지 않았다.

여기서는 넷째 형태의 저항운동이 가장 대표적인 사례이며, 자바에서 발생한 최초의 항일봉기인 싱가파르나 사건을 단서로 해 나가면서 일본군 지배하 민중의 상황에 대해 살펴보고자 한다. 이 사건은 자바에서 군정당국·재류 일본인 사이에서 '결전 군정'이라는 말을 외치며 '나무 한 그루, 풀 한 포기까지 불씨가 되어 돌진해야 할 때가 왔다(『ジャワ年鑑·昭和一九年』)'라고 부르짖던 1944년 초 서부 자바의 타시쿠말라야마을 서부의 싱가파르나 마을에서, 그 지역의 유력한 이슬람 지도자 키아이 자이나브 무스토파가 주도해서 발생한 사건이다. 그 범위가 한 마을로 한정되어 있었고 충분한 조직이나 강력한 무기를 가지고 있지 않았기 때문에 압도적인 우위를 자랑하는 일본의 군사력에 의해 봉기는 단시일 안에 진정되었다.[31]

31　倉沢愛子, 1992,『日本占領下ジャワ農村の変容』, 草思社, 제2장 참조.

특히 싱가파르나 사건에서는 주모자 키아이 자이나르 무스토파에 대하여 '광신자·반회교도의 수괴, 지방민을 사주 선동'[32]했다고 하여 극형으로 처벌했지만, 군정의 경제정책, 종교시책에 대한 뿌리 깊은 사회적 불만이 배경이 되어 다른 많은 농촌에서도 비슷한 사건이 반복되게 되었다.

인도네시아 안팎에서 발행된 여러 저작들을 통해 이 사건의 배경에는 군정하의 '물적, 인적 자원' 착취에 대한 커다란 불만이 있었던 점이 널리 지적되어 왔다. 연합군측의 직접적인 반격에 노출된 적이 없었던 자바는 위에서 설명한 것처럼 가장 중요한 인적, 물적 남방보급원으로서 일본 측이 많은 기대를 하고 있었기 때문에 그 고충이 말단의 민중, 특히 농민층을 매우 힘들게 했다. 특히 농민들을 고통스럽게 한 것은 미곡의 강제 공출과 노동자 징발의 두 가지였다. 싱가파르나 마을에 관한 개별 데이터는 없지만 이 지역을 포함하는 자바 전체의 거시적인 데이터를 통해 당시 미곡 공출 실태의 한 단편을 엿볼 수가 있을 것이다.[33] 이에 따르면 자바섬 전체에서 군정 당국이 농민에게서 벼 집하의 목표로 삼은 것은 1943년도의 경우 164만 톤이었고, 실제 실적은 149만 톤, 즉 달성률이 90.5% 였다. 이듬해인 1944년이 되자 군용에 의한 식량 수요가 증가했기 때문에 집하 목표는 190만 톤으로 상향되었다. 이러한 정책적 필요에서 오는 압박에도 불구하고 실적은 134만 톤, 즉 70.5%의 달성률에 그쳤다. 군정 당국이 작성한 데이터에도 자바 농민이 처해 있었던 혹독한 상황이 드러난다고 할 수 있다.

---

32 『ジャワ新聞』, 1944. 3. 7.

33 ジャワ軍政監部,「軍政下に於けるジャワ, マヅラの食糧事情と其の対策」, 防衛省戰史資料センター所蔵.

쌀은 인도네시아인들에게 굳이 설명할 필요도 없는 식생활의 근간이다. 이 쌀이 네덜란드 지배에서 자신들을 '해방'시키러 왔을 터인 '형'이라고 자칭하는 이민족에게 수탈당한다는 현실은 전시하의 생활조건 악화와 더불어 주민의 반일감정을 고조시키는 중대한 요인이 되었다.

일찍이 남방군정의 기본방침인 「군정 3원칙」의 작성에 참여했던 대본영 참모 이시이 아키호(石井秋穗) 대좌는 「남방군정일기(南方軍政日記)」 속에서 "점령군의 현지 자활을 위해서는 민정에 중압을 가하더라도 이를 인내하게 한다고 규정한 것은 커다란 영단이었을 터이다"라고 기술하고 있으나,[34] 이 '대영단'이라는 용어를 사용한 것이 지배자 일본인과 피지배자인 인도네시아인 사이에 벌어진 메우기 힘든 간극을 상징한다고 해도 무방할 것이다.

5. 일본 군정의 '충격'과 '유산'

다음에서는 3년 반에 걸친 일본의 지배가 어떠한 '충격'을 주고, 그것이 독립 후의 사회에 어떠한 형태로 '유산'으로 계승되었는지에 관하여, 분야별로 논해 보고자 한다.[35]

---

34 防衛庁防衛研究所戰史部編著, 1985, 위의 책, 443쪽.
35 자세한 내용은 後藤乾一, 1995, 위의 책, 제7장 참조.

1) 정신적인 면

그 이전의 지배자였던 네덜란드인이 '세계에서 가장 순종적이다'라고 보았던 인도네시아인이 전후에 그 종주국에 대해서 무력투쟁과 교묘한 외교력에 의해 독립을 완수한 배경에는 고양된 내셔널리즘이 있었던 것은 말할 필요도 없다. 정치사상적으로는 서구사회 민주주의 계보에 속하면서도 전시 중에는 어쩔 수 없이 '대일 협력'을 할 수밖에 없었던 핫타(초대 부대통령)가 전쟁 말기의 한 연설 가운데 설명한 다음 말은 일본 군정이 초래한 영향을 이야기해 주고 있다.

"어떠한 가치보다 커다란 것은 인민의 마음이 열등감에서 해방된 것이다. 네덜란드인과는 반대로 대일본군은 우리에게 용기를 가지고 스스로 가치를 알 수 있도록 교육했다."[36]

이 발언은 군정 당국의 검열을 거쳐서 이루어진 라디오 연설의 한 구절이라는 점에 유의할 필요가 있지만 신화화된 아시아인 우위의 사상, 자기 희생, 정신력, 규율이라는 네덜란드 지배 아래서는 생각할 수 없었던 여러 가치를 강조한 점이 인도네시아사회에 선명한 인상-그 수용방법이 어떠하든-을 준 것은 사실이었다.

전시 중의 이러한 군국주의적인 교육·훈련과 더불어 스스로 힘으로는 타파할 수 없었던 네덜란드 지배를 일본의 군사력이 단기간에 파괴한 것은 유럽인에 커다란 충격을 안겨주었으나, 그것을 목격한 인도네시아

---

36 Mohammad Hatta, 1981, *Kumpulan Pidato 1942-1949*, Yayasan Idayu, 40.

인에게도 그 이상으로 역사의 조류 변화를 예감하게 하는 일이 되었다. 그런 의미에서 급진적인 청년운동 지도자 중 한 사람으로서 군정 말기 이래 정치 무대 위에서 중요한 역할을 해오게 된 앞에서 설명한 아담 마리크의 회상은 독립투쟁의 정신적 기반을 시사하는 것이라고 할 수 있다.

간략하게 설명하자면, 일본군정기에 현저해진 이 '정신적 변화'는 전국군최고지도자 중 한 사람이며, 군사사가(軍事史家)이기도 한 A.H. 나스티온이 지적하는 '반란과 게릴라 활동의 투쟁정신' 재현[37]을 의미하는 것이었다. 다만 여기서 충분히 유희해야 할 점은 인도네시아에서 '정신적 변화'가 일본 군정의 긍정적 유산으로 이해되고 있는 것은 결코 아니라는 점이다. 제2대 대통령 수하르트가 PETA 출신이며, 1960년대 후반 이래 그 아래서 군 중심의 강권적 정치체제가 완성된 점과도 관련하여 인도네시아 지식층 사이에서는 일본군정기의 '정신 변화'를 정치에서의 부정적 유산으로 보는 견해도 매우 농후하다.

이를테면 오랫동안에 걸쳐 인도네시아 사상계를 이끌어 온 만군위자야(Mangunwijaya)는 '3.5년간의 일본'에 의한 쇼비니즘, 파시즘 교육은 토착 파시즘 및 여러 세기에 걸쳐 피지배 민족 사이에서 유전자를 만들어 온 열등감을 '완벽한 것'으로 키워냈다[38]고 지적한다. 즉, 그는 일본 군정이 촉매가 되어 일종의 저주해야 할 '잠재적 유전자의 발현' 현상을 인도네시아 사회에 발생시켰다고 보는 것이다.

이러한 지적은 맨 앞에서 지적한 문화계의 가장 장로인 S. T. 엘리샤바

---

[37] A. H. Nasution, 1977, *Sekitar Perang Kemerdekaan Indonesia*, Angkasa, 107.

[38] タウフィック・アブドゥラ編, 渋沢雅英・土屋健治訳, 1979, 『真実のインドネシアー建國の指導者たち』, サイマル出版會, 7쪽.

나가 앞에서 설명한 사상소설 『전쟁과 사랑』 가운데 스스로 분신인 주인공 지식청년의 입을 빌어 토로한 다음 표현과 동질의 것이다.

………

섬세하고 부드러운 인도네시아인의 마음속에 마치 몇 세기 동안 잠들어 있던 채로 분노와 증오, 원한이라는 감정을 일본 군정이 파낸 것이다.

이같이 지적하는 엘리샤바나는 나아가 '일본적인 정신주의는 앞으로도 인도네시아인의 가슴속 깊은 곳에 살아남을 것이다'라고 1970년대 말에 완성된 작품 가운데 자신의 분신이라고도 할 수 있는 주인공의 입을 빌어 말했다.

2) 군사적인 면

독립전쟁 및 독립 후의 인도네시아 정치의 지도자 형성이라는 점에 관하여 이 분야에서의 변화는 매우 중요하다. 1943년 10월 군정 당국은 표면적으로는 군사력을 보유하고 싶다는 인도네시아측 민족주의자의 요망을 받아들이는 형태로 자바향토방위의용군(PETA)를 창설한다. 이 건군의 시기가 일본 중추부에서 전국 악화를 배경으로 '절대국방선'이 재검토되고 있던 것과 궤를 같이 한다는 점에서 드러나듯이 PETA에 기대했던 주요 역할은 연합군의 반격을 상정하여 허술한 일본군의 보조 병력이 되는 것이었다.

성립 배경은 이렇지만 그 후 종전까지의 20개월간 자바에서만 35,000명의 청년이 '향토방위'라는 깃발 아래 네덜란드 지배를 받았던 시대에는 상상도 할 수 없었던 엄격한 군사훈련을 받아 '국방' 의식을 주입받았다는 점은 그들이 훗날 거대한 군사·정치집단이 되는 기점을 준비하는 것이 되었다고 할 수 있다. 인도네시아의 역사가 누그로호 노트스산트(Nugroho Notosusanto)는, 이 PETA야말로 일본 군정 아래서의 정치적 억압, 사회경제적인 착취에 항의하여 처음으로 본격적으로 민족주의적인 무장 저항(1945년 2월, 프리탈 반란)을 행했던 집단이라고 평가한다. 그리고 그 점을 전제로 누그로호는 PETA를 핵심으로 하여 형성된 국군이야말로 독립 후 인도네시아 정치에서 '국가와 민족의 수호자'로서 '이중 기능'을 담당하게 될 수 있었다고 지적한다. 말하자면 그러한 군사적, 비군사적 명면에서 권력 행사 정통성의 근거를 누그로호는 국군의 전신 중 하나인 PETA에 의한 프리탈 반란에서 찾았던 것이다.[39]

물론 오늘날의 인도네시아에서는 1990년대 말 민주화가 고양되는 가운데 '수하르트체제'가 붕괴된 후 국군이 노골적인 형태로 정치에 개입·관여하는 일은 표면적으로는 거의 볼 수 없게 되었다. 그렇다고 해도 1965년 9월 30일 사건 후 약 30년간 계속되어 온 군부 주도의 '수하르트체제'가 일본의 영향을 강하게 받은 정치체제로서 기억되어 기록되었다는 것도 사실이다.

---

[39] 국군의 이중 기능론에 대한 자세한 내용은 다음 책 제6권 제3장을 참조할 것. SartonoKartodirjo, Marwati Djoened Poesponegoro, Nugroho Notosusanto, 1975, *Sejarah Nasional Indonesia vol.6*, Departmenn Pendidikan Dan Kebudayaan RI.

3) 로무샤 문제

미곡의 공출 이상으로 싱가파르나 사건을 비롯한 대부분의 항일봉기에 불을 붙인 것이 강제력에 의한 다수 노동자의 징발이었다. 오늘날은 '로무샤(勞務者)'라는 단어가 인도네시아어 사전은 물론 학교 교과서나 문학작품 속에서도 '일본어에서 유래된' 인도네시아어로서 정착[40]되었다는 것에서도 그것이 준 사회심리적 상흔의 깊이를 엿볼 수가 있을 것이다.

이 로무샤도 그 중요한 '공급원'은 인구가 조밀한 자바였다. 그 징발이 얼마나 조직적으로 계획되었는가와 1943년 10월 일본군에 의해 쇼난(昭南)으로 이름을 바꾸게 된(1942년 2월 17일, 대본영정부연락회의) 싱가포르에서 남방총군 주도 아래 '남방각군노무주임자회의(南方各軍勞務主任者會議)'라는 이름의 회합이 열렸던 것에서도 분명하게 드러난다. 이 회의는 '풍부한 노동력을 책임지는 자바'와 '현재 가장 다량의 노동력을 요구하는 말레이, 스라므라, 보르네오' 사이의 '노무 수급 조절'을 행할 것을 의도하여 개최되었다.

이와 같이 남방총군의 기본방침을 통해 그 지휘 아래 있는 자바의 군정 당국은 '대동아전쟁 완수를 위해 대량의 긴급한 노무 수요'에 대처할 수 있도록 각 주(지방)에서 노무협회라는 공적인 기관에 준하는 것을 설립했다. 그리고 각 지방장관의 감독과 지휘 아래에서 현(縣)→군(郡)→촌(村)→구(區)와 촌락 차원에 이르기까지 '노무자 모집' 조직이 완성되게 되었다. 즉, 실제 로무샤 징발은 지금 더욱 전통적인 권위를 온존시킨

---

40 로무샤는 일본어 로무샤(勞務者)에서 유래한 언어이지만, 단순한 노동자가 아니라 전시기에 일본군에 의해 강제동원된 노동자를 가리킨다.

지방의 관료기관을 '효과적'으로 이용했다. 거부를 허용하지 않는 교묘한 강제적인 방법으로 시행되었다. 나아가 이러한 점이 일본에 대한 저항운동, 혹은 독립 후의 '사회혁명'이라고 불린 혁명운동 가운데 수많은 인도네시아인의 유력 지방행정관이 민중의 반감과 증오의 대상이 되어 살해된 이유가 되었다.[41]

인도네시아, 특히 인구가 조밀한 자바에서는 많은 남성들이 '로무샤'로서 파푸아를 포함한 군도 내외, 심지어는 머나먼 태면철도 건설 현장을 비롯한 남방 각지로 보내졌다. '대동아공영권' 각지의 방위 시설, 비행장, 도로 등의 건설 현장에 대량의 노동력이 필요불가결하다는 사실을 일본측은 이미 개전 직후부터 인식하고 있었다. 그 사례 중 하나로 '노동자원의 보고'로 여겨진 자바가 노동 공급원으로 이용되는 흐름을 시계열에 맞춰 정리해 보겠다.[42]

> 1942년 2월, 쇼난(싱가포르) - 남방각지 조사책임자회의(南方各地調査責任者會議), 자바 노동자에 대한 '기대'가 표명되었다.
> 1942년 11월, 쇼난 - 「물자교류 등에 관한 육해군현지협정(物資交流等ニ関スル陸海軍現地協定)」에서 노무조달도 그중 하나로 포함되었다.
> 1943년 3월, 도쿄 - 대정익찬회(大政翼贊會) 제10위원회(第十委員會) 「보고서」, 남방노무정책을 다음과 같이 제언, "중앙에서 남방 전 지역에 걸친 노동력 배치 계획을 결정하고 현지측을 통해 중앙의 명령대로 실행할 필요가 있음을 인정함."

---

41 後藤乾一, 1989, 『日本占領期インドネシア研究』, 龍溪書舎.
42 後藤乾一, 1989, 앞의 책, 제1장.

1943년 7월, 자카르타 - 제16군 참모장, 제2남도함대 참모장(第二南道艦隊参謀長) 사이에서 「노무 공급에 관한 육해군 현지세목협정(勞務供給ニ関スル陸海軍現地細目協定)」이 맺어져, 자바에서 해군 관할지역으로의 노무 이송이 결정되었다.

1943년 10월, 쇼난 - 「남방 각군 노무주임자 회의(南方各軍勞務主任者會議)」에서 '풍부한 노동자를 보유한' 자바가, '가장 많은 노동력이 요구되는 말레이, 수마트라, 보르네오'로의 노무공급원으로 결정된다.

1943년 10월, 자카르타 - 제1회 중앙참의원(中央參議院)(제16군 사령관의 최고자문기구)에서 노무동원을 위한 노무협회(상의하달의 집행기관) 설립이 결정된다.

1944년 8월, 자카르타 - 제2회 중앙참의원은 노무동원 문제를 초점화. '근로전사'(노무자를 이렇게 바꿔 말함)원호회를 발족시킨다.

1944년 9월, 자카르타 - 임시 중앙참의원 '노무공출의 강화'를 제언. 이때쯤에 「노무동원요강(勞務動員要綱)」을 각지에 배포.

1944년 11월, 쇼난 - 군정총독부(軍政総監部) 내정과(内政課)에 의한 「노동력 공급원에 관한 시산(勞働力供給源ニ関スル試算)」, 자바에서의 동원 가능 인구는 약 1,250만으로 산출.

1945년 1월, 자카르타 - 핫타가 노무자 문제를 비판.

이상의 전체적인 흐름으로도 알 수 있듯, 전시태세에 즉응하기 위해 자바에서 노동력을 조달한다는 발상은 일본 국내의 정책당국이 고안하고, 그것이 남방 군정 거점인 싱가포르에 하달되어, 거기에서 다시 자바 군정 당국[군정감부(軍政監部)]으로 요청하는 형태를 취했다. 그리고 군정감부 내무부에서 행정기관을 통해, 주로 노무협회라는 행정보조조직을 중개해 말단 마을들에 노무자 배정이 실시되었다.

이러한 과정을 거쳐 징용되어 '근로전사', '산업전사'라며 추켜세워진 노무자의 수는 대체 어느 정도에 달했는가. 일본 측에 당시의 정확한 기록은 남아 있지 않다(상세한 통계가 작성되었는지 여부조차 불명). 다만 몇 가지 단편적인 데이터로 전체상을 추측할 수 있을 뿐이다.

그중 하나가 「자바 노무자조사표(爪哇勞務者調査表)」[모리 후미오(森文雄) 중좌 「군정수부(軍政手簿)」, 방위성 전사실 소장]이라는 제목이 붙은 통계다. 이 표에는 병보(兵補), 의용군, 상비노무자, 임시노무자, 기능자, 근로봉사의 6종을 전부 합산해 총 262만 3,691명이라는 수치를 언급하고 있다. 그중 상비·임시노무자가 각각 약 136만 명/약 74만 명으로 합계 210만 명이고, 아마 이것을 인도네시아에서 일반적으로 '로무샤'라고 호칭되는 사람들의 대략적인 수치로 보아도 될 것이다.

이들 노무자 중 자바 섬 밖에서의 노동에 종사한 후에 귀환(1946.5~1947.4)한 노무자에 대해서는, 전후 얼마 지나지 않아 네덜란드령 동인도정청 내무부 관할하에 싱가포르에 설치된 NEBUDORI의 기록이 남아있다.[43] 그에 따르면 총 52,117명이 귀환했는데, 그중 인도네시아 각지 이외로부터의 귀환자는 '싱가포르, 말라카(말라야를 가리키는 것으로 추정)' 10,786명, '샴, 인도차이나' 5,028명, '사라왁, 영국령 보르네오' 3,796명, 합게 19,610명으로 전체의 37.6%를 점하고 있다.

이 수치에는 물론 태면철도건설공사에서 목숨을 잃은 사람들이나 이 시기 전후로 귀환한 노무자는 포함되지 않는다. 어느 쪽이든 동남아시아 국가들의 대일 역사 인식 비교에서도 언급하듯, '로무샤'라는 단어는 일

43　倉沢愛子, 1992, 『日本占領下ジャワ農村の変容』, 草思社, 69쪽.

본어에 기원을 둔 인도네시아어로서, 오늘날 일본점령기 인도네시아를 상징하는 단어로서 사회적으로 정착되어 있다는 것이 무거운 의미로 다가온다.

지방 차원에서의 로무샤 징발 실태의 한 단면을 『자바연감(ジャワ年鑑)·1944년』판에 보고된 「각 주 개황(各州槪況)」 가운데서 한두 가지 인용해 보고자 한다. 이를테면 서자바의 칠레본주에 관해서는 "전시하 인적 자원의 수요 증대에 순응하여, 노무 공출은 대동아 각지에서 긴급하고도 중대한 사업이 되었다. 칠레본주에서도 노무협회 지부가 설치되어 각지에서 우수한 노무자를 송출할 수 있는 만전의 대책을 계속 강구하고 있다"라고 기록되어 있다.

또한 중부 자바, 수마란주의 경우는 다음과 같다.

"노무 공출에 관해서는 1943년 6월 이래 섬 밖에서 공출을 개시한 이래 주 관민의 협력으로 좋은 성적을 거두어 오고 있다. 1943년 10월 주 노무의 일원적 통제기관으로 노무협회를 설치할 때까지 섬 외부 공출 4,947명, 설립 후 섬 외부 공출 13,000명, 섬 내부 공출 3,200명, 합계 16,200명에 달하고 있다…"

이와 같은 일본 측 기록에서 일관적으로 보이는 흐름은 로무샤를 살아있는 인간으로서가 아니라 '인원 수'로만 다루는 발상이다. 일본군정 기간을 통해 자바섬 내부, 인도네시아 각지뿐 아니라 남방 각지로 보내진 로무샤가 어느 정도 있었는가를 명시하는 당시의 일본 측 기록의 종류는 남아 있지 않다. 다만 약간의 단편적인 데이터에서 전체상을 추측할 수 있을 뿐이다. 그런데 인도네시아 정부 측이 전후인 1950년대 후반 일본에 대한 배상 교섭 과정에서 제기한 것은 400만이라는 숫자였다.

그런데 로무샤 문제의 중요성은 그 양이 얼마인가에 있는 것이 아니라 그것이 일본 군정에 관한 인도네시아인의 이미지를 무엇보다도 명확히 형성하여 오늘날에 이르고 있다는 현실에 있다. 일본 지배를 벗어나 십여 년을 지나 그 구 지배국과의 국교(1958.1, 양국간에 평화조약·배상협정 조인)가 이루어진 1950년대 말 인도네시아에서 널리 입에서 입으로 전해져 읊어진 다음 시는 '로무샤 충격'의 사회적 심리적인 크기를 무언으로 이야기해 주고 있다.[44]

로무샤는 어디에

로무샤는 어디로 가버린 걸까.
많은 젊은이들이 포획당해서 갔다.
그물에 걸린 물고기처럼

병보(兵補)가 된 자도 로무샤가 된 자도
'간호부'(여기서는 징용된 위안부를 가리킨다)가 된 자도
모든 것은 모두 마찬가지, 어딘가로 사라져 버렸다
달콤한 말에 속아
많은 사람이 영원한 땅으로 가버렸다
이제 묻는 걸 그만두자, 그들은 어디로 가버린 걸까, 하고.

---

[44] O.D.P.Sihombing, 1962, *Pemuda Indonesia MenantangFasisme Jepang*, Sinar Djaya Djakarta.

6. 맺음말 – '해방 사관' 비판

여기서는 앞에서 설명한 내용들을 전제로 하면서 패전 후 80년 가까이 지난 오늘날의 일본에서 인도네시아(넓게는 동남아시아) 점령이라는 역사적 사실이 어떻게 인식되어 있는가 하는 관점에서 일본 군정이 초래한 귀결에 관하여 고찰하고자 한다. 특히 최근 일본 사회의 역사 인식의 바탕에 자리 잡고 있는 '대동아전쟁은 동남아시아(항상 인도네시아를 모델로 삼고 있다)를 서구 지배로부터 해방시켰다'라는 '해방사관'에 대해 필자의 소견을 제시하고자 한다. '해방사관'의 역사적 연원은 메이지(明治)시대에 이미 잉태되어 있었지만, 전후 특히 쇼와(昭和)시대(1926~1989년) 말기(1980년대 후반) 이후 새로운 형태로 다시 부각된 느낌이 있다. "(지난 세계대전은) 아시아를 식민지로 삼고 있는 백인으로부터 아시아인을 해방시키는 동아시아 해방전쟁이지 침략전쟁이 아니다", 혹은 "러일전쟁에서 일본의 승리가 아시아 민족해방운동의 출발점이라면 그 귀착점은 바로 대동아전쟁이다"와 같은 의견이 그 전형이다.[45]

이 같은 사관(史觀)에 대하여 필자는 한쪽 당사자(가해자)인 일본인이 유의해야 할 것으로서 다음에 제시하는 문제점을 지적해 두고자 한다.

첫째는 동남아시아 각 민족의 주체성을 중시하는 태도이다. 다시 말해, 지역적 차이는 있지만 일본 군정 이전 약 반세기에 걸친 민족주의운동의 축적과 성과를 올바르게 자리매김하는 것이다. 이는 또한 일본 군정기 현지 엘리트의 대응을 분석한 A. 맥코이의 '일본이 엘리트를 조종

45　後藤乾一, 2022, 위의 책, 제5장 참조.

(manipulation)했다'라는 것이 아니라 '예상되는 전쟁 결과에 대해 실용적인 태도로 대처한 동남아시아의 엘리트들이야말로 일본을 조종했다'는 지적[46]으로 연결될 수 있을 것이다.

두 번째는 일본의 동남아시아 점령은 앞서 언급한 「군정 3원칙」이 상징하듯이 '물적-인적 자원의 공급원', 즉 '남쪽의 생명선'으로서 이 지역, 특히 인도네시아를 확보하는 것이 가장 큰 목적이었다는 사실이다. 또한 이와 관련하여 이 기본방침에 따라 시행된 정책의 결과로 발생한 일본 군정하 동남아시아 사회의 가혹한 사회경제적 상황을 직시하는 것이다.

세 번째는 당시 동남아시아 각국의 독립문제에 일본이 어떻게 대처했는지를 아는 것이다. 특히 인도네시아의 경우 패전 직후 일본은 연합군의 명령으로 현지 치안유지를 책임지라는 명령을 받았는데, 이는 곧 인도네시아의 독립운동을 일본의 군사력으로 진압하는 것을 의미했다.

넷째는 일본군을 자진해서 탈영하여 현지 독립군에 가담한 전 일본군 출신들의 문제이다. 1만 명에 육박하는 이들 전 일본군(한국, 타이완 출신 '일본인' 포함)에 대해 당시 일본군·정부는 천황의 명령을 거역한 '현지 도주 탈영병' 등의 용어를 사용해 가혹하게 비난했다. 1990년대에 들어서 그들이 '양국 우호에 공헌했다', 혹은 '몸을 던져 다른 나라 독립에 기여했다'라는 식으로 평가가 바뀌었지만, 이러한 평가의 변화는 해방사관의 등장과 결코 무관하지 않다.

다섯째, 일본의 전시 점령에 대한 동남아시아의 반응을 정확히 이해할 필요가 있다. 예를 들어, 동남아시아 지도자 중 일반적으로 '친일적'이라

---

46 Alfred W. McCoy(ed), 1980, *Southeast Asia under Japanese occupation*, Yale University Press.

고 평가받는 수카르노 대통령의 연례 독립기념일 연설 가운데에서 일본 점령기를 어떻게 말하고 있는지 살펴보자.[47]

우선 1946년 8월 17일 독립 1주년 기념 연설에서 수카르노는 재식민지화를 노리고 상륙한 네덜란드와의 독립전쟁 속에서 추진해야 할 '건국 노력'을 언급한다. 수카르노는 경제정책 측면의 가장 큰 장벽은 일본 점령과 현재의 독립전쟁으로 인해 피폐하고 혼란스러운 '국민경제의 재건'이라고 강조했다. 그중에서 '가장 우선적이고 가장 큰 과제'는 국민경제를 파괴한 원흉인 '일본군이 남기고 간 수십억의 일본 군표'의 처리였다고 강조한다. 여기서도 물적 뒷받침 없이 대량으로 난발된 군표가 점령기뿐만 아니라 독립 후 경제적 혼란을 더욱 가중시키고 있었음이 명백해졌다.

1949년 8월은 네덜란드에 대한 독립전쟁이 막바지에 이르렀던 시기였고, 국제 여론, 특히 인도를 필두로 한 신흥 독립국가들, 나아가 미국 정부의 지원으로 인도네시아에 유리한 국제환경이 조성되고 있던 시기였다. 그런 가운데 수카르노는 독립선언 당시를 회고하며 "당시 여전히 주둔하고 있던 일본군의 총칼 위협 속에서 우리는 독립을 선언한 것이다"라고 호소했다. 이 발언을 통해 당시 연합군의 명령으로 발이 묶여 있던 일본이 결코 독립의 지원자가 아니며, 자칫 잘못하면 자신의 독립의 불씨를 꺼뜨리려 했다고 보는 수카르노의 절박한 심정을 엿볼 수 있다.

1949년 12월, 인도네시아는 독립전쟁에서 승리한 후 헤이그조약으로 네덜란드로부터 주권을 이양받았다. 그 후 유엔에도 가입하고 샌프란시스코 대일강화회의에도 신생국가로 참가한 인도네시아는 대일강화조

---

[47] 日本インドネシア協會編, 1965, 『インドネシア革命の步み』를 참조(이 책에는 해마다 수카르노 대통령이 독립기념일에 한 연설이 수록되어 있다).

약에 서명했지만, 대일정책을 둘러싼 내각의 불일치와 복잡한 국내정치로 인해 비준을 하지 못했고(최종적으로 1958년 1월 양국간 평화조약으로 국교 수립, 이어 배상협정 체결), 그 와중에 1952년 제7회 독립기념일을 맞았다. 그 전 해 봄에 도쿄에서 대일 배상협상이 시작되었다는 점을 염두에 두어야 하지만, 수카르노는 그 어느 때보다 일본 군정에 대해 강경한 태도를 취하며 독립광장을 가득 메운 군중들에게 이렇게 호소했다.

"(독립선언은) 일본군의 인도네시아 점령의 결과로 발생한 극심한 고난을 당시 인도네시아 사회 전체가 육체적으로 견뎌내고 있을 때 발포되었다. 육체적으로는 극심한 고난이었지만, 독립정신은 불타오르고 있었다… 일본군 점령 당시를 보면 알 수 있다. 최근 우리 역사의 어느 시기에 우리나라 경제가 일제강점기 당시와 비교해서 더 혼란스럽고 어수선하고 교란되어 있었을까? 일본 군정 당시 수천 명의 사람들이 굶어 죽고, 영양실조로 죽고, 경제에 종사하는 수백만 명의 사람들이 헐벗고 있었던 것이다."

지금까지의 독립기념일 공식석상에서 일련의 수카르노 연설은 일본의 군사력을 배경으로 한 억압적 통치, 그 아래에서 초래된 민중의 사회경제적 곤궁이 무엇보다도 강조되고 있으며, 그리고 그러한 어려움을 극복한 자민족의 힘에 대한 신뢰가 일제강점기 회고의 핵심이라는 것을 엿볼 수 있다.

이듬해인 1953년 제8회 독립기념일에도 수카르노는 독립혁명 초기를 이렇게 회고한다.

"1945년 9월 19일을 떠올려 보자. 이 앞쪽의 뗏목광장(현 독립광장)에 모인 수십만 명의 민중은 일본군의 엄청난 총검과 수십 대의 기관총과 탱크가 달려드는 가운데 독립선언을 지켜낸 것이다."

9월 19일의 대민중집회와 수카르노의 관계에 대해서는 약간 더 설명할 필요가 있다. 당일 독립추진파의 여러 청년 그룹은 집회를 금지하려는 연합군 당국과 그 뜻에 따라 '현상유지'를 강요하는 일본군, 그리고 그들의 명령을 받고 청년 지도자들을 설득하려 했던 수카르노, 핫타 부통령의 반대를 무릅쓰고 대집회를 열어 기세를 올렸다. 궁지에 몰린 수카르노는 결국 청년들의 압박에 못 이겨 대집회에 모습을 드러내어 10분 정도 간결한 격려 연설을 하고 그 자리를 떠났다. 이 초기 독립운동사에서 큰 상징적 의미를 지닌 대민중회의 다음 날인 9월 20일에 '치안유지'를 명령받은 일본군은 집회와 홍백민족기 사용을 금지하고, 대집회의 추진역을 맡았던 아이티트(훗날 공산당 의장), 아담 말릭(Adam Malik, 훗날 외무장관, 유엔 총회 의장) 등 청년 지도자들을 체포했다.

그다음 독립기념일 연설 가운데 수카르노가 일본을 언급한 것은 1955년 10주년 기념일이었다. 같은 해 봄, 수카르노는 '세계 역사상 최초의 유색 민족에 의한 국제회의'라고 불리는 반둥회의(제1회 아시아-아프리카 회의)의 주창자 중 한 명으로 회의를 성공적으로 이끌며 제3세계를 대표하는 지도자 중 한 명으로 명성을 얻게 된다. 이러한 고양감이 넘쳐나는 시기의 연설에서 수카르노는 "20세기 초부터의 민족주의운동시대, 나아가 일본점령기, 그리고 독립선언의 그 순간까지, 그리고 현재의 이 순간까지 수십 년에 걸친 땀과 희생에 의한 투쟁의 결과, 우리가 성취한 것은 무엇인가?"라고 물었다. 언뜻 듣기에 소극적인 질문처럼 보이지만, 사실은 독립 후 10년 동안 이룬 성과를 바탕으로 향후 인도네시아가 취해야 할 기본 정책을 제시한 것이었다.

수카르노가 독립기념일 연설에서 일본을 마지막으로 언급한 것은 1964년이었다. 당시 인도네시아는 종신 대통령의 칭호를 얻은 수카르노 치하에서 국군(특히 육군)과 공산당의 좌우 양대 세력이 수시로 대립하고 있었고, 대외적으로는 냉전 체제하에서 급속히 반영미 좌경화 노선으로 치닫고 있었다. 이러한 안팎으로 긴박감 넘치는 상황에서의 연설이었고, 일본에 대한 언급이었다.

"…모든 제국주의자들은 조국을 지키는 국민의 저항에 직면해 있으며, 나아가 그들은 버팔로와 같은 불굴의 정신을 가진 1억 3천만 인도네시아와 동남아시아에서 가장 강력한 해륙공군, 나아가 일본군, 영국군, 네덜란드군을 쫓아낸 국민과, 더욱이 다르르 이슬람군(이슬람 국가 수립을 부르짖는 반정부운동)과 반혁명군(미국과 영국의 지원을 받은 반공적 반정부 운동)을 진압한 인도네시아와 대립하여 저항을 받지 않는 것이 가능하겠는가. 여러분, 우리는 지금 포위당해 있다. 그러나 전 인도네시아 민족에 대해 조국애의 칼을 갈고, 경계하는 도끼를 갈고, 통일의 망치를 단련할 것을 명령한다."

일종의 비장감이 묻어나는 문장의 독립기념일 연설로부터 1년 1개월 후, 인도네시아에서는 독립 후 최대의 정치적 위기인 '9월 30일 사건'이 발생했고, 이로 인한 반수카르노, 반공주의자들의 격랑에 휘말린 수카르노는 정치적 생명이 끊어져서 1970년 생을 마감하게 된다. 그 사이 19번에 이르는 독립기념일 연설을 하는 자리에서 수카르노는 일곱 차례에 걸쳐 일본(군)의 이름을 언급했다. 모두 세부적인 내용까지는 들어가지 않았지만, 그 사용 방식에서 어떤 공통점을 발견할 수 있다. 단적으로 말하자면, 일본의 존재를 인도네시아를 가로막는 거대한 벽으로 비유하고 있다는 것이다. 이 벽에 부딪히고 튕겨져 나가기를 거듭하면서 자신들은 강인함을 몸에 익혔다는 논리라고 정리할 수 있을 것이다.

수카르노와 비교하여 또 다른 예로서 중국인 청년 지식인으로서 일본군 점령기에 혹독한 탄압을 받았던 싱가포르 초대 총리 리콴유(李光耀, Lee Kuan Yew)의 회고를 살펴보자. 그는 일본의 지배가 백인 절대 우위의 신화를 깨뜨렸지만, 일본의 지배는 "우리에게도 정복자로 군림하며 영국보다 더 잔인하고 상식을 벗어난 악의에 가득 차 있다"라고 하면서 "징기스칸과 그의 대군도 이보다 더 무자비할 수 없었을 것"이라고까지 설명했다.[48]

여섯 번째로 일본인 해외 전몰자는 약 240만 명이며, 그중 동남아시아에서는 필리핀, 버마를 중심으로 약 81만 명이 전몰했다. 이에 반해 동남아시아 측에서는 정확한 공식 통계는 없지만 650만~950만 명의 전사자가 발생한 것으로 추정하고 있다. 이 숫자가 말하는 의미를 어떻게 이해해야 하는가도 중요한 과제가 된다.

이상에서 지적한 여러 가지 사항들을 고려하는 것만으로도 전쟁 당시 일본이 '동남아시아 해방'에 적극적인 역할을 했다고 주장하는 '해방사관'은 성립하기 어렵다는 것이 분명하다. 해방사관이 일본의 유력한 역사인식으로 널리 퍼진다면, 그것이야말로 인도네시아를 비롯한 동남아시아

---

[48] リー・クアンユー, 小牧利寿訳, 2000, 『リー・クアンユー回顧録』, 日本経済新聞社, 35쪽, 41쪽.

국가에서 새로운 일본에 대한 비판을 유발하고, 그 결과 보수파 역사수정주의자들이 우려하는 일본의 '국(민)익'에 반하는 결과를 초래하게 될 것이다.[49]

49　後藤乾一,「世界に通用せぬ歴史認識」,『毎日新聞』(朝刊), 2024.8.16.

참고문헌

단행본

アダム・マリク, 1981, 『共和国に仕える: インドネシア副大統領アダム・マリク回想録』, 秀英書房.

石井米雄監修, 1991, 『インドネシアの辞典』, 同朋舎.

尾崎秀樹, 1971, 『旧植民地文学の研究』, 勁草書房.

倉沢愛子, 1992, 『日本占領下ジャワ農村の変容』, 草思社.

後藤乾一, 1989, 『日本占領期インドネシア研究』, 龍溪書舎.

後藤乾一, 1995, 『近代日本と東南アジア』, 岩波書店.

後藤乾一, 2011, 『東南アジアから見た近現代日本ー「南進」・占領・脱植民地化をめぐる歴史認識』, 岩波書店. [한국어 번역판은 라경수 번역, 2023, 『동남아시아로부터 본 근현대 일본-남진(南進)·점령·탈식민지화를 둘러싼 역사 인식』, 고려대학교출판문화원]

後藤乾一, 2022, 『日本の南進と大東亞共榮圈』, めこん.

佐藤賢了, 1966, 『大東亞戰争回顧録』, 徳間書店.

重光葵, 2020, 『巣鴨日記 正・統合本新装版』, 吉川弘文館.

タウフィック・アブドゥラ編, 渋沢雅英・土屋健治訳, 1979, 『真実のインドネシアー建國の指導者たち』, サイマル出版會.

日本インドネシア協會編, 1965, 『インドネシア革命の歩み』.

波多野澄雄, 1996, 『太平洋戰争とアジア外交』, 東京大学出版會.

防衛庁防衛研修所戰史室編, 1970, 『戰史叢書・南方進攻陸軍航空作戰』, 朝蜩新聞社.

防衛庁防衛研究所史料部編著, 1985, 『史料集 南方の軍政』, 朝雲新聞社.

三好俊吉郎, 2009, 『ジャワ占領軍政回想録』, 龍溪書舎.

早稲田大学社會科学研究所編, 1959, 『インドネシアにおける日本軍政の研究』, 紀伊國屋書店.

リー・クアンユー, 小牧利寿訳, 2000, 『リー・クアンユー回顧録』, 日本経済新聞社.

S. T. アリシャバナ, 後藤乾一他訳, 1983, 『戰争と愛(上)』, 井村文化事業社.

A.H.Nasution, 1977, *Sekitar Perang Kemerdekaan Indonesia*, Angkasa.

Alfred W. McCoy(ed), 1980, *Southeast Asia under Japanese occupation*, Yale University Press.

AC.Mackie(ed), 1980, Indonesia:*The Making of A Nation*, Australian National University.

Benedict R.O'GAnderson, 1972, *Jawa in A Time of Revolution, Occupation and Resistance1944-1946*, Cornell University Press.

Hatta, Mohammad, 1976, *Kumpulan Karangan* (『論文集』). Bulan Bintang.

Josef Silverstein, 1966, *Southeast Asia in World War 2: Four Essays*, Southeast Asian Studies Yale University.

Joyce Lebra, 1977, *Japanese Trained Armies*, Heineman Educational Books.

Mohammad Hatta, 1981, *Kumpulan Pidato 1942-1949*, Yayasan Idayu.

Nugroho Notosusanto, 1979, *The Peta Army during the Japanese Occupation in Indonesia*, WasedaUniversity Press.

O.D.P.Sihombing, 1962, *Pemuda Indonesia MenantangFasisme Jepang*, Sinar Djaya Djakarta.

SartonoKartodirjo, Marwati Djoened Poesponegoro, Nugroho Notosusanto, 1975, *Sejarah Nasional Indonesia* vol.6, Departmenn Pendidikan Dan Kebudayaan RI.

기사 / 인터넷

『朝日新聞』, 1944.8.26.

『ジャワ新聞』, 1944.3.7.

『ジャワ年鑑』, 1944.

『日本及日本人』, 1918, 12월호

後藤乾一, 2024.8.16, 「世界に通用せぬ歴史認識」, 『毎日新聞』(朝刊).

VII.
'대동아공영권'의 붕괴와 동남아시아
- 버마와 필리핀을 중심으로

김영숙 | 동북아역사재단

1. 머리말

만주사변과 중일전쟁으로 중국과의 전쟁이 장기화되는 가운데 일본에서는 1940년 삼국동맹 체결과 이듬해의 일소중립조약 체결 등 국제환경의 변화를 배경으로 종래부터 해군이 주장해 온 '남진론'이 육군에서도 부상하기 시작했다. 이는 영국과 미국에 의존하는 시스템을 벗어나 자급권을 설정해야 할 호기(好機)에 무력을 행사해서 남방문제를 해결하고 이로써 중일전쟁도 종결시킨다는 구상이었다. 이 당시 일본의 자급권, 즉 '대동아공영권'의 범위는 '일본, 만주, 중국을 근간으로 구 독일령위임통치제도(남양군도), 프랑스령 인도차이나 및 태평양 도서(필리핀, 남양군도 등), 태국, 영국령 말레이, 영국령 북보르네오, 네덜란드령 동인도, 버마, 호주, 뉴질랜드 및 인도'로 구성되는 지역이었다.[1] 그런데 여기서 주의할 점은 육군에게 동남아시아란 그 자체의 가치보다는 북진의 좌절을 메울 부차적 지역으로 중일전쟁을 매듭지을 자원을 획득하고 장제스(蔣介石) 국민정부를 지원하는 루트를 차단하는 데 있었다.

한국에서의 대동아공영권 연구는 사상적 접근과 한국 중심의 연구가 대부분이고, 일본점령기의 동남아시아 국가에 대한 구체적 연구는 별로 없다.[2] 한국에서 동남아시아 연구의 중심이 인류학과 정치학, 어학인 것

---

1   後藤乾一, 1995, 『近代日本と東南アジア: 南進の「衝擊」と「遺産」』, 岩波書店.
2   동남아시아 국가에 대한 지배 내용을 분석한 연구로는 권오신, 2006, 「태평양전쟁기 일본의 필리핀 점령과 지배: "대동아공영권"의 그림자」, 『아시아연구』 9-2; 양승윤, 1998, 「대동아공영권 구도하 일본의 인도네시아 식민통치」, 『동남아연구』 7; 김영숙, 2022, 「『사진주보(写真週報)』를 통해 본 일본의 동남아시아 침략과 '대동아공영권' 구

도 일본점령기에 관한 연구가 적은 이유로 지적할 수 있다.

한편, 일본에서는 아시아태평양전쟁기 동남아시아 지배에 관해서 일일이 열거하지 못할 만큼 다양한 연구가 축적되었으며,[3] 당시 지배나 동원 등에 관여한 인물들의 구술 증언집[4]도 출간되었다.

일본은 동남아시아의 인도인을 이끄는 수바스 찬드라 보스(Subhas Chandra Bose, 1897~1945)의 '자유인도 임시정부' 수립을 지원했으며, 1945년에 인도네시아에 대해서도 독립을 검토했다. 그러나 실제로 일본이 군정을 편 동남아시아 국가 중에서 '독립'을 허용받은 나라는 버마[5]와 필리핀뿐이었다. 그 이유는 이 두 국가를 이전에 지배했던 서구 제국주

상」, 『한림일본학』 41; 김영숙 편·해설, 2022, 『대동아공영권의 허상과 모순-『사진주보(写真週報)』로 보는 일본의 동남아시아 침략』, 동북아역사재단 등이 있다. 김영숙의 연구는 프로파간다 저널 『사진주보(写真週報)』의 내용 중에서 동남아시아 관련 기사를 총망라하여 분석했으며, 권오신과 양승윤은 일본의 필리핀과 인도네시아 지배에 관해 고찰했다. 그러나 이 두 논문은 일본의 원사료 및 동남아시아 현지의 사료를 직접 활용하지 않은 점이 아쉽다.

3　倉沢愛子編, 2012, 『資源の戰争―「大東亞共榮圈」の人流·物流』, 岩波書店; 後藤乾一, 1995, 『近代日本と東南アジア: 南進の「衝擊」と「遺産」』, 岩波書; 後藤乾一, 2012, 『東南アジアから見た近現代日本』, 岩波書店; 後藤乾一, 2022, 『日本の南進と大東亞共榮圈』, めこん; 中野聡, 2012, 『東南アジア占領と日本人』, 岩波書店; 根本敬, 2010, 『抵抗と協力のはざま―近代ビルマ史のなかのイギリスと日本』, 岩波書店; 柳沢遊·倉沢愛子編, 2017, 『日本帝國の崩壞―人の移動と地域社會の變動』, 慶應義塾大學出版會 등이 동남아시아 국가의 사례를 구체적으로 연구한 대표적 연구이다

4　インドネシア日本占領期史料フォーラム, 1991, 『証言集―日本占領下のインドネシア』, 龍渓書舍; 長崎暢子他編, 2008, 『資料集 インド國民軍關係者聞き書き』, 研文出版; 長崎暢子他編, 2008, 『資料集 インド國民軍關係者証言』, 研文出版.

5　버마는 1989년 국호를 '미얀마'로 변경했다. 다민족국가로서 가장 다수민족인 '버마족'의 이름을 딴 '버마'가 다른 소수민족까지 아우르지 못한다는 이유에서였다. 그러나 버마 국내에서도 여전히 버마라는 국호를 고집하는 세력도 있는 등 현재까지 혼용되고 있다. 이 글에서는 1945년 당시의 국호인 '버마'를 사용하며 수도 '양곤'의 지명도 당시의 '랑군'으로 표기한다.

의 국가와의 관계에서 찾아볼 수 있다. 일본이 '아시아 해방'이라는 전쟁 이념을 내걸고 영국, 미국, 네덜란드 등과 싸운 이상 이미 미국으로부터 1946년 독립을 약속받은 필리핀, 그리고 영국에 의해 영연방 자치령을 약속받은 버마에 대해 그들 서구 제국주의 국가가 약속한 것보다 앞서서 더욱 빠른 '독립'을 부여하지 않을 수 없었던 것이다.

이 글에서는 일본의 '대동아공영권' 구상의 허(虛)와 실(實)을 버마와 필리핀을 중심으로 고찰하여, 일본이 독립을 부여한 이유에서부터 패전처리까지를 분석하고자 한다. 주요 사료로는 버마에 대해서는 국가원수 바 모(Ba Maw, 1893~1977)의 회고록[6]과 1944년에 버마대사로 부임한 이시이 이타로(石射猪太郎, 1887~1954)의 회고록[7]을 분석하며, 필리핀에 대해서는 호세 파키아노 라우렐(José Paciano Laurel, 1891~1959) 대통령의 회고록[8]과 필리핀 대사를 역임한 무라타 쇼조(村田省蔵, 1878~1957)의 일기[9]를 분석할 것이다. 정치가의 회고록은 일반적으로 자기 합리화와 역사적 변명을 전제로 하므로 사료 검증을 통해 읽어야 하는데, 바 모의 회고록이 정계를 떠난 후 1968년 미국에서 저술된 데 비해 라우렐의 회고록은 전범

---

[6] バー・モウ, 横堀洋一訳, 1973, 『ビルマの夜明け』, 太陽出版. 이 책의 원본은 Ba Maw, 1968, *Breakthrough in Burma-Memoir of a Revolution, 1939-1945*, Yale University Press. 이 글에서는 주로 일본어판을 인용했으나 주요 부분은 영문판 내용도 확인했다.

[7] 石射猪太郎, 1986, 『外交官の一生』, 中央公論社. 이시이의 일기도 간행되었으나(伊藤隆・劉傑編, 1993, 『石射猪太郎日記』, 中央公論社) 1936년부터 1944년까지의 시기에 국한되었다. 외무성 입성 이래 일기를 썼지만, 전쟁으로 소실되어 고향에 옮겨둔 몇 권만이 남았다고 한다. 버마 대사시절에도 일기를 썼을 가능성이 있지만 현재 남아 있지 않다.

[8] ホセ・P・ラウレル, 1987, 『ホセ・P・ラウレル博士戰争回顧録』, 日本教育新聞社. 영문판 회고록은 확인하지 못했다.

[9] 村田省蔵遺稿, 1969, 『比島日記』, 原書房.

으로 체포된 직후에 요코하마(橫浜)형무소에서 집필을 시작하여 스가모(巢鴨)감옥에서 쓰여졌다는 차이에도 주의할 필요가 있다. 라우렐이 케손을 대리해서 필리핀을 통치했을 뿐 자신은 친일가가 아니라고 줄곧 주장한 데 비해, 바 모가 영국 제국주의에 대한 투쟁의식과 일본을 통해 독립을 쟁취했다는 자부심을 숨김없이 드러낸 입장차이는 바로 이런 집필 시기와 정치적 상황 차이에서 비롯되었다고 할 수 있다. 버마와 필리핀의 '독립' 과정, 내부의 정치세력과의 관계, 전쟁의 긴박한 상황과 망명 과정 등을 주재 대사와 정부 수반의 일기를 비교하면서 분석할 것이다.

이 글에서는 동남아시아에서 일본점령기에 독립을 부여받은 버마와 필리핀을 중심으로, 첫째, '독립'의 과정과 특징, 정치세력의 구성을 살펴보고, 둘째, 일본의 전황이 악화되는 가운데 '독립 정부'의 일본 망명 과정을 고찰하며, 셋째, 이러한 과정에서 '독립 정부'의 정치 인식과 일본정부 및 군부의 '독립 정부' 처우 등을 통해 동남아시아 '대동아공영권'이 붕괴되어가는 과정을 짚어보고자 한다.

2. 대동아공영권과 동남아시아

1) 대동아공영권 구상

제1차 세계대전 이후 승전국으로서 국제연맹의 일원이 된 일본은 베르사이유체제와 워싱턴체제에 적극 참여했으나 만주사변을 일으키면서 국제연맹 규약 및 부전조약(不戰條約), 9개국 조약 등과 충돌하게 되었다. 따라서 일본은 국제연맹 탈퇴를 선언한 후 일본을 중심으로 하는 새로운 국제질서를 모색했고, 중일전쟁의 장기화 속에 1940년 7월 22일에 탄생한 제2차 고노에 후미마로(近衛文麿) 내각은 이른바 '대동아(大東亞)'의 새로운 질서를 제시했다. 7월 26일에 각의(閣議)에서 결정된 기본국책요강(基本國策要綱)은, 근본방침으로 '일본을 핵심으로 하는 일본·만주국·중국의 강고한 결합을 근간으로 하는 대동아 신질서를 건설하는 것'을 국시(國是)로 하면서 이를 바탕으로 외교에서 '대동아 신질서 건설을 근간으로 하여 우선 그 중심을 중일전쟁 완수'[10]에 두었다. 이때 구상된 동아시아 국제질서는 일본·만주국·중국의 결합이 중심이었지만, 외무대신 마쓰오카 요스케(松岡洋右, 1880~1946)는 세계를 서유럽, 동아시아, 미국, 러시아 등 4개 지도국가로 나누어서 일본·만주국·중국을 핵심으로 하는 동아시아 블록, 즉 '대동아공영권(大東亞共榮圈)'의 완성을 지향할 것을 주장했다.

아시아태평양전쟁 개전 이후 일본은 동남아시아지역을 본격적으로 점령하면서 '대동아공영권'을 대외적 목표로 내세웠다. 도조 히데키(東條英機, 1884~1948) 수상은 1942년 1월 21일, 제79의회 연설에서 대동아공영권의 목적과 근본방침에 대해 "대동아 각국 및 각 민족이 각각의 위치에서 일본제국을 중심으로 하는 도의(道義)에 바탕을 두고 공존공영(共存共榮)의 질서를 확립하려고 하는 것"이라고 설명했다.[11] 이처럼 마쓰오카가 라디오 연설에서 처음 사용한 '대동아공영권'이라는 용어는 이후 조

---

10 JACAR, A06033004700,「基本國策要綱」.
11 波多野澄雄, 1996,『太平洋戰爭とアジア外交』, 東京大学出版會, 23쪽.

금씩 성격이 변화하면서 일본 패전 때까지 사용되었다.

한편, 일본 육군은 유럽 정세 및 미일관계의 변화 속에서 동남아시아에 식민지를 가지고 있는 프랑스와 네덜란드가 독일에 항복하는 상황을 주시하면서 이른바 '남진(南進)'의 기회를 노리게 되었다. 남진론은 1940년 9월에 체결된 삼국동맹에 대한 미국의 반발을 계기로 영미의존에서 벗어날 자치권 건설에 대한 모색이기도 했다. 일본군은 1940년 북부 프랑스령 인도차이나에 진주하고 이듬해 7월에는 남부 프랑스령 인도차이나로 진격했다. 이는 삼국동맹 체결과 마찬가지로 미일관계에 악영향을 미쳤고 결국은 개전으로 이어지는 계기가 되었다.

대동아공영권 구상 자체는 성공하지 못한 채 역사 속에서 사라졌지만, 그 의의와 사상에 관한 연구는 일본에서 1970년대 이후 본격적으로 등장했다.[12] 한국에서는 사상사와 대동아국제법 등 제한된 분야에서 연구되었다.[13] 대동아공영권을 동남아시아와 조선에 주목해서 분석한 것으로는 이형식의 연구가 유일하다.[14]

---

12 岡部牧夫·小田部雄次, 1989, 「大東亞共榮圈の支配と矛盾」, 『十五年戰爭史 第三卷』, 青木書店; 岡部牧夫, 1992, 「〈大東亞共榮圈〉と東條政權」, 『歷史評論』 508; 後藤乾一, 1994, 「大東亞共榮圈の實像」, 『「帝國」日本とアジア』, 吉川弘文館; 安部博純, 1996, 『日本ファシズム論』, 影書房; 波多野澄雄, 1997, 『太平洋戰爭とアジア外交』, 東京大學出版會; 河西晃祐, 2012, 『帝國日本の拡張と崩壊』, 法政大學出版會.

13 임성모, 2005, 「대동아공영권 구상에서의 '지역'과 '세계'」, 『세계정치』 26-2; 김경일, 2005, 「대동아공영권의 '이념'과 아시아의 정체성」, 『동아시아의 지역질서』, 창비; 최규진, 2014, 「대동아공영권론과 '협력적' 지식인의 인식지형」, 『역사문화연구』 50; 송병권, 2017, 「일본의 전시기 동아국제질서 인식의 전후적 변용 - '대동아국제법질서' 론과 식민지 문제 - 」, 『사림』 61.

14 이형식, 2018, 「'내파(內破)'하는 '대동아공영권' -동남아시아 점령과 조선통치-」, 『사총』 93.

2) 대동아공영권과 동남아시아

1941년 12월의 아시아태평양 개전에서는 미국에 대한 기습공격과 더불어 서구 열강의 동남아시아 식민지에 대한 공격도 동시에 진행되었다. 동남아시아에서 일본군은 미군을 상대로 진주만에서 필리핀 카비테(Cavite)항으로 전선을 옮겨갔고, 그 밖에 말레이 해안과 홍콩, 수마트라 등지에서 전과를 올렸다. 일본군은 동남아시아 방면 육군부대를 총괄하는 총군으로 1941년 11월 6일 남방군(南方軍)을 창설하고 그 휘하에 필리핀 방면을 담당하는 제14군, 버마 방면을 담당하는 제15군, 자바 방면을 담당하는 제16군, 말레이작전을 담당하는 제25군을 두었다.

일본군은 1941년 12월 25일 홍콩 함락, 1942년 1월 2일 마닐라 점령, 2월 15일 싱가포르 함락, 3월 8일 랑군 점령 등 파죽지세로 동남아시아지역을 장악했다. 군사적 점령 후 일본은 각지에서 군정을 실시했는데, 지배 양상은 지역에 따라 달랐다. 고토 겐이치(後藤乾一)는 이를 세 종류로 분류했는데, 첫 번째 유형은 '동맹' 관계로서 동남아시아 유일의 독립국인 태국과의 관계이다. 두 번째는 구 종주국과의 이중지배로서 프랑스령 인도차이나와 포르투갈령 티모르가 이에 해당한다. 세 번째는 그 밖의 지역으로서 일본군이 직접 군정을 실시한 지역이다. 이 지역은 버마, 필리핀과 같이 일본이 '독립'을 부여한 국가와 인도네시아, 말레이, 싱가포르 등 일본군이 직접 통치한 지역으로 나뉜다.[15]

그렇다면, 일본이 구상한 대동아공영권의 범위는 어디까지일까? 기존의 일본·만주국·중국에 동남아시아가 대동아공영권의 일원으로 편

---

15 後藤乾一, 1995, 『日本の南進と大東亞共榮圏』, 140쪽.

입되었다. 당시 일본이 생각했던 대동아공영권의 범위와 위상은 일본이 1943년 11월에 개최한 대동아회의를 통해 잘 드러난다. 도조 수상은 1943년 5월 31일 어전회의에서 대동아전쟁 완수를 위해 여러 국가와 여러 민족의 전쟁 협력 강화를 위한 방책을 제시함과 동시에 10월 하순에 대동아 각국의 지도자를 모아 전쟁 완수와 대동아공영권 확립이라는 확고한 결의를 천명하고 전쟁 완수에 매진하도록[16] 하겠다고 설명했는데 각국에 대한 구체적인 방책에는 식민지가 포함되지 않았고, 기타 점령지역(말레이, 수마트라, 자바, 보르네오, 셀레베스)에 대해서는 '민도가 낮아 독립 능력이 결핍'되었다고 평가했다. 따라서 일본이 생각하는 대동아공영권의 범위는 식민지를 제외하고, 만주국과 난징(南京)정부, 그리고 태국, 프랑스령 인도차이나, 버마, 필리핀 등 동남아시아 일부 국가라는 것을 알 수 있다. 11월 5일에 개최된 대동아회의에 참가한 것은 버마, 만주국, 난징정부, 일본, 태국, 필리핀, 자유인도 임시정부였으며, 식민지 조선 및 타이완은 물론, 동남아시아 총인구의 60% 이상을 점하는 인도네시아, 말레이시아, 프랑스령 인도차이나를 제외한 것은 기본적 결함[17]이라고 지적할 수 있다.

대동아회의 개최 이전인 8월에 일본은 버마에 '독립'을 부여하고, 10월에 필리핀 '독립'을 추진하여 대동아공영권의 기본 틀을 갖추고, 싱가포르에서 인도 출신 패잔병들을 모아 인도국민군을 창설하고 10월 21일에는 자유인도 임시정부의 수립을 선언했다. 그런데 일본의 패색이 짙어가는 가운데 1943년 11월 5일에 개최된 대동아회의에서 연합국과

16　JACAR, C12120193900, 「4, 第10回御前會議に於ける內閣總理大臣說明」.

17　김영숙, 2022, 『『사진주보(写真週報)』를 통해 본 일본의 동남아시아 침략과 '대동아공영권' 구상』, 『한림일본학』 41, 179쪽.

의 관계 회복을 고려한 태국의 피분 송크람 수상이 직접 참가하지 않고 대리를 파견한 점, 참가를 희망한 인도네시아가 초청받지 못함으로써 인도네시아 지도자들의 일본에 대한 불신을 증폭시켰다는 점, 각국 대표들이 공식 발언과 회담에서 일본의 의도와는 상관없이 자기 목소리를 내었던 점[18]은 대동아공영권의 균열을 보여준다.

더욱이 일본 안에서도 자주독립, 호혜평등을 '대동아공영권'의 이념으로 내세우며 점령지의 자발적인 전쟁협력을 끌어내려는 시게미쓰 마모루(重光葵)의 주장과 일본의 중핵적인 지위 확보와 각 민족의 협력을 주장하는 야베 데이지(矢部貞治)의 주장이 충돌[19]하는 등 동아시아 국제질서로서도 일관성을 갖지 못했다.

3. 버마의 정치 현실-제국주의와 민족주의, 그리고 '독립' 모색

1) 영국의 버마 지배와 버마 정치권의 동향

1885년 3차에 걸친 영국과의 전쟁에서 패한 결과, 이듬해 3월에 전 버마가 영국령 인도의 한 주로 편입되면서 영국의 지배를 받게 되었다.

---

18 김영숙 편·해설, 2022, 『대동아공영권의 허상과 모순-『사진주보(写真週報)』로 보는 일본의 동남아시아 침략』, 동북아역사재단, 295쪽.
19 이형식, 2018, 「'내파(內破)'하는 '대동아공영권'-동남아시아 점령과 조선통치-」, 89~90쪽.

제1차 세계대전 이후 영국은 국제적 반제국주의 흐름 속에 내셔널리즘이 강했던 인도 본토에 대해 단계적으로 자치를 부여하는 한편, 1923년 버마주에도 토착민을 입법부와 행정부에 참가시키는 양두제를 도입했다. 영연방을 구성하는 주권국가(dominion)의 지위를 획득하는 것을 목표로 버마가 식민지의회에 적극적으로 참가하게 된 반면, 1920년대부터 학생운동, 노동운동 등을 통해 반영독립운동이 격화되었다. 이에 대해 영국은 1935년 버마통치법을 제정하여 버마를 인도에서 분리해서 직할령으로 삼는 한편, 영국 총독은 버마에 버마인으로 구성된 내각을 조직할 것을 허용하여 버마인을 회유하려 했다. 1937년 4월에 버마통치법이 발효되면서 상하 양원제가 실시되어 총독이 수상을 지명했는데, 버마인 최초로 수상으로 지명된 인물이 바로 바 모(Ba Maw)였다. 하지만 행정, 입법, 사법은 영국 총독이 장악하고 있었기 때문에 내각은 총독의 보좌기관에 불과했다.

바 모는 영국 식민지 버마에서 왕조의 고관을 지낸 아버지와 버마인과 포르투갈인의 혼혈인 어머니 사이에서 태어났다. 그는 랑군 칼리지와 인도의 캘커타대학을 거쳐 영국 케임브리지와 법학대학원을 졸업하고 영국에서 변호사 자격을 획득했으며, 버마인 최초로 프랑스의 보르도대학에서 철학박사 학위를 취득했다. '바 모 박사'라고 불리었던 그는 민중과는 거리가 먼 고학력 엘리트였지만, 귀국 후 랑군에서 변호사로 개업해서 반영농민반란 피고의 변호를 맡아 '애국적 변호사'로 이름을 날리게 된 것을 계기로 식민지의회에서 의원에 선출되어 정계에 입문했고, 이어서 버마주지사에 의해 교육장관으로 지명되었다. 바 모는 온건좌익 정당을 결성해서 선거에서 당선되었는데, 그의 정당은 '빈민사상'에 바탕을 둔 5개년계획(빈민의 세금 경감, 의무교육 실시, 농민 부채 조정, 경작권 확보, 저리 융자 실시 등)을 실현시켜 그 과정에서 영국에 대한 버마의 자치권 강화를 요구했다. 제1여당이 내분으로 수상 후보를 내지 못하자 제2당 당수인 바 모가 코크레인 총독에 의해 최초의 버마인 수상으로 지명을 받은 것이었다.

　영국의 체임벌린(Chamberlain) 내각은 1939년 11월에 시기를 명시하지는 않았지만, 장래 버마의 자치령화를 약속했다. 친영적 버마인 엘리트들은 1920년대부터 시작된 버마에 대한 영국의 단계적 자치부여 노선과 영국이 부여하는 의회제민주주의나 근대 관료제에 공감하면서 버마의 정치적 자립을 지향하고 있었다. 여기서 말하는 정치적 자립은 반드시 공화제에 의한 완전 독립이 아니더라도 영국 식민지에서 벗어나 영연방의 자치령(dominion) 지위를 확립하는 것을 의미했다. 영국 지배 아래서 최초로 버마인 수상이 된 바 모 역시 경력과 정치적 행보에서 친영 엘리트라고 할 수 있었는데, 수상이 되었을 때만 해도 영국 자치령이 되는 날을 기대하고 있었다.

　소수 여당 당수인 바 모는 하원에서 몇 번이나 불신임안 결의를 경험하고도 다른 당이나 영국계 버마인 의원들과 연립해서 위기를 넘길 수 있었다. 그런 바 모 정권도 1939년 2월 16일의 불신임안 가결은 막지 못했다. 버마인 의원 65%가 불신임안에 찬성한 것이 가결의 직접적 이유였지만 바 모 자신은 9명에 불과한 유럽계 의원들이 자신의 불신임에 찬성한 데 더욱 배신감을 느꼈던 듯하다. 1939년 9월에 바 모는 타킨당의 권유로 대중 반영조직 자유블럭을 결성해서 의장에 취임하면서, "내가 수상을 그만두게 된 것은 9명의 영국인 의원이 나를 배신했기 때문이다"라고 비난했다. 그렇게 하야해서 야당 당수가 된 바 모는 '반영 투사'가 되었다.[20] 그는 자신의 실각 후 성립된 신내각에 대해 "영국이나 기득권을 가진 세력과 좋은 관계를 이어갈 수 있겠지만 그건 그들이 어떤 정책도 펴지 않아서 손발을 묶어둘 필요도 없기 때문이다"라고 신랄하게 비판했다.[21]

한편, 바 모의 빈민당과 더불어 버마 근대사의 한 축을 담당한 것은 타킨당이었다. 불교청년회에서 갈라져서 도시지역과 농촌을 아우르는 운동을 전개하는 한편, 랑군대학 학생파업을 지원하면서 성장한 정치세력은 1930년에 '우리버마협회'라는 정치단체를 결성했다. 통칭 타킨당이라 불리는 이 그룹의 주요 당원들은 상인, 변호사, 지주 등 버마 중산층 출신으로 영국에 타협하지 않는 단결력을 가진 통일적 내셔널리즘단체를 지향했다. 1935년부터 본격적으로 활동하면서 전국으로 세력을 넓혀갔고 1936년 랑군대학의 학생 파업을 지원하면서 학생운동 출신들을 입당시켰다. 버마독립의 아버지라 불리는 아웅 산(Aung San, 1915~1947)을 비롯하여, 버마 독립 후의 초대 수상 우 누(U Nu, 1907~1995), 1962년에서 1988년까지 정권을 잡은 네윈(Ne Win, 1911~2002) 등이 모두 타킨당 출신이다.[22] 버마인은 따로 성을 쓰지 않는데, 타킨당원들은 버마어로 '주인'이라는 의미의 '타킨'을 이름 앞에 붙여 쓴다.

당시 버마 독립운동을 주도하던 타킨당의 노선은 세 가지로 나뉘었는데, 첫째는 의회를 통해 점진적으로 독립을 획득하려는 타킨 바세인을 중심으로 하는 온건파, 두 번째는 아시아의 파시스트와는 협력하지 않겠다

20　根本敬, 2010, 위의 책, 56~60쪽.
21　バー・モウ, 1973, 『ビルマの夜明け』, 30쪽.
22　根本敬, 2010. 위의 책, 37~39쪽.

는 우 누를 중심으로 하는 노선, 세 번째 그룹은 독립을 위해서는 외국의 힘도 빌려야 한다는 입장[23]을 내세웠는데 아웅 산이 리더였다.

2) 일본군의 버마 점령과 '버마공작'의 전환

영국 식민지 버마는 첫째, 만주사변 이래 장기간 교전중인 '중국의 뒷문'이자 대영제국의 중추적 식민지 '인도의 입구'라는 전략적 요지라는 점, 두 번째는, 석유와 쌀의 중요 공급원[24]이라는 점에서 매우 중요했다. 중국의 뒷문이라는 지정학적 위치를 이용하여 연합군은 충칭(重慶)의 중국국민정부를 원조하기 위한 물자를 보냈는데, 버마 랑군에서 라시오(Lashio)를 거쳐 중국 윈난성(雲南省) 쿤밍(昆明)에 이르는 이 루트는 '버마 루트'라고 불리고 있었다. 당시 영국과 미국을 비롯한 서구열강의 중국 국민정부 원조 루트로는 홍콩 루트, 소련 루트, 프랑스령 인도차이나 루트 등이 있었는데, 다른 루트들이 봉쇄된 후에도 버마 루트는 중국에 대한 군사적 지원의 중요한 거점이 되고 있었다.

일본은 1940년 9월 22일에 북부 프랑스령 인도차이나에 군대를 진주시키고, 9월 27일에 독일 및 이탈리아와 삼국동맹을 체결했다. 그리고 남방정책을 더욱 적극적으로 추진하기 위한 준비를 했다. 그중 하나로 1940년 11월 5일 육군 나카노학교(中野學校)[25]를 졸업한 장교 10명, 하사

---

23 泉谷達郎, 1989, 『ビルマ独立秘史―その名は南機関』, 徳間書店, 31~32쪽.
24 後藤乾一, 1995, 위의 책, 203쪽.
25 육군 나카노학교는 일본의 정보기관 중 하나로 첩보나 방첩, 선전 등에 관한 교육이나 훈련을 목적으로 설립한 군사교육기관이다. 중일전쟁 후 1938년에 '방첩연구소'라는

관 14명을 타이완에 파견했다. '남방반' 소속으로 특별훈련을 받은 그들은 대체로 24~25세의 나카노학교 2기생이었다. 군복을 벗고 군속으로 신분을 위장한 그들은 타이완총독부 근처 군사령부 참모부 별반에 근무하면서 매일 오전에는 남방제국의 문헌을 읽으며 자습하고, 오후에는 어학수업으로 말레이어와 베트남어 회화를 배웠다.[26] 이렇게 양성된 동남아시아 전문가 중 일부가 1941년 2월 남방기업조사회의 방콕본부요원으로 파견되었는데, 이 기관의 정체가 바로 미나미기관(南機關)이라는 모략기관이었다.

육군 참모본부 제2부 8과(모략 담당) 소속으로 대본영 제10과장을 겸임하고 있던 스즈키 게이지(鈴木敬司, 1897~1967)는 1939년 12월부터 네덜란드령 동인도에 주재했는데 1940년 6월부터 10월까지 미나미 마스요(南益世)라는 가명으로 버마에 잠입해서 정보자료를 수집했다. 당시 육군은 버마에 대한 정보가 없었지만, 해군 쪽은 해군병학교 41기생인 예비역 대위 고쿠부 쇼조(國分正三, 1891~1974)가 상관 폭행으로 면직당한 후 1924년부터 버마에 거주하면서 버마 민족독립운동의 움직임을 상세히 파악하고 있었다. 고쿠부의 도움으로 타킨당원과 접촉한 스즈키는 아웅 산과 라미양이 중국의 조력을 얻으려고 아모이[Amoy, 샤먼(廈門)]로 탈출했다는 정보를 얻었다. 스즈키는 미리 손을 써서 일본 조계에서 그들을 일본으로 연행하여 개인적으로 원조하는 한편, 참모본부에 버마 공작의 중요성을 설득했다. 마침내 1941년 2월에 스즈키 대좌의 가명인 미나

이름으로 창설되어, 1940년에 '육군 나카노학교'로 이름을 바꾸었으며, 1941년에 참모본부 직할 군학교가 되었다.

26 泉谷達郎, 1989, 위의 책, 13~16쪽.

미를 따서 정식으로 미나미기관이 발족했으며, 스즈키는 타킨당원들에게 버마독립을 위한 무기와 비용 원조와 교육훈련을 약속했다. 방콕에 본부를 둔 미나미기관은 타킨당이 인선한 버마 청년 30명을 비밀리에 탈출시켜 하이난섬(海南島)과 타이완에서 군사훈련을 행했는데, 이들이 바로 오늘날 버마 군부의 뿌리가 되는 '30인의 동지'들이다.

일본군은 하와이 진주만 기습 거의 1시간 전인 오전 2시 15분에 영국령 말레이반도의 코타바루(Kota Bharu)에 상륙했다. 중일전쟁 이래 영국의 이권을 잠식해온 일본은 미국과의 전쟁을 시작하기에 앞서 영국을 먼저 공격한 것이다. '버마 지사 30명을 획득하여 군사훈련을 시킨 후 버마 영내에 잠입시켜 게릴라전을 전개하여 버마 루트를 차단함과 더불어 버마인들이 염원하는 독립을 달성하게 한다'라는 목표[27]를 추진하던 미나미기관은 개전에 따라 작전을 수정하지 않을 수 없었다. 스즈키는 제15군 참모들과 협의하면서 방콕 시내에 버마독립의용군 본부를 설치하고 타이완에 있던 아웅 산 등을 방콕으로 불러 12월 23일 버마독립의용군 모병을 시작했다. 그 결과 1941년 12월 28일 버마 청년 지원병 200여 명을 기반으로 하는 버마독립의용군(Burma Independence Army, BIA)이 정식으로 발족했는데, 사령관 스즈키 외에 일본인 74명이 포함되었으며, 아웅 산은 고급참모에 임명되었다.

당초 미나미기관은 일본군의 버마 공략작전에 호응해서 전 버마에 '소란을 발생시켜 적의 작전지도를 불가능하게 함과 더불어 버마인이 전면적으로 협조하게 하는 것'을 목적으로 버마공작계획을 기안하여 제15군의 승인을 받았는데, 초반에는 '버마 독립을 지원'하는 모략과 남방

---

[27] 泉谷達郎, 1989, 앞의 책, 109쪽.

군의 방침에 모순이 없었지만, 버마 전역에 대한 공략작전을 추진하면서 점차 충돌하게 되었다. 스즈키가 제출한 '버마 남부를 제압하면 임시정부를 수립'하는 안과는 다른 '버마 군정요령'이 1942년 1월 중순에 기안되었다. 그 내용은 '되도록이면 현지기관을 이용하여 군정을 시행하고', '서둘러 독립정권을 수립하지 말고 주요 인물들을 정치기구에 흡수'시키는 것이었다. 이 사이에 일본정부 안에서는 도조 히데키 수상의 '만주국 모델'이나 '가부장적 공영권'에 반대하는 도고 시게노리(東郷茂徳, 1882~1950) 외무대신이 대동아성(大東亞省) 설치를 둘러싸고 사직[28]하는 등 갈등이 있었다.

3) 일본의 버마 점령 정책 변화와 버마 '독립'

일본군은 예상보다 일찍 종료된 싱가포르 공략전의 사단을 버마에 투입해서 1942년 5월까지 버마 전토를 제압했다. 일본군은 버마를 점령한 후 군정에 협력할 지도자로 타킨당의 젊은 리더가 아닌 전 수상 바 모를 낙점했다. 바 모는 제2차 세계대전의 와중에 코크레인 총독에 의한 긴급치안법인 버마방위법에 의해 1940년 8월에 체포, 구금되었다. 그는 일본군의 침략으로 버마 국내가 어수선한 틈을 타서 1942년 4월 13일에 형무소에서 탈출하는 데 성공했고, 바 모의 행방을 찾던 일본군 헌병대에 의해 5월 13일 만달레이 북쪽 마을에서 발견되었다.

1942년 6월 2일, 이다 쇼지로(飯田祥二郎, 1888~1980) 제15군 사령관

---

28 中野聡, 2012, 『東南アジア占領と日本人』, 220~227쪽.

은 바 모를 위원장으로 하는 중앙행정기구설립준비위원회를 발족시키는 한편, 버마독립의용군에서 선발한 3,000명의 병사로 아웅 산을 사령관으로 하는 버마방위군(Burma Defence Army, BDA)을 편성했다. 1942년 6월 11일에 하달된 '미나미공작 처리 요령'에 따라 정치공작을 제15군 군정기관으로 이관하고, 미나미기관원은 버마방위군에 편입되거나 다른 기관에 취직[29]하는 등 사실상 해산되었다. 버마독립의용군을 축소시키고 군정을 실시한 것은 독립을 꿈꾸던 버마 청년들을 실망시켰고 이로써 일본군의 버마공작은 전면 재편되었다.

일본군이 타킨당을 정치적 파트너로 선택하지 않은 것은 그들이 30살 전후의 젊은층이라는 점과 그 넘쳐나는 반영 에너지가 언제 다시 반일로 전환될지 모른다는 의구심이 있었던[30] 점, 버마에 진격한 후 각지에서 많은 버마청년의 지원을 받아 7,000~8,000명 정도로 규모가 커진 버마독립의용군에 대한 우려가 있었다.

그렇다면 일본이 동남아시아 점령지역 중에서 가장 먼저 버마에 '독립'을 부여한 이유는 무엇일까? 1943년 1월 14일에 정부 연락회의에서 결정된 '점령지 귀속 복안'에서 '종래의 정치적 경위 등을 고려하여 독립을 허용'하는 곳으로 버마와 필리핀을 결정했다. 버마 독립 결정 이유를 살펴보면, 1) 1886년 영국 지배를 받기 전에 독립국이었고 1937년 이후 '영제국 안에서 준자치령적 지위'를 인정받아 독립을 희망하며, 일정한 자치능력을 갖고 있다. 2) 일본의 입장에서 보면 버마는 '대동아방위상 서방의 요충'이므로 군사적 결합을 강화할 필요가 있다. 3) 개전 후의

---

29 JACAR, C01000661500, 「緬甸工作に関する件」.

30 根本敬, 2010, 위의 책, 61쪽.

그들 민중의 적극적 협력을 고려하여 독립을 허용하는 것은 인도 민중에 미치는 정치적 영향도 생각할 때 적당하다. 4) 독립을 부여한 후에도 '외교, 경제'면에서 제휴협력을 강화하여 '평화적 결합'을 강고히 할 필요가 있다[31] 등으로 정리해 볼 수 있다. 즉, 버마의 정치적 경위와 군사적 가치, 독립 후의 외교·경제적 효과 등을 고려한 조치였다. 도조 수상은 7월 29일 추밀원 전원위원회에서 버마의 특수성을 다음과 같이 설명했다. "지금 대동아전쟁을 하고 있고, 버마는 우리 전쟁터이다. 버마는 자력만으로는 독립할 힘이 없지만 다년간 독립에 대한 열망을 가지고 있으므로 버마 국민의 뜻을 적극적으로 받아들여서 대응하고 있다. 황군이 엄연히 존재하기에, 비로소 버마의 오랜 염원인 독립이 달성된다는 것을 전제로 이해해 주기 바란다. 버마는 버마인의 버마이지만, 대동아공영권의 일원으로서 도의국가(道義國家)이며 따라서 세계신질서 건설에 협력하지 않으면 안 된다"라고 강조했다.[32] 즉, 다년간 영국을 상대로 독립운동을 해온 버마인들의 열망을 일본군이 실현시켜줌으로써 대동아공영권에 편입시키고, 일본을 중심으로 하는 국제질서 건설에 협력하게 하려는 것이었다. 영국이 시기는 특정하지 않았지만, 버마에 영연방 자치령을 약속한 바 있었기 때문에 일본이 독립을 먼저 부여함으로써 버마인의 자발적인 협력을 유도하려 했다.

한편, 바 모는 왜 일본과 손을 잡기로 결단했던 것일까? 그가 일본 패전 후 연합군최고사령관 총사령부(GHQ)에 자수한 후 "왜 일본에 협력하

31　JACAR, B02032868200, 「4.占領地帰属問題(付)マライ独立問題(インド独立問題はA.7.0.0.9-56, ビルマ独立問題はA.7.0.0.9-39-1, フィリピン独立問題はA.7.0.0.9-96」.
32　伊藤隆·広橋真光·片島紀男編, 1990, 『東篠内閣総理大臣機密記録』, 東京大学出版会, 512쪽.

게 되었는가?"를 묻는 영국군의 심문에 대해, "아웅 산을 비롯한 모든 관계자가 버마 사람들을 전쟁의 참화에서 구하기 위해서는 바 모에게 국가 운영을 맡겨야 한다고 강하게 주장했기 때문이다"라고 답변했다. 즉, 일본군이 장악한 행정기구를 되찾기 위해서 협력을 결의했고,[33] 아웅 산 등 관계자의 지지를 얻었다고 자신을 정당화했다.

바 모는 일본군의 요청을 받아들여 중앙행정기관 설립준비위원장을 거쳐 같은 해 8월 중앙행정부 장관에 취임했다. 그리고 1943년 8월 1일, 버마는 일본에 의해 '독립'을 부여받아 성대한 독립기념식을 거행했다. 가와베 마사카즈(河邊正三, 1886~1965) 대장이 일본의 군정 철폐를 선언함으로써 버마가 독립주권국가임을 선포하고 새 헌법을 공포했다. 또한 버마방위군은 버마국군(Burma National Army, BNA)으로 재편되었다. 독립 버마국에 대해 일본을 비롯하여, 독일, 이탈리아, 태국, 중화민국, 만주국, 크로아티아, 슬로바키아, 불가리아 및 바티칸 10개국이 승인했으며, 스웨덴 언론은 호의적으로 보도했다. 독립과 동시에 버마는 일본과 군사비밀협정을 체결했는데 이는 버마의 주권을 제한하는 것이었다. 일본군은 버마 국내에서 자유롭게 행동하면서 버마국군과 버마 경찰에 대한 지휘권을 갖기 때문에 병력 20만이 넘는 일본군은 독립 버마에 남아 정치, 경제, 사회에 대한 압력을 계속 행사할 수 있었다.

다음으로 바 모 정부의 구성원을 살펴보자. 영국 지배 아래서 자치령을 목표로 활동했던 친영적 버마인 엘리트들은 본래 바 모나 타킨당과는 정치적 입장을 달리하는 실업가, 정부고관 출신이었으나, 다수가 바 모 수상 아래의 '버마국'에 협력해서 법안 심의를 담당하는 주요 업무를 담당

---

33 根本敬, 2010, 위의 책, 62쪽.

했다. 일본군의 침략으로 영국 지배가 단숨에 무너지는 것을 목격한 버마인 내셔널리스트들은 친영이냐, 친일이냐의 선택을 떠나 버마를 지배하는 일본에 협력함으로써 버마의 정치적 자립을 추구하고자 했다. 또한, 바 모는 구 자유블럭 출신 정치가들을 등용하는 한편, 우 누를 외무장관으로, 아웅 산을 국방장관으로 기용해서 야당만 경험했던 젊은 타킨당 출신자에게도 정치경험을 쌓을 기회를 제공했다.[34]

4) 바 모의 정치 인식-반영과 친일 사이의 모순과 굴절

앞에서 설명한 바와 같이 친영 엘리트의 길을 걷다 반영투쟁으로 전환했던 바 모는 자신을 '독립 버마국'의 국가원수로 만들어 준 일본 군정 관련자들에 대해서는 대체로 긍정적인 평가를 했다. 제15군 사령관으로 버마 군정을 담당했던 이다 사령관에 대해서는 인간적이고 자애로운 아버지와 같은 이해심이 있는 인물이라고 묘사하면서 '겉으로야 어떻든 뿌리부터 군국주의자는 아니다'라고 평가했다. 1942년 2월에 제15군 참모장으로 부임한 나스 요시오(那須義雄, 1897~1993)에 대해서는 '내가 접해본 일본군 중에서도 걸출한 인물 중 한 사람', 육군사정장관으로 부임해 시 버마국 '독립' 직전의 버마행정부의 관방장을 역임한 다카노 겐신(高野源進, 1895~1969)에 대해서는 '우리 머리를 짓누르고 있던 다른 고문들을 감독하는 입장'이라고 평가했다. 또한 버마군정기관 최고정치고문으로 버마의 종교 유물을 일본으로 이송하는 것을 감독했던 사쿠라이 효고

---

34   根本敬, 2010, 앞의 책, 62~65쪽.

로(桜井兵五郎, 1880~1951)에 대해서는 '일본 정부의 일원으로 불교미술과 문화를 참으로 사랑했던 군정고문'이라고 적었다. 바 모는 "이다 중장이나 스다 대좌와 같은 인물이 버마 주둔군의 지휘를 맡았던 초기는 우리에게 행운이었다고 할 수 있으며, 그들은 군의 지배 아래 최초의 어려움을 극복하는데 커다란 힘이 되었다"라고 회상했다.[35]

그렇다고 바 모가 군정 관계자에 대해 순수한 신뢰를 품은 것은 아니었다. 일본 군부에 의해 '정부 수립' 명령이 내려진 1942년 8월 무렵 "당신들은 우리나라를 점령하고 있는가, 아니면 우리와 협력해서 공통의 전쟁을 싸우고 있는가?"라고 일본군 책임자에게 질문해서 "군사적으로 우리는 버마를 점령하고 있다"라는 대답을 들었고,[36] 버마인을 마음대로 때리고 차며 심지어 얼굴에도 폭력을 가하는 일본인들의 행위에 대해서도 알고 있었다. 그렇지만 이다 사령관이 즉석에서 폭력행위 금지 명령을 내려주자, 일본군의 폭력적 지배를 전쟁에서 야만이 된 군대가 점령한 외국에서 하는 만행[37]이라고 일반화했다. 즉, 그는 버마 현지 일본군대의 점령군 인식이나 폭력성과는 별개로 일본의 지배정책을 신뢰했다.

바 모는 특히 도조 총리를 높이 평가했는데, 1943년 3월부터 일본 패전에 이르기까지 도조를 다섯 번이나 만났을 정도로 남방공영권 가운데 일본 측 수뇌와 가장 자주 접촉이 많았던 지도자였다.[38] 그는 1943년 3월 18일부터 28일까지 도쿄를 방문하여 처음으로 도조를 만났을 때의

---

35 バー·モウ, 1973, 『ビルマの夜明け』, 277~278쪽.
36 バー·モウ, 1973, 앞의 책, 275쪽.
37 バー·モウ, 1973, 앞의 책, 277~278쪽.
38 後藤建乾一, 『日本の南進と大東亞共榮圈』, 206쪽.

감상을, '찬드라 보스나 나에게 멋진 인상을 주었을 뿐 아니라 그를 만난 모든 동남아시아의 지도자들에게도 깊은 인상을 주었다'라고 적었다.[39] 두 번째 만남은 같은 해 7월 5일 싱가포르에서였는데, 버마 독립에 즈음하여 도조는 일본이 태국에 양도할 가장 동쪽에 있는 두 지역인 쿵퉁(Kengtung)과 몽판(Mongpan)을 제외한 모든 샨(Shan) 주를 버마에 넘기기로 결정했다는 소식을 전했고, 버마에 대한 일본군의 정책과 행동에 불만을 표출하는 바 모에게 엄격한 조치를 약속했다. 도조 역시 바 모에 대해 "버마를 짊어지고 간다는 자부심이 있으므로 때로는 거슬리는 요구를 하더라도 버마를 크게 품기 위해서는 오히려 그들 뜻을 펼치게 하고, 일본이 그 위에 크게 그물망을 쳐두면 된다"라고 말했다.[40] 도조로서는 직언을 서슴지 않는 바 모가 거슬릴 때도 있었지만 그만큼 버마 통치를 맡길 만하다고 보았던 것이다.

1943년 3월 초순 일본 정부가 버마사절단을 일본에 초대했을 때 일행을 인솔한 것은 갓 부임해온 버마방면군 참모부장(參謀副長) 겸 군정감부 총무부장과 버마대사관 소속 무관을 겸한 이소무라 다케스케(磯村武亮, 1898~1945)였다. 바 모는 인솔자 이소무라를 '전쟁 가운데 독립 전야를 맞으려는 우리 생활에 가장 불길한 그림자를 드리운 한 남자'라고 표현했다. 바 모 일행은 도중에 싱가포르에서 남방군총사령관 데라우치 히사이치(寺内寿一, 1879··1946) 원수를 방문하고 도쿄에서 도조 총리와 천황을 만났다. 이소무라는 대담에서의 질문이나 바 모의 발언을 미리 규제하려고 했으며 사절단의 행동을 감시했다. 바 모가 "버마에 있는 군국

---

39 バー・モウ, 1973, 위의 책, 323쪽.

40 伊藤隆·広橋真光·片島紀男編,『東篠内閣総理大臣機密記録』, 509쪽.

주의자가 맘속으로 우리를 '정복한 국민'으로 바라보고 있을 때 일본 내지에서 만난 민중이나 정부는 우리를 아시아 공통의 전쟁에 참가하기 위해 멀리서 방문한 아시아인 동지로 바라보고 있는 것을 알 수 있었다"라고 회상한 것은[41] 시사하는 바가 크다. 즉, 버마에 주둔한 일본군의 감시와 폭력이 심한 만큼 도쿄 지도자들의 환대를 버마에 대한 동지적 대우로 생각하게 된 것이다. 초기의 미나미기관에서 군정, 버마 '독립'에 이르는 점령정책의 변화 속에서 버마 정부에 대한 감시와 압박이 점차 강화된 것을 알 수 있다.

바 모가 회고록에서 가장 높이 평가한 인물은 인도 독립운동가 수바스 찬드라 보스[42]였는데, 자신의 회고록 한 장(章)을 보스에게 할애했을 정도였다. 보스는 제2차 세계대전 중에 독일과 일본의 도움을 받아 인도를 독립시키려고 한 인물이지만, 인도에서는 간디나 네루와 더불어 독립운동가로서 높은 평가를 받고 있다. 1943년 7월에 도조가 2주간 태국, 말레이시아, 수마트라, 보르네오를 방문했을 때 바 모는 싱가포르에서 보스를 처음 만났다. 바 모는 보스를 '한 번 만나면 잊을 수 없는 남자'라며, 그의 위대함은 매우 걸출하다고 평가했다. 도조가 귀국한 후 바 모는 보스와 자유롭게 대화를 나눌 수 있었는데, 유럽에서 전쟁을 목격하고 독일과 소련의 지도자를 만나고 온 보스의 냉정하고 임상적인 분석에 귀를 기울였다. 바 모는 몇 가지 점에서 보스와 의기투합했는데, 첫째는 영국 식민주의는 절대 타협할 수 없는 적이며, 전쟁에서 적의 적은 친구이자 동맹

41　バー・モウ, 1973, 위의 책, 318~320쪽.
42　수바스 찬드라 보스와 인도독립운동에 관해서는 , 김영숙, 2024, 「자유인도임시정부와 인도국민군, 일본 침략전쟁에 기댄 인도 해방의 꿈」, 『史林』 89 참조.

자이라는 점, 둘째, 어떠한 이유가 있어도 지금 걷고 있는 길을 돌이킬 수 없다는 것이었다.

두 번째 만남은 버마의 독립선언식에 바 모가 개인적으로 보스를 초대함으로써 이루어졌다. 바 모는 버마가 독립선언과 동시에 영국과 미국에 선전을 포고한 것이 보스에게 인도 해방을 위한 유혈투쟁을 결의하게 했다고 생각했다. 싱가포르로 돌아간 보스가 1943년 10월 20일에 자유인도 임시정부 수립을 선언하고 같은 날 영국과 미국에 대해 선전을 포고했기 때문이었다. 인도국민군은 12개월 안에 인도에 진격한다는 결의를 발표하고, 1944년 2월 4일 버마 서부 아라칸에서 전투를 시작해서 버마와 인도의 국경 8개소의 전장에서 싸웠지만 결정적 승리를 얻지는 못했다. 그러나 바 모는 보스가 기본적으로는 실패한 것이 아니라고 평가했다. 전쟁 중에 보스가 자유인도 임시정부를 수립한 것이 몇 년 후 인도가 얻은 진정한 독립의 시작이라고 보았기 때문이다. 바 모는 '한 남자가 씨를 뿌리고 다른 사람들이 수확한 것'이라고 표현했다.

바 모가 보스에 대해 느끼는 또 하나의 연대의식은 그들이 일본군 내부에 뿌리내린 조악한 인종주의나 군국주의를 알면서도 결코 일본의 손을 놓을 수 없다는 점에 있었다. 보스는 고히마-임팔전투에서 패배하고 랑군에 돌아왔을 때 일본과의 관계가 한층 악화된 것을 깨달았다. "사실 인도는 일본이 생각하는 대동아공영권 범위 밖에 있었고, 인도에 대해 별로 흥미도 없었는데 인도 진공작전의 실패는 그 흥미마저 사그라들게 했다"라는 사실을 바 모는 냉철하게 분석했다. 조국 인도로 진격하는 꿈을 포기하지 못했던 보스는 일본이 가담하지 않는다 해도 버마군과 공동작전을 수행할 새로운 군대 편성을 결심했고, 바 모는 그런 보스의 심경을 이해하면서 '우리는 전쟁중에 만난 친한 동지'라고 불렀다. 바 모는 결과와 상관없이 보스가 인도 독립을 위해 정부와 군대를 조직해서 적극적으로 싸웠다는 점, 더욱이 추축국들이 연이어 항복하는 가운데 마지막까지 일본 편에서 싸운다는 공약을 지켰다는 점을 높이 평가했다. "독일과 이탈리아가 항복한 지금 우리는 일본과 함께 싸움을 계속하지 않으면 안된다. 만일 일본이 패배하면 우리만이라도 싸워야 한다"라는 생각은 바 모도 공감하는 바였다. 그들의 궁극적인 적은 어디까지나 영국이었기 때문이다.

사실 보스의 꿈은 동아시아에 있는 100만 인도인을 조직해서 인도 내부에 대한 선전공작을 진행하는 한편, 일본뿐 아니라 동아시아 각국 및 충칭정부 및 소련도 포함하는 유럽과의 연계를 통한 세계적 독립운동을 전개하는 것이었으나, 일본 육군은 자유인도 임시정부와 인도국민군을 장악해서 반영 선전에 이용하려 했기 때문에[43] 일본이 현지에 세운 모략기관 히카리기관(光機關)과 보스는 충돌하지 않을 수 없었다.

바 모는 일본 패전 후 일본에 망명하기 위해 타이완을 경유했을 때 보스가 며칠 전 타이완에서 비행기 추락사고로 죽었다는 소식을 들었다. 충격을 받은 바 모는 삶의 의지를 잃고 몇 년 전에 세상을 떠난 어머니의 환상을 보았을 정도였다.[44] 영국이라는 적과 싸우기 위해 일본군의 인종주의, 군국주의를 감내해야 했던 바 모의 생애에서 보스는 어쩌면 가장 소중한 동지였는지도 모른다.

---

43 JACAR, B02032938000, 「第二次世界大戰中ニ於ケル我府印度施策経緯」.
44 バー・モウ, 1973, 위의 책, 360~370쪽.

5) 일본 패전 직전의 버마 정치 상황

전쟁에서 추축국이 연합국에 밀릴수록 필사적이 된 일본은 버마인에게 더 큰 희생을 강요했다. 전황의 불안으로 불안과 불만이 증폭된 일본군은 바 모를 경질하고 그 자리에 우 누를 앉히는 건을 검토했고, 암살 거사일인 1944년 2월 15일의 2, 3일 전에 이소무라가 싱가포르에서 남방군 정보관 아사이 도쿠이치(浅井得一)를 불러들였다. 겉으로는 버마군에 암살당하는 것처럼 보이려고 아웅 산을 동반하려 했지만, 아웅 산이 공습경보로 교통을 마비시킨 덕분에 암살기도는 실패했다. 일본군의 포섭 제안을 거절한 우 누가 바 모에게 보고했기 때문에 바 모도 일본군의 의도를 파악하고 있었다. 바 모는 일본이 이런 식으로 자신을 제거하려는 방식을 '조선이나 만주에서 난국 타개책으로 자주 쓰는 군인의 상투수법'이라고 지적하면서,[45] 일본군이 자신을 암살한 후 왕정복고를 실시하여 동남아시아에서 '새로운 만주국'을 세울 예정이었다고 비난했다.

도조가 동남아시아에도 만주국 모델의 괴뢰국을 실현하려 한 데 비해, 바 모는 조선이나 만주에서의 일본 통치에 대해 비판적이었다. 바 모는 버마독립준비위원회 시절을 "수백만의 아시아인을 일본에 주목시킨 빛나는 일본의 승리가 만들어낸 아시아의식이 아직 우리를 지배하고 있었다. 게다가 조선이니 다른 식민지에서 터득한 고압적인 태도, 우리가 '조선파벌'[46]이라고 불렀던 광폭한 군국주의와 민족주의자들은 아직 싱

---

45 バー・モウ, 1973, 앞의 책, 373쪽.
46 영어 원문에는 'Korea men'(Ba Maw, *Breakthrough in Burma-Memoir of a Revolution, 1939-1945*, 283), 일본어 번역본에서는 '朝鮮組'라는 표현을 사용했다. 조선 식민지 통치를 통해 형성된 육군 파벌을 의미한다고 볼 수 있다.

가포르에서 오지 않았으므로 우리는 여전히 자유롭게 행동하고 꿈을 이야기할 수 있었다"라고 회상한 바 있다.[47] 즉, 조선 식민지 통치에 관여했던 군국주의자들이 싱가포르에서 건너와 버마 통치에 관여하게 된 후 버마정부에 대한 고압적 관여가 이루어진 것을 알 수 있다.

1944년 7월 고이소 구니아키(小磯國昭, 1880~1950) 내각이 들어서자 바 모는 도쿄에 국빈으로 초대받았다. 가미카제(神風)특공대원의 '옥쇄'가 이어지는 가운데 특공대원 모집을 위해 동남아시아 지도자에게 감동적인 이야기를 요청하기 위해서였다. 이때 바 모는 동맹국 원수로서 일본의 훈일등 욱일동화대수장(勳一等 旭日桐花大授章)을 받게 되었다. 그는 일찍이 영국지배하의 버마 수상으로서 영국이 주는 나이트 칭호를 거절한 바 있었지만, 이 훈장은 받았다. 바 모에 따르면, "나는 이 훈위가 버마의 군국주의자들 눈에 어떻게 비칠지 알았고, 그들 누구도 나에 견줄만한 훈위(勳位)를 받을 자가 없었으므로 이를 받아들임으로써 그들에 대한 나의 입장이 강화될 것으로 여겼다"라는 것이다.[48] 일본군의 암살 시도 등 위기 속에 바 모는 일본이 주는 훈장을 받음으로써 입지를 강화해 보려 한 것이다. 바 모는 일본정부 주최 만찬에서 고이소 수상에게 버마를 전장으로 삼지 말 것, 현대 무기를 갖추지 못한 버마군을 적과 싸우게 하지 말 것, 전선 근처에서 일하는 행정직원이나 일본군을 위해 일하는 버마인의 안전을 약속할 것 등을 요구했다.[49]

1944년 후반에 들어 버마방면군의 인사 교체로 8월에 가와베를 대신

47　バー・モウ, 1973, 위의 책, 294쪽.
48　バー・モウ, 1973, 앞의 책, 324쪽.
49　バー・モウ, 1973, 앞의 책, 385~391쪽.

하여 기무라 헤이타로(木村兵太郎, 1888~1948) 사령관이, 9월에는 바 모가 '이소무라보다 더 나쁜 다나카 신이치(田中新一) 중장'이라고 표현한 버마방면군 참모장이 부임했다. 다나카는 만주국 건국 후 관동군 참모장을 역임한 인물이었다.

1937년 3월부터 1938년 10월까지 외무성 동아국장을 역임하고 네덜란드 공사, 브라질 대사를 거쳐 1942년 12월에 특명외교관을 모아 외무성 안에 조직한 전시조사실(戰時調査室)에서 대동아회의 개최에 관여했던 이시이 이타로(石射猪太郎)가 주버마대사에 임명되어 랑군에 도착한 것은 1944년 10월 9일이었다. 당시 이시이가 바라본 버마는 '독립'하여 군정이 끝났지만 육해군의 지휘 아래 버마 전역은 전쟁터가 되어 있었고, 여러 민족으로 구성된 버마의 복잡한 국내 사정으로 바 모정부의 정치력은 미약한 상황이었다.[50]

버마와 일본 사이의 국교에 관한 조약이나 협정은 이미 버마 독립 승인 때 이루어져 버마 대사가 외교관으로서 수행해야 할 순수 외교 업무는 거의 없었기에, 일본·버마국 원수 사이에 오가는 경축 친전이나 양 정부 간 메시지 주고받기에 개입하거나 공식 집회나 식장에서 축사하는 정도가 버마 대사의 업무였다. 이시이는 버마 대사의 외교적 업무를 오로지 의례적 존재에 지나지 않는 '독립' 버마국의 장식이라고 표현했다.[51] 독립국이 아닌 버마를 '독립국'으로 보이기 위한 외교적 장식으로서의 버마 대사라는 자조섞인 비유였다.

이시이는 부임 전 도쿄에서 바 모에 대한 악평을 많이 들었지만, 부임

50　石射猪太郎, 1986, 『外交官の一生』, 451쪽.
51　石射猪太郎, 1986, 앞의 책, 457쪽.

후 기무라 사령관과 바 모 원수, 이시이 대사가 참여하는 삼두회의를 거듭하면서 바 모에 대한 인식을 달리하게 되었다. 각종 행사에서 바 모의 연설을 들으면서 서서히 그 언변에 빠져들었고 그의 재능과 식견, 케임브리지에서 익힌 교양을 평가하게 되었다. 그에 비해 타킨당의 영수이자 외무장관인 타킨 미야나 다른 각료들은 그 앞에서는 그저 비서에 지나지 않는다며 바 모를 버마 최고의 인물로 손꼽았다.[52]

일본 육군 최악의 작전이라고 평가받는 '임팔전투'가 1944년 3월 8일에 시작되어 7월 4일에 중지되기까지 버마는 직접적인 전쟁터는 아니었지만, 일본군 3개 사단의 병참기지로서 물적, 인적 자원 공출을 요구받았다.[53] 그로부터 임팔작전 중지 1개월 후인 8월에 아웅 산을 비롯한 구 타킨당 계열 버마군 간부들이 중심이 되어 반파시스트인민자유연맹(Anti Fascist People's Freedom League, 버마어 약칭은 파사파라)를 결성하게 된 것은 임팔에서의 파괴적 패배가 미친 영향이라고 할 수 있다.

1945년 5월에 독일의 항복과 미군의 반격으로 일본의 패배가 분명해지자 버마에는 일본이 부여한 독립이 영원히 지속되지 못하고 영제국주의 지배가 회복될 것이라는 두려움이 커졌다. 이런 혼미한 정국 속에서 바 모는 버마인의 생각을 3개 그룹으로 분류했다. 첫째는 장기적이고 객관적 사고를 하는 집단으로 일본의 위협이 아무리 크더라도 일시적이며 일본군이 곧 물러난 후에도 앞으로의 대영투쟁에서 일본의 지원을 받을 수 있을 것이라는 생각이었다. 이 그룹은 영제국주의가 버마에 되돌아오는 것이 가장 큰 위험이라고 여기는 바 모와 버마정부, 그리고 자유인도

---

52 石射猪太郎, 1986, 앞의 책, 454쪽.
53 後藤建乾一, 2022, 『日本の南進と大東亞共榮圈』, 211쪽.

임시정부가 해당했다. 두 번째는 이와 대조되는 그룹으로 승리자 쪽에 붙어서 전후의 정치적 권력을 다투려는 세력으로, 승기를 올리고 있는 연합군을 따라 일본인을 파시스트라고 비난하고 자신들을 반파시스트저항운동이라고 부르는 집단인데, 버마군의 유력지도자들, 경방대, 타킨당의 사회주의자, 비밀공산당원 등이며 버마군을 자기편으로 끌어들여 세력을 키우는 중이었다. 그리고 마지막 그룹은 일본이나 영국 양쪽에 다 불만을 품고 싫어하지만 아직은 일본에 적대행동을 할 정도의 세력은 아니라고 보았다.

그런데 바 모가 두 번째 반일저항운동 그룹으로 분류한 세력이 이 시기에 조직화 되기 시작했다. 먼저 유명한 비밀공작원이 탄톤에게 접근해 영국에 붙으라고 설득했고, 이 문제를 탄톤, 바 헤인, 우 누가 바 모를 찾아가 면담했다. 그들은 저항운동 조직을 만들기로 하고 인도의 영국군사령부와 연락했다면서 바 모에게도 동조를 요청했다. 바 모는 이를 거부했지만, 그들이 위험에 빠지면 방패가 되어주기로 약속했다.[54]

다음으로 아웅 산도 바 모를 방문했다. 그는 현재의 전쟁을 끝내야 하며 지금의 '독립'은 '단순히 일본의 지방자치'의 변형에 지나지 않다고 말했고, 바 모는 전쟁이 계속되는 한 어느 쪽이 부여하든 독립은 완전할 수 없다고 반박했다. 바 모가 일본이 부여하는 정도의 독립조차 상대편은 점령국에 부여하지 않는다고 하자 아웅 산은 일본인이 불성실하고 교만하다고 비난했다. 반파시스트운동을 부추기는 영국 측에 버마 공산주의자와 버마군 일부가 이미 참여하고 있다는 것을 알고 있던 바 모는, 아웅 산이 아직 마음을 정하지 못하고 있다고 느꼈다. 그렇지만 바 모는 아웅

---

54 バー・モウ, 1973, 위의 책, 342~344쪽.

산이 일본군에 대한 항일봉기를 시작할 때까지 아웅 산과 파사파라의 지하활동에 대해서 함구했다. 그뿐만 아니라 랑군 근처에서 공산주의자 탄톤의 부하가 항일봉기를 촉구하는 전단을 뿌리다 들켜서 지방 헌병대가 바 모에게 사건 처리방침을 묻자 바 모는 증거물을 없애고 탄톤에게 경고[55]하는 선에서 사건을 덮었다. 마지막까지 영제국주의가 버마에 돌아오는 것이 가장 큰 위험이라고 경계하면서 일본의 지원으로 끝까지 싸우고자 한 바 모가 반일저항운동을 '승자에 붙으려는' 기회주의적 생각이라고 경멸하면서도 버마인 내셔널리스트들과 소통하면서 그들의 움직임을 보호해 주었다는 점에 주목하지 않으면 안 된다.

6) 버마 항일저항운동 세력의 반격

전황이 악화되면서 버마군도 전쟁에 동원되었는데, 1945년 3월 17일 버마군의 출진식이 슈에다곤 파고다 근처 대강당에서 열렸다. 행사에 바 모 국가원수는 물론 아웅 산 육군장관, 일본군사령관 대리 이치다 지로(一田次郎) 소장, 이시이 대사 등이 참석해서 1개 대대 정도의 버마 부대를 앞에 두고 훈화와 축사를 했다. 이 때 아웅 산의 연설은 영국과 일본을 특정하지 않고 막연히 적과 싸우겠다는 내용이었다. 그로부터 열흘 후인 3월 27일, 버마군은 페구(Pegu)의 일본인 부대를 공격하며 반파시스트운동의 포문을 열었다. 이시이 대사는 프롬(Prome) 방면으로 출정한 버마군이 랑군을 벗어나자마자 일본군에 대해 게릴라전을 시작한 것에 충격을 받

---

[55] バー・モウ, 1973, 앞의 책, 398~399쪽.

왔다. 그는 랑군 이외 지역에서도 동시에 게릴라전이 일어난 것은, 모든 것이 전부터 계획되었기 때문이라고 생각하면서, '기르던 개에 손을 물렸다'라는 표현을 썼다. 이시이는 일찍이 일본군과 더불어 버마 진격을 이끌었던 아웅 산 소장이 일본에 등을 돌리게 된 것은 일본군의 부덕함과 전황의 불리함이 가져온 결과겠지만, 결국은 아웅 산이 일본군을 더 이상 신뢰하지 않게 된 것[56]이라는 결론을 내렸다. 그는 아웅 산을 "과묵하고 무표정해서 무슨 생각을 하는지 알 수 없는 기묘한 인물이었다"라고 평가했다.

버마국군이 주축이 된 파사파라는 타킨당에서 파생되어 버마공산당과 인민혁명당 지하조직의 협력으로 이루어졌다. 파사파라는 1944년 10월 이래 항일봉기를 준비하면서 인도에 있는 영국군과 간접적으로 연락했다. 그러나 그들이 한정적으로 무기를 지원하는 정도에 그칠 것이라는 것을 알게 되자 의장인 아웅 산은 영국군에 의존하지 않고 자력 무장 항일투쟁을 결정했다. 그 결과가 3월 27일부터 시작된 일본군에 대한 게릴라전이었다. 그리고 이들이 거사를 준비하기까지 약 반 년 동안 버마측 공안들이 입수한 지하활동 정보를 일본 쪽에 감추어준 것은 바로 바 모였다. 물론 들켰을 경우 그 자신이 버마방면군에게 책임을 추궁당할 우려가 있었다는 점도 지적할 수 있지만 바 모의 묵인 없이 파사파라의 활동은 성공할 수 없었다는 점은 지적해두고자 한다.

파사파라의 활동은 전후 버마 역사에서 높이 평가되었다. 그들의 공격에 의한 일본군 전사자가 18,000명 이상이라는 기록도 있지만 실제로는 약 1,000~4,774명 정도의 한정적 성과라고 추정된다. 그런데 이들의 항일 봉기는 영국과의 독립 교섭에서 유리하게 작용했다. 파시스트 일본과

56　石射猪太郎, 1986, 위의 책, 462~463쪽.

협력했지만 자력으로 저항해서 영국군의 버마 복귀작전을 측면에서 지원하면서 스스로가 파시스트가 아님을 증명했다는 것이다. 영국은 아웅 산 등에게 감사를 표하면서 그들이 일본에 협력하는 자세를 취하다 나중에 항일로 전환한 것은 충분한 무기나 조직력이 없었던 내셔널리스트들이 자국의 조기 독립만을 생각하고 행동한 탓이라고 양해해 주었다. 덕분에 버마는 패전국이 아니라 파시스트와 싸운 국가가 되었고 아웅 산은 일본에 협력한 책임을 지지 않고 전후에 정치활동을 할 수 있는 기반을 얻었다. 아웅 산 자신은 회고록에서 미나미기관에 가담해서 일본군과 협력하는 판단을 한 것은 잘못이었다고 인정했다.[57]

일본군에 의해 '독립' 버마국 국가원수로 선택받아 "영웅적인 2, 3년간 우리는 싸우고 국민을 위해 독립을 쟁취하여 여러 가지 의미에서 국민들에게 새로운 운명과 경험을 주었다. 그리고 승리의 성과는 역사에 영구히 남을 것이다"라고 자부했던[58] 바 모가 전후에 정치적으로 재기하지 못한 데 비해 전쟁 말기에 일본군과 싸웠던 아웅 산은 오늘날 '버마 독립의 아버지'로 칭송받고 있다. 심지어 바 모는 아웅 산이 암살당한 지 20년이나 지난 후 쓴 회고록에서, "아웅 산 자신은 완전한 독립이 아니라 전후에 영연방 안에 머물기를 원했고, 그러한 주장이 초래할 정치적 결과에 대해 우 누가 경고하자 양보해서 완전한 독립분리를 선언한 것"[59]이라고 폄하했지만, 아웅 산은 전후에 그를 버마군 부사령관에 임명하려는 영국의 제안을 거절하고 군복을 벗었으며, 비폭력과 외교교섭으로 독립을 쟁취하

---

57 根本敬, 2010, 위의 책, 106~111쪽.
58 バー・モウ, 1973, 위의 책, 405쪽.
59 バー・モウ, 1973, 앞의 책, 328쪽.

고자 했기 때문에 바 모의 이 주장은 설득력을 얻지 못했다.

일본에 의한 '독립'을 통해 영제국주의를 물리치고 영구적 독립의 토대를 닦으려고 했던 바 모와 일본군과 더불어 버마에 진격해서 독립을 쟁취하려 했지만, 전쟁 말기에 일본에 대해 게릴라전으로 맞섰던 아웅 산의 결단에 대해 전후 버마의 역사는 다른 평가를 했다.

7) 버마 정부의 랑군 철수와 일본 망명

일본군이 제공권을 빼앗긴 후 1945년 4월 초 버마에는 적기의 공습이 이어졌다. 적이 이라와티강을 건너 중원에 진출하고, 만달레이 전면 수비도 실패하자 랑군에서 군, 관, 민 총퇴각을 검토해야 할 때라고 생각한 이시이 대사는 4월 17일 군사령부를 방문, 버마정부와 일본 거류민을 안전지대로 옮기자고 설득했다. 그러나 기무라 사령관은 일본군이 만달레이가도에서 적의 남하를 협격하기 위해 작전 중이라며 시기상조라고 주장했다.

그런데 불과 그 며칠 후인 4월 22일 사령관에게 버마정부, 대사관, 거류민은 다음날인 23일 밤 랑군을 떠나 몰메인으로 철수하라는 내용이 통달되었다. 코앞에 있는 만달레이 가도에 적의 공수부대가 착륙한다면 랑군은 독 안에 든 쥐가 되므로 포기하기로 결정한 것이다. 23일 밤, 대사와 영사들은 승용차에 타고 짐을 실은 트럭을 따르게 했으며, 바 모와 그 가족들도 자동차 3대에 나눠 타고 랑군을 떠났다. 일본군에는 군용트럭이 있었는데도 낡은 버스를 이용하게 해서 시민들이 적의 공격에 노출되면서 파괴된 거리를 횡단해야 했다. 바 모 일행도 중간에 승용차와 트럭이 고장이 나서 트럭 두 대에 나누어 타고 적기의 공습을 피해 야간에만 행진하며 보통은 하루거리인 몰메인까지 약 8일이나 걸려서 도착했다. 피난길에 일본군은 필사적으로 트럭에 타려는 사람들을 밀어내거나 걷어찼다. 4월 28일에 바 모의 딸이 출산을 했지만 제대로 휴식할 시간도 주지 않으면서 길을 재촉하고 뎅기열에 걸린 이시이 대사를 두고 떠나려 하는 등 군의 배려 없는 행동 때문에 피난길에서는 '한 나라의 국가원수도 특명전권대사도 가여운 유민의 모습'에 지나지 않았다.[60]

유럽에서 히틀러와 무솔리니가 사망하고 베를린이 함락되는 등 추축국이 무너지는 가운데 일본정부는 대동아공영권의 일원인 버마국 국가원수에 대해 어떠한 조치도 취하지 않았고, 결국 현지 대사만이 기약 없는 피난길을 함께 했다. "군은 적어도 다소의 위험이 있더라도 바 모 씨와 그 가족만은 항공편으로 몰메인에 보내줄 정도의 후의를 보여야 했다"라고 비판한 이시이 대사는, 국가대표로서의 사명이 이미 끝난 바 모를 하루빨리 일본에 보내 일본정부의 우대 아래 지내게 해주는 게 최소한의 배려라고 생각했지만, 일본군은 그를 놓아주려고 하지 않았다.[61] 정작 랑군 퇴각이 시기상조라고 주장하던 군사령관과 막료들은 퇴각명령이 떨어지자마자 재빨리 비행기를 타고 몰메인으로 퇴각했다. 그리고 패전의 와중인 1945년 6월에 기무라 중장은 대장으로 승진했다. 외무성도 기무라가 전황을 낙관하다가 퇴각이 늦어진 점, 군사령관과 참모장만 비행기로 퇴각하고 바 모 등 정부 요인들을 방치했다는 것을 알고 있었다.[62] 그러나 일

60　石射猪太郎, 1986, 위의 책 464~470쪽.
61　石射猪太郎, 1986, 앞의 책, 475쪽.
62　村田省蔵遺稿, 1969, 『比島日記』, 563쪽.

본 정부는 문제점을 파악하고서도 버마 정부 요인들에 대해 어떠한 조치도 취하지 않았다.

바 모와 이시이 대사 일행은 4월 말부터 약 4개월 반을 버마의 동남쪽 마을을 전전하는 가운데 히틀러와 무솔리니가 사망하고 독일이 무조건 항복했다는 소식을 들었다. 그런데 전쟁 막바지인 8월 12일에 무동(Mudon)에 은신중이던 바 모의 집 위를 영국 비행기가 선회하더니 다음 날 다시 날아와 총탄 세례를 퍼부었다. 바 모 일행은 대피호로 피신했다가 비행기가 잠시 사라진 사이에 다른 곳으로 옮겼는데, 잠시 후에 돌아온 비행기는 바 모의 은거지를 철저하게 파괴했다. 바 모는 전쟁이 끝나도 자신을 없애려는 영국에 분노하면서, "그래도 우리는 버마 국토에 있고 나는 국가 원수이며, 장관들은 독립버마 정부를 구성하고 있다. 우리는 마지막까지 깃발을 휘날릴 결의를 했다"[63]라는 입장을 밝혔다.

일본에서 포츠담선언을 수락했다는 외무대신의 훈령을 받고 이시이 대사가 몰메인의 군사령부를 방문하자, 군사령관은 정전명령은 못 받았지만 바 모의 처분을 이시이 대사에게 위임하겠다고 했다.[64] 버마 땅에 남기를 원했던 바 모는 각료들과 회의한 결과 8월 18일에 일본에 망명하기 위해 태면철도(泰緬鐵道)를 타고 방콕으로 떠났다. 바 모의 행방에 대해 일본군과 영국군의 추궁을 받은 이시이는, 사전에 말을 맞춰둔 대로 바 모가 역에 가기는 했지만 기차를 타지 않고 어딘가로 떠났다고 말했다. 바 모는 사이공에서 타이완을 거쳐 무사히 일본에 도착했고, 외무성의 도움으로 니가타현(新潟県)의 한 절에서 망명생활을 보냈다. 그리고

---

63 バー・モウ, 1973, 위의 책, 412쪽.
64 石射猪太郎, 1986, 위의 책, 477~478쪽.

1945년 12월 외무성 당국자와의 협의 아래 도쿄에 가서 영국대표부에 자수했다. 버마 형무소에서 시작된 전쟁기 바 모의 긴 여정은 일본 스가모형무소에서 끝났다.[65]

한편, 바 모의 뒤를 쫓아 8월 19일에 태국으로 떠난 이시이 대사는 21일에 방콕에 도착했지만, 9월에 영국, 네덜란드군이 방콕으로 진주하는 바람에 대사관저에 수용되어 그대로 억류되었다. 그가 일본 땅을 다시 밟은 것은 1946년 7월 3일이었다.[66]

4. 제국주의 지배와 필리핀 '독립' 과정

1) 일본의 필리핀 지배

많은 섬으로 이루어져 통일국가가 형성되지 못했던 필리핀은 1521년 마젤란이 세부섬에 도착하면서 유럽에 알려졌다. 1565년부터 스페인의 식민지가 되어 300년 이상 지배를 받았는데, '필리핀'이라는 국명은 필리페 2세(Felipe II de Habsburgo)의 이름에서 따온 것이었다. 현재 동남아시아 국가 중 유일하게 가톨릭 국가인 것은 스페인 지배의 유산이지만, 교회의 압제는 스페인의 식민지 통치 권력과 더불어 필리핀을 억눌렀다.

---

65 バー・モウ, 1973, 위의 책, 426~427쪽.
66 石射猪太郎, 1986, 위의 책, 490~492쪽.

그런데 쿠바문제를 둘러싸고 1898년 쿠바와 필리핀에서 치러진 미국-스페인전쟁에서 스페인이 패하면서 약 2,000만 달러에 필리핀과 괌 등의 지배권을 미국에게 양도하게 되었다. 필리핀혁명의 결과 탄생한 필리핀인 최초의 공화국인 필리핀 제1공화국은 비록 미국-필리핀전쟁에서 미국에 패했지만 격렬한 저항을 통해 1916년 안정된 정부 수립을 조건으로 장래의 독립을 언급한 존스법을 통과시켰고, 이 필리핀 자치법 아래 보다 자율적인 정치가 이루어졌다. 필리핀은 이후에도 지속적으로 독립투쟁을 벌여 1934년 미국의회에서 이른바 필리핀 독립법이라 할 수 있는 타이딩스-맥더피 법(Tydings-McDuffie Act)을 통과시켰다. 10년 뒤 7월 4일에 필리핀을 독립시킨다는 선언으로 독립준비정부(필리핀 커먼웰스)가 1935년 11월에 발족했다. 이때 선거에서 압승을 거둔 마누엘 케손(Manuel Luis Quezon y Molina, 1878~1944)이 필리핀 자치정부의 초대 대통령으로 취임했으며, 미국은 필리핀군 창설을 위해 맥아더를 군사고문으로 파견했다.

일본군은 진주만 기습 직후 아시아의 미국 거점인 필리핀을 공격했는데, 타이완에서 날아오른 비행기들이 필리핀의 클라크 기지와 이바 기지를 공격해서 미군기 대부분을 파괴했다. 일본군은 1941년 12월 10일에 마닐라만의 카비테 군항을 공격하고 13일부터는 루손섬에 남아 있는 미군 항공병력 공격에 집중했다. 22일 링가옌만에 상륙한 일본군은 1942년 1월 2일에 마닐라를 점령했다. 맥아더는 이미 마닐라를 12월 12일에 무방비도시로 선언[67]하고 바탄반도로 후퇴했다. 케손 대통령

---

67 적군에게 군사적 저항을 하지 않겠다는 뜻을 알려서 도시 파괴를 막는 수단으로 활용한다.

은 맥아더의 조언에 따라 코레히도르로 정부를 옮겼는데, 라우렐에게도 동행을 제안했지만 최종적으로는 호세 아바드 산토스(José Abad Santos, 1886~1942)와 함께 가면서 라우렐을 최고재판소장관 대행으로 임명하여 호르헤 B. 바르가스(Jorge Bartolome Vargas)를 보좌하게 했다.[68]

한편, 바탄반도의 미국·필리핀군은 동남아시아와 일본을 연결하는 요충지대의 교통을 차단하면서 일본군의 남방작전에 차질을 초래했다. 일본은 각 군에서 제1포병사령부 등을 제14군에 투입해서 4월 3일 바탄반도에 대한 총력전을 펼쳐 마침내 4월 9일 바탄 점령, 5월 6일 코레히도르 승리로 필리핀 전역을 장악하고 필리핀에 군정을 실시했다.

일본군은 행정 경험이 있는 문관 및 전문가 중에서 군정에 가장 효과적일 수 있도록 정치에 조예가 깊은 대신급 인물을 군사령관의 고문으로 각 군에 배속하여 2월 이후 차차 현지에 파견하였다. 제14군에 최고 고문으로 파견된 인물은 무라타 쇼조(村田省蔵)[69]였다. 그는 오사카상선(大阪商船) 사장을 역임한 일본해운업계의 거물로 고노에 내각에서 체신과 철도대신을 역임했다. 도조 수상은 "군인들의 판단만으로 행했던 만주사변의 실패를 반복하지 않기 위해 군사령관에 친임관 1명을 붙여서 독단에 빠지지 않도록 하려 한다"라며 종래의 친분을 바탕으로 무라타를 파견했다. 무라타는 맥아더가 지휘하는 미군과 일본군의 전투가 진행 중이던 1942년 2월 11일에 비서관을 동반하고 필리핀에 부임했다.[70] 그 후 필리핀 '독립'과 더불어 특명전권대사에 취임, 생애 65~68세의 4년간을 필리

68　ホセ·P·ラウレル, 1987, 위의 책, 28~30쪽.
69　JACAR, C14060792600, 「南方占領地軍政実施の大要」.
70　大阪商船株式會社, 1969, 『村田省蔵追想錄』, 阪商船, 314쪽.

편에서 보냈다.

1942년 1월 2일 마닐라에 진주한 일본군은 미국이 만든 일본에 적대적인 필리핀 정부를 대신하여 새로운 조직을 만들게 했다. 1942년 1월 23일에 정식 발족한 조직에서 바르가스가 의장, 아키노는 내무위원, 알라스는 재정위원, 라우렐은 사법위원, 아르만은 농림위원, 렉토는 교육과 공공복지, 파레데스는 공공사업통신위원, 시손은 일반회계와 예비편성위원을 맡았다.

그런데 새로 구성된 행정위원회를 살펴보면, 구성원 30명 중 반 이상이 케손 정권의 각료 및 정재계 유력자로서 친미적 인물들이라는 점에 주의할 필요가 있다. 일본은 케손을 회유하려 했지만 케손은 호주로 탈출해서 미국으로 망명했고, 일본은 그 잔존통치기구를 이용해서 필리핀을 통치하려고 했기 때문에 사실상 '케손 없는 케손 정권'[71]이라고 규정할 수 있다. 그런데 당시 필리핀에는 일본에 적극적으로 협력하는 베니그노 라모스(Benigno Ramos, 1893~1946?)와 그가 이끄는 가납(Ganap)당이 있었다.[72] 교사 출신으로 정계에 입문했던 라모스는 교사 파업을 계기로 1930년 케손과 결별한 후 1935년 반미봉기에 가담해서 일본에 망명한 바 있었다. 1938년 마닐라로 돌아간 라모스는 가납당을 조직해서 무장투장에서 선거를 통한 합법적 정권획득을 주장했다. 일본군은 필리핀 점령 후 1939년부터 투옥되어 있던 라모스를 석방해 주었지만, 군정의 파트너로는 등용하지 않았다.

일본은 친일적 가납당을 포함하는 필리핀의 모든 정당을 해산하고

71　中野聡, 2012, 『東南アジア占領と日本人』, 111~112쪽.
72　가납(Ganap)은 타갈로그어로 '완전'을 뜻하며, 필리핀의 독립을 의미한다.

1942년 12월 30일에 칼리바피(신생 필리핀봉사단, Kalibapi)를 창설하고, 총재로는 바르가스를 임명했다. 베니그노 아키노(Benigno Aquino)를 사무국장으로, 라모스를 집행위원회 멤버로 영입해서 대중집회에서 '대동아공영권'을 선전했다. 이를 모체로 해서 1943년에 필리핀독립준비위원회가 설립되었다.

2) 필리핀 '독립'

1942년 1월 21일 제국의회에서 도조 수상은 "공영권 건설에서 명확히 일본과 협력할 용의가 있다면 가능한 한 빠른 시기에 필리핀에 독립을 부여하도록 한다"라고 선언했다.[73] 1943년 1월 14일의 정부 연락회의에서는 필리핀에 독립을 부여하는 이유로서, 1) 필리핀은 일찍부터 독립의 열망이 강했고 자치능력이 있었으며 미국이 이미 1946년에 독립시킬 것을 약속했다. 2) 적당한 시기와 조건 아래 독립을 허용하면 대동아전쟁 수행 및 대동아 건설상 득책이므로 장래에 독립시키는 것이 적당하다. 3) 일본과의 관계에서 군사, 외교, 경제에 관해 제휴 협력하며, 특히 민다나오섬에 관해서는 특별한 조치를 취할 수 있다고 설명했다.[74]

이어서 6월 26일 대본영정부연락회의에서 '필리핀 독립지도 요강(比島獨立指導要綱)'을 결정했다. 그 내용은 1) 현 필리핀행정부를 쇄신 강화

---

[73] ホセ・P・ラウレル, 1987, 위의 책, 46쪽.
[74] JACAR, B02032868200, 「4.占領地帰属問題(付)マライ独立問題(インド独立問題は A.7.0.0.9-56, ビルマ独立問題はA.7.0.0.9-39-1, フィリピン独立問題はA.7.0.0.9-96」.

하여 독립 후 정부의 중심이 될 수 있도록 지도하며, 필리핀 측에 가능한 한 신속히 독립준비위원회를 편성하게 하여 독립에 관한 제반 시책을 입안 심의하게 한다. 2) 독립 시기는 대략 1943년 10월로 예정하고 9월 하순에 준비를 완료하는 것을 목표로 한다. 3) 독립 준비가 거의 완료되면 국가대표가 될 자와 그 밖의 필리핀 요인들을 도쿄로 불러 독립 허용에 관한 일본의 의도를 정식으로 시달하고 이후 군 지도 아래 독립 준비를 완성하게 한다는 내용이었다.[75] 그런데 중요한 것은 이 요강에서 '독립에 수반하여 적시에 미국·영국에 대해 전쟁을 선언하게 한다'라는 방침도 정해졌다는 점이다.

필리핀 '독립'과 더불어 일본이 지도자로 선택한 인물은 라우렐이었다. 그는 부유한 정치가 집안에서 태어나 1915년 필리핀대학교 법학부를 졸업하고, 산토 토마스대학교에서 석사 학위, 미국 예일대학에서 박사 학위를 받았다. 전쟁 이전부터 필리핀 최고재판소 배석판사이자 변호사로 활동하고 아들이 1934년부터 1937년 일본 육군사관학교에서 유학한 바 있는 라우렐에게 일본은 지일파로서 가교역할을 기대했다. 무라타 쇼조는 군정 최고 고문으로서 라우렐을 독립 후의 지도자로 추천하는 의견서를 군에 제출했다.[76]

그런데 라우렐은 1943년 6월 5일 동료들과 골프를 즐기던 중에 근거리에서 항일 게릴라에게 저격당했다. 약 2개월이나 입원할 정도로 중상을 입었는데, 자신이 '친일파'라는 이유로 저격당했다는 사실에 충격을 받았다. 이에 대해 그는 자신은 친일파가 아니며, 스스로 원해서가 아니라

---

75   JACAR, C12120219900, 「60, 昭和18年6月26日 比島独立指導要綱」.
76   中野聡, 2012, 『東南アジア占領と日本人』, 255쪽.

케손대통령의 특별명령에 의해 필리핀에 남았고, 필리핀 민중의 감정 이 상으로 일본인을 좋아하지 않는다고 항변했다.[77] 형무소에서 쓴 회고록이 기는 하지만, 라우렐이 시종 일관 '케손을 대리하는 정부'로서의 입장을 강조한 점에 주의하자.

필리핀 '독립'의 성격을 고찰할 때 가장 중요한 것으로 '헌법'을 들 수 있다. 라우렐은 병원에 입원한 상태에서 필리핀독립준비위원회(PCPI) 위원장에 취임했고, 그 맞은편 병실을 빌려 위원들이 필리핀 공화국의 헌법 초안을 작성했다. 필리핀에는 이미 1935년에 미국헌법에 기초해서 제정한 입법, 행정, 사법의 삼권분립주의를 채용하고 국민의 권리를 존중하고 보장하는 헌법이 존재했다. 일본군 군정감부는 미국의 영향을 받은 이 헌법을 대폭 수정하는 새로운 헌법의 작성을 요구했지만, 라우렐은 구 헌법 중 현실에 맞지 않는 내용만 빼고 문제없는 것은 되도록 살려서 구 헌법의 조항을 유지할 것을 주장했고, 일본이 전쟁협력을 쉽게 결정할 수 있도록 행정부에 권력을 집중시키는 간소한 헌법을 원한 데 비해 국민투표로 민주적으로 정한 구 헌법의 틀을 유지하겠다는 주장을 굽히지 않았다.[78] 결국 필리핀 제2공화국의 헌법으로 적국인 미국헌법에 기초한 자주헌법이 제정되었다.

필리핀 독립에 대한 조약을 심의하는 1943년 10월 6일 추밀원 전원위원회에서 도조 수상은 일본 입장에서 헌법학적으로 보면 불만이 있지만 필리핀이 미국 식민지 지배를 받았던 특수성에 대해서는 배려하지 않

77　ホセ·P·ラウレル, 1987, 위의 책, 52쪽.
78　和田春樹外編, 2011, 『アジア太平洋戰爭と「大東亞共榮圈」 1935~1945』, 岩波書店, 258쪽.

을 수 없다고 설명했다. 전쟁 완수를 위해서는 대동아민족을 일본 중심으로 통합해야 하는데 미국의 영향을 당장 일본식으로 고치게 하는 것은 필리핀의 협력을 얻는데 지장을 주므로 어느 정도의 불만은 감수해야 한다는 것이다.[79]

다음으로 중요한 사안은 독립과 동시에, 미국에 선전포고하는 문제였다. '독립'을 앞두고 도쿄를 방문한 라우렐, 아키노, 바르가스는 9월 30일 하네다에 도착해서 10월 1일에 도조와 총리관저에서 면담했다. 이 자리에는 외무대신과 대동아대신, 무라타 대사, 필리핀 군정감(軍政監) 와치 다카지(和知鷹二, 1893~1978) 중장 등이 배석했다. 버마는 독립 즉시 미국과 영국에 선전을 포고했지만, 도조 수상은 필리핀은 상황이 다르므로 '시기는 독립 즉시 참전은 아니더라도 되도록 속히' 선전포고할 수 있도록 요청했다. 이에 대해 라우렐은 "오랜 시간에 걸쳐 서구의 교육, 선전을 받아온 데다 일본에 대한 인식이 부족한 필리핀인에게는 여러 정책의 문제 등으로 즉시 선전포고는 감당하기 어렵다. 설령 즉각 선전을 포고한다 해도 필리핀의 국내 치안 유지에도 나쁜 영향을 미칠 것이니 시간 유예가 필요하다"라고 호소했고, 도조는 "일본으로서는 지금 당장 독립 즉시 참전하라고는 하지 않겠다. 필리핀의 정황을 충분히 참작해서 참전에 대해서는 시간의 유예를 둘 생각이다"라고 대답했다.[80] 독립 즉시 선전포고가 아니라 시간 유예를 얻어낸 것은 필리핀정부로서는 성과라고 할 수 있지만, 이때 라우렐은 자신이 처한 어려운 상황과 '독립'이 선전포고

---

79 伊藤隆·広橋真光·片島紀男編, 1990, 『東篠内閣総理大臣機密記録』, 521쪽.
80 伊藤隆·広橋真光·片島紀男編, 1990, 앞의 책, 262쪽.

에 대한 '대가'로서 주어진다는 사실을 깨달았다.[81]

일본이 1943년 10월 14일에 필리핀 제2공화국을 수립하고 독립을 선언하게 한 것은 미국이 약속한 필리핀 독립보다 먼저 필리핀을 독립시켜 '아시아 민족의 해방'을 선전하기 위해서였다. 필리핀의 '독립'과 더불어 일본과 필리핀 사이에는 동맹조약이 체결되었는데, 전 6조의 내용은 서로가 선린우호관계를 맺으며, 대동아전쟁을 완수하기 위해 정치, 경제, 군사적으로 긴밀히 협력한다는 내용이었다.[82]

그렇다면, 필리핀측은 왜 '독립'을 받아들인 것일까? 라우렐은 회고록에서 일본의 독립 부여에 대해 일반 민중의 순수한 환호성은 얻지 못했다고 평했는데, 일본이 어떠한 '독립'을 준비하는지 몰라서 일본과 손을 잡는데 불안을 느꼈기 때문이었다. 또한 '일본인의 정치에 관한 교육은 필리핀인보다 떨어지고, 그들이 취한 방법은 봉건적, 잔인, 비인간적이라는 것이 일반의 인상'이었던 탓도 있었다. 한편, 지식계급에 속하는 사람들이 '중국, 만주국, 조선, 타이완의 민중이 맛본 체험을 상기'했다고 언급한 점에 주의할 필요가 있다. 이는 조선이나 타이완에 대한 일본의 식민지 지배, 그리고 중국, 만주국 지배에 대해서 필리핀 지식인들이 부정적으로 평가하고 있었다는 의미이며, 버마에서 일본의 조선 지배나 만주국 통치에 대해 부정적으로 평가했듯이 필리핀에서도 이와 같은 지배정책 시행을 우려했던 것이다.

더욱이 전쟁이 확대되고 있어서 독립할 수 있는 정세가 아니었기 때문에 라우렐은 로하스(Manuel Acuña Roxas, 1892~1948) 장군과 의견을 나

81　ホセ・P・ラウレル, 1987, 위의 책, 59~61쪽.
82　防衛庁防衛研究所戰史部 編, 1985, 『南方の軍政: 史料集』, 朝雲新聞社, 71~72쪽.

누면서 필리핀이 독립을 얻는다 해도 매우 불안정할 것이라고 전망했다. 그렇지만 독립을 부여하는 것이 '대동아 민중을 해방한다'라는 일본의 정치적 선전인 이상 결코 포기하지는 않을 것이라는 점, 다음으로 '독립'이 '군정'보다 필리핀 민중에게 유리하다는 의견이 강했기 때문에 독립을 받아들이기로 했다. 그리고 무엇보다 중요한 점은 자신들의 이 어려운 결단을 미국이 이해해 줄 것이라고 결론을 내린 것이다.[83]

3) 전황의 악화와 필리핀의 대미 선전포고

1944년에 들어서 6월에 마리아나해전 패전으로 일본해군이 몰락하고, 7월의 임팔작전 철수와 사이판섬이 함락되는 등 연합군의 필리핀 탈환은 시간문제가 되었다. 마닐라에서도 폭격기와 고사포 소리가 날마다 들리는 상황에서 전쟁에 적극 협력하지 않는 라우렐정권에 대한 불만이 높아지고 있었는데, 무라타 대사로부터 중국 난징정부와 버마, 자유인도 임시정부 등은 이미 미국과 영국에 대해 선전을 포고했다는 정중한 압박을 받자 라우렐은 참전문제를 본격적으로 논의하게 되었다. 필리핀 정부는 일본과 필리핀 사이에 동맹조약이 있는 한, 선전포고를 끝까지 거부할 수는 없다는 결론에 도달하여, '미국이 필리핀이 처한 상황을 이해해 줄 것이라는 전제 아래 일종의 성명을 발표하고, 그에 따라 모종의 해결, 혹은 타협을 꾀하는' 방안을 선택했다. 일본의 압력이 더욱 심화될 것을 예상해서 선수를 쳐서 '군사 목적을 위한 필리핀인의 징병을 받아들일 수

---

83 ホセ・P・ラウレル, 1987, 위의 책, 46~47쪽.

없다'라는 것만은 사수하고자 했다.

　9월 21일에 라우렐은 무라타에게 첫째, 계엄령을 내려 군정을 실시한 후 참전하는 방안, 둘째, 의회를 소집해서 헌법에 따라 조치하는 방안, 셋째, 계엄령을 발포하고 선전포고를 한 후 의회 승인을 요청하는 방안 등 세 가지 방안을 제시했고, 무라타 대사는 의회 소집 없이 대통령의 서명으로 참전을 결정하자고 제안했다. 그리고 선전포고의 대상은 미국과 영국으로 결정했다. 22일 오전 9시에 계엄령을 선포하고 23일 오전 10시에 라우렐 대통령이 미국과 영국에 대한 선전포고를 발표했다.[84]

　라우렐의 방침은 선전포고는 하되, 미국과 싸우기 위해서 필리핀인을 징병하지는 않는 것이었다. 따라서 전쟁은 일본 병력만으로 싸우고, 필리핀은 치안 유지와 일본의 작전에 협력한다는 것을 확인했다. 그런데 야마시타 도모유키(山下奉文, 1885~1946) 제14방면군 사령관과 더불어 1944년 10월에 부임한 참모장 무토 아키라(武藤章, 1892~1948)는 일본군을 보조할 현지인 병보(兵補)조직으로 가납당을 적극 이용하려고 했다. 1944년 12월에 라모스를 총재, 피오 듀란(Pio Duran)을 부총재, 미국-필리핀 전쟁에서 필리핀군을 지휘했던 아르테미오 리카르테(Artemio Ricarte)를 최고 고문으로 일본군의 직접 지휘 아래 편제한 것이 바로 마카필리(Makapili, 필리핀애국동지회)였다. 그들은 가납당 중심의 친일파 민병대 총 5,000명의 병력으로 주로 미국 극동 육군에서 노획한 각종 총기류로 무장했다. 내각, 국가회의, 차관회의의 멤버 전원은 이 부대가 필리핀에 위협을 초래할 것이라고 생각했으며, 라우렐 대통령은 부대 편제에 항의했다. 라우렐은 가납당이 일본군의 보호 아래 활개를 치며 정부와 별

84　村田省蔵遺稿, 1969, 『比島日記』, 156~160쪽.

개로 행동해서 국가 분열을 초래하는 것을 우려했다. 이에 대해 무라타는 결성식에 각료 중 출석하지 않는 사람이 생긴다면 내각 분열을 초래할 뿐 아니라 마카필리를 반대하는 것으로 받아들여질 것이라며 참석을 설득했다.[85] 결국 라우렐은 12월 8일 의사당 앞에서 거행된 마카필리 결성식에 출석해서 야마시타 사령관 등과 함께 연설하는 굴욕을 감내해야만 했다.

4) 라우렐 대통령의 피난과 망명정권에 대한 대우문제

필리핀의 전황이 불리해지면서 1944년 11월 무렵부터 야마시타 사령관은 습지가 많아서 시가지 방위가 어려운 마닐라를 떠나 정부 소재지를 바기오로 옮길 준비를 해야 한다고 주장했다. 라우렐은 야마시타 사령관이 마닐라를 떠나면 예하부대가 마닐라를 개방해서 일종의 무방비도시가 될 것이므로 바기오로 떠나는 것을 긍정적으로 생각했다. 12월 21일 오전 7시 반경 라우렐 가족 및 각료, 대사관 일행 등이 승용차와 트럭에 나눠 타고 출발했다. 바기오로 가는 도중에 차가 고장을 일으켜서 농가 뒤편 나무그늘에 몸을 숨겨야 했고, 긴 행렬이 이동하는 만큼 미군의 습격에도 주의를 기울여야 했다. 마닐라를 떠난 이들의 여정은 맥아더가 지휘하는 미군의 반격으로 1945년 6월 상순에 일본에 도착하기까지 약 반년이나 걸렸다.

라우렐은 1944년 12월 21일부터 이듬해 3월 22일까지 바기오에

---

85 村田省蔵遺稿, 1969, 앞의 책, 301~303쪽.

서 체류했는데 전 각료에는 헌병 2명, 라우렐에게는 여러 명의 헌병이 붙었다. 라우렐 일가는 영빈관에서 거주하고 아키노 의장, 프란시스코, 카핀핀 장군 등은 대통령 관저에서 지냈는데, 주택에 거주하다 폭격으로 파괴당한 오시아스 일가 등 외부 거주자도 나중에 대통령 관저로 옮겼다. 바기오에서의 생활은 식량과 물, 의약품이 부족했고 미군의 끊임없는 기총사격과 폭탄 투하로 많은 희생자가 발생했다. 대통령 일행은 방공호를 구축해서 그 안에서 지내야 했고 조명이나 통신수단도 없어서 각료들이 모여서 회의하기도 어려웠다. 더욱이 전황에 대한 정보도 제공받지 못했다.[86]

1945년 2월과 3월에는 바기오의 지상을 쓸어버리듯이 공습이 반복되었고 영빈관도 폭격을 당했다. 3월 16일에 무라타 대사는 라우렐과 필리핀을 떠나는 건을 논의했는데, 라우렐은 국민을 버리고 다른 나라로 가는 것이 견디기 어렵다는 심경을 토로하며 필리핀에 남겠다는 의사를 표명했다. 라우렐이 만일 일본에 가게 된다면 동행해줄 것인지를 묻자, 무라타는 필리핀에 대사로 파견되었으니 필리핀정부가 있는 한 대통령이 가는 곳이면 어디든 동행하겠다고 말했다. 무라타는 대통령이 필리핀에 남아있어도 병력 없이는 성과를 낼 수 없으니 일본으로 옮겨 필리핀 공화국 재건을 위해 물질적, 정신적 고려를 해야 한다고 설득했는데, 이때 무라타가 "일본정부로서는 필리핀의 독립 대통령인 각하의 보호에 대해서는 전쟁 종결 여부와 상관없이 극력 힘을 다하는 게 당연한 책무"라고 발언한[87] 점에 주의할 필요가 있다. 이 당연한 책무를 패전 과정에서 일본정부는 전혀 고려하지 않았던 것이다.

86　ホセ・P・ラウレル, 위의 책, 96~98쪽.
87　村田省蔵遺稿, 1969, 위의 책, 448~449쪽.

라우렐 일행이 필리핀을 떠나는 여정도 만만치는 않았다. 1945년 3월 22일 저녁 바기오를 출발한 일행이 투게가라오(Tuguegarao)에 도착하기까지 7일 밤낮이 걸렸는데, 낮에는 숲속에서 쉬고 밤에는 산악지대의 절벽을 넘어서 걸었다. 식량도 부족하고 의약품도 없고 비와 추위를 막아줄 의류도 충분하지 않았으며, 미군기가 머리 위에서 날고 때로는 게릴라의 습격을 받으며 간신히 비행장에 도착했다.[88] 라우렐 가족과 무라타 대사 등이 먼저 타이완으로 출발하고 아키노 의장, 오시아스 부부 등은 다른 비행기로 출발했다. 3월 30일 오전 2시 미군 공습으로 파괴된 가오슝(高雄)에 도착해서 오전 7시에 비행기를 갈아타고 타이페이(台北)로 향했지만, 발이 묶인 라우렐 일행은 일본 관리들의 불친절한 대우와 형편없는 식사를 견디며 타이완에서 두 달여를 보내야 했다.

필리핀 정부 인사들은 1945년 6월 5일부터 세 그룹으로 나뉘어 일본으로 수송되었는데, 라우렐 부부와 아키노, 무라타 대사 일행은 6월 7일에 일본으로 향했다. 그들은 상하이(上海)를 경유해서 6월 9일 후쿠오카(福岡) 도착, 기차로 나라(奈良)로 가서 일본이 패망할 때까지 그곳에 머물렀다.

무라타 대사는 6월 18일에 대동아성을 방문해서 육해군 당국과 필리핀 대통령 일행에 대한 처우를 논의했다. 육군은 라우렐 대통령을 일본으로 불러오기를 원치 않았고, 해군 일부에서는 라우렐이 필리핀에서 죽는 것이 그 자신을 위한 것이라고 주장하는 자도 있었다. 하지만 최고전쟁지도회의에서 시게미쓰 마모루(重光葵, 1887~1957) 대동아대신이 대동아공영권이라는 입장에서 모른 체 해서는 안 된다고 주장하고, 대동아성 전

---

88 ホセ・P・ラウレル, 1987, 위의 책, 112~114쪽.

체가 군의 반성을 촉구한 결과 라우렐을 일본으로 데려갈 수 있었다. 그리고 라우렐이 일본에 간 이상 망명정권으로 대우할 지 여부가 문제가 되었다. 육군은 군 사기에 영향을 미치고 국민의 비난을 받는 것을 두려워하여 필리핀 원수의 국외 이주를 공표하는 것을 반대하였고, 대동아성은 이대로 라우렐대통령의 소재를 밝히지 않으면 필리핀의 주체는 현재 필리핀에 남아 있는 세르히오 오스메냐(Sergio Osmeña, 1878~1961) 정권이 될 것이라고 주장했다.[89] 케손정부의 부통령이었던 오스메냐는 1944년 케손이 사망하면서 망명정부의 대통령으로 승격했는데 1944년 10월에 맥아더와 함께 레이테섬에 상륙해서 연방정부의 부활을 선언하고 1945년 2월 마닐라로 귀환했다.

라우렐은 일관되게 자신이 케손의 대리정부라는 점을 강조했는데, 중요한 결정을 할 때마다 미국과 케손의 양해를 의식했다. 1944년 8월에 케손이 죽었다는 소식을 듣자 대통령궁의 성당에서 비밀리에 미사를 올렸으며, 미사에는 각료들과 라우렐의 가족 외에 케손의 두 자매가 참석했으며, 트리뷴지에 케손의 공적을 기리는 성명을 발표했다.[90] 사실상 미국의 망명정부와 필리핀의 라우렐정권은 서로 연속성이 있었고, 라우렐이나 오스메냐 모두 케손의 각료였다. 라우렐은 일본의 무조건 항복과 더불어 8월 17일에 정식으로 필리핀 제2공화국의 소멸을 나라(奈良)호텔에서 선언했다.[91]

나라호텔에서 지내던 라우렐은 9월에 각료 및 일본 대사 바르가스 등

---

89 村田省蔵遺稿, 1969, 위의 책, 563~564쪽.
90 ホセ·P·ラウレル, 1987, 위의 책, 79쪽.
91 中野聡, 2012, 『東南アジア占領と日本人』, 286쪽.

과 함께 체포되어 요코하마(横浜)구치소에서 지내다가 11월 16일에 스가모(巢鴨)에 수감되었다. 그리고 필리핀은 1946년 7월 4일, 예정대로 미국에서 독립했고 그해 4월 대통령 선거에서 초대 대통령에 당선된 것은 로하스였다. 7월 말 귀국해서 일본에 대한 협력 혐의로 국가반역죄로 기소된 라우렐은 1948년 로하스 대통령의 특사를 받았다. 라우렐은 1949년 11월 대통령 선거에 출마해서 선거부정 이의제기로 무효가 되었지만 사실상 당선된 바 있다. 라우렐은 일본에 대한 협력에 대해서 "일본군의 필리핀 점령과 그 후의 군사점령은 우리의 준비 불충분으로 일어난 것이다. 만일 미국이 일본군의 침공을 철퇴할 준비를 하고 있었다면 필리핀 군사점령은 없었을 것이고, 그랬다면 협력이라는 문제도 발생하지 않았으리라. 따라서 점령군에 대한 필리핀의 협력은 결국 미합중국의 준비 불충분과 그 실패로 발생한 것이다"라고 항변했고,[92] 라우렐과 렉토 등 제2공화국의 정부 요인들은 전쟁기 일본에 대한 협력에 따른 징계 없이 1950년대와 60년대 필리핀 정재계에서 요직을 점할 수 있었다.

5. 맺음말

아시아태평양전쟁으로 일본군의 지배를 받은 동남아시아 각국 중 정식으로 '독립'을 부여받은 나라는 버마와 필리핀뿐이었다. 이는 이들 국

---

92 ホセ・P・ラウレル, 1987, 위의 책, 137쪽.

가가 서구 제국주의 지배를 받기 전에 독립국가였다는 점, 독립에 대한 국내 여론이 활성화되었고 영국과 미국으로부터 이미 독립을 약속받았다는 점, 독립 이후에 군사적 요충지로서 전쟁 수행을 위한 협력을 얻을 필요가 있었다는 공통점이 있었다.

버마와 필리핀은 '독립' 후 각각 친영계 엘리트와 케손정부의 인물들로 정부를 구성하여 일본 점령 전의 정치형태를 유지했다. '독립'과 더불어 일본과 동맹을 맺었으며 일본군은 여전히 점령군으로 진주했다. 일본은 독립의 조건으로 미국 및 영국에 대한 선전포고를 요구했는데, 영제국주의와 싸우기 위해 보다 적극적으로 일본과 손을 잡은 버마에 비해 필리핀은 미국에 대한 선전포고를 유예받았으며 미국에 망명한 케손의 대리정부라는 입장을 고수했다.

전황이 악화된 상황에서도 일본 정부는 버마와 필리핀 정부의 철수를 빨리 결정하지 못했고, 현지 군은 퇴각 시기를 제대로 판단하지 못했다. 수도를 떠난 필리핀정부는 약 반년간, 버마정부는 약 4개월간 피난생활을 계속했지만, 일본군의 보호를 받지 못한 채 목숨을 건 도피생활을 이어갔고 오로지 현지 대사만이 피난길에 동행했다. 도조내각은 버마, 필리핀, 자유인도임시정부 등 동남아시아 국가들을 '대동아공영권'의 일원으로 적극 홍보했지만 전황이 악화되자 일본정부는 이들 국가 요인들의 안전이나 일본 망명 등을 위해 어떠한 조치도 취하지 않았다.

그 결과 일본점령기의 '독립' 정부는 전후 동남아시아 정치에서 각각 다른 평가를 받았는데, 버마에서는 항일무장투쟁을 이끈 아웅 산이 영국에 대해 독립의 유리한 조건을 얻었고, 필리핀에서는 제2공화국의 구성원들이 케손정부의 후계자로서 전후 정계를 이끌어갔다.

참고문헌

자료

JACAR, A06033004700, 「基本國策要綱」.

JACAR, B02032938000, 「第二次世界大戰中ニ於ケル我府印度施策経緯」.

JACAR, C01000661500, 「緬甸工作に関する件」.

JACAR, B02032868200, 「4.占領地帰属問題(付)マライ独立問題(インド独立問題はA.7.0.0.9-56, ビルマ独立問題はA.7.0.0.9-39-1, フィリピン独立問題はA.7.0.0.9-96」.

JACAR, C14060792600, 「南方占領地軍政実施の大要」.

JACAR, C12120219900, 「60, 昭和18年6月26日 比島独立指導要綱」.

JACAR, C12120193900, 「4, 第10回御前會議に於ける内閣総理大臣説明」.

단행본

김영숙 편·해설, 2022, 『대동아공영권의 허상과 모순-『사진주보(写真週報)』로 보는 일본의 동남아시아 침략』, 동북아역사재단.

石射猪太郎, 1986, 『外交官の一生』, 中央公論社.

泉谷達郎, 1989, 『ビルマ独立秘史-その名は南機関』, 徳間書店.

伊藤隆·広橋真光·片島紀男編, 1990, 『東篠内閣総理大臣機密記録』, 東京大学出版會.

インドネシア日本占領期史料フォーラム, 1991, 『証言集-日本占領下のインドネシア』, 龍渓書舎.

大阪商船株式會社, 1959, 『村田省蔵追想録』, 阪商船.

倉沢愛子編, 2012, 『資源の戰争-「大東亞共榮圏」の人流·物流』, 岩波書店.

後藤乾一, 2012, 『東南アジアから見た近現代日本』, 岩波書店.

後藤乾一, 1995, 『近代日本と東南アジア: 南進の「衝擊」と「遺産」』, 岩波書店.

後藤乾一, 2022, 『日本の南進と大東亞共榮圈』, めこん.

長崎暢子他編, 2008, 『資料集 インド國民軍関係者聞き書き』, 研文出版.

長崎暢子他編, 2008, 『資料集 インド國民軍関係者証言』, 研文出版.

中野聡, 2012, 『東南アジア占領と日本人』, 岩波書店.

根本敬, 2010, 『抵抗と協力のはざま-近代ビルマ史のなかのイギリスと日本』, 岩波書店.

バー・モウ, 横堀洋一訳, 1973, 『ビルマの夜明け』, 太陽出版. (Ba Maw, 1968, *Breakthrough in Burma-Memoir of a Revolution, 1939-1945*, Yale University Press)
波多野澄雄, 1996, 『太平洋戰爭とアジア外交』, 東京大学出版會.
ホセ・P・ラウレル, 1987, 『ホセ・P・ラウレル博士戰爭回顧錄』, 日本教育新聞社.
防衛庁防衛研究所戰史部 編, 1985, 『南方の軍政: 史料集』, 朝雲新聞社.
柳沢遊・倉沢愛子編, 2017, 『日本帝國の崩壞－人の移動と地域社會の変動』, 慶應義塾大学出版會寺内寿一刊行會, 1978, 『元帥寺内寿一』, 芙蓉書房.
村田省蔵遺稿, 1969, 『比島日記』, 原書房.
和田春樹外編, 2011, 『アジア太平洋戰爭と「大東亞共榮圈」1935-1945』, 岩波書店.

논문

권오신, 2006, 「태평양전쟁기 일본의 필리핀 점령과 지배: "대동아공영권"의 그림자」, 『아시아연구』 9-2.
김영숙, 2022, 「『사진주보(写真週報)』를 통해 본 일본의 동남아시아 침략과 '대동아공영권' 구상」, 『한림일본학』 41.
양승윤, 1998, 「대동아공영권 구도하 일본의 인도네시아 식민통치」, 『동남아연구』 7.
이형식, 2018, 「'내파(內破)'하는 '대동아공영권'-동남아시아 점령과 조선통치-」, 『사총』 93.

VIII.
아시아태평양전쟁 시기 '남양군도'의 기지화와 조선인 동원

김명환 | 민족문제연구소

1. 머리말

일본은 제1차 세계대전 중 적도 이북의 독일령 '남양군도'[1]를 점령하였고, 전후 이 지역에 대한 위임통치 권한을 국제연맹으로부터 획득하였다. 일본은 시정청으로서 '남양청'을 창설하고 이 지역의 개발에 경주하였다. 일본은 19세기 말엽 이후 남양으로의 진출을 모색해 왔으나, 서구 열강에 밀려 뜻을 이루지 못하였다. 그런데 이 시기 '남양군도'를 획득함으로써 오랜 숙원을 풀었다.

'남양군도'는 'C식 위임통치령'으로 국제연맹의 감시를 받았으며, 군사기지를 건설할 수 없는 등 여러 제약이 있었다. 1930년대 초 일본은 국제연맹 탈퇴를 선언하였으나, '남양군도'에 대한 위임통치 권한은 유지되었다. 이때부터 일본의 '남양군도' 개발은 이전과는 다른 길을 걷기 시작하였다. 1936년 국책회사 남양척식주식회사를 설립하여 농업 및 인광산 개발을 추진하는 한편, 1938년부터 남양알루미늄광업주식회사를 통해 보크사이트 채광을 시도하였다. 한편 1940년을 전후하여 대대적인 항만개축을 추진하는 한편, 각지에 항공기지를 건설하기 시작하였다. 이에 충당할

---

[1] '남양군도'는 1914년부터 1945년 8월 제2차 세계대전 종전 시까지 일본의 위임통치를 받은 중서태평양지역의 島嶼群을 지칭하는 지역개념이다. '남양군도'를 구성한 주요한 제도로는 마리아나제도(괌 제외)·캐롤라인제도·마셜제도 등이 있으며, 주요도서로 사이판·얍·팔라우·축·폰페이·콰잘린·마주로 등이 있다. 비슷한 개념으로 '남양'이라는 용어가 있다. 엄밀한 의미로 남양은 남쪽 바다를 지칭하는 것인데, 통상적으로는 동남아시아 방면을 지칭할 때 사용한다. 일본에서는 '남양군도'를 내남양, 동남아시아 방면을 외남양으로 구분하여 불렀다.

노동력을 일본으로부터 '남양군도'로 이동시켰다.[2]

1930년대 말 1940년대 초 일본의 '남양군도' 개발 및 군사기지화는 태평양전쟁 발발과 직접 연관되어 있다. 일본군은 해군 기동부대의 하와이 기습 및 육군의 말레이반도 상륙 등 전쟁 초기 파죽지세로 북태평양 및 동남아시아 방면을 장악하였다. 이후 일본군은 '남양군도'를 전진기지로 삼아 동태평양 방면의 길버트제도 및 남태평양 방면의 뉴기니·솔로몬제도를 침략하여 점령하였다. 동남아시아 지역 석권을 목적한 일본은 미국이 오스트레일리아와 연합하여 반격할 것에 대비하여야 했다. 이를 위해 미국과 오스트레일리아의 연결을 차단해야 했고, 그 목적으로 적도 이남의 여러 지역을 점령한 것이었다. 이후 전쟁이 지속되는 동안 '남양군도'는 적도 이남에서의 전투를 지원하는 역할을 하였다. '남양군도' 중앙의 트럭(Truk)에는 대규모 해군기지가 건설되어 있었고, 동부의 마셜제도에는 항공기지가 설치되어 길버트 방면의 일본군을 지원하였다. 뉴기니·솔로몬 방면의 일본군은 트럭 및 팔라우(Palau)가 후방지원 역할을 담당하였다. 이와 같이 '남양군도' 지역은 일본의 태평양전쟁 수행에 커다란 역할을 하였다.

일본군의 '남양군도' 기지화에는 단기간에 수많은 인력이 동원되었다. 주로 일본해군이 이에 관여하였으나, 민간회사 혹은 국책회사도 상당 부분 기여하였다. 이러한 동원에는 조선인도 포함되어 있었다. 조선인 노무자들은 이미 1939년부터 동원되기 시작하였고, 팔라우의 항만 및 도로 개설에 투입되었다. 태평양전쟁 발발 전인 1941년 중반부터 '남양군도' 기

2　국내에서 간행된 일본의 '남양군도' 지배 및 개발 관련 저서로는 조성윤의 저작이 있다. 조성윤, 2015, 『남양군도: 일본제국의 태평양 섬 지배와 좌절』, 동문통책방.

지 건설에 조선인이 대규모로 동원된 정황도 확인된다. 정확한 인원을 산정할 수는 없으나, 태평양전쟁을 전후한 시기 '남양군도' 지역 동원 조선인 규모는 민간인 및 군속을 합하여 1만 명이 넘는 것으로 추산된다.[3] 이들 중 상당수는 현지에서 희생되었다.

 2000년대 이후 여러 연구자가 일제통치하의 '남양군도'에 대해 관심을 갖기 시작하였다. 국가기록원에서 농업이민 및 노무자 동원 관련 문서철이 공개된 것이 계기가 되었다. 이후 일제강점기 조선인의 '남양군도' 인식, 총동원체제기 노무동원, 해군 군속 동원양상 등 여러 영역에서 주목할 만한 연구성과가 축적되고 있다.[4] 그런데 이들 연구는 대부분 일제의 조선인 강제동원 및 희생이라는 측면에 방점을 두고 접근한 것이었다. 그런 점에서 일본의 태평양전쟁 수행 및 태평양 방면 조선인 동원의 전체적 양상

---

[3] 아시아태평양전쟁 시기 '남양군도' 지역으로 동원된 조선인은 민간인이 적어도 7,000명 이상, 육해군 군속은 17,000명 이상이 동원된 것으로 추정되고 있다. 그러나 아시아태평양전쟁 말기 동원현황 및 육군 군속 동원 관련 자료 중 확인되지 않은 것이 많아 여전히 정확한 동원 규모를 추산하지 못하고 있다.

[4] 일제강점기 '남양군도' 인식 및 전시 노무자 강제동원과 관련해서는 정혜경 및 김명환, 해군 군속 동원에 관해서는 심재욱의 연구가 있다. 정혜경, 2005, 「일제 말기 '남양군도'의 조선인 노동자」, 『한국민족운동사연구』 44, 한국민족운동사학회; 김명환, 2010, 「일제말기 조선인의 남양군도 이주와 그 성격(1939~1941)」, 『한국민족운동사연구』 64, 한국민족운동사학회; 김명환, 2018, 「『남양군도귀환자명부』를 통해 본 해방 직후 조선인의 남양군도 재류현황」, 『한국근현대사연구』 85, 한국근현대사학회; 김명환, 2020, 「일제강점기 조선인의 북마리아나 지역 이주와 특징(1918~1941)」, 『숭실사학』 45, 숭실사학회; 심재욱, 2014, 「전시체제기 조선인 해군군속의 일본 지역 동원 현황: 구일본해군 조선인군속 관련 자료(2009)의 데이터 분석을 중심으로」, 『한국민족운동사연구』 81, 한국민족운동사학회; 심재욱, 2015, 「'태평양전쟁'기 일본 화물선 침몰과 조선인 舊海軍 군속의 사망피해」, 『한국민족운동사연구』 85, 한국민족운동사학회; 沈在昱, 2018, 「전시체제기 시바우라(芝浦)海軍施設補給部의 조선인 군속 동원」, 『한국민족운동사연구』 97, 한국민족운동사학회.

이라는 측면에는 아직 이르지 못하고 있다.

　이 연구에서는 일본의 위임통치 시정지역이었던 '남양군도'가 아시아태평양전쟁 시기에 어떻게 활용되었고, 그 과정에서 전개된 조선인 동원의 이유 및 양상을 살펴보고 그 피해 상은 어느 정도였는지를 조망하여 보고자 한다. 이를 위해 먼저 일본의 '남양군도' 점령 및 초기 시정방침을 정리하고, 군사기지화의 가능성이 보이기 시작하는 국제연맹 탈퇴 선언 이후의 정책변화를 살펴보고자 한다. 이어서 조선인 전시동원이 본격화한 이후 '남양군도' 방면으로 동원된 인력에 대해 살펴보고, 1943년 중반 이후 전황이 역전되며 일본군이 '남양군도' 방비에 주력하였던 상황을 고찰해 보고자 한다. 마지막으로는 구체적인 조선인의 전쟁 피해 실태와 전후 귀환을 두루 살펴보고자 한다.

　이러한 연구를 통해 다음과 같은 사항을 기대할 수 있다. 첫째, 아시아태평양전쟁 시기 일본의 남방정책의 일단을 엿볼 수 있다. 둘째, 일본이 위임통치한 '남양군도'의 지정학적 의미 및 전쟁에서의 역할을 규명할 수 있다. 셋째, 태평양 방면 동원 조선인들이 어떻게 전쟁에 이용되었는지 그 실태를 엿볼 수 있다.

　그동안 한국근대사 연구에서는 국내, 중국, 만주, 일본, 미주 등지를 주된 대상으로 삼아왔다. 여기에 동남아시아 권역 추가가 요구되고 있다. 이에 비하여 태평양 방면 연구는 여전히 **공백**상태로 남겨져 있다. '남양군도'를 위시한 중서태평양 방면은 동남아시아와 오세아니아의 연결지점에 위치한다는 점에서, 이와 같은 연구의 수행으로 연구사적 공백을 일부 메꿀 수 있을 것으로 기대된다.

2. 일본의 '남양군도' 점령과 통치

1) 일본의 '남양군도' 점령 및 개발 방침

'남양군도(南洋群島)'는 1914년 10월 일본제국 해군의 점령 이후 1945년 8월 제2차 세계대전 종료 시까지 일본의 통치를 받은 중서 태평양지역을 지칭하는 지역개념이다. '남양군도'는 광활한 해역에 수많은 작은 섬으로 구성되어 있다. 해역의 범위는 동서 약 4,900km, 남북 약 2,400km로 적도 이북의 중서부 태평양 지역의 대부분을 차지하였다. 이 지역은 모두 623개의 작은 섬이 있으나 육지면적은 2,149km²에 불과하다.[5] 육지면적만 보면 제주도보다 조금 크고 서울보다 3.5배 정도 넓다.[6] '남양군도'는 현재의 지역개념인 미크로네시아(Micronesia)와 거의 일치한다.

일본은 1914년 점령 이전부터 '남양군도'에 관심이 많았다. 일본의 상인들은 이미 19세기 말부터 동남아시아 지역으로 진출하기 시작하였다. 이들은 남양을 해상교역의 대상으로 간주하였고, 나아가 개척대상지로 삼고자 하여 관심을 보였다. 그러나 당시 동남아시아는 영국, 프랑스, 네덜란드, 포르투갈 등 서양국가들의 식민지였으므로 후발주자인 일본으로서는 세력권을 구축하기 쉽지 않았다.

---

[5] 大藏省管理局, 1949, 『日本人の海外活動に關する歷史的調查』 通卷 第20冊 南洋群島篇 第1分冊, 25쪽.
[6] 제주도의 면적은 1,849km²이고 서울은 605km²이다.

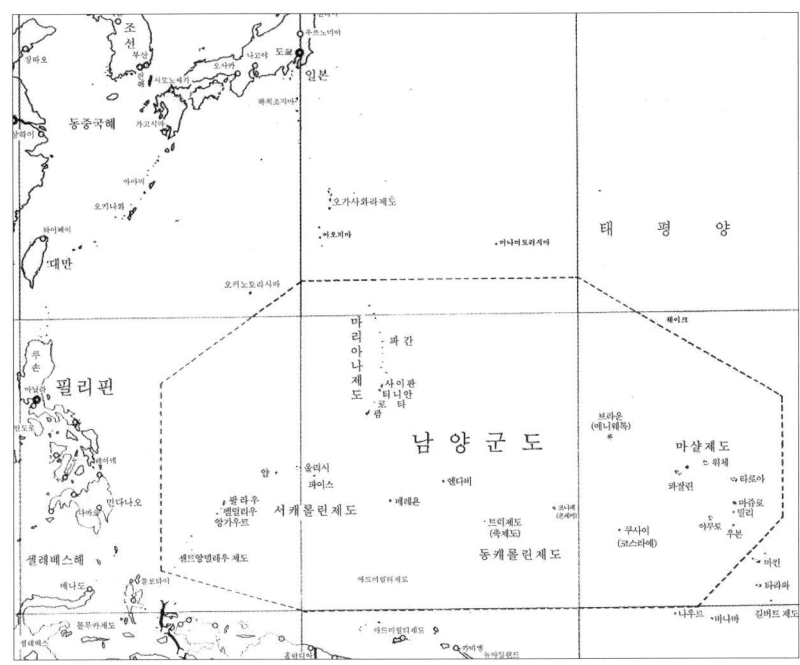

〈그림 1〉 '남양군도'의 위치

　　1914년 제1차 세계대전이 발발하자 일본은 영일동맹에 의거하여 곧바로 영국 측에 가담하였고, 중국 내 독일의 주요한 거점인 칭다오(靑島)를 공격하여 점령하였다. 이어 영국의 반대에도 불구하고 해군을 태평양 방면으로 보내 10월 12일 독일령 '남양군도'를 점령하였다. 점령 후 일본은 '남양군도' 통치를 위하여 「임시남양군도방비대조령(臨時南洋群島防備隊條令)」을 발표하고 군정을 실시하였다.[7]

7　　南洋廳長官官房, 1932, 『南洋廳施政十年史』, 南洋廳, 35~36쪽.

통치의 중심기구인 사령부는 동캐롤라인제도 트럭(Truk, Chuuk)[8]에 설치하였다. 트럭이 사령부 위치로 선정된 것은 이곳이 '남양군도' 영역의 중간에 위치한다는 점과 이미 독일통치시기 중심지 역할을 했다는 점 등이 고려되었다. 점령지가 광활하였으므로 일본은 사이판(Saipan), 팔라우, 트럭, 포나페(Ponape, Pohnpei), 야루토(잘루잇, Jaluit) 등 5개 민정구로 나눠 각 민정구마다 수비대를 배치하였다. 1915년 4월에는 얍(Yap) 민정구가 추가되어 6개 민정구가 되었다.

제1차 세계대전 종전 후 일본은 '남양군도'를 자신의 세력 아래 묶어두기 위하여 외교력을 집중하였다. 그 결과 1920년 12월 17일 국제연맹 이사회는 '남양군도'에 대해 일본을 수임국(受任國)으로 하는 'C식' 위임통치를 결정하였다. 이에 일본은 통치법령 및 행정조직을 완비하여 1922년 4월 1일 '남양군도' 위임통치를 위한 시정관청인 남양청(南洋廳)을 개설하였다.[9]

국제연맹 규약에 의하면, 일본정부는 위임통치 조항의 규정 및 정신을 따라야 했다. 국제연맹이 정한 통치의 제약으로는 '국제평화유지에 관한 조항', '토착인의 복지증진에 관한 조항', '국제연맹이사회에 대한 수속상의 조항' 등이 있었다.[10] 일본정부는 '국제평화 유지에 관한 조항'에 따라

---

8 '남양군도' 각지의 지명은 시기에 따라 다르게 표기되었다. 이것은 '남양군도' 지역이 여러 제국주의 국가의 통치를 받았고 최근 들어 지명을 현지식으로 변경한 데에서 발생한 문제이다. 축(Chuuk)은 독일시대에 트럭(Truk), 일본시대에 도락쿠(トラック)라고 불렸으나, 현재는 현지어를 채택하여 축이라 부르고 있다. 이와 비슷한 경우로 폰페이(Pohnpei, Ponape)와 코스라에(Kosrae, Kusai)를 들 수 있다.

9 小林玲子, 2007, 「植民地朝鮮からの朝鮮人勞働者移入制限と差別問題」, 『南洋群島と帝國·國際秩序』, 慈學社, 170~172쪽.

10 矢內原忠雄, 1935, 『南洋群島の硏究』, 岩波書店, 476~486쪽.

경찰 및 지방적 방위를 위하여 행하는 경우 외에 토착민에게 군사교육을 실시할 수 없었으며, 축성 또는 육해군 근거지를 설치할 수도 없었다.[11] 그리고 '토착인의 복지증진에 관한 조항'에는 노예매매와 강제노동이 금지되었고, 무기 및 탄약을 도입할 수 없었으며, 토착민에게는 주정음료를 제공할 수 없었다. 더불어 공공의 질서, 선량한 풍속유지에 관한 지방법규에 위배되지 않는 한 양심의 자유, 각종 예배의 자유로운 집행 등을 보장해야 했다. '국제연맹 이사회에 대한 수속상의 조항'에 따라 매년 보고서를 제출해야 했고, 이사회의 동의 없이는 위임통치 규정을 변경할 수 없었다. 그리고 위임통치조항 규범의 해석 또는 적용에 관한 분쟁은 상설국제사법재판소에 부의하도록 규정하였다.

군정 초기 일본은 소극적인 현상유지책을 중시하였으나, 1917년부터는 개척사업을 적극적으로 추진하였다. 1917년 일본우선주식회사(日本郵船株式會社)의 정기항로 개설 이후 일본기업 진출 및 일본인 이주가 시작되었다.[12] 일본회사들은 사이판의 관유지 등을 임차하여 사탕수수 농장을

---

[11] 연맹규약에 의해 군사기지를 설치할 수 없음에도 불구하고 일본은 '남양군도' 내 군사기지 건설을 도모한 것으로 보인다. 1933년 1월에는 일본의 '남양군도' 내 기지설영 의혹을 제기한 영국신문의 기사내용에 대해 일본대표부가 반박성명서를 발표하였고,(「英 '헤럴드'지의 捏造記事로 日本代表部聲明書發表」,『동아일보』1933년 1월 27일 자) 1934년 1월에는 국제연맹 위임통치위원회가 일본 측에 대해 비행장 설치에 대한 보고서 제출을 가결하였다.(「남양 비행장 설치의 이유 설명을 요구」,『매일신보』1934년 11월 14일 자;「남양 비행장 설치에 일본의 설명 요구」,『동아일보』1934년 11월 14일 자) 실제로 일본해군은 1933년 사이판 아스리토에 1,000m 길이의 활주로를 건설하였다.(防衛廳防衛研修所戰史室, 1970,『中部太平洋方面海軍作戰』1, 朝雲新聞社, 62쪽) 이 활주로는 南洋興發株式會社가 해군의 명령을 받고 사이판 아스리토 소재 직영농장 내에 건설한 것으로 알려져 있다.

[12] 今泉裕美子, 1991,「日本の軍政期南洋群島統治(1914~1922)」,『國際關係學研究』第17號別冊, 津田塾大學, 12쪽.

경영했는데, 초기 실적이 상당히 우수하였다.[13] 그러나 1920년 여름부터 시작된 전후 반동공황으로 설탕가격이 폭락하자 경영상 손실을 크게 입고 사업을 포기하기에 이르렀다. 이러한 상황을 타개하기 위하여 해군과 외무성은 '남양군도' 척식사업 전체를 재검토하였고, 이는 1921년 11월 29일 기존의 회사를 정리·통합하여 남양흥발주식회사(南洋興發株式會社) 설립으로 일단락되었다.[14]

1920~1930년대 '남양군도' 경제는 이른바 '제당업 단일주의'로 요약되었다. 이것은 경제적인 측면에서 남양흥발로의 집중이라는 결과는 낳았다.[15] 남양흥발의 비약적인 발전은 '남양군도' 개발 및 재정자립이라는 측면에서 긍정적이었다. 국제연맹 탈퇴 후 일본정부는 척무성에 남양군도개발조사위원회(南洋群島開發調查委員會)를 설치하고 '남양군도' 개발방책을 수립하기로 하였다. 이 위원회의 제1분과에서는 남방지역 조사, 기업 및 이주민의 지도조성, 척식자금 제공, 국책회사 설립, 열대산업 연구기관 정비 등을 제시하였다.[16] 일본정부는 이와 같은 정책전환을 수행하기 위하여 국책회사로서 남양척식주식회사(南洋拓殖株式會社)를 설립하였다.

---

13 具志川市史編さん委員會, 2002, 『具志川市史: 第4卷 移民·出稼ぎ論考編』, 具志川市教育委員會, 557쪽.

14 松江春次, 1932, 『南洋開拓十年誌』, 67쪽; 小林玲子, 2007, 「植民地朝鮮からの朝鮮人勞働者移入制限と差別問題」, 『南洋群島と帝國·國際秩序』, 慈學社, 179쪽; 정혜경, 2005, 「일제 말기 '남양군도'의 조선인 노동자」, 『한국민족운동사연구』 44, 한국민족운동사학회, 177쪽.

15 今泉裕美子, 2004, 「南洋群島經濟の戰時化と南洋興發株式會社」, 『戰時アジアの日本經濟團體』, 日本經濟評論社, 304~307쪽.

16 南拓會, 1982, 『南拓誌』, 30~31쪽.

2) 국제연맹 탈퇴 후의 정책 변화

'남양군도'는 군사적 가치도 높이 평가되었다. '남양군도' 주변에는 마리아나 제도의 미국령 괌(Guam), 마셜제도 북방의 웨이크(Wake), 남동방의 영국령 길버트제도(Gilbert Islands) 및 미국령 피닉스 제도(Phoenix Islands)의 하울랜드(Hawland) 등이 있었으므로 미군의 공격을 대비하는 방어의 요충지 역할을 할 수 있었다. 동시에 이들 지역 및 솔로몬제도(Solmon Islands), 비스마르크제도(Bismark Islands) 및 동부 뉴기니(現 Papua New Guinea) 지역, 더 나아가 오스트레일리아로 침략하기 위한 공격의 중심지라는 전략적 중요성을 지니고 있었다.

만주사변 및 만주국 수립을 둘러싼 문제로 국제사회의 압력이 가중되자, 일본은 1933년 3월 국제연맹 탈퇴를 선언하였다. 이에 따라 일본의 '남양군도' 위임통치 문제가 초미의 관심사가 되었다. 이 시기 일본은 중국 화북지역에서 군사작전을 확대하고 있어서, 군수물자의 확보 및 경제적 자급자족체계 확립을 위하여 남진(南進)을 도모하고 있었다. 따라서 국제연맹을 탈퇴하더라도 '남양군도'에 대한 지배권을 유지하고자 하였다.

'남양군도' 위임통치 문제에 대하여 외무성 당국자는 국제연맹 탈퇴 이후에도 '공리(公理)의 인정(認定)에 의해 사실상 영유를 계속할' 것이라는 입장을 보였고, 남양청 장관은 '남양군도' 위임통치는 연혁상, 법리적 근거로 보아 국제연맹 탈퇴와 무관하다는 내용의 유고(諭告)를 발표하였다.[17] 일본은 '남양군도' 위임통치가 제1차 세계대전 참전의 대가로

---

17 「제국의 남양 위임통치 문제」, 『매일신보』 1933년 3월 27일 자; 「聯盟脫退 後도 日本

획득한 것이라는 점을 강조하며, 위임통치의 유지를 주장하였다. '남양 군도' 위임통치 유지를 위한 일본의 외교적 노력은 다각도로 이루어졌으며,[18] 결국 1935년 초 위임통치국으로서의 지위유지를 인정받는 데 성공하였다.[19]

1935년 초 국제연맹의 '남양군도' 관련 결정은 이후 아시아·태평양 지역의 정세에도 영향을 주었다. 통치권 유지 결정 이후 일본은 위임통치 규약을 어기고 '남양군도'의 군사기지화를 꾀하였다. 특히 축과 팔라우, 마셜제도 등은 태평양전쟁 당시 일본의 남태평양 방면 공략의 전진기지로 기능함으로써, 그 지정학적 가치를 입증하였다.

'남양군도'에 대한 지배권 유지가 확정되자 일본은 1937년경부터 이 지역에서 군사시설 구축을 본격화하였다. 그동안은 국제연맹 규약 및 미국과 체결한 「얍 및 기타 적도 이북의 태평양위임통치제도에 관한 미일조약」(1922), 해당 지역의 '현상유지'를 적용한 「워싱턴 군비제한조약」 (1922) 등으로 인하여 군사시설 구축에 제약이 있었기 때문이다. 이전까지는 남양청에 의해 도로, 항만, 각종 공장, 등대 및 상업용 비행장 건설

領有, 南洋과 外務當局 見解」, 『동아일보』 1933년 3월 26일 자; 「일본의 남양통치는 영구히 확고부동」, 『매일신보』 1933년 4월 1일 자; 「日本의 統治上 地位에 無變化」, 『동아일보』 1933년 4월 4일 자.

18 1930년대 『동아일보』, 『매일신보』 게재 '남양군도' 관련 기사의 대부분은 국제연맹의 동정과 위임통치 문제에 관한 것이었다.(정혜경, 2005, 「일제 말기 '남양군도'의 조선인 노동자」, 『한국민족운동사연구』 44, 한국민족운동사학회, 225쪽) 이러한 사정은 『조선일보』도 다르지 않았다. 1933~1935년 사이 주요신문에 게재된 위임통치 관련 기사는 일일이 열거할 수 없을 정도로 많다.

19 「남양 위임통치 계속 국련에서 결국 시인」, 『조선일보』 1935년 3월 16일 자; 今泉裕美子, 2004, 「南洋群島經濟の戰時化と南洋興發株式會社」, 『戰時下アジアの日本經濟團體』, 日本經濟評論社, 306쪽.

정도만 가능하였다. 항만의 경우도 대형 선박이 접안할 수 있는 정도의 규모로는 건설할 수 없었다.

그러나 1933년 3월의 국제연맹 탈퇴, 1934년 12월 워싱턴 조약 폐기 통지 등으로 장애요인을 하나씩 제거하였고, 워싱턴 조약의 유효 기간 2년이 지난 1936년 말부터는 군비제한을 제거한 이른바 '무조약 시대(無條約 時代)'가 열렸다. 이제 아무런 제약 없이 본격적인 군사시설 구축이 가능해진 것이었다.

일본이 '남양군도' 지역을 중요시한 것은 이미 전부터 미국과의 전쟁계획을 짜고 있었기 때문이었다. '태평양전쟁' 발발 이전부터 일본해군은 미군이 마셜제도-캐롤라인제도를 공략한 후 일본 본토를 공격할 것이라는 '남방항로(南方航路)'를 상정하고 이에 대응할 전쟁계획을 수립해 두고 있었다.

이것은 계획으로만 그치지 않았다. 1941년 12월 초 '태평양전쟁'이 발발하자 일본군은 즉각 미군의 중서태평양 방면 거점이었던 괌을 점령하였고, 이어서 '남양군도' 동북쪽에 인접한 웨이크를 점령하였다. 1942년 초에는 '남양군도' 서남방 방면의 비스마르크 및 솔로몬제도를 점령하여 오스트레일리아를 위협하였다. 이런 전황으로 보아 당시 '남양군도'가 일본군의 공세에서 차지하는 비중이 상당하였음을 알 수 있다.

3. 총동원체제기 조선인 동원의 전개

1) 조선인 노무자 동원의 개시

일본의 '남양군도' 점령 후 일본인 이주가 시작되자 조선인들도 노동자로 송출되기 시작하였다. 1917년 말 전남 광주에서 '남양군도'행 노동자 모집이 있었고, 이들 노동자 집단이 1918년 초 사이판에 상륙함으로써 조선인의 '남양군도' 이주가 시작되었다.

임시남양군도방비대 사령관은 1918년 10월 1일 자로 당시 사이판 거주 인원을 확인해 주는 공문을 공표하였다. 사이판으로의 식량 수송을 위하여 거주인원 확인이 필요했기 때문이었다. 이 공문에 따르면 일본인(내지인) 151명 및 조선인 159명이 사이판에 거주하고 있었다.

그런데 1910년대 말 조선인의 '남양군도' 이주 및 정착은 성공하지 못하였다. 열악한 노동조건 및 회사측의 약속 위반, 이에 발생한 노동자 파업 등의 여파로 계약기간을 마친 노동자들은 본국으로 송환되고 소수의 인원만이 잔류하게 되었다. 1920년대 및 1930년대에 걸쳐 '남양군도'의 조선인 인구는 꾸준히 늘었으나, 전체적으로는 1938년 당시 거주인 수가 704명에 불과할 정도로 적었다.

조선인의 대규모 '남양군도' 지역 동원은 1939년에 접어들면서 시작되었다. 이전까지 개별적인 이주가 이루어졌다면, 1939년 이후에는 조선총독부의 지원 아래 노무자들이 계획적으로 동원되는 양상을 보인다.

1939~1941년 시기 조선인들의 '남양군도' 지역 동원은 일본의 전쟁 수행과 관련이 있다. 아직 태평양전쟁이 발발하지도 않았고, 또한 노무자

들이 군수산업도 아닌 농업이나 토목공사에 동원되었다는 점에서, 이 시기의 조선인 동원이 전쟁수행과는 무관해 보일 수도 있다. 그러나 남양흥발의 마쓰에 하루지(松江春次)의 설명을 들어보면 일본의 전쟁 수행과 조선인의 '남양군도' 동원 사이에 연관이 있음을 알 수 있다.

마쓰에 하루지는 조선총독에게 조선인의 '남양군도' 이민 알선을 의뢰하며, 다음과 같이 그 이유를 설명하였다.

> 당사(남양흥발) 사업지 남양군도 각지에서 사업을 확장하고 있으며, 이것의 소요세력은 종래 오키나와현을 비롯하여 일본 동북 각 현으로부터 수시로 입식시킨 바, 이번 사변(중일전쟁)의 확대와 전시체제 정비로 인하여 응소자의 확대와 군수산업에의 전출이 많아 이들 각 지방에서의 농촌노동력 부족이 점점 심각해지고 있는데다가, 최근 남양 각지에서 전쟁을 반영한 군소산업의 발흥이 현저하여 점점 군도 내의 노동력 부족을 초래하였기 때문에 필요한 노동력 보충이 불가능하게 되어 드디어 남진국책(南進國策)인 남방산업의 개발에 공헌하고 있는 당사 사업도 경영상 상당한 곤란에 봉착하였습니다.[20]

기본적으로 조선인 모집의 이유는 중일전쟁 이후 전시체제가 정비되이 기지, 일본 본토 내외 노동력 부족현상이 심각해져서 '남양군도'에서 필요한 노동력을 충분히 확보할 수 없게 되었기 때문이다. 남양흥발이 노무자 충원에 곤란을 겪는 것은 일본 관계당국의 입장에서도 난처한 일이

---

20 「東興 第250號, 移民斡旋依賴ニ關スル件」, 南洋興發株式會社取締役社長松江春之→朝鮮總督南次郎, 昭和14年7月日.(『昭和14·15年 南洋行農業移民關係』)

었다. 당시 남양흥발은 평범한 회사가 아니라 국책기업에 버금가는 지위를 누리고 있었고, 해군과도 긴밀한 연관을 맺고 있었다. 1930년대 초 남양흥발이 해군의 요청으로 사이판 직영농장 내에 활주로를 건설한 것에서 양자간의 관계를 단적으로 알 수 있다.

1935년 국제연맹 탈퇴 확정 후 일본정부는 '남양군도' 각지에서 토목공사를 벌이기 시작하였다. 그런데 중일전쟁 발발로 인해 본국으로부터의 노동력 수급이 곤란해지자 새로운 지역을 모색하게 된 것이었다. 그 대상 지역으로 한반도가 지목되었다. 앞에서 마쓰에 하루지는 노무자 부족현상을 언급하고 있는데, 이것은 당시 남양흥발의 내부사정에서 기인한 현상이었다. 남양흥발은 군의 요청에 의해 이른바 '특수공사'에 자신들의 노동력을 제공하였는데, 이로 인하여 회사 자체의 생산현장에서 심각한 노동력 부족현상에 직면하게 되었던 것이다.[21] 이런 정황으로 보면 당시 조선인 노무자 동원은 단순한 노동인구의 이동이 아니라, 침략전쟁을 수행하고 있던 일본 당국의 인력수급 정책에서 시행된 것으로 보아야 한다.

남양흥발-일본정부-조선총독부가 연관된 계획에 의하여 1939년부터 대규모 인력이 '남양군도'로 동원되기 시작하였다. 그리하여 1938년 당시 704명에 불과하였던 조선인 거주자는 1939년 한 해 동안 1,264명이 증가하여 연말에는 1,968명에 이르렀다. 1년 만에 거주자가 거의 3배로 증가한 것이다.[22] 조선인 거주자는 계속 증가하여 1940년에는

---

21 今泉裕美子, 2004, 「南洋群島經濟の戰時化と南洋興發株式會社」, 『戰時アジアの日本經濟團體』, 日本經濟評論社, 313쪽.

22 南洋廳, 1939, 『昭和14年版 南洋群島要覽』, 57, 58, 61쪽; 南洋廳, 1939, 『昭和13年度 南洋群島人口動態年表』, 63쪽; 南洋廳, 1939, 『昭和14年版 南洋群島要覽』, 45~46쪽;

3,463명이 되었고, 태평양전쟁 직전에는 5,824명에 이르렀다.[23]

남양흥발뿐만 아니라 1941년부터는 국책회사인 남양척식주식회사도 조선인 노무자들을 동원하기 시작하였다. 상대적으로 규모는 적었으나 남양청도 1942년부터 1944년까지 매년 300~400명의 노무자를 데려갔다.

해방 당시 '남양군도' 거주 조선인의 규모는 확인되지 않고 있다. 통계자료가 없기 때문이다. 일부 지역이 누락된 현황으로 당시의 상황을 짐작하여 볼 수는 있다. 해방 후 '남양군도'로부터 귀환한 조선인들의 승선자 명부를 통해 대강을 살펴볼 수 있다. 그 현황은 다음의 표와 같다.

<표 1> '남양군도' 거주 조선인 현황(1946.1)

지역	북마리아나제도			팔라우제도	트럭제도	합계
도서명	사이판	티니안	로타	바벨다옵 및 코로르	두블론	
인원	1,354	2,577	158	2,763	253	7,105

출전: 김명환, 2021, 『일제 말기 南洋群島 지역 한인 노무자 강제동원 연구』, 건국대학교 박사학위논문, 156쪽.

승선지역은 북마리아나제도, 팔라우, 트럭(축) 등 3개 방면이 확인된다. '남양군도' 영역 중 마셜제도, 포나페(폰페이), 쿠사이(코스라에), 얍(Yap) 등은 명부가 없다.[24] 민간인 승선 인원은 7,105명으로 집계되었다.

南洋廳內務部企劃課, 1941, 『第9回 南洋廳統計年鑑』, 2쪽.

23 南洋廳, 1939, 『昭和14年版 南洋群島要覽』, 45~46쪽; 南洋廳, 1941, 『昭和16年度版 南洋群島要覽』, 37~38쪽; 南洋廳, 1942, 『昭和17年度版 南洋群島要覽』, 37~38쪽.

24 포나페와 얍은 1941년 당시 각각 852명 및 327명의 조선인이 있었던 것으로 확인된다.(南洋廳, 1942, 『昭和17年度版 南洋群島要覽』, 37~38쪽)

일본 후생성 원호국은 해방 후 귀환 조선인이 7,727명이라고 밝힌 바 있다.[25]

2) 일본해군의 인력동원 실태

(1) 조선인 군노무자의 남방 동원

1940년을 전후한 시기 태평양 방면의 기지설영을 위한 노동력 동원과 관련하여 『남양군도기지건설수송기록(南洋群島基地建設輸送記錄)』이라는 자료가 있다. 이 자료는 일본 방위성 방위연구소도서관에 소장된 문건으로 1939년 11월부터 1942년 3월경까지 일본제국 내 각지에서 '남양군도'의 기지 건설에 동원된 노무자들을 기록한 것이다. 자료에는 수송편명, 지역, 인원수, 채용일, 출항일, 노무자들의 출신지, 정리번호, 비고 등 여러 가지 항목이 기록되어 있다. 노무자 배치 지역은 알파벳으로 표기해 두었다. 연도별 동원노무자 수를 살펴보면 1939년 953명, 1940년 8,644명, 1941년 32,804명, 1942년 16,160명 등 총 59,547명이 확인된다. 수송기록이 있는 것으로 보아 노무자 명부도 작성되었을 것으로 추정되나 아직 발견되지 않고 있다.

이 자료가 다루고 있는 노무자들이 구체적으로 어떤 신분의 사람들인지는 확실치 않다. 문건 이외에 노무자 동원 기관, 혹은 노무자 신상 등을 알려 줄만한 수반 문서가 발견되지 않았기 때문이다. 그러나 자료제목이 『남양군도기지건설수송기록(南洋群島基地建設輸送記錄)』으로 여기에 수록

---

25 厚生省援護局 編, 1963, 『續續·引揚援護の記錄』, 386쪽.

된 노무자들은 기지건설을 위해 수송된, 즉 군과 관련이 있는 노무자들이었음을 알 수 있다.

『남양군도기지건설수송기록』 중 조선인 동원현황을 정리해 보면 다음과 같다.

<표 2> '남양군도' 기지건설 조선인 수송기록

선명	지명	번호	인원	채용월일	출항월일	정리번호	비고
아르헨티나丸	D	2657 2861	205	16.9.25	16.9.26	28	
〃	F	500704	205	〃	〃	〃	
〃	E	1805 2830	1,025	〃	〃	〃	
〃	G	911 1526	615	〃	〃	〃	
브라질丸	E	2916 4350	1,432	16.10.7	16.10.7	31	
〃	G1	1559 2173	613	〃	〃	〃	
브라질丸	E	4937 5345	409	16.10.10	16.10.19	35	半島第3回
〃	F	928 1337	404	16.10.29	16.10.30	〃	
〃	D	2933 4177	1,255	〃	〃	〃	
브라질丸	E	5682 6096	413	16.11.21	16.11.22	39	半島第4回
〃	G	2544 2964	419	〃	〃	〃	
〃	D	4240 4854	611	〃	〃	〃	
淺間丸	E	6097 6747	644	16.10.30	16.12.11	40	
龍田丸	E	172 1418	1,217	17.2.4	17.2.5	45	
〃	V	1410	399	〃	〃	〃	
아르헨티나丸		1410	407	〃	〃	〃	
브라질丸	M	3302 35□□	202	17.2.13	17.2.14	46	半島7回
〃	Q	757□ 1940	394	〃	〃	〃	
〃	E	1416 1824	399	〃	〃	〃	

〃	Q	263 1084	803	〃	〃	〃	
〃	O	3604 3812	206	〃	〃	〃	
아르헨티나丸	V	810 1630	782	17.3.23	17.3.24	49	
〃	S	807 1630	800	〃	〃	〃	全南(782)
〃	E	2601 3023	402	〃	〃	〃	全北(800)

출전: 『남양군도기지건설수송기록(南洋群島基地建設輸送記錄)』

〈표 2〉를 보면 조선인들은 1941년 9월부터 1942년 3월경까지 8회 24편에 걸쳐 14,261명이 '남양군도'로 수송된 것을 확인할 수 있다. 연도별로 나누어 살펴보면 1941년에 8,255명, 1942년에 6,011명이다. 조선인 수송인원수는 전체인원의 24%를 차지하는데, 조선인 동원이 시작된 1941년 9월 25일을 기준으로 하면 41%(14,261/34,726)를 점하고 있다. 연도별 비율을 살펴보면 1941년은 44%(8,255/18,566), 1942년은 37%(6,011/16,160)에 해당하여 전체 동원노무자 중 조선인의 비율이 상당히 높았음을 알 수 있다. 1941년 10월 말까지 수송된 조선인만 해도 6,163명에 달하는데, 이것은 1941년 말 현재 '남양군도' 거주 조선인 5,824명보다도 많은 것이었다. 이 자료에서 확인되는 인원들은 당시 행정기관이 작성한 공식 인구통계에 포함되지 않은 사람들이었다.

앞에서 언급한 바와 같이 이들 노무자의 신분은 확인되지 않는다. 다만 문서의 제목에서 군과 관련된 노동력이라는 점을 미루어 알 수 있다. 조선인의 경우만 놓고 볼 때 이들의 동원규모로 보아 민간회사가 동원한 사람들은 아닌 것으로 생각된다. 그렇다면 이 시기에 '남양군도'로 조선인이 대규모로 동원될 만한 사안이 무엇이었는지를 살펴보면 작은 단서를 찾을 수 있을 것으로 보인다.

조선인들은 1941년 9월 이후부터 해군작업애국단이나 남방파견보국대로 편성되어 남양 방면으로 동원되기 시작한 것으로 알려져 있다. 1941년 10월경부터는 해군특설설영반이 조직되기 시작하는데, 그 주요 충원수단은 해군작업애국단 등이었다. 앞의 자료는 당시 이러한 남방방면 노동력 동원을 보여주는 것이 아닌가 추측된다. 확실한 것은 조선인 군속 동원과 관련된 「해군공원 징용방법에 관한 건」(1941.12.31) 및 「해군공원징용실시요령」 등이 정비되기 이전인 1941년 9월부터 대규모의 조선인들이 '남양군도'로 동원되고 있었다는 것이다.

(2) 해군군속 동원실태

태평양 방면 군속 동원이 본격화한 것은 일본해군이 군노무자를 동원한 이후이다. 아시아태평양전쟁 시기 조선인 군속 동원 규모를 알려주는 자료는 아직 확인되지 않고 있어 그 현황을 온전하게 살펴볼 수는 없다. 이런 상황은 해방 후 '남양군도'에서 국내로 돌아온 군속 집계상황에서도 알 수 있다. 해방 후 귀환한 이들의 승선자 명부를 근거로 집계한 '남양군도' 방면 군속 현황은 다음의 표와 같다.

<표 3> '남양군도' 승선자 명부 등재 군속 현황(1946.1)

지역	마리아나제도	동부 캐롤라인	서부 캐롤라인		미상	합계
도서명	괌	얍	팔라우	트럭	모엔	
군속	65	30	589	3,106	148	52	3,990

출전: 김명환, 2021, 『일제 말기 南洋群島 지역 한인 노무자 강제동원 연구』, 건국대학교 박사학위논문, 156쪽.

승선자 중 군속은 3,990명으로 집계된다.[26] 이 가운데 팔라우는 육군 군속이고, 다른 지역은 모두 해군군속이었다.[27] 모엔(하루시마)은 트럭(축)에 속한 섬이므로 3,254명이 트럭(축)에서 돌아온 셈이다. 북마리아나제도, 포나페, 쿠사이, 마셜제도 등은 군속 승선자명부가 없다. 승선자명부에서 확인되는 조선인 군속의 규모는 매우 적다. 일본해군이 작성한 군속명부에서 확인되는 인원의 대략 1/4에 불과하다는 점에서 그러하다.

일본해군의 조선인 군속 동원은 한국 정부가 일본 정부로부터 제공받은 「구일본해군조선인군속관련자료(旧日本海軍朝鮮人軍屬關聯資料)(2009)」(이하 「구해군군속자료(旧海軍軍屬資料)(2009)」)를 통하여 조선인 동원 규모 및 피해실태 등이 알려져 있다.[28] 명부 등재인원은 최소한의 규모를 보여주는 것으로 간주되는 바, 실제로는 명부 등재인원보다 더 많은 군속이 동원되었을 것으로 추정된다.

「구해군군속자료(旧海軍軍屬資料)(2009)」에서는 조선인 해군 군속 총

---

26 명부작성 당시 군속신분의 범주를 어떻게 설정하고 무엇을 근거로 특정하였는지는 검토해볼 여지가 있다. '남양군도' 주둔 일본군은 수세에 몰리자 민간인들을 공용(供用)하여 군사시설 구축 등에 투입하였고, 이때 공용된 민간인 중 일부는 군속으로 채용되었다. 그러나 공용된 민간인 모두가 군속이 된 것은 아니었다.(김명환, 2013, 「1944년 남양청의 조선인 노무자 동원과 귀환」, 『한국민족운동사연구』 76, 한국민족운동사학회, 150~151쪽)

27 미상인 52명은 승선자 명부에서 소속을 확인할 수 없다.

28 심재욱, 2013, 「[舊日本海軍 朝鮮人軍屬 關聯 資料(2009)]의 微視的 分析」, 『한일민족문제연구』 24, 한일민족문제학회; 심재욱, 2014, 「전시체제기 조선인 해군군속의 일본 지역 동원 현황: 구일본해군 조선인군속 관련 자료(2009)의 데이터 분석을 중심으로」, 『한국민족운동사연구』 81, 한국민족운동사학회; 심재욱, 2015, 「'태평양전쟁'기 일본 화물선 침몰과 조선인 舊海軍 군속의 사망피해」, 『한국민족운동사연구』 85, 한국민족운동사학회.

79,349명의 인명이 확인된다.[29] 즉 적어도 이 인원만큼은 해군 군속으로 동원되었던 것으로 볼 수 있다. 이중 3,022명을 제외한 73,671명은 동원지역이 확인된다. 해군 군속의 동원지역을 정리하여 보면 〈표 4〉와 같다.

<표 4> 「구해군군속자료(2009)」 등재 인원의 동원지역 분포

방면	지역	인원	지역	인원	비고
동아시아 방면	일본	46,714			(63.4%)
	조선	7,420			(10.1%)
	중국	331			
태평양 방면	마리아나제도	2,199	뉴기니아	1,390	16,928 (30%)
	마셜제도	1,600	비스마르크제도	2,024	
	캐롤라인제도	8,053	솔로몬제도	108	
	길버트제도	935	웨이크	49	
	나우르	587	사모아제도	1	
동남아시아 방면	인도	82	인도차이나	365	2,368 (3.2%)
	인도네시아	523	필리핀	1,398	
계				73,671	

출전: 심재욱, 2014, 「전시체제기 조선인 해군군속의 일본 지역 동원 현황: 구일본해군 조선인군속 관련 자료(2009)의 데이터 분석을 중심으로」, 『한국민족운동사연구』 81, 한국민족운동사학회, 331쪽

---

29 심재욱, 2013, 「[舊日本海軍 朝鮮人軍屬 關聯 資料(2009)]의 微視的 分析」, 『한일민족문제연구』 24, 한일민족문제학회, 112~113쪽. 조선인 강제동원 연구자인 다케우치 야스토는 조선인 해군 군속 동원인원을 79,350명이라고 밝히고 있다.(竹內康人, 2014, 『調査·朝鮮人强制勞働③發電工事·軍事基地編』, 社會評論社, 345~346쪽) 다케우치는 수치의 근거로 심재욱의 연구를 들고 있는데, 두 사람이 제시한 수치가 미묘하게 다르다. 심재욱은 '구해군군속자료(2009)'를 분석한 결과 총 79,350명의 기록을 담은 파일을 확인하였다. 이 중 1건은 구해군 군인의 인사기록이므로 이를 제외하고 최종적으로 조선인 해군 군속 인원수를 79,349명으로 집계하였다.

해군 군속동원의 특징은 일본 동원이 압도적으로 많다는 것이다. 전체 해군 군속의 2/3가량이 일본으로 동원된 것으로 확인된다. 또 하나의 특징은 태평양 방면 동원의 비중이 상대적으로 높다는 것이다. 전체 동원인원의 1/3가량이 태평양 방면으로 간 것이었다. 이것은 당시 일본해군의 작전권역이 주로 중부태평양 및 남태평양이었다는 점에서 비롯된 것이었다. 특히 격전지로 알려져 있는 마리아나제도, 마셜제도, 캐롤라인제도 등 미크로네시아 지역과 뉴기니 및 비스마르크제도 등 멜라네시아 지역으로 동원된 인원의 비중이 큰 것을 확인할 수 있다. 상대적으로 동남아시아 방면 동원자의 규모가 적은 편이다.[30] 태평양 방면 동원 16,928명의 배치지역 현황을 살펴보면 〈표 5〉와 같다.

<표 5> 태평양 방면 조선인 해군 군속 동원 현황

대지역	인원	중지역	인원	소지역	인원	소지역	인원
마리아나제도	2,199			사이판	1,773	로타	46
				티니안	167	괌	213
마셜제도	1,600	콰잘린환초	522	루오토	79	콰잘린	493
		말로에랍환초	102	말로에랍	6	타로아	96
		잘루잇환초	1				
				밀리	654	워체	225
				브라운	65		
캐롤라인제도	8,035	얍	274	메레욘	76	얍	198
				포나페	192	쿠사이	318
				엔다비	107		

30　황선익 외, 2023, 『일제 침략전쟁과 군인·군속 동원』, 동북아역사재단, 327~328쪽.

캐롤라인 제도		트럭	5,827					
		팔라우제도	1,227	팔라우	770	펠렐리우	457	
		길버트제도	935 935	길버트제도	310	타라와	457	
						마킨	168	
		나우르	587					
		웨이크	49					
비스마르크제도	2,024	뉴브리튼	1,902 1,902	라바울	1,896	에드미랄티	2	
				뉴브리튼	4			
		뉴아일랜드	121	카비엥	121			
				비스마르크	1			
뉴기니	1,390			뉴기니 서부	12	부나	1	
				뉴기니	1,323	웨왁	29	
				뉴기니 동부	5	파마이	3	
				홀란디아	1	사르미	7	
				라에	9			
솔로몬 제도	108	뉴조지아	22	문다	4	뉴조지아	18	
		부겐빌	59	부겐빌	55	부카	2	
				부인	2			
				과달카날	2	솔로몬	25	

출전: 심재욱, 2014,「전시체제기 조선인 해군군속의 일본 지역 동원 현황」,『한국민족운동사연구』 81, 한국민족운동사학회, 332~333쪽.

태평양 방면 중 마리아나, 마셜, 캐롤라인제도 등은 '남양군도' 지역으로 태평양전쟁 이전부터 일본이 통치하였던 지역이다. 반대로 길버트제도, 나우르, 웨이크, 뉴기니, 비스마르크제도, 솔로몬제도 등은 태평양전쟁 발발 후 일본군이 점령한 지역이다.

가장 많은 인원이 동원된 지역은 캐롤라인제도로 8,035명으로 집계된다. 이 지역은 서부태평양의 중앙부에 위치하였으므로 전쟁 당시 남쪽의 뉴기니 방면 및 동쪽의 마셜제도 방면의 후방지역 역할을 수행하였다. 그중에서도 트럭(Truk)이 가장 중심되는 기지역할을 수행했는데, 여기 배치된 조선인 군속은 5,827명에 달한 것으로 집계되었다. 트럭이 각 방면을 모두 지원하는 기지역할을 했다면, 팔라우제도는 비스마르크제도, 뉴기니 및 솔로몬제도 방면을 지원하는 역할을 수행하였다. 1,227명이 배치되었는데, 그만큼 각종 기지 건설 및 군속 파견이 빈번하였던 지역이었다.

이외에 각지 배치 조선인 현황을 살펴보면 일본해군이 전술적으로 중요한 기지로 취급한 곳이 어디였는지를 가늠해 볼 수 있다. 마셜제도 중에는 콰잘린과 밀리에 배치된 조선인이 특히 많았다. 밀리는 길버트제도와 연결되는 지역으로 일본해군의 주요 침략루트 중 하나였다. 콰잘린은 밀리와 트럭의 중간지점에 위치하였으므로 중요시되었다. 길버트제도에는 총 935명의 조선인 군속이 배치되었다. 이 지역은 미국과 호주의 연계선을 끊을 목적으로 일본군이 점령한 지역이었다. 원래의 목적은 사모아제도까지 점령하는 것이었으므로 전쟁 말기까지 대규모의 일본군이 주둔하였다.

비스마르크제도, 특히 라바울은 일본군의 남태평양 최전선 기지로 건설되었다. 라바울을 중계 기지로 하여 일본군은 뉴기니 및 솔로몬제도 침략에 나섰다. 뉴기니는 당초 일본군의 작전지역은 아니었으나, 산호해해전의 실패로 뉴기니섬 남부 및 호주 북부의 통제권을 장악하지 못하자 전격적으로 일본군이 진주하였다. 일본군 진주와 더불어 많은 군속이 배치된 것이었다.

한편 마리아나제도는 비교적 늦은 시기에 군속들이 배치되기 시작하였다. 태평양전쟁 초기 일본군은 각지에서 승리를 거듭하였으므로 이 지역에 대한 방비책에 별다른 신경을 쓰지 않았다. 그러나 1943년 들어서며 태평양에서 미군의 반격이 시작되자 기지 설영을 서두르기 시작하였고, 1944년 들어서는 최대한의 인력을 끌어모아 미군 공격에 대비하고자 하였다. 마리아나제도의 여러 섬 중 가장 중심된 지역은 사이판으로 일본 해군은 물론 육군도 상당한 병력이 주둔하였다.

4. 1943년 이후 민간 노무자의 군사동원 실태

1) 팔라우제도에서의 노무자 동원

대부분의 조선인 군속은 한반도에서 모집이나 관 알선, 혹은 징용의 형태로 동원되었다. 그중 대부분은 동원 당시부터 군속 신분인 것을 인지한 상태로 현지로 이동한 경우가 많지만, 일부 지역에서는 현지에서 채용된 사례도 확인된다. 현지 채용 사례는 주로 전황이 급박한 최전방 전선에서 확인되는 경우기 많다. 후방지역으로부터 군속을 충원할 시간적 여유와 운송수단을 갖지 못한 경우 현지의 민간인 중 적당한 인원을 군속으로 채용한 것이었다. 상황이 이와 같았으므로 현지 채용 사례는 '남양군도' 등 태평양 방면의 전선에서 주로 발견된다.

현지 채용 사례는 당사자 혹은 가족들의 증언에서 확인되는 경우가 많다. 충주 출신 안옥순의 증언에서도 현지 채용 사례를 볼 수 있다. 안옥순의 가족 7명은 1941년 10월 16일 고향인 충청북도 충주를 떠나 '남양군도' 팔라우제도의 앙가우르로 왔다.[31] 안옥순은 1929년생으로 미군의 팔라우 공격이 있던 1944년 당시에는 15세였다. 그의 증언에서 앙가우르 노동자 중 일부가 펠렐리우로 전출된 사실이 확인된다. 안옥순은 앙가우르에 살던 중 전쟁으로 군인들이 집을 차지하게 되자 가족과 함께 팔라우로 피난을 갔다고 증언하였다. 그와 어머니, 동생들은 팔라우의 산에서 피난생활을 하였고, 아버지와 오빠는 '피리우도우(펠렐리우)'에 보국대로 끌려갔다고 하였다.[32]

안옥순의 가족은 국책회사인 남양척식주식회사에 의해 앙가우르로 동원된 사례였다. 1944년 당시 앙가우르의 남양척식 노동자로서 근무하다가 인근의 펠렐리우에서 사망한 사람들이 다수 발견된다. 주목되는 점은 이들 사망자가 모두 군속명부에서 확인된다는 것이다. 이 남양척식 노동자들은 1944년 8월 21일 제30건설부에 채용되었는데, 채용된 이들 중 187명이 12월 31일 펠렐리우에서 사망한 것으로 확인된다.[33]

앞서 소개한 안옥순은 아버지와 오빠가 펠렐리우로 동원되었다고 증언하였다.[34] 증언내용으로 보아 이들은 동료 노동자들과 함께 제30건설

---

[31] 「アンガウル鑛業所行朝鮮勞務者名簿(朝鮮忠淸北道)」, 1941.10.16.(『勞務者名簿各店所』)

[32] 정영민 편, 2021, 『구술기록집 남양군도의 기억-잊혀진 섬, 그곳은 지옥이었다』, 선인, 38~43쪽.

[33] 사망자 인원은 남양척식 노동자 명단을 「舊日本海軍朝鮮人軍屬 關聯資料(2009)」 중 사망자 목록에 대조하여 확인하였다.(심재욱, 2013, 『일본 측 자료를 통해 본 조선인 해군군속 동원 피해자 사망실태 기초조사』, 대일항쟁기강제동원피해조사및국외강제동원희생자등지원위원회, 부록B 323~328쪽)

[34] 남양척식의 노동자 명부에서 안옥순의 아버지 安田一成 및 오빠 安田泰吉이 확인된다.

부에 소속되어 펠렐리우로 보내졌던 것으로 추정된다. 그러나 안옥순의 아버지와 오빠는 군속명부에서 확인되지는 않는다. 동일한 처지에 있었던 노동자들의 전후 처리가 달랐다는 점이 주목된다.

남양척식뿐만 아니라 남양청 소속 노무자들도 군속으로 현지 채용된 사례가 확인된다. 남양청 소속 노무자의 동원실태를 담고 있는 자료 『조선인노무자관계철(朝鮮人勞務者關係綴)』[35]에 수록된 「반도노무자배치조(半島勞務者配置調)」를 살펴보자. 이 자료에 의하면 1943년 경상북도 상주군에서 동원된 노무자들은 해군에, 경상남도 김해군 출신 노무자들은 남양청 토목과에 각각 배치되었다. 이 두 지역 출신 노무자 각각 40명씩을 추출하여 군속 전환 여부를 조사하여 보았다. 그 결과 각각 6명과 3명이 군속 관련 명부에서 확인되었다.[36]

상주군 출신 노무자들 6명은 각각 『임시군인군속계(臨時軍人軍屬屆)』[37]와 『구해군군속신상조사표(旧海軍軍屬身上調査表)』[38]에서 그들의 인적사항이 확인된다. 이 두 자료의 기재 내용을 살펴보면 조선인 노무자

---

35 『朝鮮人勞務者關係綴』은 일본 방위청 방위연구소 소장자료로 일본 호세이대학(法政大學)의 이마이즈미 유미코(今泉裕美子) 교수로부터 제공받았다.

36 김명환, 2008, 「1943~1944년 팔라우(Palau)지역 조선인 노무자 강제동원」, 『한일민족문제연구』14, 한일민족문제학회, 106쪽.

37 『臨時軍人軍屬屆』는 1945년 3월 1일 오전 0시 현새 일본군대에 동원되어 있던 군인·군속에 대하여 호주(또는 가족)가 면장 앞으로 보낸 신고서를 묶은 것으로 출신지역별로 전체 46,164명이 등재되어 있다.(일제강점하강제동원피해진상규명위원회, 2007, 『업무처리매뉴얼』, 61~62쪽)

38 『旧海軍軍屬身上調査表』는 해군 군속의 신상조사표로 79,358명이 등재되어 있다. 조사표에는 所轄 및 소재지, 所管派遣元廳 또는 회사명, 신분·입적번호, 성명, 생년월일, 본적지, 주소, 유수담당자, 신상, 급여, 기사 등의 항목으로 구성되어 있다.(일제강점하강제동원피해진상규명위원회, 『업무처리매뉴얼』, 59~60쪽; 노영종, 2003, 「일제하 강제연행자 현황에 대한 검토」, 『記錄保存』16, 정부기록보존소, 338~339쪽)

들의 군속 채용 과정의 한 단면을 살펴볼 수 있다. 먼저『임시군인군속계(臨時軍人軍屬屆)』에 등재되어 있는 4명은 모두 '남양(南洋) 팔라우도(島) 코로르정(町) 상수도사무소(上水道事務所)'로 확인된다. 부대 편입 시기는 '1943년 4월'과 '1943년 5월'로 되어 있는데, 소속이 통상의 부대명이 아니라 상수도사무소로 되어 있는 점이 특이하다. 한편『구해군군속신상조사표(旧海軍軍屬身上調査表)』에서 확인되는 노무자들은 1944년 8월 21일 자로 제30건설부에 채용된 것으로 되어 있다. 앞에서 살펴본 남양척식 노동자들과 채용일시 및 부대가 동일하다. 이들이 1943년 조선으로부터 동원된 노무자였다는 점에서 1943년 4~5월경 부대로 편입되었다는 점은 어색해 보인다. 팔라우에 일본군이 본격적으로 배치되기 시작하는 것은 1944년 초부터였다. 일본군의 본격적인 배치 시기 및 노무자 배치 장소 등으로 보아 군속부대가 아닌 일반 사업장으로 보는 것이 타당할 것이다. 그렇다면 상주군 출신 노무자들은 1943년 동원 당시에는 원래 목적한 작업장에 배치되어 있다가 1944년 8월 21일 자로 제30건설부에 현지 채용된 것으로 보아야 할 것이다.

김해군 출신 3명은『구해군군속신상조사표(旧海軍軍屬身上調査表)』와『유수명부(留守名簿)』[39]에서 이름이 확인된다.『구해군군속신상조사표(旧海軍軍屬身上調査表)』에 기재된 노무자들은 현지 채용일이 확인되지 않

---

[39] 국내에 알려진『留守名簿』는 일본 후생성이 관리하던『留守名簿』중 1945~1949년 사이에 조선인만 따로 분리하여 재작성한 것으로, 각 부대별로 작성되었고 중대별로 일본어 발음 이름순서에 따라 편철되어 있다. 총 114권으로 구성되어 있으며 160,148명이 등재되어 있다. 명부에는 소속부대, 편입연월일, 전소속부대 편입연월일, 본적지, 유수담당자, 징집년, 役種·兵種·계급 및 발령날짜, 성명·생년월일, 留守宅 渡有無, 보수연월일 등의 항목이 있으며, 기타 제대 및 사망여부 관련 기록이 기재되어 있다.(일제강점하강제동원피해진상규명위원회, 2007,『업무처리매뉴얼』, 52~55쪽)

으나, 팔라우 소재 제30공작부 소속 공원[工員(軍夫)]으로 배치된 점은 알 수 있다. 『유수명부(留守名簿)』 등재자의 경우도 채용일은 확인되지 않으나, 제14사단사령부 직할부대 소속으로 현지 채용된 점은 알 수 있다. '제30공작부'라는 소속부대가 구체적으로 어느 부대인지는 명확하지 않다. 여러 정황상 상주군 출신들과는 상황이 다른 것을 확인할 수 있다. 그러나 이들 김해군 출신 노무자들도 군부대에 현지 채용되었다는 점은 동일하다.

이와 같이 본래 남양청 소속 노무자로 동원되었다가 현지에서 군속으로 채용된 사례도 다수 발견된다. 남양척식 및 남양청 노동자들의 군속 채용은 1944년 당시 현지 행정 당국의 협조에 의해 발생한 것이었다. 1945년 말 전후 처리를 위해 작성한 남양청의 문서에서 이와 같은 사실이 확인된다.

종전 후 남양청이 작성한 문건인 『조선인노무자관계철(朝鮮人勞務者關係綴)』에서도 민간 노무자의 군사동원 정황이 확인된다. 전쟁이 끝난 후 조선인 노무자들을 전후 처리문제로 제기하여 남양청을 압박하고, 이에 남양청은 조선인 노무자에 대하여 급여를 지불하는 조치를 취하였다. 이 조치의 취지에서 당시 여러 가지 정황을 읽어낼 수 있다. 조선인 노무자에 대한 '급여 지불에 관한 조치요령 취지'의 전문을 옮기면 다음과 같다.

> 1942년 이래 농광업생산, 도로공사 및 항만하여소 노무자로서 조선에서 이입한 집단적 계약노무자가 전쟁상의 요청으로 당초의 고용계약사항에 부득이하게 상당한 큰 변경을 취한 바, 종전에 동반하여 이들 노무자의 귀선문제와 관련하여 위 계약의 완전 이행을 각 고용자 측에 희구(希求)하고 상당한 동요를 일으키고 있는 현황에 비추어, 급속히 그 진원을 소급 검사하고 현황에 즉시 각 고용자 취급을 통일함

으로써 노무자측의 부당한 요구를 억제하는 한편 그들에 대한 온정적 시책을 베풀어 그 해결에 이바지한다.

위 내용을 살펴보면, 해방 후 조선인들이 일본 당국의 무관심과 무대책에 대하여 분개하고 있었던 정황을 읽을 수 있다. 앞에서 노무자 배치 상황을 검토하며 조선인들이 당초 목적과는 다른 작업장에 배치된 사실을 확인하였다. 위의 내용에서는 남양청은 그러한 조치가 전쟁상 요청에 의거하여 부득이하게 취한 조치였다고 변명하고 있다. 조선인 노무자들이 동원주체 측이 당초 계약사항을 이행하지 않은 데 대해 불만이 컸다.

조선인들이 귀국문제와 계약사항의 완전 이행을 요구하며 동원주체 측을 압박하였고, 남양청 등은 이에 불안을 느껴 조선인 대책에서 행동통일을 도모하는 한편 이를 시급히 해결하고자 한 것이다.

「반도 노무자에 대한 제 급여 지불에 관한 조치요령(半島勞務者ニ對スル諸給與支拂ニ關スル措置要領)」에는 일본 측의 조선인 노무자 취급에 대한 기본방침이 잘 정리되어 있다. 주요 사항을 살펴보면 다음과 같다.

첫째, 이 조치에 해당되는 대상은 남양청, 남양흥발주식회사, 남양척식주식회사, 남양알루미늄광업주식회사 등이 조선으로부터 이입한 집단적 계약노무자로 규정하고 있다.

둘째, 고용자측에 있어서의 노무자 해고용시기는 군에 공용(供用)한 경우 인도한 때로 하고, 그 외는 특례가 있더라도 오카바야시(岡林)부대 편성 시기인 1944년 11월 5일로 하였다.

셋째, 노무자의 신분취급은 군(軍)에 공용(供用) 중 전사, 전상사, 전상을 불문하고 군속으로서 일체를 군에서 담당하도록 하였다. 이외의 경우는 각 고용자에 따라 정하였다.

넷째, 노무자로서 군에 공용 중 사망하거나 장해를 입은 자에 대한 급여는 등급을 달리하였다. 순직에 의한 사몰자는 조위금(갑) 2,000엔, 병사자는 조위금(을) 1,500엔, 장해자는 등급(갑~정)에 따라 장해위무금 2,000~500엔이 책정되었다.

다섯째, 오사카호 조난자에 대한 조치는 항목을 따로 두어 처리하고자 하였다. 문건에 의하면 조난사고 직후 남양청 및 관계 각사 사이에 협정을 맺고 미실행한 채 현재에 이른 것에 대해 특수취급으로 조치하도록 하였다. 해몰자 임금지불은 오사카호 해난사실을 공표할 때까지 계약당사자인 고용자로부터 각기 유족에 대해 지불을 실시하기로 협정을 마쳤으나, 해난사실 공표 없이 8월 15일 '종전(終戰)의 날'을 지불 중단 기일로 하였다.

다섯 가지의 조치 중 둘째, 셋째, 넷째 등 세 부분에서 노무자의 군부대 공용을 언급하였다. 이것은 민간 노무자의 군부대 동원이 다반사였던 당시의 정황을 알려주는 것으로 이해할 수 있다.

2) 마리아나제도에서의 군부대 공용

팔라우와 비슷한 노무자 공용 사례가 사이판의 남양흥발주식회사 소속 노무자들에게도 확인된다. 1944년에 들어서며 북마리아나 지역에서도 긴장이 고조되었다. 일본정부는 1943년 9월 '절대국방권' 설정을 천명한 후, 사이판을 위시한 북마리아나 지역의 군사시설 구축을 서두르기 시작하였다. 이에 따라 조선인들도 농장노동 이외에 군 관련 노동에도 동원되기 시작하였다. 사이판 중남부의 올레아이 해안가, 티니안 니시하고

이, 카히, 마르포 등지에 활주로가 건설되기 시작하였고, 각지에 토치카 구축도 추진되었다. 이런 작업에 동원된 조선인 노동자의 사례를 몇 가지 들어보면 다음과 같다.

전남 곡성 출신 김동치는 1940년경 티니안 카히의 사탕수수 재배농장에 배치되었다. 농장노동을 하다가 니시하고이의 비행장으로도 출역을 나가 '기름 푸는 일'을 했다고 한다.[40] 니시하고이 비행장은 티니안에서 가장 먼저 건설된 항공시설이었다.

존 킹(John King)은 1927년생으로 로타에서 태어났다. 그는 아버지가 조선인이었기에 '방인(邦人)'으로 분류되어 사이판전투가 시작되자 군대에 끌려갔다고 한다.[41] 당시 15~40세 남자는 농장노동자도 모두 끌고 왔다고 한다. 그는 비행장에 배치되어 미군공습으로 망가진 활주로 보수 작업에 투입되었다고 한다. 남양흥발 농장에서 일하던 사람들이 모두 군속으로 끌려나가 활주로 공사, 방공호 및 진지 구축, 해안선 경비 등에 투입되었다고 증언하였다.[42]

마주현은 조금 특이한 사례이다. 그는 1941년 12월 동원 후 주로 찰란카노아 사이판제당소 인근의 묘목장에 배치되었다고 한다. 사이판에 군대가 진주한 이후에는 회사에서 마련한 소채원(蔬菜園)에서 야채 재배에 종사하였는데, 소채원의 생산물은 모두 군에 납부하였다고 한다. 소채

---

40 김동치 증언(전남 곡성 출신, 1922년생, 2006년 11월 20일 증언).
41 존 킹의 아버지는 전남 영암 출신 金六坤이다.(사이판한인회 편, 2006, 『사이판한인회 30년』, 사이판한인회, 152쪽) 김육곤은 니시무라척식(西村拓殖)의 노동자 모집에 응하여 사이판으로 온 조선인 1세대 중 한 명이다.(전경운, 1995, 「韓族 2世 3世가 天仁安島에 살고 잇는 混血兒들」, 4, 8쪽)
42 존 킹 증언(북마리아나 로타 출신, 1927년생, 2007년 6월 26일 증언).

원 근무자는 모두 조선인이었고, 사이판전투 시점까지 그곳에서 일했다고 한다.[43]

이와 같이 조선인 노무자들은 원래의 작업장 이외에 군사시설 구축이나 군 지원 작업에도 배치되어 노역에 종사하였다. 나아가 일본군 주둔지의 조선인들은 민간인도 군속과 마찬가지로 군의 통제를 받았다. 전황이 불리해지자, 미군의 공격에 효과적으로 방어하기 위해 취해진 조치였다. 남양흥발과 현지 주둔군은 협정을 맺어 이런 조처를 공식화하였다. 즉 1944년 4월 1일 남양흥발과 사이판 현지 주둔군사령부는 「전력증강과 병참식량 확보에 관한 군민협정[일명 야노-오하라협정(矢野-小原協定)]」을 체결하여 남양흥발 소속 노무자 및 자산을 군에 공용(供用)하도록 조치하였다.[44] 협정내용 일부를 옮겨보면 다음과 같다.

전력증강과 병참식량 확보에 관한 군민협정

제1조 해군 ウ11 ウ7376사령부(중부태평양 방면 함대사령부) 참모장 야노 히데오(矢野英雄)와 남양흥발주식회사(南洋興發株式會社) 사이판지사 주재 취체역(取締役) 오하라 준이치(小原潤一)는 당 마리아나 지구(사이판티니안로타)에서 전력증강 및 병참식량 확보에 관하여, 남양흥발주식회사(이하 흥발로 칭한다)는 동 지구 내 소속의 경지, 기계, 운송, 숙사, 각 설비, 의료기관 및 종업원, 경작자 등의 전 기능을 군의 사용에 제공하고, 군은 흥발에 대

---

43 마주현 증언(전북 장수 출신, 1926년생, 2007년 5월 5일 증언).
44 武村次郎, 1984, 『南興史』, 南興會, 3쪽.

하여 당 지구의 사업중지에 의한 손실보전 및 그 존립을 유지하
는데 충분한 경제적 원조를 할 것을 약속한다. (중략)
제2조 본 협정 기간 중 홍발은 모두 군의 지휘, 명령, 감독을 따르도록
하고, 군은 홍발의 현 인사조직을 그대로 이용하고, 그 최고간
부에 대하여 작업, 기타 명령을 발하는 것으로 한다. (하략)[45]

즉 사이판 주둔군과 남양홍발의 협정에 따라, 홍발회사 노무자들이 모두 군의 통제하에 들어간 것이다. 이 조치에 의거하여 사이판 및 티니안 등지의 남양홍발 소속 조선인 노무자들은 각종 군사시설 구축에 동원되었다.

괌에서도 비슷한 사례가 발견된다.[46] 사이판에서 현지 주둔군 사령부와 남양홍발 관계자가 협정을 체결한 것과 동일한 조치가 괌에서도 이루어졌다.

괌에서 스기모토·후지와라 협정(杉本·藤原 協定)

제1조 제5건설부 괌지부장 해군대좌 스기모토 유타카(杉本豊)[이하 군
(軍)으로 약칭]는 남양홍발주식회사 사이판지사 주재 취체역 후
지와라 마사토(藤原正人)와 괌도의 전력증강에 관하여 오미야
(大宮)사업소(이하 홍발로 약칭)의 전 기능을 이에 사용하도록 하

---

45 厚生省引揚援護局業務第2課, 「サイパン島テニアン島 一般在留邦人の戰鬪協力竝に戰鬪參加日誌要錄」, 1955.6.(일본 방위성 방위연구소도서관 소장자료)

46 사이판 및 로타와 괌은 정치외교적 측면에서 다른 지위에 있었다. 사이판 및 로타가 일본의 위임통치령이었던데 비하여, 전쟁 발발 전 괌은 미국령이었다. 전쟁이 발발하자 일본해군은 괌을 점령하고 대궁도(大宮島)라고 칭하였다.

고, 군은 흥발사업을 관리하여 그 경제상의 존립유지에 지장이 없도록 고려한다.

제2조 흥발사업 중 미작(米作), 목장(牧場), 소채(蔬菜)는 본 협정체결 이후 군의 직할사업으로 한다. 목장건설비 및 소채농장 개간비는 군에서 이를 보상하고, 가축 기타 물건 및 농업비료류, 입모 작물은 적당 가격을 사정하여 매상하도록 한다. (하략)[47]

괌에서의 일본군 전력 증강을 위하여 남양흥발의 인력 및 시설 등 전 기능을 군이 활용하고, 이로 인해 발생하는 남양흥발의 손실을 군이 보상한다는 것이다. 앞의 사이판의 사례와 동일하다.

로타의 경우 "소화 19년 6월 이후 재향군인을 임시소집한 것 외에 16세 이상의 군적에 없는 남자를 징용하여 주로 육군부대에 편입했다"라고 한다. 이 기간 중 현지소집을 명받은 자는 '군인'으로, 군적에 없고 징용된 자는 '피징용자'로 인식되었다. 징병되거나 징용된 사람들 이외에 병참식량 증산에 동원된 사람들도 많았는데, 이들의 경우는 군에 협력하였더라도 기본적으로 민간인으로 취급되었다고 한다. 이중 피징용자가 전사한 경우에는 '군속'으로 취급되었을 것이라고 한다.[48] 이러한 사항을 보면 로타에서도 팔라우와 비슷한 처리방침이 적용되었음을 엿볼 수 있다. 즉, 군에 의해 공용된 노동자 중 전사한 경우 군속으로 간주하였으나, 그 이외의 경우는 민간인으로 처리하였다는 것이다. 로타는 사이판 및

---

47 厚生省引揚援護局業務第2課, 「サイパン島テニアン島 一般在留邦人の戰鬪協力竝に戰鬪參加日誌要錄」, 1955.6.(일본 방위성 방위연구소도서관 소장자료)

48 武村次郎, 1984, 『南興史』, 東京: 南興會, 31쪽.

티니안과 동일한 범주의 지역이었으므로, 노동자의 군부대 공용 및 사후 처리도 동일하게 처리되었을 것이다.

5. 조선인의 전쟁피해 실태 및 전후 귀환

1) 해군 군속의 사망실태[49]

일본해군에 의한 조선인 군인군속 동원 규모에 대하여 다케우치 야스토(竹內康人)는 약 12만 명에 이를 것으로 추산하였다. 전몰자에 대해서는 전후 구레지방복원잔무처리부(吳地方復員殘務處理部)가 작성한 「조선출신자급여처리상황조(朝鮮出身者給與處理狀況調)」(1951.8)를 근거로 26,824명으로 보았다.[50] 이 기록에는 군인과 군속이 혼재되어 있으므로 각각의 사망자수는 별도의 자료를 보아야 한다.

조선인 해군 군속의 사망 피해에 대해 가장 광범위한 정보를 제공해 주는 자료는 역시 「구해군군속자료(2009)」이다. 이 자료에 등재된 조

---

49 본절은 심재욱의 보고서를 참조하여 구성하였다.(심재욱, 2013, 『일본 측 자료를 통해 본 조선인 해군군속동원 피해자 사망실태 기초조사』, 대일항쟁기강제동원피해조사및국외강제동원희생자등지원위원회 2013년도 학술연구용역보고서)

50 竹內康人, 2015, 「朝鮮人軍人軍屬の强制動員數: 37万人以上の動員と消された氏名不明の13万人」, 『大原社會問題研究所 雜誌』686, 法政大學 大原社會問題研究所, 33쪽. 「朝鮮出身者給與處理狀況調」에서는 死沒者 26,824건, 復員者 96,963건 등 123,787건의 급여처리건이 확인된다고 한다.

선인 군속은 총 79,349명인데, 이 중 13,023명이 사망자인 것으로 집계된다. 사망자 중에는 사망지역을 특정할 수 없거나 특정지역으로 확정하기 어려운 경우가 포함되어 있다. 먼저 사망지역이 확인되지 않는 경우로 67명이 이에 해당한다. 선원 사망자 1,420명은 사망지역을 특정하기 곤란하며, 승선선박의 침몰로 사망한 승선사망자 3,558명도 이런 사례에 해당한다. 즉 전체 사망자 중 5,045명은 사망지를 특정하기 곤란하다. 따라서 여기에서는 사망지역이 파악되는 군속 7,978명을 대상으로 그 현황을 분석하여 보고자 한다.

「구해군군속자료(2009)」에서 확인되는 조선인 사망자를 각 방면별로 정리해 보면 다음의 표와 같다.

<표 6> 각 방면별 조선인 해군 군속 사망인원 현황

동원지역	태평양	동남아시아	일본	조선	중국
동원인원	16,928	2,368	46,714	7,420	331
사망인원	6,469	764	728	12	5
비율(%)	38.2	32.3	1.6	0.2	1.5

출전: 심재욱, 2013, 『일본 측 자료를 통해 본 조선인 해군군속동원 피해자 사망실태 기초조사』, 대일항쟁기강제동원피해조사및국외강제동원희생자등지원위원회, 31쪽.

가장 많은 사망자를 낸 지역은 태평양 방면으로 6,469명에 이른다. 이는 태평양 방면 동원 해군군속의 38.2%를 차지하는 것으로 3명 중 1명이 사망한 셈이다. 동남아시아와 일본 방면 사망자도 비슷하나, 동원 인원 대비 비율로 보면 확연한 차이를 보인다. 동남아시아 방면은 동원 인원 중 32.3%가 사망한 반면, 가장 많은 조선인 군속이 배치되었던 일본 방면은 사망자 비율이 1.6%에 그치고 있다. 조선 및 중국 방면 사망자도 매우 적은 것으로 확인된다.

태평양 및 동남아시아 방면 사망자 비율이 높은 것은 이들 지역이 태평양전쟁 당시 연합군과 일본군 사이의 치열한 전투가 전개되었던 지역이었기 때문이다. 특히 태평양 방면의 경우 미군과 일본군 사이의 치열한 전투가 3년 이상 지속되었다. 장기간 전쟁이 이어졌으므로 이 방면으로 조선인 군속이 많이 동원되었고, 그만큼 사망자도 많았던 것이다.[51] 각 방면의 사망자 분포를 좀 더 상세히 살펴보면 〈표 7〉과 같다.

<표 7> 조선인 해군 군속 사망지역 상세분포 현황

대지역	인원	소지역	인원	비고	소지역	인원	비고
태평양 방면	6,469	길버트제도	1,121	직접	비스마르크제도	179	간접
		나우르	74	간접	솔로몬제도	99	직접
		뉴기니	1,386	직접	웨이크	72	간접
		마리아나제도	1,100	직접	캐롤라인제도	223	간접
		마셜제도	1,516	혼재	팔라우제도	699	직접
동남아시아	764	인도	2	간접	인도차이나	8	간접
		인도네시아	98	직접	필리핀	656	직접
일본	728			혼재			
조선	12			비전투			
중국	5			간접			

출전: 심재욱, 2013, 『일본 측 자료를 통해 본 조선인 해군군속동원 피해자 사망실태 기초조사』, 대일항쟁기강제동원피해조사및국외강제동원희생자등지원위원회, 30~31쪽.

---

51 조선인 해군 군속의 사망시점과 관련해 보다 세밀한 분석이 필요하다. 태평양 방면으로의 조선인 군속 동원이 본격화된 것은 태평양전쟁 발발을 전후한 시기이나, 일본군이 수세에 몰리기 시작한 것은 대체로 1943년 중반 이후였다. 태평양 방면 조선인 군속의 사망추세가 당시 일본군이 처한 전황과 직접 관련이 있는지 여부는 아직 두텁게 분석되지는 못하고 있다.

먼저 태평양 방면을 살펴보자. 길버트제도, 뉴기니, 마리아나제도, 마셜제도 등에서 1,000명 이상의 사망자가 발생하였다. 이들 지역은 모두 당시 미군과 치열한 전투가 벌어졌다는 공통점이 있다. 길버트제도는 마셜제도 동남쪽이 위치하는데, 태평양전쟁 초기 일본군이 점령한 지역이었다.[52] 따라서 일본군이 연합국 군대와 맞선 최전선을 이루고 있던 지역이기도 했다. 1943년 하반기 태평양상에서 미군의 본격적인 반격이 시작되자 가장 먼저 전투가 전개된 곳도 길버트제도였다. 1943년 11월 하순 촉발된 타라와전투 및 이어진 마킨전투 등이 모두 길버트제도 영역 내였다.

태평양 방면 중 마셜제도에서 가장 많은 희생자가 발생하였다. 미해군은 길버트제도 점령 후인 1944년 2월 곧바로 마셜제도 공략에 나섰다. 일본군은 태평양전쟁 초기부터 마셜제도에 각종 병력을 주둔시켜 두었으며, 일부 환초는 요새화하는 등 미군의 공격에 대비하고 있었다. 마셜제도에는 1,600명의 조선인 군속이 배치된 것으로 집계되는데, 사망자가 1,516명에 달한다. 이 수치만 보면 주둔한 인원 대부분이 사망하였다고 여겨도 될 법하다. 실제로는 더 많은 조선인 군속이 생존하여 전후 귀환한 사실이 확인된다. 당초 마셜제도에 배치된 인원 이외에 다른 지역에 배치되었다가 전황 때문에 마셸제도로 동원되었다가 사망한 사람들이 많있던 것으로 해석된다. 미군은 마셜제도 중 미주로환초, 콰잘린환초 및 에니웨톡(브라운)만 점령하였고, 밀리환초나 워체환초 등은 다른 섬들은 철저히 고립시키는 전략을 취하였다. 이 과정에서 많은 병력자원과 군속이 사망한 것이었다.

---

52 일본해군의 공격을 받을 당시 길버트제도는 영국의 식민지였다.

뉴기니[53]는 일본군이 산호해해전에 실패한 후 이를 만회하기 위해 점령한 지역이었다. 일본군은 점령한 동부 뉴기니를 근거지로 하여 남쪽 파푸아의 포트 모르스비를 점령함으로써 호주를 제어하고자 하였다. 이 과정에 많은 병력과 육해군 군속이 뉴기니에 상륙하였는데, 결과적으로 일본군의 뉴기니 점령은 실패로 귀착되었다. 대규모 부대를 주둔시킨 것이 비하여 연합군 공격에는 큰 성과를 거두지 못하였다. 오히려 이 지역의 일본군은 1944년 중반 이후 미군의 공세로 애꿎은 병력만 희생시키는 등 인명피해를 키우는 역할을 하였다.

마리아나제도는 연합군에게 일본으로 가는 사다리로 인식되었다. 당시 미국이 개발한 장거리 폭격기 B-29로 인해 마리아나제도가 점령될 경우 일본 본토가 직접 공격을 받을 수도 있었다. 이 사실을 안 일본군은 마리아나제도 방어에 공을 들였다. 1944년 6~8월 석달 동안 마리아나제도 중 사이판, 티니안, 괌 등에서 전투가 벌어졌다. 일본군은 이들 전투에서 모두 참패하였으며, 그 과정에서 막대한 인명피해를 남겼다.[54]

다른 지역에 비하여 사망자 수는 적지만 팔라우제도에서도 격전이 벌어졌다. 1944년 9~11월 사이에 벌어진 펠렐리우전투는 일본군이 만세돌격을 하지 않은 예외적인 전투 중 하나였다.[55] 일본군은 길이 9km,

---

53 태평양전쟁 발발 당시 뉴기니 섬은 세 구역으로 나뉘어 각각 서구 국가의 지배를 받았다. 섬 서쪽은 네델란드령이었고, 섬 동쪽은 오스트레일리아가 관장하였다. 섬 중앙을 동서로 가로지르는 오언스탠리산맥을 경계로 하여 섬의 북동쪽은 오스트레일리아가 위임통치하고 있었고, 섬의 남동부인 파푸아 지역은 오스트레일리아령이었다.
54 Don A. Farrell 저, Joo Hee Judy Kim 역, 2016, 『사이판의 역사』, Micronesian Production, 26~75쪽.
55 펠렐리우전투에 관해서는 平塚柾緒, 2015, 『寫眞で見るペリリューの戰い』, 山川出版社를 참고하였다.

폭 3.2km인 작은 섬에서 2개월 이상을 버티며 미군과 치열한 전투를 벌였다. 당시 펠렐리우에는 시설공사에 투입된 조선인 군속이 다수 있었는데, 주둔한 인원 대부분이 사망하는 피해를 입었다.

태평양 방면 중 가장 많은 조선인 군속이 동원되었던 지역은 캐롤라인제도로 8천 명 이상이 동원된 것으로 알려져 있다. 이 중 팔라우제도를 제외한 다른 지역에서는 상대적으로 사망자가 그다지 발생하지 않았다. 이것은 캐롤라인제도 중 미군이 직접 점령한 지역이 별로 없기 때문이었다. 가장 많은 일본군 병력이 집중되어 있던 트럭의 경우도 미군은 폭격으로 기지로서 기능을 상실케 한 후 고립시키는 것으로 관리하였다. 팔라우와 마리아나의 중간지점에 위치한 얍의 경우도 해상고립만 시켰을 뿐 직접 점령하지는 않았다. 이와 같이 미군이 직접 점령하지 않은 지역에서는 상대적으로 사망자가 적게 발생하였다.

동남아시아 방면 사망자의 대부분은 필리핀 전선에서 발생하였다. 1941년 12월 태평양전쟁 개전 후 일본군이 점령한 동남아시아지역에서는 거의 전투가 벌어지지 않았다. 이에 반해 필리핀은 미 육군의 공략지로 인식되어 1944년 10월경부터 이듬해 종전 때까지 전투가 이어졌다. 그 결과 일본군 중 전몰자가 속출하였는데, 그 과정에 조선인 군속도 다수의 사망자를 낸 것이었다.

일본 방면에서도 728명의 사망자가 발생하였다. 일본지역으로 동원된 조선인 해군 군속이 46,714명에 달한 점에 비추어 보면 적은 사망자를 낸 것으로 볼 수 있다. 일본지역 사망자들 역시 일본군의 전투수행과 불가분의 관계가 있다. 일본 본토 중 연합군의 직접 공격을 당한 곳은 이오지마와 오키나와 등 2개 지역뿐이다. 그런데 이 두 전투는 태평양전쟁 사상에 가장 치열하고 충격적인 결과를 냈던 전투로 기억되고 있다.

미군과의 교전 후 미군의 점령 여부 및 일본군의 존재방식에 따라 사망자들의 피해양상도 조금씩 다르게 나타났다. 조선인 군속의 사망이유를 들여다보면 이런 사실을 알 수 있다.

<표 8> 조선인 해군 군속의 사망사유

사망구분	인원	전선(戰線)		후방(後方)*
		직접 전투 지역	간접 전투 지역	간접 전투 지역
전사(戰死)	2,992	2,306	448	238
전사인정(戰死認定)	3,132	3,108	21	3
전상사(戰傷死)	61	24	20	17
전병사(戰病死)	1,410	516	881	13
전지사망(戰地死亡)	57		57	
준전사(準戰死)	91			91
무부사(公務死)	36	2	1	33
공무상사(公務傷死)	13		2	11
공상사(公傷死)	2			2
병사(病死)	11		1	10
보통공무사(普通公務死)	15			15
보통병사(普通病死)	22			22
보통사(普通死)	25		14	11
비공무사(非公務死)	11		1	10
사상(死傷)	1		1	
불상	2	1	1	

* 태평양전쟁 당시 조선 및 일본 본토는 최전선이 아니었으므로 상대적으로 안전한 지역이었다는 점에서 후방 지역으로 범주화함.
출전: 심재욱, 2013, 『일본 측 자료를 통해 본 조선인 해군군속동원 피해자 사망실태 기초조사』, 대일항쟁기강제동원피해조사및국외강제동원희생자등지원위원회, 32쪽.

전체적으로 보아 전사 및 전사인정이 6,124명으로 거의 대부분을 차지하고 있다. 전사 및 전사인정으로 사망한 이들은 대부분 전선 지역에 배치된 이들이었다. 특히 직접전투가 벌어졌던 지역에서 대부분 발생한 것으로 확인된다. 특이한 점은 전사보다 전사인정이 더 많이 발생하였다는 것이다. 전사인정의 경우 일본군 전멸지역에서 주로 나타나는데, 만세돌격 등 일본군의 무모한 전술이 사망자를 증가시킨 정황을 엿볼 수 있다.

전사인정 및 전사에 이어 전병사가 1,410명으로 다수를 차지하고 있다. 전병사는 전선의 직접전투지역에서도 많이 발생하였으나, 간접전투지역에서 더욱 많이 발생하였다. 간접전투지역은 태평양전쟁 당시 미군의 고립작전으로 일본군의 보급이 차단된 지역을 지칭한다. 일본군은 고립 후 현지자활에 치중하였는데, 이마저도 대부분 여의치 못했던 것으로 알려져 있다.

고립지역은 태평양의 도서지역에 집중되어 있었다. 당시 일본군이 주둔한 태평양의 섬 중에는 작은 섬들이 많았다.[56] 작은 섬에 과도하게 많은 병력이 주둔한 경우가 많았는데, 이런 섬에서는 농경지가 적어 자급자족이 불가능하였다. 식량부족으로 기아에 직면한 데다가 좁은 지역에 많은 인원이 밀집되어 있으면서 위생상태도 점점 열악해져서 전염병이 창궐하기도 하였다. 그런데 의약품은 태부족이었고, 그나마 고립되어 외부에서 조달될 수도 없었다. 좋지 않은 영양상태에 열악한 위생환경이 더해져 많은 사람이 병으로 쓰러져 갔다. 간접전투 지역에서 전병사가 다수 발생한

---

56 일본이 위임통치한 적도 이북 중서부 태평양 지역, 즉 '남양군도'는 현재 미크로네시아(Micronesia)라고 부른다. 이 지역의 섬들이 대부분 매우 작아 붙여진 것이었다. '남양군도' 이외에 일본이 점령한 길버트제도, 나우르, 바나바, 웨이크 등도 매우 작은 섬, 혹은 환초였다.

것은 이런 연유에서였다.[57]

특기할 만한 사망사유로 '전지사망'이 있다. 전지사망은 총 57명으로 '총살 및 자살'의 형태로 되어 있다. 밀리 및 워체에서만 확인된다. 워체에서는 '보통사와 비공무사'로 총살된 인원 4명이 확인된다. 당시 동원지에서 일본군이 조선인 군속을 어떻게 다루었는지 보여주는 하나의 예시로 이해된다.

한편 전체 해군 군속 사망자 13,023명 중 3,558명은 선원으로서 승선한 선박이 침몰하여 사망한 경우이다. 선원 사망자는 전체사망자 중 27.4%를 차지할 정도로 비중이 크다.[58] 아시아태평양전쟁 당시 일본군은 태평양 방면 및 일본 연해의 제해권을 상실하여 전쟁 말기에는 제대로 된 전쟁 수행이 불가능한 상황이었다. 1944년 말까지 일본은 보유한 선박의 69~79%를 상실한 것으로 알려져 있다. 선박 피해는 고스란히 승선자 사망으로 이어졌고 이 때문에 선원 사망자가 크게 증가한 것이었다.

선박 침몰은 대규모의 인명피해를 내는 것이 특징이다. 「구해군군속자료(2009)」에서 확인되는 선박 침몰 사례 중 최대의 피해선박은 1944년 9월 26일 일본 북방 지시마(千島)열도 부근에서 침몰한 하치로가타마루(八郎潟丸)로 486명이 사망하였다. 선박침몰로 100명 이상이 사망한 사건만 해도 8건이 확인되며, 100명 이상 20명 이상의 침몰사건도

---

57 팔라우의 예를 들어보면 1944년 미군의 공습 후 일본군 및 민간인들이 팔라우본도의 밀림지역으로 이동하여 자활에 들어갔다. 그런데 좁은 섬에 많은 사람이 집중되어 있었으므로, 식량부족, 급수 및 배수계통의 문제 발생, 각종 전염병 창궐 등으로 영양실조에 걸린 사람들이 속출하였다고 한다.[防衛廳防衛研究所, 1968, 『中部太平洋陸軍作戰(2)』, 朝雲新聞社, 234~235쪽].

58 심재욱, 2015, 「'태평양전쟁'기 일본 화물선 침몰과 조선인 舊海軍 군속의 사망피해」, 『한국민족운동사연구』 85, 한국민족운동사학회, 302쪽.

14건이 확인된다.[59]

선박들의 침몰 시기 및 지역은 특정하기 어렵지만, 1943년 중반 이후부터 침몰이 집중되는 양상을 보인다.

2) 태평양 방면으로부터의 귀환

전쟁이 끝나자 각지의 강제동원된 조선인들은 본국으로의 귀환을 고려하기 시작하였다. 이들 외에 국외이주 후 현지에서 생활기반을 닦은 조선인들도 시국을 관망하며 귀환 여부를 저울질하고 있었다. 전후 동남아시아 및 태평양 방면 체류 조선인들도 일본의 패망을 인지한 이후 세력을 결집하고 귀환정보를 백방으로 수집하고 관련기관에 문의하는 등 기민하게 대처하였다.

중국 및 일본지역에 비하여 동남아시아 등 남방지역으로 동원된 조선인의 규모는 크지 않았다. 그러나 이들이 처한 현실은 다른 지역보다 더욱 곤란하였다. 조선인 사회의 유무, 조선과의 거리 및 당시의 교통편 상황 등 모든 면에서 불리한 처지에 놓여있었다.

동남아시아 등 남방지역의 대부분은 일본군과 연합군이 수년에 걸쳐 치열한 전투를 벌인 지역이었다. 따라서 이들 지역의 경우 노무자보다는 군인이나 군속, 혹은 군 위안부로 동원된 조선인이 상대적으로 많았다. 처우의 좋고 나쁨을 떠나 이들은 군부대에 속한 존재였으므로, 전후 별다른 조처 없이 부대 밖으로 밀려나는 것은 비상상황에 직면하는 것이었다. 이

---

59 심재욱, 2015, 앞의 글, 302~304쪽.

릴 때 이들이 의지할 수 있는 조선인 사회의 존재 여부는 생존문제에 매우 중요한 영향을 미친다.

일제시기를 거치며 동남아시아 및 태평양 방면으로 이주한 조선인들이 있었으나, 이들의 규모는 크지 않았다. 동남아시아 각지의 경우 조선인 거주실태에 대하여 별로 알려진 것이 없다.[60] 서부 태평양의 경우 1921년 이후 일본이 위임통치를 하였으므로 비교적 이른 시기부터 조선인이 이주한 사실이 확인된다. 그러나 전시총동원체제 성립 이전 시기에는 거주 조선인이 700명가량에 그칠 정도로 규모가 적었다. 또한 광활한 해역에 널리 분포되어 있었으므로 달리 조선인 자치조직이 발달할 수 없었다.[61] 강제동원되었던 조선인들은 일본의 패망 이후 속속 일제의 굴레에서 벗어날 수 있었으나, 현실에서는 낯선 언어와 생경한 사회에 내던져진 것이었다. 결과적으로 조선인 각자는 도와줄 이 하나 없는 고독한 환경에 놓이게 된 것이었다.

남방지역의 지리적 위치도 조선인들에게 커다란 걱정거리가 되었다. 만주 혹은 중국은 한반도와 연결되어 있고, 일본은 비록 바다를 건너야 하지만 비교적 가까운 편이었다. 이에 비하여 동남아시아 및 태평양 방면

---

60 자바의 경우 조선인민회가 창설되어 활동한 사실이 알려져 있으나, 이 단체는 해방 후 조선인 군속들을 중심으로 결성된 것이었다.(김도형, 2003, 「해방 전후 자바지역 한국인의 동향과 귀환」, 『한국근현대사연구』 24, 한국근현대사학회, 164쪽)

61 일본의 위임통지역인 '남양군도'의 경우 1920년대 말 사이판에서 남양군도재류조선인친목회가 결성되어 활동한 사실이 확인된다. 그런데 이 친목회는 조선인의 권익 보호보다는 노동자 모집대행 및 통제에 주력한 것으로 알려져 있고, 이로 인해 조선인들의 반발을 산 적도 있다. 제2차 세계대전 중에 이 친목회가 활동을 전개한 흔적은 아직 발견되지 않고 있다.[김명환, 2020, 「일제강점기 조선인의 북마리아나 지역 이주와 특징(1918~1941)」, 『숭실사학』 45, 숭실사학회, 254~257쪽] 미군 점령 후 각 사이판 및 티니안의 조선인 포로수용소에서 자치단체가 조직되어 활동한 사실도 일부 알려져 있다.

등 남방지역은 조선과의 거리도 상당할 뿐만 아니라 선박을 이용하는 것 외에는 달리 귀환수단도 없었다. 지역의 생경함과 소통의 한계, 별다른 조직적 기반도 없는 조선인들이 연합군과 현지인을 상대로 귀환을 모색하는 것은 그 자체로 어려운 일이었다. 여기에 조선인 군인·군속 귀환의 책임이 있는 일본정부 및 일본군은 손을 놓고 있는 상황이었다. 전쟁을 치르며 일본의 해상수송능력은 궤멸에 가까운 피해를 당했으므로[62] 당장 필요한 수송도 할 수 없는 상황이었다. 남방의 조선인들은 이와 같은 현실적 문제에 직면해 있었다.

 일본은 이미 수송능력을 상실하였으므로 남방 방면으로부터의 귀환은 연합군 총사령부에 의해 추진되었다. 연합군 사령부의 수송계획은 대략 3단계로 구분된다. 먼저 1945년 9월 14일~1946년 2월 28일까지의 시기로 일본으로부터 회수한 선박과 미군이 배치된 선박이 동원되었다. 이 시기에는 주로 서부 태평양 방면의 일본군 및 기타 인원이 수송되었다. 두 번째 시기는 1946년 3월 1일부터 같은 해 7월 15일까지의 기간으로 미국 선박이 이용되었다. 주로 중국 및 영국 관할지역으로부터의 귀환이 집행되었다. 마지막으로 1946년 7월 16일부터 같은 해 12월 19일까지였다. 군인 및 해군 요원을 먼저 귀환시키고, 이어서 민간인을 처리하였다.[63]

 귀환작업은 위에서 제시한 순서대로 집행되었다. 남방지역의 일본인 귀환은 1945년 9월 25일 올레아이환초 메레욘에 주둔하고 있던 일본군과 군속 1,628명이 일본 오이타현(大分縣) 벳부항(別府港)에 들어오며 시

---

62 제2차 세계대전 당시 일본은 보유 선박의 약 80%가 연합국의 공격으로 침몰한 것으로 알려져 있다.(심재욱, 2015, 위의 글.)

63 조용욱, 2008, 「제2차 세계대전 직후 연합국 총사령부의 아시아태평양지역 귀환정책」, 『한국근현대사연구』 45, 한국근현대사학회, 259~262쪽.

작되었다.⁶⁴ 이어서 동부 캐롤라인제도 트럭(축)에 주둔한 해군 제4시설부 소속 군속들이 일본으로 돌아왔다. 이들은 1945년 10월 18일 귀환선 UKU, 19일 Jap Ship #20에 각각 승선, 모엔(Moen, Weno)을 출발하여 귀환길에 올랐다. 귀환 당시 작성된 것으로 알려진 『남양군도귀환자명부』에서 이러한 사실을 확인할 수 있다. 행선지는 기재되어 있지 않으나 일본이었을 것으로 추정된다.

이어서 1945년 12월 9일 얍(Yap) 주둔 제205설영대 소속 군속들이 귀환선 Kusunoki에 승선하여 일본 우라가(浦賀)를 향하여 출발하였다. 우라가는 요코스카 인근의 한 지역으로 태평양 방면 귀환자들이 거쳐간 항구였다. 얍 승선 명부도 일본인과 섞여 작성된 명부였으며, 등재된 조선인 30명 가운데 11명은 주소지가 일본이었다.

한편 1946년 1월 7일 하와이포로수용소에 수용되었던 조선인 군인·군속 2,531명을 태운 제너럴언스트호가 하와이 호놀룰루를 떠난 지 17일 만에 인천항에 도착하였다. 하와이포로수용소에는 태평양 방면 및 오키나와 등지에 동원되었다가 미군에게 구조된 조선인들이 수용되어 있었는데, 입국을 위한 절차를 거친 후 1월 10일 오전에 상륙하였다.⁶⁵

1946년 1월 중순에는 팔라우 방면으로부터 귀환이 시작되었다. 1946년 1월 16일 미국 상륙용 주정 3척에 승선한 팔라우 동포 1,800여 명이 부산에 도착하였다. 이들은 육군 운수부 소속 아카쓰키(曉)부대 군속 598명과 남양척식주식회사 노무자 1,205명이었다. 1월 8일 팔라우를

---

64 김도형, 2006, 「중부태평양 팔라우 군도 한인의 강제동원과 귀환」, 『한국독립운동사연구』 제26집, 한국독립운동사연구소, 247쪽.
65 「징병한인 인천 귀향」, 『조선일보』 1946년 1월 12일 자; 「布哇收容所서 歸國한 同胞들, 사이판 잇든 同胞만 萬名」, 『자유신문』 1946년 1월 12일 자.

떠난 후 9일만에 도착하였으며, 남아 있는 1,200명도 10일 및 15일 출발할 예정이라고 하였다.[66]

1월 중순부터는 축 및 마리아나제도로부터 귀환이 이어졌다. 축의 조선인은 총 3,254명으로 1월 15일 축을 떠나서 2월 2일 일본 구레항(吳港)에서 오스미마루(大隅丸)로 갈아탄 후 2월 6일 부산에 입항하였다. 귀환자의 대부분은 남양척식의 노무자였으나 일부 지원병과 군속도 섞여 있었다.[67] 당시 축에서 군인 및 군속들이 승선한 귀환선은 Yahikomaru와 Ikino였던 것으로 확인된다.

마리아나제도의 조선인들은 1월 중순 경부터 귀환하기 시작하였다. 그런데 이 지역에서 돌아온 조선인들은 모두 민간 노무자들로 군인과 군속은 없었던 것으로 알려져 있다. 사이판 및 티니안은 전쟁 중 미군이 상륙한 지역으로, 두 섬에 배치되었던 조선인 군인 및 군속들이 모두 하와이 등 미국의 포로수용소로 이송되었다. 그 결과 섬에는 민간 노무자들만 남았던 것이다.

한편 괌에서는 조선인 군속들이 귀환대열에 합류한 사실이 확인된다. 먼저 1946년 1월 16일 군속 59명이 LST 1035에 승선하여 부산으로 항해하였다. 이후 한동안 귀환자가 없다가, 3월 2일 조선인 군속 5명이 일본선적 Kunashiri에 승선하여 부산으로 향하였다. 소수의 인원에 소속부대도 제각각인 것으로 보아, 1월 귀환선 출항 후 괌에 체류한 잔류자이거나 새로 유입된 사람들인 것으로 추정된다. 3월 14일 괌을 출항하여 일본 우라가로 향하는 귀환선 LST 777에 조선인 군속 1명이 승선하였다. 이

---

66 「징용자 1,800여 명 남양 파라오에서 귀국」, 『서울신문』 1946년 1월 19일 자.
67 「五千同胞는 餓死, 南洋 트락크島에 悲劇」, 『조선일보』 1946년 2월 14일 자.

인물은 '남양군도' 동남방면으로 동원되었던 것으로 추정된다.

이후 3월 말에 뉴기니 방면의 조선인들이 귀환하였고, 5월 말부터는 동남아시아 방면 재류자들이 귀환하였다.[68] 서부 태평양의 조선인들은 대부분 3월 이전에 귀환이 마무리된 것으로 보인다.[69]

'남양군도' 재류 조선인들의 귀환을 순서대로 살펴보면, 축(군속)-얍(군속)-팔라우(군속, 민간인)-축(군인, 군속, 민간인)-마리아나(민간인, 군속)-팔라우(민간인)-괌(군속) 등이었다. 군속부터 귀환하기 시작하였고, 대부분의 조선인은 1946년 1월 중으로 귀환하였다. 귀환자 신분 및 시기를 놓고 보면, 대체로 연합군 총사령부의 보고대로 귀환이 집행되었음을 확인할 수 있다.

6. 맺음말

'남양군도(南洋群島)'는 1914~1945년 일본의 위임통치를 받은 중서부 태평양지역을 지칭하는 개념이다. 일본은 이 지역을 동남아시아 등 주

---

68 「남태평양제도 징용동포 귀환」, 『서울신문』 1946년 4월 1일 자; 「馬來반도에서 동포 2,000여 명 귀환, 외무당국자 역방」, 『동아일보』 1946년 5월 23일 자; 「남해군도 귀환 동포 946명」, 『조선일보』 1946년 6월 17일 자.
69 趙庸旭, 2008, 「제2차 세계대전 직후 연합군 총사령부의 아시아·태평양 지역 귀환정책: 「서태평양에서의 대규모 송환에 관한 보고서」」, 『한국근현대사연구』 45, 한국근현대사학회, 262~267쪽.

변 지역 진출의 교두보로 삼고자 하였고, 아시아태평양전쟁 당시에는 영국, 네덜란드, 미국 등 연합국을 공격하기 위한 전진기지로 삼았다. 그 결과 '남양군도' 전역은 전장으로 변하여 막대한 인적 물적 피해가 발생하였다. 1939년 이후 '남양군도' 지역으로 동원되었던 조선인들이 많았으므로 이들이 입은 인적, 물적 피해도 상당하였다.

일본은 제1차 세계대전 당시 연합국의 일원으로 참전하여 1914년 12월 독일령 남양군도의 적도 이북지역을 점령하였다. 일본군은 점령지역에서 군정을 실시하는 한편, 향후 남방지역 진출의 교두보로 삼고자 개발하기 시작하였다. 1917년 이후 일본인 이민을 장려하는 한편 제당업을 중심으로 한 산업을 육성하였다. 그 결과 남양청(南洋廳) 등 당국의 적극적인 후원에 힘입어 각종 회사들이 비약적인 성장을 거듭하였다.

일본군의 점령 및 위임통치 이후 조선인의 '남양군도' 이주는 매우 부진하였으나, 중일전쟁이 한창이던 1939년부터 갑자기 조선인 거주자 규모가 커지기 시작하였다. 1939년 한 해 동안 증가한 조선인은 1,264명인데, 남양청과 각 회사에서 동원한 노무자가 1,260명이라는 점에서도 당시의 거주자 증가가 조선에서의 노무자 송출과 연관되어 있음을 알 수 있다.

1939~1943년 시기 조선인의 남양군도 동원은 일본의 전쟁 수행과 관련이 있었다. 일본의 국제연맹 탈퇴 후 중서태평양지역의 정세변화로 인하여 군사시설 공사 등 남양군도 내에서의 토목공사 수요가 증가하였다. 일본으로부터의 노동력 수급이 원활하지 못하자 남양청 및 여러 회사들은 새로운 노무자 수급처를 물색하였고 그 대상지로 식민지인 조선이 지목되었다. 이렇게 볼 때, 조선인의 남양군도 동원은 단순한 인구이동이 아니라, 일본 침략전쟁 전체적 차원에서의 인력수급 정책에서 수행된 것으

로 볼 수 있다.

아시아태평양전쟁 시기 '남양군도'의 조선인은 노무자만 있었던 것은 아니었다. 오히려 민간인 규모를 훨씬 능가할 정도로 군속이 많았다. 특히 해군 군속이 많았는데, 후방 지역은 물론이거니와 전쟁이 한창이던 최전방으로 동원된 인원도 많았다. 일본군이 주둔하는 곳은 어디든지 조선인 노무자 혹은 군속이 배치되어 있었다. 이들의 정확한 규모는 여전히 알려지지 않고 있다.

미군과 일본군의 전투가 장기간에 걸쳐 치열하게 전개된 만큼 조선인 피해의 규모도 컸다. 민간인의 피해와 관련된 증언은 충분히 확인되고 있으나, 피해규모를 추산할 자료가 없어 그 실상을 온전히 규명하지는 못하고 있다. 상대적으로 해군군속의 경우는 명부자료를 통해 피해규모의 한 단면을 엿볼 수 있다. 인명피해만 보더라도 극심하여 전체 동원인원의 38%가 사망한 것으로 집계되고 있다. 해군 군속만큼은 아니겠지만, 동일지역에 있었던 민간인들도 비슷한 정도의 인명피해가 발생했을 것으로 추정된다.

해방 후 생존한 조선인들은 1946년 초 미군의 주선으로 귀환할 수 있었다. 전쟁이 끝났음에도 불구하고 노무자들을 동원했던 남양청은 물론 일본군도 조선인의 귀환 등에 대해서는 아무런 조치하지 않았다. 사실상 방치상태에 놓여 있었던 조선인들은 누적된 불만을 표출하여 압박하자 비로소 남양청 등이 조치하기 시작하였다. 남양청이 취한 조치 중 주목할 만한 것은 노무자의 신분 취급에 관한 것이다. 즉 군(軍)에 공용(供用) 중 전사, 전상사, 전상을 당한 경우 군속으로 취급하여 군에서 일체를 담임한다는 것이었다. 당시 전장에서 광범위하게 행해진 노무자의 군속화와 관련된 조치로 이해된다.

해방 후 남양군도 재류 조선인들은 1945년 10월 중순부터 1946년

3월에 걸쳐 귀환길에 올랐다. 대부분의 인원은 1946년 1월 중에 귀환한 것으로 확인된다. 귀환선은 대부분 미군이 제공한 LST였으며, 일본적 선박도 몇몇 있었다. 귀환 순서를 살펴보면 축(군속)-얍(군속)-팔라우(군속, 민간인)-축(군인, 군속, 민간인)-마리아나(민간인, 군속)-팔라우(민간인)-괌(군속) 등으로 확인된다. 귀환자 신분 및 시기를 놓고 보면, 대체로 연합군 총사령부의 보고대로 귀환이 집행되었다는 점을 확인할 수 있다.

이상의 연구를 통하여 1939년 이후 전개된 남양군도 지역 조선인 동원 양상을 살펴보았다. 이를 토대로 남양군도 지역 조선인 동원의 특징을 정리하여 보면 다음과 같다.

첫째, 남양군도 지역 조선인 동원은 전시총동원체제기 노무자 강제동원의 일환으로 이루어진 것이었다. 남양군도 지역은 1930년대 중반 일본의 국제연맹 탈퇴 후 토목공사 수요가 증가하였으나, 중일전쟁 발발로 인하여 노동력 수급에 어려움을 겪었다. 남양흥발과 남양청은 새로운 노동력 수급지로 한반도를 지목하였고, 조선총독부의 적극적인 협력을 얻어 위기를 극복하였다. 이와 같은 전체적인 맥락을 놓고 볼 때, 1939년 이후 조선인의 남양군도 동원은 일본정부의 인력수급 정책 하에 이루어진 것으로 볼 수 있다.

둘째, 남양군도 지역 조선인 동원은 일제의 침략전쟁 수행과 직접 관련된 것이었다. 1939년 이후 일제는 조선인 노동력을 탄광 및 광산, 군수공장 등으로 동원하여 침략전쟁 수행을 뒷받침하는 데 사용하였다. 남양군도 지역의 경우 동원목적이나 배치작업장이 달랐다. 남양척식은 군수용 야채 생산을 위해 노무자를 동원하였고, 남양청은 직영공사장인 항만시설 구축에 동원 노무자들을 배치하였다. 남양흥발의 노무자들은 정기적으로 활주로 구축에 동원된 정황이 확인된다. 이러한 양상은 일본 지역 동원 사례에서는 찾아보기 어렵다.

셋째, 민간 노무자뿐만 아니라 군속 동원도 광범위하게 이루어졌다. 1941년 태평양전쟁 발발을 전후하여 본격화된 군속 동원은 민간 노무자 동원보다 큰 규모로 진행되었다. 자료가 남아 있는 해군군속의 예를 들어보면 적어도 1만 6천 명 이상의 인원이 태평양 방면으로 동원되었다. 이들은 일본군이 배치된 전 지역으로 동원되어 군사시설 구축에 종사하였다. 치열한 전투가 수행된 지역인 만큼 인명피해도 커서 동원인원의 38%에 달하는 약 6,400명이 사망한 것으로 확인된다. 전방지역에서 민간 노무자가 군부대에 공용되었던 정황도 광범위하게 확인되었다.

아시아태평양전쟁기 '남양군도' 지역의 조선인 동원 연구는 여전히 많은 영역은 미지로 남아 있다. 당시의 조선인 동원은 일본군의 전쟁수행과 밀접한 연관이 있는 만큼 전쟁사 자체에 대한 연구도 필요하다. 그러나 아직은 전황전개와 조선인 동원 실태를 유기적으로 설명하는 데까지 나아가지는 못하고 있다. 한층 진일보한 연구를 위해 연구자들의 관심과 기초자료 수집이 요망된다.

민간 노무자 및 해군 군속과 관련된 연구는 어느 정도 진척으로 보이고 있는데 비하여 육군 군속 및 군인 관련 연구는 거의 이루어지지 못하고 있다. 가장 큰 이유는 역시 자료부족이다. 무엇보다도 광범위한 기초자료 수집이 선행되어야 한다. 그리고 이미 확보한 자료는 연구활용에 적합하도록 정리하는 작업이 수행되어야 한다. 이 문제는 연구자 개인이 온전히 감당하기 어려운 만큼 공적 기관의 역할이 필요하다. 이 분야에 대한 연구자들의 관심도 저조한 편이다. 연구자 저변이 부족한 문제는 단기간에 해결될 성질의 것이 아니다. 자료건 연구자건 장기적 관점에서의 계획 수립과 지속성을 담보할 조치가 필요해 보인다.

참고문헌

자료

일제강점하강제동원피해진상규명위원회 편, 2008, 『남방기행 – 강제동원군속수기집』
全慶運, 1980, 『南洋살이 40년을 回顧 1 日帝時代記』(수고본)
全慶運, 1981, 『南洋살이 40년을 回顧 2 原住民歸化時代』(수고본)
全慶運, 1994, 『天仁安島에 살고 있는 混血兒들』(수고본)
全慶運, 1995, 『北마리아나群島에서의 50年余의 발자취를 回顧』(수고본)
김동치 증언(전남 곡성 출신, 1922년생, 2006년 11월 20일 증언)
마주현 증언(전북 장수 출신, 1926년생, 2007년 5월 5일 증언)
이재수 증언(경북 성주 출신, 1927년생, 2007년 12월 13일 증언)
존 킹 증언(북마리아나 로타 출신, 1927년생, 2007년 6월 26일 증언)

단행본

일제강점하강제동원피해진상규명위원회, 2007, 『업무처리매뉴얼』
정혜경, 2005, 「일제 말기 '남양군도'의 조선인 노동자」, 『한국민족운동사연구』 44, 한국민족운동사학회
정혜경, 『팩트로 보는 일제 말기 강제동원 1, '남양군도'의 조선인 노무자』, 선인, 2019
조성윤, 2015, 『남양군도: 일본제국의 태평양 섬 지배와 좌절』, 동문통책방
조성윤, 2019, 『南洋群島의 조선인』, 당산서원
조건 외, 2008, 「제2차 세계대전 지후 연합국 총사령부의 어시아태평양지역 귀환정책」, 『한국근현대사연구』 45, 한국근현대사학회
황선익 외, 2023, 『일제 침략전쟁과 군인·군속 동원』, 동북아역사재단
『旧海軍軍屬身上調査表』
『旧日本海軍朝鮮人軍屬關聯資料(2009)』
『(サイパン島,テニアン島)一般在留邦人の戰鬪協力並に戰鬪參加日誌要錄』, 1995, 厚生省 引揚援護局社務第2課

『南洋群島基地建設輪送記錄』(⑤航空關係-航空基地-34)

『南洋拓殖株式会社・南洋移住勞務者名簿』

『留守名簿』

『臨時軍人軍屬屆』

『朝鮮人勞務者關係綴』

今泉裕美子, 2004, 「南洋群島經濟の戰時化と南洋興發株式會社」, 『戰時アジアの日本經濟團體』, 日本經濟評論社

大藏省管理局, 1949, 『日本人の海外活動に關する歷史的調査』 通卷 第20冊 南洋群島篇 第1分冊

具志川市史編さん委員會, 2002, 『具志川市史: 第4卷 移民・出稼ぎ論考編』, 具志川市教育委員會

厚生省援護局 編, 1963, 『續續・引揚援護の記錄』

竹內康人, 2014, 『調査・朝鮮人强制勞働③發電工事・軍事基地編』, 社會評論社

武村次郎, 1984, 『南興史』, 南興會

南拓會, 1982, 『南拓誌』

南洋廳長官官房, 1932, 『南洋廳施政十年史』, 南洋廳

南洋廳, 1939, 『昭和13年度 南洋群島人口動態年表』

南洋廳, 1940, 『昭和14年版 南洋群島要覽』

南洋廳, 1941, 『昭和16年度版 南洋群島要覽』

南洋廳, 1942, 『昭和17年度版 南洋群島要覽』

南洋廳內務部企劃課, 1941, 『第9回 南洋廳統計年鑑』

平塚柾緒, 2015, 『寫眞で見るペリリューの戰い』, 東京: 山川出版社

防衛廳防衛研究所, 1968, 『中部太平洋陸軍作戰 2』, 朝雲新聞社

防衛廳防衛硏修所戰史室, 1970, 『中部太平洋方面海軍作戰 1』, 朝雲新聞社

松江春次, 1932, 『南洋開拓十年誌』

矢內原忠雄, 1935, 『南洋群島の研究』, 東京: 岩波書店

『남양군도귀환자명부』

Don A. Farrell 저, Joo Hee Judy Kim 역, 2016, 『사이판의 역사』, Micronesian Production

논문

김도형, 2003, 「해방 전후 자바지역 한국인의 동향과 귀환」, 『한국근현대사연구』 24, 한국근현대사학회

김도형, 2006, 「중부태평양 팔라우 군도 한인의 강제동원과 귀환」, 『한국독립운동사연구』 제26집, 한국독립운동사연구소

김명환, 2008, 「1943~1944년 팔라우(Palau)지역 조선인 노무자 강제동원」, 『한일민족문

제연구』14, 한일민족문제학회

김명환, 2013, 「1944년 남양청의 조선인 노무자 동원과 귀환」, 『한국민족운동사연구』 76

김명환, 2020, 「일제강점기 조선인의 북마리아나 지역 이주와 특징(1918~1941)」, 『숭실사학』 45, 숭실사학회

김명환, 2021, 『일제 말기 南洋群島 지역 한인 노무자 강제동원 연구』, 건국대학교 박사학위논문

노영종, 2003, 「일제하 강제연행자 현황에 대한 검토」, 『記錄保存』 16, 정부기록보존소

사이판한인회 편, 2006, 『사이판한인회 30년』, 사이판한인회

심재욱, 2013, 「[舊日本海軍 朝鮮人軍屬 關聯 資料(2009)]의 微視的 分析」, 『한일민족문제연구』 24, 한일민족문제학회

심재욱, 2013, 『일본 측 자료를 통해 본 조선인 해군군속 동원 피해자 사망실태 기초조사』, 대일항쟁기강제동원피해조사및국외강제동원희생자등지원위원회

심재욱, 2014, 「전시체제기 조선인 해군군속의 일본 지역 동원 현황 : 구일본해군 조선인 군속 관련 자료(2009)의 데이터 분석을 중심으로」, 『한국민족운동사연구』 81, 한국민족운동사학회

심재욱, 2015, 「'태평양전쟁'기 일본 화물선 침몰과 조선인 舊海軍 군속의 사망피해」, 『한국민족운동사연구』 85, 한국민족운동사학회

今泉裕美子, 1991, 「日本の軍政期南洋群島統治(1914~22)」, 『國際關係學研究』 第17號別冊, 津田塾大學

竹内康人, 2015, 「朝鮮人軍人軍屬の强制動員數: 37万人以上の動員と消された氏名不明の13万人」, 『大原社會問題研究所 雜誌』 686, 法政大學 大原社會問題研究所

小林玲子, 2007, 「植民地朝鮮からの朝鮮人勞働者移入制限と差別問題」, 『南洋群島と帝國・國際秩序』, 慈學社

기사 / 인터넷

『동아일보』, 『매일신보』, 『조선일보』, 『서울신문』, 『자유신문』, 『國民報』

IX. 일본의 동남아시아 침략과 전쟁범죄
- 극동국제군사재판을 중심으로

공준환 | 서울대학교

1. 머리말-아시아태평양전쟁과 동남아시아

아시아태평양전쟁 종전 후 연합국 11개국은 도쿄에 모여 극동국제군사재판(International Military Tribunal for the Far East, IMTFE)을 실시하고 일본의 전쟁범죄를 심판했다. 극동국제군사재판의 주된 목적은 일본이 수행한 전쟁을 불법적인 것으로 규정하고 주요 전범을 처벌하는 것이었다. 재판에서 일본의 연합국에 대한 공격은 불법적인 '침략(aggression)'으로 간주되었고, 전쟁을 주도한 주요 전범들은 '평화에 반하는 죄'로 유죄 판결을 받았다. 그렇다면 일본이 수행한 전쟁에서 침략의 대상은 어디였는가? 극동국제군사재판은 주요 연합국 국가인 미국, 영국, 네덜란드, 소련 등이 일본으로부터 침략받았다고 판단했는데, 중국을 제외하면 아시아 국가는 침략의 대상에 포함되지 못했다.

미국이 전후에 재현한 '태평양전쟁'의 서사는 진주만에 대한 불법적인 공습에서 시작하여 히로시마·나가사키에 대한 핵 공격으로 끝나는 구성을 취한다. 일본의 불법적 침략에 대항하는 미국의 '정의로운 투쟁'은 진주만의 복수를 위해 태평양의 섬들을 하나씩 수복해 나가며, 결국에는 오키나와를 점령하고 일본 본토를 공격하여 항복을 받아내는 과정으로 묘사된다. 그러나 미국을 중심으로 한 태평양전쟁에 대한 서사는 이 전쟁의 목적이 무엇이었는지, 전쟁에 휘말린 사람들이 누구였는지, 전장이 된 장소가 어디였는지 망각하게 한다.

태평양전쟁은 일본의 영국령 말레이에 대한 공격에서 시작되었다. 태평양전쟁의 목적은 동남아시아의 자원지대를 획득하는 것이었고, 그러기 위해서는 동남아시아를 식민지로 삼은 서구 국가와의 전쟁이 필요했다.

일본에 있어 이 전쟁의 목적은 동남아시아 지역을 획득하는 것이었다. 일본은 대동아공영을 내세우며 아시아 식민지의 독립을 약속하였고 동남아시아의 민족주의자를 협력자로 끌어들여 전쟁과 점령, 지배에 활용했다. 그러나 일본의 침략전쟁을 처벌한 극동국제군사재판에서 동남아시아 문제는 중요하게 부각되지 못했다. 동남아시아는 전쟁의 목적이자 대상이며, 전쟁이 수행된 장소였지만, 동남아시아는 전쟁의 주체로 간주되지 않았기 때문이다.

극동국제군사재판은 미국을 비롯한 서구 연합국이 주도하였고, 이 때문에 아시아에 대한 전쟁범죄가 제대로 다루어지지 못했다는 사실은 극동국제군사재판의 문제점으로 일관되게 지적되어 온 사실이다. 재판에 참여한 11개국 중 아시아 국가로는 중국, 필리핀, 인도의 3개 국가만 있었다는 점, 한국과 같이 일본의 식민지였던 지역은 재판에 참여하지 못했다는 점, 재판에 참여한 서구 국가 대부분이 아시아에 식민지를 가진 제국주의 국가라는 점은 극동국제군사재판에서 아시아 문제가 부재하거나 경시되었다고 주장되어 온 주요 근거였다.[1]

물론 위와 같은 지적이 극동국제군사재판에서 아시아 문제가 전혀 다루어지지 않았다는 것을 의미하지는 않는다. 국제검찰국(International Prosecution Section, IPS)의 연합국 검사들은 자국 식민지 지역에서 일본의 전쟁범죄를 조사하여 이를 방대한 양의 증거문서로 만들어 법정에 제출했다. 전쟁범죄에 한정해서 볼 때, 연합국은 백인 포로나 민간인에 대한

---

1 粟屋憲太郎, 1989, 『東京裁判論』, 大月書店; 大沼保昭, 1997, 『東京裁判から戰後責任の思想へ』, 東信堂; 우쓰미 아이코, 2010, 김경남 역, 『전후보상으로 생각하는 일본과 아시아』, 논형; 존 다우어, 2009, 『패배를 껴안고』, 민음사.

전쟁범죄를 우선시하기는 했지만 아시아인에 대한 범죄에 있어서도 다수의 증인과 증거가 다루어졌다는 것이 재판 자료에 대한 실증적 연구를 통해 밝혀져 왔다.[2]

다만 재판에 연합국이 아시아 문제를 다루었던 것은 아시아의 식민지 지배를 둘러싼 전후의 맥락과 관계가 있다. 일본의 아시아 점령 이후 동남아시아 전역에서는 식민지로부터 독립하려는 열망이 분출되었는데, 이러한 식민지 지역에서 서구 국가가 일본에 대한 도덕적 우위를 증명하고 식민지에서의 권위를 회복하기 위한 수단 중 하나로 전범재판이 이용될 수 있었기 때문이다. 극동국제군사재판에서 동남아시아 문제를 집중적으로 검토한 가지이 요시히로(梶居佳広)는 국제검찰국의 동남아시아 전쟁범죄에 대한 기소가 식민지 종주국의 통치 정당성 회복이라는 정치적인 목적에서 기인했다고 보며, 링겐과 크립(Lingen & Cribb)은 전범재판이 동남아시아의 탈식민이라는 흐름 속에서 서구 제국주의를 유지하는 수단으로 활용되었음을 지적한다.[3]

그런데 기존 연구는 아시아에 대한 전쟁범죄의 처벌 여부를 놓고 극동국제군사재판을 검토하고 있을 뿐 아시아에 대한 침략의 문제는 거의 다루지 않는다. 또 '아시아 문제'가 엄밀하게 구분되지 않는 측면이 있다. 식민지 지배를 받은 같은 아시아 국가라 해도 일본의 식민지였던 한국과 대만, 그리고 서구의 식민지였던 동남아시아의 문제를 동일선상에 놓고

---

2 Yuma Totani, 2008, *The Tokyo War Crimes Trial: The Pursuit of Justice in the Wake of World War II*, Harvard University Asia Center; 宇田川幸大, 2018, 『考証 東京裁判: 戰爭と戰後を読み解く』, 吉川弘文館.

3 梶居佳広, 2012, 「東京裁判における日本の東南アジア占領問題: 検察側立証を中心に」, 『立命館法学』(345·346).

비교할 수 없다. 침략이라는 관점에서 본다고 하더라도 일본의 식민 지배와 새로운 지역에 대한 점령 통치는 유사하면서도 다른 양상을 가지고 있었다. 특히 동남아시아 지역에 대한 일본의 지배와 점령은 서구의 식민지배와 충돌하면서 새로운 문제를 발생시켰다. 예컨대 전범으로 처벌된 혹은 처벌될 사람이 인도네시아 독립운동에 참여하였고 그중에는 조선인도 있었다는 우쓰미의 연구가 보여주듯이 동남아시아를 둘러싼 전범처벌 문제는 여러 복잡성을 가지고 있었다.[4] 같은 '아시아' 혹은 같은 '식민지'라는 시선에서 한국과 동남아시아 문제를 등치할 수는 없다.

이러한 문제의식을 바탕으로 이 글에서는 극동국제군사재판에서 동남아시아가 침략과 전쟁범죄라는 두 가지 측면에서 다루어진 방식 전반을 검토한다. 극동국제군사재판 헌장(IMTFE Charter), 기소장(indictment), 속기록(transcript), 판결문(judgement), 증거문서(exhibit)를 종합적으로 검토하여 재판의 기소와 심리, 판결 과정에서 동남아시아가 어떻게 나타나고 있는지 추적한다.[5] 이를 통해 극동국제군사재판이 일본 제국주의를 심판하는 동시에 서구 제국주의를 유지했던, 전후 동남아시아를 둘러싼 식민지배의 중층적인 구조를 확인할 것이다.

---

4 우쓰미 아이코·무라이 요시노리, 김종역 역, 2012, 『적도에 묻히다: 독립영웅, 혹은 전범이 된 조선인들 이야기』, 역사비평사.

5 이 글에서 사용한 극동국제군사재판 관련 자료는 연합국전쟁범죄위원회(UNWCC) 아카이브가 마이크로필름 형태로 소장하고 있는 기록물(UNWCC Reel 118~186)을 활용했다.

2. 극동국제군사재판에서의 침략범죄

1) 동남아시아에 대한 침략범죄의 기소

극동국제군사재판의 가장 큰 특징은 '침략'을 전쟁범죄로 처벌했다는 사실이다. 극동국제군사재판 헌장에 '평화에 반하는 죄'로 규정된 침략범죄는 연합국이 가장 중요하게 생각한 범죄였다. 연합국은 제2차 세계대전이 발발하자 유럽과 아시아를 침략하는 데 가담한 개인에게 책임을 물어야 한다고 선언했고, 곧 이 주요 전쟁범죄자를 처벌하는 것은 연합국의 중요한 목표 중 하나가 되었다. 연합국은 1943년 10월 모스크바 선언에서 범죄에 '특정한 지리적 위치'가 없는 전범, 즉 침략에 가담한 주요 전범에 대해 연합국이 공동으로 처벌하겠다고 밝혔는데,[6] 이 선언은 히틀러를 비롯한 나치 수뇌부와 일본제국의 지도부를 겨냥한 것이었다.

연합국은 전쟁이 끝나자마자 전범재판을 준비하였고 일본에서는 맥아더의 GHQ가 주요 전범에 대한 체포 명령을 내린 후 침략과 관련된 이들을 체포했다. 당시의 국제법이 침략을 국제법 위반이자 전쟁범죄로 처벌해야 할 행위로 규정했는지에 대해서는 논쟁의 여지가 있지만, 미국은 1928년 켈로그-브리앙 조약(Kellogg-Briand Pact)을 근거로 평화에 반하는 죄를 구성했다.[7] 연합국은 런던에서 뉘른베르크 헌장을 선포하며 평화

---

6   "The Moscow Conference, October 1943", statement on atrocities.
7   켈로그-브리앙 조약은 1928년 미국 국무장관 켈로그와 프랑스 외교장관 브리앙의 합의로 만들어졌으며, 전쟁을 국가 정책의 도구로 사용하지 않고 국제 분쟁을 전쟁으로 해결하지 않는다는 내용을 골자로 하고 있었다. 켈로그-브리앙 조약이 전쟁을 범

에 반하는 죄를 정의했고, 극동국제군사재판 헌장은 뉘른베르크 헌장의 내용을 거의 그대로 반영했다.[8]

극동국제군사재판 헌장이 규정하고 있는 소위 'A급 범죄'인 평화에 반하는 죄의 정의는 다음과 같다.

> (a) 평화에 반하는 죄: 선전포고의 여부와 관계없이 침략전쟁을 계획, 준비, 개시 또는 수행하거나 국제법, 국제조약, 협정, 협약을 위반한 전쟁의 수행 혹은 앞서 언급된 행위를 달성하기 위한 공통의 계획이나 공동모의에 참여하는 것.[9]

극동국제군사재판 헌장은 평화에 반하는 죄를 국제법 혹은 국제조약 등을 위반하는 행위로 규정하였다. 이는 일본이 서명한 켈로그-브리앙 조약뿐만 아니라, 일본이 전쟁 이전에 체결한 각종 국제조약의 위반 사항을 검토하는 방식으로 이 범죄를 입증하도록 했다. 헌장은 '선전포고의 여부와 관계없이' 평화에 반하는 죄가 적용되도록 하였는데, 정식 선전

죄로 규정한 것은 아니나, 전쟁을 사용하지 않는다는 국제 합의를 이끌어냈고 일본을 포함한 56개 국가가 동참했다. Yuma Totani, 2008, 위의 책, 79-80; Neil Boister and Robert Cryer, 2008, *The Tokyo International Military Tribunal: A Reappraisal*, Oxford University Press, 116 118.

8 뉘른베르크 재판과 극동국제군사재판의 특징 및 비교에 관해서는 다음 논문을 참조할 수 있다. 신희석, 2015, 「제1차 세계대전과 제2차 세계대전 이후의 전범재판」, 『서울국제법연구』 22(2); 김성천, 2014, 「전범재판의 이념과 시사점-일본 전범재판을 중심으로」, 『비교형사법연구』 16(2); 이장희, 2011, 「도쿄국제군사재판과 뉘른베르크 국제군사재판에 대한 국제법적 비교 연구」, 『동북아역사논총』 25; 김창록, 2009, 「도오쿄오 재판에 관한 법사회학적 고찰-'문명의 심판' '대' 승자의 심판' 그리고 아시아」, 『東北亞歷史論叢』 25; 공준환, 2023, 「연합국의 전범재판과 '인권' 의제」, 『역사비평』 143.

9 "Charter of the International Military Tribunal for the Far East" (26 April 1946).

포고를 통한 전쟁의 형태를 가지고 있지 않는다고 할지라도 침략에 해당한다면 범죄로 간주하도록 했다.[10] 이를 통해 만주사변을 포함하여 모든 형태의 침략이 이 범죄의 관할 속에 포함되었다. 마지막으로 전쟁의 직접 개시와 수행뿐만 아니라 전쟁의 계획과 공동모의(conspiracy)를 포함해 침략전쟁에 직간접적으로 관련된 피고의 책임을 묻도록 하였다.

극동국제군사재판에서 '침략'이 중점적으로 다루어졌다는 것은 기소장을 통해 분명히 확인할 수 있다. 국제검찰국을 지휘하는 미국 수석검사 키난(Joseph B. Keenan)은 헌장을 근거로 하여 28명의 주요 전범을 기소했는데, 이들 모두가 평화에 반하는 죄의 혐의를 받았다.[11] 재판 헌장은 평화에 반하는 죄 이외에도 '전쟁범죄'와 '인도에 반하는 죄'를 재판이 관할하는 세 가지 범죄로 정의하고 있는데, 국제검찰국이 작성한 기소장은 철저히 평화에 반하는 죄를 중심으로 작성되었다.

극동국제군사재판의 기소장은 재판에서 다룰 범죄를 3개의 유형으로 분류하고 있고, 이를 총 55개의 소인(count)으로 구성하고 있다. 먼저 첫 번째 유형의 범죄는 '평화에 반하는 죄'로, 소인 1부터 소인 36까지가 이 범죄를 다룬다. 두 번째 유형의 범죄는 '살인(murder)'으로, 소인 37으로부터 소인 52까지가 이를 다룬다. 세 번째 유형의 범죄는 '관습적인 전쟁범죄 및 인도에 반하는 죄'로, 소인 53부터 소인 55까지에 해당한다.[12] 이처럼 기소장의 소인 대부분은 '평화에 반하는 죄'를 규정하고 있고, 헌장이 규정하는 나머지 전쟁범죄 및 인도에 반하는 죄는 3개의 소인에 지나

---

10 Neil Boister and Robert Cryer, 2008, op. cit., 120.
11 국제검찰국은 재판에 참여한 연합국 11개국이 공동으로 구성하였으나 기소에 관한 권한은 미국이 임명한 수석검사 키난이 독점하였다.
12 "IMTFE Indictment".

지 않는다. 또 '살인'에 해당하는 16개의 소인은 극동국제군사재판만의 특징적인 부분인데, 헌장이 규정한 세 가지 범주의 범죄에 바로 대응하지는 않지만 '불법적인 공격에 의한 군인 및 민간인의 살해'를 처벌하기 위한 목적에서 만들어졌다. 그렇기 때문에 관습적인 전쟁범죄에 포함되지 않는 불법적 침략으로 인한 살인행위를 처벌하는 목적이라는 점에서 평화에 반하는 죄에 가까운 성격의 것이었다.[13]

기소장에서 침략에 관한 소인은 또 세 가지로 나누어 볼 수 있다. 첫 번째는 소인 1~5로 아시아·태평양 지역 전반에 대한 침략과 공동모의를 다루고 있고, 두 번째는 소인 6~17로 연합국 각 국가에 대한 국제법과 조약 위반 및 침략 계획과 준비를 다루며, 세 번째는 소인 18~36으로 연합국 각 국가에 대한 전쟁 개시 및 침략을 다룬다.

기소장의 내용 중 동남아시아에 대한 침략은 해당 지역에 식민지를 가진 국가인 영연방(소인 8~12, 22, 31), 네덜란드(소인 14, 32), 프랑스(소인 15, 23, 33) 및 필리핀(소인 13, 21, 30)과 태국(소인 16, 24, 34)에 대한 것에 있다. 국제검찰국은 일본의 침략범죄를 과장되게 보여주기 위하여 관련 소인을 세부적으로 구분하였는데, 사실상 각 국가에 대한 소인들은 유사한 내용을 담고 있었다. 그렇기 때문에 재판부는 재판 과정에서 검찰 소인의 다수를 병합하거나 기각하였고, 최종적으로는 8개의 소인만 인정했다.[14]

살인죄에 대한 기소도 마찬가지였다. 살인에 대한 기소는 진주만에 대

---

13   공순환, 2024, 『아시아태평양전쟁 식후 미국 전범재판에서의 '정의'와 식민지 문제』, 서울대학교 박사학위논문, 129~146쪽.
14   동남아시아에 대한 소인 중에서 인정된 것은 소인 31(영연방), 소인 32(네덜란드), 소인 33(프랑스) 셋뿐이다.

한 기습적인 공격과 그로 인한 미군 장병 및 민간인 살해를 강하게 의식하고 있는 것으로, 진주만에 대한 소인(소인 39)과 함께 그와 유사한 방식으로 수행되었던 중국 및 동남아시아 다른 지역에 대한 공격도 살인죄 소인에 포함되었다. 그중 동남아시아에서 발생한 살인으로는 말레이반도 코타바루(소인 41)와 필리핀 다바오(소인 43)에서의 영국군과 미국군 병사에 대한 공격이 있다.[15] 두 소인에 현지 민간인에 대한 공격은 포함되지 않았다. 다만 재판부가 살인에 대해서는 모든 소인을 인정하지 않으면서 결과적으로 살인죄는 처벌되지 않았다.

2) 아시아 없는 동남아시아 침략

극동국제군사재판에서 일본의 '침략'은 핵심 쟁점이었으며, 재판은 침략 범죄의 입증과 반증을 중심으로 진행되었다. 국제검찰국의 기소, 증거 제출 및 입증 단계는 물론 변호 단계와 판결에서도 일본의 침략이 전쟁범죄로 성립하는지 아닌지에 대한 공방이 중심을 이루었다. 1946년 5월 3일 재판 개정 이후 1946년 6월 4일부터 1947년 1월 24일까지 약 6개월간 이어진 국제검찰국의 입증은 총 14단계(phase)로 구성되었으며 이 중 제3~12단계까지가 침략 문제를 다루고 있다. 전쟁범죄와 관련한 입증은 제13 단계에 집중되었는데, 중국, 프랑스 및 네덜란드령 동인도에 대한 전쟁범죄 일부는 각 침략의 입증 단계에서 포함되었다. 마지막 제14 단계에서

---

15 "IMTFE Indictment".

는 피고 개인의 행위에 대한 추가 입증이 있었다.[16]

국제검찰국이 구분한 침략의 각 단계는 크게 세 가지로 나눌 수 있다. 먼저 가장 많은 부분을 차지하는 것은 중국에 대한 침략이다. 만주사변을 다루는 제3 단계로부터 제6 단계에 이르기까지 국제검찰국은 중국 침략의 여러 측면을 다루었는데, 경제적 침략이나 중국 내 마약(아편)의 유통 등을 포함하고 있었고 난징학살로 대표되는 중국에서의 전쟁범죄도 이 단계에서 다루었다. 다음으로 제9 단계에서는 소련에 대한 침략을 다루었다. 나머지는 태평양전쟁에서의 침략으로, 미국, 영연방, 프랑스, 네덜란드령 동인도에 대한 침략을 다루었다.

국제검찰국의 침략 입증 과정은 복잡한 여러 법적 논쟁을 초래했다. 변호인은 다양한 방식으로 침략 기소의 부당함을 지적하고자 노력했는데, 극동국제군사재판이 전후에 만들어진 헌장에서의 '평화에 반하는 죄'를 근거로 재판하는 것은 사후법의 적용이므로 무효라는 등의 법정 관할권에 문제 제기는 물론, 일본의 연합국 각 국가에 대한 전쟁이 침략에 해당하는지에 대한 개별적인 검증을 통해 이를 부정하고자 했다. 예컨대 명시적인 전쟁 없이 일본에 점령된 프랑스령 인도차이나와[17] 일본의 직접

---

16 Solis Horwitz, 1950, "The Tokyo Trial", *International Conciliation*, no. 465, 504-523.
17 프랑스령 인도차이나에 대한 일본의 침략은 모호한 측면이 있었다. 비시 정부의 명령을 받았던 인도차이나의 프랑스 총독부는 일본과 전쟁 상태가 아니었고 오히려 일본의 인도차이나 진주에 협력해야 하는 위치에 있었기 때문이다. 인도차이나에서 프랑스와 일본의 공생관계는 1945년 3월 9일 일본이 프랑스 총독을 체포하고 직접 인도차이나를 통치하기 전까지는 적어도 계속되었다. 프랑스 검사 오네토가 국제검찰국에 처음 도착했을 때, 국제검찰국은 프랑스령 인도차이나를 일본의 전시 동맹국 중 하나로 기록하고 있었고, 적어도 프랑스가 일본과 협력했다고 생각하는 분위기가 존재했다. 이를 뒤집기 위해서 프랑스 검사가 취한 전략은 프랑스를 서구 국가 중 일본의 침략을 받은 첫 국가로 묘사하는 것이었다. 1940년 9월 인도차이나 북부에 대한 군사

공격 이전에 연합국과 함께 일본에 대한 선전포고를 한 네덜란드령 동인도의 사례에도 침략범죄가 적용되는지의 여부가 논의되었다.[18] 변호인들은 또한 이 전쟁이 '침략'이 아니라 일본을 지키기 위한 자위전쟁이라는 논리를 전개하면서 침략의 범죄성을 부정하고자 했다.[19]

일본 침략의 범죄성은 극동국제군사재판의 최종 판결에서 판사들이 침략에 대한 소인을 받아들이면서 인정되었다. 과반 이상의 판사의 합의로 작성된 다수 판결(majority judgment)[20]은 일본의 침략전쟁이 불법적이

침략, 1941년 7월 인도차이나 전반에 대한 일본군 진주, 1945년 3월의 총독부 해체라는 세 단계를 거치면서 일본의 침략이 달성되었다고 설명했다. 이러한 의견을 수용하면서 재판부는 프랑스령 인도차이나에 대한 침략을 인정했다. Beatrice Trefalt, "The French Prosecution at the IMTFE: Robert Oneto, Indochina and the Rehabilitation of French Prestige," in *War Crimes Trials in the Wake of Decolonization and Cold War in Asia, 1945-1956: Justice in Time of Turmoil*, ed. Kerstin von Lingen (London: Palgrave Macmillan, 2018). See also IMTFE Document No. 6910, "Opening Statement-Relations with France and Thailand: Aggression Against French Indo-China."

18 일본의 네덜란드령 동인도에 대한 침략도 쟁점 중 하나였다. 네덜란드에 대한 침략 입증 단계에서 변호인 커닝햄(Cunningham)은 네덜란드가 재판에 참여할 법적 권한이 없음을 주장했다. 그 이유는 먼저 네덜란드가 포츠담 선언에 참가하지 않았다는 점 그리고 전쟁이 시작했을 당시 네덜란드 정부가 존재하지 않았기 때문에 국제법상 합법적인 대상이 아니라는 점이었다. 이에 따라 네덜란드는 재판에 참여할 수도, 검사를 임명할 수도 없다고 주장했다. 그러나 재판부는 이러한 주장을 기각했다. 또 다른 문제는 일본이 1941년 12월 8일 진주만과 말레이반도를 침공하면서 미국과 영국에는 선전포고를 했으나 네덜란드에는 하지 않았다는 점이었다. 이에 네덜란드 정부는 사실상의 전쟁상태임을 인정하고 일본에 먼저 선전포고를 했다. 다만 일본은 곧 이은 1942년 1월 11일에 인도네시아에 상륙했기 때문에, 네덜란드령 동인도에 대한 침략은 인정되었다. "IMTFE Transcript", 1947.12.3. 11,629-11,631.

19 Neil Boister and Robert Cryer, 2008, 위의 책, 126-127.

20 뉘른베르크 재판에 참여한 4개국(미, 영, 프, 소) 판사가 전원 합의에 의해 판결문을 작성한 것에 반해, 극동국제군사재판에서 11개국 판사들은 전원 합의를 이룰 수 없었다. 재판부의 다수를 차지했던 미국과 영연방 계열의 판사들을 중심으로 판결문이 작성되었지만, 프랑스의 베르나르나 네덜란드의 뢸링, 인도의 팔은 반대 의견

었다고 보았고 피고들에게 유죄를 선고했다. 그러나 침략을 둘러싼 범죄의 모호성은 판사들 사이에서도 논쟁을 불러일으켰고, 몇몇 판사들은 공개적으로 침략범죄의 유죄 판결을 반대하기도 했다. 재판의 무효와 일본 전범의 무죄를 선고한 인도의 팔(Radhabinod Pal) 판사뿐만 아니라, 네덜란드의 뢸링(Bert Röling) 판사와 같이 다른 전쟁범죄는 인정하면서도 '평화에 반하는 죄'의 적용에 대해서는 반대하는 의견이 있었다.[21]

극동국제군사재판에서 일본의 침략은 국제검찰국의 기소 내용이나 입증 단계에서 확인할 수 있는 것처럼 연합국, 즉 서구 국가에 대한 침략으로 구성되어 있다. 중국에 대한 침략을 제외하여 그 범위를 태평양전쟁 시기로 압축하면 그러한 경향이 더욱 분명하게 나타난다. 일본의 아시아에 대한 침략 과정은 '아시아에 대한 침략'이 아닌 아시아를 지배하고 있는 서구 국가들에 대한 침략으로 정의되었기 때문이다. 재판의 이러한 문제를 잘 보여주는 사례는 필리핀에 대한 침략을 둘러싼 공방이다.

국제검찰국은 기소 단계에서 필리핀에 대한 침략을 기소장에 포함했다. 기소장의 소인 13(필리핀에 대한 전쟁 계획과 준비), 소인 21(필리핀에 대한 전쟁 시작과 침략), 소인 30(필리핀에 대한 침략)은 필리핀에 대한 침략을 다루고 있다. 필리핀에 대한 소인은 미국이 재판 개정 직후인 1946년 7월 필리핀을 독립시켰을 뿐만 아니라, 필리핀이 극동국제군사재판에 판사 및 검사로 참여하고 있다는 사실을 반영한 것이었다. 필리핀의 재판

(dissenting opinion) 혹은 별도의 판결문을 작성했다. 필리핀 판사 자라니야도 보충 의견(concurring opinion)을 작성했고, 재판장인 호주의 웹 판사도 재판 이후 별도의 판결문을 공개했다.

21 박규훈, 2022, 「도쿄재판의 뢸링 판사 반대의견에 대한 비판적 고찰: 평화에 반하는 죄와 제국주의 인식을 중심으로」, 『한국동양정치사상사연구』 제21권 2호.

참여는 아시아 식민지를 해방하고 전후 아시아를 미국이 주도하는 새로운 질서 속으로 편입시키려는 미국의 의도와도 연결되어 있었다. 마찬가지로 영국은 1947년 7월 독립한 인도를 독립보다 1년 빨리 시작한 극동국제군사재판에 판사와 검사국으로 재판에 참여시켰다. 필리핀과 인도의 재판 참여, 필리핀 침략에 대한 기소는 탈식민 과정으로 나아가고 있었던 전후 아시아의 상황 변화를 반영하고 있었다.

그러나 필리핀이 재판에 참여하고 있다는 사실과 필리핀이 일본 '침략'의 피해자인지는 별개의 문제로 취급되었다. 재판이 시작되자마자 일본 변호인단의 부단장이자 도조 히데키(東條英機)의 변호인인 기요세 이치로(淸瀨一郎)는 인도와 필리핀이 포츠담 선언의 서명국이 아니라며 재판 참여 권한이 없다고 주장했다.[22] 이어 필리핀은 전쟁 당시 미국의 일부이기 때문에 필리핀에 대한 침략을 기소장에서 삭제해야 한다고 주장했다.[23] 변호인이 태평양전쟁이 발발한 1941년 12월에 필리핀이 '침략'의 대상이 되는 독립적인 주권을 가진 국가인가에 대해 문제를 제기했던 것이다.

재판장은 필리핀의 재판 참여 여부에 대한 답변에서 판사 임명은 헌장에 근거하며 포츠담 선언의 서명 여부는 판사 임명의 자격으로 따지지 않는다는 논리를 들어 변호인의 주장을 기각했다. 그러나 필리핀에 대한 침략을 독립적인 소인으로 유지시켜야 하는가는 다른 판단을 내렸다. 최종 판결에서 판사는 필리핀이 전쟁 중 완전한 주권을 가진 국가가 아니었으므로 필리핀에 대한 독립적인 침략 소인을 인정하는 대신 미국에 대한 침

---

22 "IMTFE Transcript", 1946.5.13.
23 宇田川幸大, 2022, 『東京裁判研究』, 岩波書店, 201~202쪽.

략에 포함한다고 결론 내렸다. 필리핀에 대한 침략이 있었다 하더라도 그것은 미국에 대한 침략의 일부라 변호인의 논리를 일부 받아들인 것이다.[24] 필리핀 판사 자라니야(Delfin Jaranilla)는 판결문의 이러한 논리에 별도의 문제 제기를 하지 않았다.

다음으로는 태국에 대한 침략이 성립하는가에 대한 문제가 있었다. 연합국에 속하지 않았고 재판에 초대되지도 않았던 태국은 필리핀과는 입장이 달랐다. 전쟁 중 태국은 명목상 중립국을 선언했지만 일본의 동맹 혹은 일본의 점령지라는 이중의 상태에 놓여 있었다. 다만 미국의 호의로 태국은 전후 일본과 같은 패전국 취급을 받지는 않았다.[25] 국제검찰국은 태국에 대한 침략을 범죄로 규정하고 3개의 소인(16, 24, 34)에 관련한 내용을 포함시켰다.

태국의 침략 기소에 대해 변호인 기요세는 재판 개시 이전의 항변(motion) 단계에서 소인을 기각할 것을 요구했다. 기요세는 법정에 '평화에 반하는 죄'에 대한 관할권이 없다는 주장과 함께 소련에 대한 침략 및 태국에 대한 침략은 성립할 수 없다고 주장했다. 특히 태국에 대해서는 일본과 태국이 전쟁 중 '동맹'이었기 때문에 동맹국인 태국에 대한 전쟁범죄는 성립할 수 없다고 주장했다. 또 만약 태국과 일본이 전쟁 상태에

---

[24] "IMTFE Major Judgment" Part C Chapter IX Findings on Counts of the Indictment.
[25] 태국은 1939년 중립국을 선언했지만 1941년 12월 일본이 태평양전쟁을 일으키고 1941년 12월 7일 태국 영토를 침범하자 일본과의 협력을 선언했다. 그리고 일본과 동맹조약을 체결한 뒤 영국과 미국에 선전포고하면서 전쟁에 참가했다. 전후 영국은 태국이 일본의 동맹국이라는 점을 문제 삼았으나, 미국이 태국에 우호적인 자세를 취하면서 태국을 전쟁범죄로 기소하는 일은 벌어지지 않았다. 미국은 카이로회담에서 태국을 독립국으로 간주한다고 중국과 합의하였고, 일본 패전 직후 태국이 적국이 아닌 해방된 국가라고 선언했다. 조흥국, 2008, 「식민주의 시기 및 일본점령기 타이 역사의 평가」, 『동남아시아연구』 18권 1호, 53~59쪽.

있었다고 가정하더라도, 태국은 연합국의 일원이 아니기 때문에 태국에 대한 기소는 철회되어야 한다고 주장했다.[26]

그럼에도 검찰은 태국에 대한 침략의 기소를 이어 나갔다. 태국에 대한 침략의 입증은 프랑스령 인도차이나에 대한 침략을 다룬 제10 단계에서 함께 진행되었다. 해당 단계의 모두진술에서 프랑스 검사 오네토(Robert Oneto)는 프랑스와 태국 사이의 분쟁에 일본이 개입하는 과정에서 태국에 대한 침략이 있었다고 주장했다. 1940년 6월 20일에 태국과 프랑스가 불가침 조약을 맺었는데, 프랑스의 패전을 이유로 태국이 조약의 비준을 거부하고 영토를 요구하는 것에 일본이 개입하여 프랑스와 태국 사이의 휴전을 강제하였다는 것이다. 이 조약을 강제하기 위해 일본은 부대를 상륙시켰고 프랑스는 조약에 무조건 승인하게 되었다.[27]

다만 태국에 대한 침략의 입증을 프랑스가 담당했기 때문에, 재판 과정에서 태국에 대한 부분은 상당히 소략하게 다루어졌다. 프랑스의 입증은 인도차이나에 대한 것으로 집중되었으며, 개전 직후 일본군과 태국군과의 교전 등 태국에 대한 침략을 적극적으로 증명할 만한 내용들은 거의 다루어지지 않았다. 결국 태국에 대한 침략 소인을 재판부는 인정하지 않았다. 판결문은 태국에 대한 침략을 별도의 범죄로 다루는 대신 일본의 태국 및 프랑스령 인도차이나에 대한 개입이 일본의 의도에 따라 진행되었으며 이를 발판으로 삼아 일본의 싱가포르 공격이 가능하게 되었다는 점을 언급하는 정도로 마무리 지었다.[28]

---

26 "IMTFE Transcript", 1946.5.13. 135.
27 "Opening Statement-Relations with France and Thailand Aggression Against French Indo-China", III The Siamese Aggression, 10-13.
28 "IMTFE Judgement", French Indo-Chna and Thailand to be Used for Attack on

필리핀과 태국에 대한 침략을 제외한 나머지 동남아시아 지역에 대한 침략은 해당 지역의 식민 모국에 대한 침략으로만 간주되었다. 일본에 의한 아시아 지역의 '침략'을 기소하고 있는 상황에서, 아시아 지역을 재점령하여 식민지로 삼고 있었던 연합국 국가들의 입장은 묘한 긴장 관계를 만들어냈다. 특히 재판 당시 베트남과 인도네시아의 독립선언을 무력으로 진압하고 있었던 프랑스와 네덜란드의 행동은 모순적이었다. 인도 판사 팔(Radhabinod Pal)이 자신의 반대 의견(dissenting opinion)에서 신랄하게 비난한 것처럼, 제국주의 국가들이 식민지 침략으로 만들어진 제국을 유지하면서 일본을 침략범죄로 기소하는 것은 위선적인 행동으로 보였다.[29]

Singapore.

[29] 팔의 반대 의견 "Dissenting Opinion of the Member from India(Justice Pal)"은 1,200페이지에 달하는 방대한 분량으로 작성되었다. 팔은 실증주의적 입장에서 극동국제군사재판이 무효라고 주장하였고 모든 일본 전범의 무죄를 선언했다. 그의 의견은 영국에 대한 인도의 식민지배와 벵골 분할이라는 역사적 경험에서 비롯되고 있는데, 극동국제군사재판에서의 '정의'는 서구 제국주의의 모순된 현실을 보여줄 뿐이라고 생각했다. 그러나 한편으로는 일본 제국주의의 문제점에 대해 눈을 감는 자가당착적인 행보를 보이기도 했다. 팔에 대해서는 이하 논문을 참조할 수 있다. 김석연, 2011, 「동경재판과 "평화에 反한 죄"-라다비노드 팔의 죄형법정주의」, 『일본연구』 16; Nariaki Nakazato, 2016, *Neonationalist mythology in postwar Japan: Pal's dissenting judgment at the Tokyo War Crimes Tribunal*, Lexington Books.

3. 침략과 해방 사이

1) 아시아를 위한 전쟁, 아시아에 대한 전쟁

극동국제군사재판은 일본의 침략전쟁을 처벌하는 것을 가장 중요한 목적으로 하였지만, 결과적으로 재판에서 인정된 침략의 대상은 서구 국가들에 한정되었다. 일본이 일으킨 태평양전쟁의 목적은 동남아시아를 비롯한 태평양 지역에서 일본의 지배권을 확립하고 자원을 획득하는 것이었고, 서구 국가에게 이 전쟁은 일본으로부터 아시아의 식민지를 사수하고 이권을 유지하는 것이었다. 그러나 일본과 서구 제국주의 세력 사이에서 동남아시아라는 지역은 주권적 영역으로부터 배제된 공간일 뿐이었다. 주권 국가에 대한 침략만을 범죄 행위로 상정하는 국제법과 국제재판의 틀 속에서 식민지 동남아시아의 문제는 주변화되었다.

그러나 일본의 침략을 둘러싼 법정 공방의 가운데에는 여전히 동남아시아에 대한 '침략 혹은 해방'이라는 이중의 시선이 작동하고 있었다. 일본의 입장에서 태평양전쟁은 아시아에 대한 침략이 아니라 아시아를 해방하기 위한 전쟁이었고, 서구의 침략에 대항해 일본의 생존을 추구한 자위전쟁이었다. 일본이 전쟁의 명분으로 내세운 '대동아공영'이라는 구상 속에서 동남아시아에 대한 '침략'은 성립할 수 없었다. 이에 대해 국제검찰국이 입증하고자 했던 것은 태평양전쟁이 일본의 침략 행위에 지나지 않으며, 대동아공영은 침략의 구호에 불과하다는 사실이었다. 이하에서는 대동아공영을 둘러싼 법정에서의 논의를 중심으로 동남아시아에 대한 침략 문제를 검토한다.

일본의 대동아공영이 침략을 위한 수단에 불과하다는 점은 기소 단계에서부터 강조되어왔다. 수석검사 키난은 법정 개전 직후의 모두진술(opening statement)에서 대동아공영을 직접 언급하지는 않았지만, 일본의 '동아 신질서'를 예로 들면서 일본의 침략 의도를 설명했다. 키난은 모두진술에서 가장 유명한 표현으로 남은 일본의 "문명에 대한 전쟁 선포"를 강조하면서, 일본의 '신질서'는 히틀러와 손잡고 민주주의와 자유를 파괴하기 위한 것이며 이를 달성하기 위해 민주주의 국가에 대한 침략을 계획하고 수백만 명의 사람을 살해하고 노예로 만들었다고 주장했다. 그리고 이러한 일본의 행위는 "동아시아를 지배하고 통제하려는 그들의 미친 계획" 그 자체였다.[30] 또 국제검찰국의 기소장 부록 A에는 일본의 대동아공영권 구상이 네덜란드령 동인도에 대한 침략 의도를 보여준다고 적시되었다.[31] 검찰에게 일본의 '신질서'나 '대동아공영'은 일본 침략의 구호 그 자체였다.[32]

---

30   RG 331 Entry NM-11 321 M1669 1946.06.04. "Opening Statement by Joseph B. Keenan, Chief of Counsel".

31   "IMTFE Indictment" Appendix A, Japan, The Kingdom of the Netherlands and the Republic of Portugal.

32   1938년 고노에 후미마로(近衛文麿)의 '동아신질서' 성명은 1940년 마쓰오카 요스케(松岡洋右) 외무대신의 '대동아공영권'으로 발전했다. 대동아공영권의 개념은 처음에는 일본과 만주, 중국 권역을 포함하는 의미로 사용되었으나 1940년대부터는 필리핀과 인도차이나, 네덜란드령 동인도 등을 포함하는 개념으로 확대되었다. 대동아공영권은 독일에서 '생활권'과 같은 지정학 이론을 발전시킨 칼 하우스호퍼(Karl Haushofer) 등의 이론이 일본에 도입된 결과였다. 일본은 19세기 말 '아시아주의'에서 발전시킨 지정학의 논리를 대동아공영권으로 귀결시켰다. 대동아공영권에 관해서는 다음 논문을 참조할 수 있다. 이석원, 2008, 「'대동아' 공간의 창출-전시기 일본의 지정학과 공간담론-」, 『역사문제연구』 12(1); 김경일·강창일, 2000, 「동아시아에서 아시아주의: 1870~1945년의 일본을 중심으로」, 『역사연구』 (8); 김정현, 1994, 「일제의 '대동아공영권' 논리와 실체」, 『역사비평』 28호.

반면 변호인단은 대동아공영이나 신질서 혹은 '팔굉일우(八紘一宇)'가 침략의 의도와는 무관하다고 주장했다. 변호인을 대표하여 나온 기요세는 변호 측 모두진술에서 일본제국의 선전 구호를 반복했다. 그는 일본제국 대외 정책의 본질이 독립 주권의 확산, 인종적 차별의 폐지, 그리고 외교의 원리에 있다면서, 일본이 세계를 지배하려는 음모를 계획했다는 것은 사실이 아니라고 주장했다.[33] 또 '팔굉일우'는 삼국동맹을 바탕으로 한 지배를 의미하는 것이 아니라 세계 동포주의(universal brotherhood)를 의미한다고 해명하고, 키난이 비난했던 '동아신질서' 혹은 '대동아공영권'이라는 표현 또한 오해에서 비롯된 것으로 주변 국가와의 좋은 관계에 기반을 둔 반공-경제 협력 공동체라고 설명했다.[34] 또 침략전쟁에 대한 피고의 공동모의 혐의에 대한 반론 과정에서 변호 측 증인들은 '팔굉일우'가 지배를 의미하는 것이 아니고 '동아신질서' 또한 아시아 국가의 독립과 공동 발전에 관한 것이며 '대동아공영'은 아시아인들에게 강요된 것이 아니라 아시아인이 자발적으로 참여하여 독립을 도모하고 번영하기 위한 기획이라고 주장했다.[35]

대동아공영에 대한 일본제국의 사상은 도조 히데키(東條英機)에 대한 신문 및 변론에서 가장 잘 나타난다. 1947년 12월 26일 도조에 대한 신문이 시작될 때 도조는 법정에서 낭독하기 위한 장문의 진술서를 작성했다. 도조의 진술은 그의 변호인인 기요세에 의해 일곱 가지로 정리되었는데, 태평양전쟁이 자존자위를 위한 전쟁이었다는 주장을 포함하고 있

---

33 朝日新聞記者團 編, 노병식 역, 1983a, 『東京裁判 上』, 太宗出版社, 225쪽.
34 "Defense Opening Statement Part I by Dr. Ichiro Kiyose", 9-10.
35 Horwitz, Solis, 1950, 위의 책, 527-528.

었다. 그중 네 번째는 대동아정책에 관한 것이었다. 도조는 태평양전쟁이 대동아정책의 실현과는 무관하다고 하면서도, 전쟁 후에는 동아시아의 해방과 공영을 도모했다고 주장했다. 도조는 동아시아 해방이란 식민지 및 반식민지 상태에 있는 동아시아 각 민족이 동등한 자유를 누리는 것으로, 아시아 국가들이 열강의 식민지 또는 반식민지로부터 해방을 열망해 왔다고 진술했다. 도조는 쑨원(孫文)과 왕징웨이(汪精衛)의 대동아주의에 대한 주장을 인용해 가면서 일본의 대동아정책과 대동아공영론의 정당성을 재판에서 역설했다.[36]

도조의 이러한 진술은 재판에서 공개되자마자 많은 비판에 직면했다. 『아사히신문(朝日新聞)』 기사는 도조의 진술서가 "종전 전의 용어집을 먼지를 털고 읽히는 것 같은 느낌"이라고 평가했고, 『뉴욕 타임즈』는 도조의 자위전쟁 주장을 힐난하면서 "이 논법을 따른다면 … 중국이며 조선·타이완도 공격한 일이 없는, 죄도 없는 불쌍한 일본이" 전쟁을 발발한 것이냐고 평가했다.[37] 변호와 진술을 통해 반복되고 있는 일본 침략의 부정, 자위를 위한 전쟁이라는 주장 혹은 '좋은 의도'를 가진 대동아공영과 신질서의 구상은 이미 패전과 함께 무너진 논리였기 때문에 재판을 바라보는 대중에게 받아들여질 수 있는 성격의 것은 아니었다.

다수 판결은 대동아공영을 논의하는 데 대체로 검찰의 주장과 유사한 판점을 취한다. 극동국세군사새판의 판결문은 일본의 침략을 설낑기 위해 판결문의 대부분을 침략이 발생한 역사적 맥락을 설명하는 데 할

---

36 극동국제군사재판소 엮음, 김병찬 외 옮김, 2016, 『A급 전범의 증언: 도쿄전범재판 속 기록을 읽다 도조 히데키 편』, 언어의 바다, 206~212쪽.
37 朝日新聞記者團 編, 노병식 역, 1983b, 『東京裁判 下』, 太宗出版社, 142~143쪽.

애하는 구조로 작성되어 있는데, 이를 통해서 재판부가 침략과 해방이라는 전쟁의 맥락을 어떻게 평가했는지 확인할 수 있다.[38] 대동아공영의 문제는 중국에 대한 침략을 다루는 제5장의 여섯 번째 섹션에서 처음 등장한다. '대동아공영권'이라는 제목으로 시작하는 이 섹션은 중국에 대한 지배 계획이 대동아공영권의 개념과 연결되어 있다고 설명하면서 시작한다. 일본의 동아시아 신질서를 만들겠다는 '사명'은 중국의 장제스를 돕는 행위를 근절하는 것과 연결되어 있었고, 동아시아 국가와 태평양 지역을 대동아공영권으로 통합시키려는 의도는 동남아시아 및 태평양 지역에 대한 일본의 확장 정책을 반영하고 있다는 것이었다. 1939년 7월 7일 육군 대신 이타가키 세이시로(板垣征四郎)와 해군대신 요나이 미쓰마사(米内光政)가 신문 인터뷰에서 동아 신질서의 구축을 주장한 데 이어, 외무대신 아리타 하치로(有田八郎)가 1940년 6월 29일 연설을 통해 동아신질서는 남양과 연결되어 있고 이들 지역의 안정을 위해 하나의 영역으로 통합되어야 한다고 밝힌 것 등을 보았을 때, 대동아공영은 일본의 침략 의도를 보여주고 있었다.[39]

또한 판결문에서 지적된 바와 같이, '대동아공영'의 문제는 네덜란드와 미국에 대한 침략 과정에서도 드러난다. 1940년 7월 구성된 고노에 내각의 외교정책은 '대동아공영권 수립의 촉진'을 목표로 삼았고, 동남아

---

[38] 판결문의 구조를 간략하게 설명하면, 판결문은 총 10개의 장(chapter)으로 구성되어 있는데, 법정의 절차와 관할권을 설명하는 1~2장, 전쟁 이전 국제조약에 따른 일본의 권리와 의무를 설명하는 3장에 이어 4~8장은 침략의 준비, 중국에 대한 침략, 소련에 대한 침략, 태평양전쟁 그리고 전쟁범죄를 각각 다루고 있다. 9장은 기소장의 소인 중 재판부가 인정한 것을 정리하고 10장에서는 피고 개개인에 대한 유무죄와 형량을 밝히고 있다.

[39] "IMTFE Judgement", Section VI. Greater East Asia Co-Prosperity Sphere.

시아 지역에서 일본을 중심으로 정치나 경제, 문화가 결합되는 영역을 구축하도록 결정했다. 조금 더 구체적으로 보면 1940년대 만들어진 일본의 기본국책은 삼국동맹과 소련에 대한 불가침 조약을 바탕으로 중일전쟁의 승리, 동남아시아를 대동아공영권으로 통합, 유럽 전쟁의 중재 및 필리핀 독립의 존중을 바탕으로 한 미국과 영국의 대동아공영권 인정이라는 방식으로 정리되었다.[40] 판결문에 따르면, 일본은 네덜란드령 동인도에 '대동아공영권' 참가를 조건으로 일본의 진출을 강요하고, 미국에는 대동아공영권 수립을 인정하라는 메시지를 전달했다. 그러나 네덜란드와 미국 모두 이러한 요구를 거부했고, 이는 결국 침략 전쟁으로 이어졌다.

한편, 네덜란드 판사 뢸링은 다수 판결과는 별도로 작성된 자신의 반대 의견에서 동아 신질서와 대동아공영을 내세운 변호인들의 논리를 비판적으로 분석했다. 뢸링은 "일본이 신질서에 대한 선전에서 공개적으로 표방한 이상이 진실한 것이었는지 여부를 조사하는 것이 이 사건과 관련이 있다"라고 하면서, 그 신질서가 대동아공영권 및 서방과의 단절을 통한 독립이라는 형태로 나타났다고 보았다. 뢸링이 밝힌 것처럼 대동아공영의 이상이 진실된 것인가의 여부를 판단하는 문제는 재판에서 일본 아시아 침략의 유무죄를 밝히는 하나의 기준이 될 수 있었다.[41] 뢸링은 '아시아인을 위한 아시아'라는 슬로건을 내세운 일본에 대한 아시아의 지지가 진정성이 있는 것인지 혹은 이념적 침략의 방법에 불과했는지를 평가하면서, 결론적으로는 일본의 신질서와 아시아의 독립은 일본 침략의 한

---

40 "IMTFE Judgement", Japanese Policy in 1940.
41 "Opinion of the Member for the Netherlands", The Claim by Defense that Japan fought in a good cause.

방식이었다고 판단했다. 전쟁을 통해 전개된 일본의 아시아 지배 과정은 대동아공영의 이상적인 측면을 일본의 이익을 위해 이용하거나 철회하는 방식으로 전개되었기 때문이다. 예를 들어 일본은 1940년 네덜란드령 동인도에 인도네시아인의 완전한 자치와 독립을 요구했지만, 일본이 네덜란드령 동인도를 점령하자마자 가장 먼저 취한 조치는 인도네시아 자유의 박탈과 일본으로의 편입이었다. 이처럼 결과적으로 동아 신질서와 대동아공영권이 추구했던 것은 동아시아 공동의 번영 창출이 아니라, 일본 제국의 이익에 봉사하는 것이었다.[42] 따라서 '아시아인의 번영'을 내세우는 논리로 일본의 무죄를 주장하는 것은 성립할 수 없었다.

2) 동남아시아의 독립과 자치

앞서 검토한 것처럼, 극동국제군사재판에서 일본의 전쟁이 아시아를 위한 것이었다는 주장은 받아들여지지 않았다. 일본의 아시아 침략은 서구 제국을 향한 것이기도 했지만 한편으로는 아시아인을 향한 것이기도 했다. 륄링이 지적한 것처럼 대동아공영은 일본제국의 이해관계에 따라 서구 제국이 지배하던 동남아시아 지역을 일본의 권역으로 새롭게 포섭하려는 제국주의·군국주의의 기획에 불과했다. 변호인이 주장한 태평양전쟁의 '좋은 의도'는 전쟁 중 일본이 저지른 행위를 근거로 충분히 반박될 수 있었다.

---

42 "Opinion of the Member for the Netherlands", Japan and the Independence of the Asiatic Countries; Japan and the Co-Prosperity.

그러나 여전히 남아 있는 문제가 있다. 그것은 일본이 대동아공영을 내세우며 아시아를 침략하는 과정에서 식민지의 독립을 원하는 아시아 민족주의자들을 지원했다는 사실을 어떻게 평가할 것인가 하는 점이다. 일본은 버마에서 바 모(Ba Maw)를 지원했고, 필리핀에서는 바르가스(Jorge Vargas)를 이용한 정부를 만들었다. 인도차이나나 인도네시아에서는 민족주의자들이 공식적인 위치로 올라설 수 없었지만, 이 지역에서도 반제국주의적 감정은 촉진되었다.[43]

물론 일본제국의 동남아시아 민족주의자들에 대한 약속은 허울뿐이었고, 식민지를 해방하여 독립시키겠다는 약속은 제대로 실현되지 않았다. 1945년 아웅 산(Aung San)이 이끄는 버마군이 일본에 선전포고하고 연합국에 가담한 것처럼, 일본의 아시아 민족주의 활용은 실패로 돌아갔다. 하지만 일본이 했던 해방과 독립의 약속은 전후 동남아시아에 대한 서구의 재점령과 재식민화 과정에서 서구 제국에 대한 저항으로 이어진 측면도 있었다. 종전 이틀 뒤인 1945년 8월 17일 인도네시아의 수카르노(Sukarno)가 독립선언을 한 것과 9월 2일 호찌민(胡志明, Ho Chi Minh)에 의한 베트남 독립선언이 그 사례였다. 동남아시아 독립의 요구가 분출되는 상황에서 열린 극동국제군사재판은 그 상황을 고려할 수밖에 없었다.

그러나 극동국제군사재판에서 식민지의 독립 요구와 독립운동은 일본 침략의 한 방식으로 간주되었다. 예를 들어 프랑스는 인도차이나에 대한 침략 증거로 독일 외교관의 보고서를 사용하였는데, 이 보고서는 일본에 의한 베트남 독립운동 및 '아시아연맹'의 활동, 반프랑스 정서를 앞세운 토차민 부대의 편성, 반프랑스 반란 선전 등을 '일본 영토 확장이 도

---

43 W. G. Beasley, 정영진 옮김, 2013, 『일본제국주의 1894-1945』, Huebooks, 300~301쪽.

구'로 설명했다.⁴⁴ 하지만 그렇다고 해서 일본이 아시아 민족주의를 자극 했다는 점을 강조하는 것도 바람직하지는 않았다. 프랑스 검사 오네토는 인도차이나를 계속해서 지배하려는 프랑스 본국의 의도를 잘 이해하고 있었으며, 침략범죄에 대한 기소 과정에서 이러한 의도에 부합하는 정치적 선택을 했다. 오네토에 따르면 그는 프랑스에 부정적인 이미지를 주는 증거 서류를 피했을 뿐만 아니라, '프랑스에 대한 현지인의 충성 부족'이나 '현지인의 독립운동 참여'를 보여줄 수 있는 증거를 제출하지 않았다. 이것은 프랑스의 식민 통치 문제가 전면에 내세워져, 베트남 독립의 문제가 재판에서 논의되는 것을 막기 위한 선택이었다.⁴⁵

반대로 네덜란드 검사는 이 문제를 전면화했다. 네덜란드의 일본 전쟁범죄에 대한 기소에서 가장 특징적인 것은 '일본화' 범죄에 대한 기소인데, 네덜란드 검사 멀더(Borgerhoff Mulder)는 일본의 인도네시아 점령과 지배 그리고 그 과정에서의 급속한 '일본화'가 침략의 결과라고 판단하였고, '일본화'를 침략 소인에 포함시키는 방식으로 인도네시아의 독립에 문제를 제기했다. 일본이 인도네시아를 점령하고 민족주의적 감정을 불러일으킨 것이 수카르노의 인도네시아 독립으로 이어졌고, 결과적으로 인도네시아의 독립선언은 일본 침략의 결과물을 유지시키려는 노력의 산물이라고 주장한 것이다. 네덜란드의 이러한 기소 내용은 재판에서 논쟁을 불러일으켰다.⁴⁶

44　梶居佳広, 2012, 위의 글, 234~235쪽.
45　Beatrice Trefalt, 2018, 위의 책, 64-65.
46　Lisette Schouten, 2018, "In the Footsteps of Grotius: The Netherlands and Its Representation at the International Military Tribunal for the Far East, 1945-1948", Kerstin von Lingen ed., *Transcultural Justice at the Tokyo Tribunal: The Allied Struggle*

멀더는 네덜란드령 동인도 침략에 대한 모두진술에서 일본의 침략을 여섯 단계로 구분했으며, 마지막 단계가 일본의 점령과 지배였다. 이 부분에서 멀더는 일본의 지배가 사회의 모든 분야에서 서구의 것을 제거하고 일본화하는 것을 목적으로 하고 있다면서, 일본에 의해 독재적인 지방 정치 조직의 설립, 일본인에게 장악당한 경제기구, 서양인 사유재산의 몰수, 민주주의적 기준에서는 수용할 수 없는 사법제도의 설립 등이 이루어졌고 그 결과 수십만 명이 노예적 노동자가 되었다고 주장했다. 학교에서는 일본어만 교육하며 일본을 숭배하는 교육이 시작되고, 청년 조직들이 만들어졌으며, 헌병에 의한 공포 지배가 시작되었다고 설명했다. 또 일본이 1944년 12월 약속한 네덜란드령 동인도의 독립은 현지 주민을 전쟁에 동원하기 위한 수단이었을 뿐이라고 주장했다.[47]

다만 인도네시아의 '일본화'에 대한 네덜란드 검사의 주장을 문서로 입증하는 것은 쉽지 않았는데, 멀더는 증인과 증거를 제한하는 방식으로 이를 극복하고자 했다. 검찰 측 증인으로 나온 위어드(Klaas de Weerd) 소령은 일본 점령 기간 동안 서구인들은 모두 수용소에 감금되었으며 '아시아인을 위한 아시아'와 같은 반서구 캠페인이 조직적으로 시작되었다면서 마치 인종적 '성전'과 같은 방식으로 서구에 대한 전쟁이 진행되었다고 진술했다.[48] 그는 방대한 양의 진술서를 작성했고 이 증언을 통해 검사는 일본화의 문제를 입증하는 전략을 댔다.

증인에 대한 반대 신문에서 변호인은 일본의 점령 방침을 옹호하며

---

for Justice, 1946-48, Brill, 256-257.
47　"IMTFE Transcript", 1946.12.3, 11,657~11,668; 梶居佳広, 2012, 위의 글, 240~241쪽.
48　"IMTFE Exhibit No. 1351".

네덜란드의 식민 통치가 인도네시아인에게 더 가혹하지 않았는지를 지적했다. 변호인은 일본이 통치기구에 인도네시아인의 참여를 보장하는 등의 조치를 취했다는 근거를 제시했다. 이에 위어드 소령은 네덜란드의 통치 방식이 일본의 점령보다 정당하고 공정했다고 주장하면서 이를 반박했다. 네덜란드의 통치가 인도네시아인의 권리를 더 보장했다는 것이었다.[49] 식민지의 지배를 두고 일본과 네덜란드 두 제국이 서로 자신의 통치가 더 정당하고 공정했다는 것을 주장하는 모순적인 광경이 재판에서 펼쳐지고 있었다.

일본의 침략을 처벌하는 연합국의 전범재판은 아시아의 독립 혹은 재식민화라는 기로에서 일본의 침략 문제를 다룰 수밖에 없었다. 미국이나 영국과 같이 식민지를 점차 독립시키면서 재판의 정당성을 확보하는 방식도 있었지만, 프랑스나 네덜란드와 같이 식민 지배를 유지하면서 재판의 과정과 결과를 이용하는 방법도 있었다. 한편으로 재판은 변호인의 입을 빌려 일본 전쟁의 '선한 의도'를 주장하는 장소가 되기도 하였다. 동남아시아의 식민지를 둘러싼 법정에서의 이러한 공방은 더 나은 제국주의를 내세우려는 모순적인 경쟁처럼 보이기도 한다. 적어도 동남아시아에 대한 '침략' 문제의 논의가 식민지로부터 독립하려는 동남아시아 민족의 열망을 제대로 반영하고 있지 못했다는 것은 분명해 보인다. 오히려 식민지는 서구와 일본에 의한 '이중의 침략' 사이에서 중층적인 식민지배의 구조에 갇혀 있었다.

---

49 梶居佳広, 2012, 위의 글, 242~243쪽

4. 점령과 지배의 이면

1) 전쟁범죄 기소와 아시아에서의 전쟁범죄

극동국제군사재판에서 전쟁범죄는 '평화에 반하는 죄'에 비해 부차적인 것으로 여겨졌지만 여전히 중요한 문제였다. 기소장에서 전쟁범죄는 세 번째 범주인 '관습적인 전쟁범죄 및 인도에 반하는 죄'에 포함되었다. 이 범주는 소인 53~55의 세 소인으로 구성되었는데, 소인 53이 전쟁범죄의 공동모의를 다룬다면 소인 54는 전쟁법을 위반한 범죄의 실행과 명령, 소인 55는 모든 지역에서의 전쟁범죄를 다루었다.[50] 기소장은 전쟁범죄가 발생한 시기, 피해를 입은 국가, 기소된 피고를 나열하고 있을 뿐 구체적인 범죄 양상은 제시하지 않았다.

따라서 일본 전쟁범죄의 구체적인 사례는 검찰의 입증 단계에서 제시되어야 했다. 국제검찰국의 검사들은 일본의 자료 은폐 및 폐기로 인해 전쟁범죄 관련 자료를 확보하는 데 어려움을 겪었지만, 그럼에도 방대한 양의 증거를 확보할 수 있었다. 일본이 아시아·태평양 지역에서 수많은 전쟁범죄를 저질렀다는 것은 비교적 분명한 사실이었다. 다만, 점령지나 전장에서 발생한 전쟁범죄를 일본 본토에 있던 고위층 전범 개인의 책임으로 연결시키는 것은 간단한 문제가 아니었다. 이 문제를 해결하기 위해 국제검찰국이 택한 전략은 일본 전쟁범죄가 광범위한 지역에서 오랜 기간에 걸쳐 유사하고 반복적으로 나타났다는 것을 보여주는 방식이었다.

---

50 "IMTFE Indictment".

즉, 일본의 전쟁범죄가 개별 병사나 장교들의 일탈로 발생한 것이 아니라, 모든 지역에서 일정한 패턴으로 나타난다는 것을 입증하여 최고위 명령권자들에게 그것을 지시한 혹은 방지하지 못한 책임이 있다는 것을 보여주고자 했다. 전쟁범죄의 경향성을 입증해야 했기 때문에 아시아·태평양 전 지역에서 벌어진 수많은 전쟁범죄의 증거가 법정에 제출되었다.[51]

극동국제군사재판에는 여러 유형의 전쟁범죄가 제시되었으나, 그중 가장 중요하게 다뤄진 것은 연합국 전쟁포로에 대한 잔학행위였다. 동남아시아의 일본 전쟁범죄 중에서 대표적인 것은 필리핀 바탄 죽음의 행진이나 버마에서의 태면철도 건설 등으로 모두 연합국 포로에 대한 대규모 잔학행위였다. 국제검찰국은 전쟁범죄 입증을 위해 약 820건의 증거와 24명의 증인을 동원했으며, 법정에 출석한 증인 대부분은 연합국 포로 출신이었다.[52] 이들은 필리핀에서의 포로 학대, 태면철도 건설 과정에서의 잔학행위, 그 외에도 일본 본토나 조선 등의 포로수용소에서의 전쟁범죄를 증언했다.

물론 일본 점령지에서 현지 주민들에게 가해진 다양한 전쟁범죄에 관한 증거도 법정에 제출되었다. 극동국제군사재판이 실시되는 동안 연합국이 재점령한 아시아·태평양의 전 지역에는 하위 전범 재판소가 설치되어 전범재판이 진행되었기 때문에, 이들 전범에 대한 조사, 기소, 재판 과정에서 만들어진 많은 증거가 극동국제군사재판에 제출될 수 있었다. 동남아시아 주민에 대한 일본의 전쟁범죄도 연합국 국민에 대한 전쟁범죄

---

51 David Cohen and Yuma Totani, 2018, *The Tokyo War Crimes Tribunal: Law, History, and Jurisprudence*, Cambridge University Press, 203-208; Solis Horwitz, 1950, 위의 책, 521.

52 梶居佳広, 2012, 위의 글, 217~219쪽.

로 취급되어 법정에서 다루어졌던 것이다.

다만 법정에 제출된 증거가 가지는 의미에 대해서는 비판적인 평가가 필요하다. 재판은 침략범죄의 입증에 너무 많은 시간을 소모했기 때문에, 모든 전쟁범죄의 증거를 법정에서 다루기에는 많은 시간적 제약이 있었다. 수석 검사 키난은 시간을 절약하기 위해 전쟁범죄의 기소 자체를 취하하자는 의견을 제시할 정도였다. 그러나 전쟁범죄 조사를 주도한 호주 검사 맨스필드(Alan Mansfield)는 전쟁범죄의 기소가 재판의 매우 중요한 부분임을 강조하여 기소를 유지시켰고, 대신 많은 증거를 짧은 시간 안에 재판에서 제시할 방법을 모색했다.

이는 재판에서 모든 증거를 제시하는 것이 아니라, 검사들이 범죄의 전반적인 개요를 설명하고 증거 역시 요약된 줄거리(synopsis)만 제시하는 방식이었다. 국제검찰국의 전쟁범죄 입증 전략은, 개별 사건의 책임을 규명하는 것보다 전쟁범죄의 패턴을 입증하는 것이었기에 가능했다. 따라서 증인이 직접 나서 증언한 백인 포로에 대한 전쟁범죄 등을 제외한 나머지 범죄 사례, 특히 동남아시아 전역에서의 전쟁범죄는 법정 공방 없이 검사들에 의해 요약되어 읽혔다. 또 변호인도 전쟁범죄의 증거를 부정하거나 적극적으로 반박하지 않았다. 이 때문에 증거의 방대한 양에도 불구하고 법정 내에서 전쟁범죄 문제는 충분히 논의되지 못했다.[53]

극동국제군사재판에서 단일 사건으로는 가장 많은 증인과 증거가 제출되어 상세하게 다뤄진 난징학살조차 재판 이후에는 빠르게 망각되었다.[54] 그렇기에 증거만 제출되고 재판에서 제대로 논의되지 않은 동남

---

53 Yuma Totani, 2008, 위의 책, 115-118.
54 난징대학살과 관련된 재판에 대한 연구로는 다음을 참조할 수 있다. 유지아, 2017, 「전

아시아 지역에서의 여러 전쟁범죄가 기억되기는 힘들었다. 따라서 이 재판은 전쟁 피해의 당사자인 동남아시아 주민들에게 중요한 의미를 가질 수 없었고, 전후 일본 전쟁범죄에 대한 기억이 아시아 공동의 기억으로 자리 잡지도 못했다. 재판에 동남아시아에 대한 전쟁범죄의 증거들은 존재했지만, 이를 증언할 아시아인의 목소리는 '부재'하고 있었다.

2) 동남아시아에서 일본 전쟁범죄의 양상

동남아시아에서의 일본 전쟁범죄에 대한 기소가 한계가 있었다는 사실은 분명하지만, 한편으로 증거를 간략하게 다룬 국제검찰국의 전략은 많은 증거를 법정에 제출하도록 했다. 이에 극동국제군사재판에서는 동남아시아 지역의 민간인에 대한 다양한 전쟁범죄가 증거로 남았다. 전쟁범죄의 양상은 민간인에 대한 살해 및 학살, 고문, 폭행, 재산의 약탈, 불법적인 처형, 열악한 시설에의 감금, 강제 노역, 식량 공급 부족으로 인한 아사, 방화, 성폭력, 위안소의 설치 등 여러 형태로 나타났다.

동남아시아에서의 전쟁범죄는 지역별로 검사들에 의해 다루어졌지만, 범죄의 구체적인 양상은 크게 다르게 나타나지 않았다. 검찰이 재판에서 입증한 것처럼 일본 전쟁범죄의 패턴은 규모의 차이만 있을 뿐 아시아·태평양의 모든 지역에서 나타났다. 일본의 동남아시아 침략이라는 관점에서 보면, 현지 주민에 대한 일본의 전쟁범죄는 일본의 침략과 지배

후 전범재판에서의 난징대학살 심판-아시아 부재론을 중심으로-」, 『한일관계사연구』 71.

가 파괴적이었다는 것을 잘 보여준다. 침략범죄를 논의하는 단계에서 피고와 변호인들은 일본의 전쟁이 침략이 아닌 '해방'이라는 점을 강조하면서, 대동아공영의 이상이 진정성 있는 것이라고 주장했지만, 전쟁범죄에 대해서는 그러한 반론을 할 수 없었다. 동남아시아의 주민들에 대한 해방을 내세우는 전쟁이었지만, 실상은 그들에 대한 잔학행위가 빈번하게 발생했기 때문이다. 이하에서는 동남아시아에 대한 침략과 지배를 잘 보여주는 전쟁범죄의 사례로 강제노동, 학살 그리고 현지 주민의 저항에 대한 탄압을 살펴본다.

먼저 강제노동은 전쟁범죄의 대표적인 사례 중 하나이다. 극동국제군사재판에서 중요하게 다루어진 태면철도 사건은 연합군 포로에 대한 학대와 현지 노동자에 대한 학대 모두를 다루었다. 버마와 태국 사이의 정글을 철도로 연결하는 태면철도 건설에는 약 6만 1,800명의 연합군 포로가 동원되었는데, 그중 1만 2,300명이 학대로 인해 사망했고, 동남아시아의 현지인들은 약 20만 만 명이 동원되어 20% 이상이 사망한 것으로 알려져 있다.[55] 일본의 전쟁범죄 중 강제노동에 관한 것으로는 최대 규모였다. 태면철도에 관한 증거 서류로는 22개의 선서진술서(affidavit)가 제출되었고, 네 명의 증인이 법정에 출석했다. 증인은 모두 영국군 혹은 호주군 장교들로 주로 연합군 포로의 학대 실태를 증언하고 있으나 아시아인의 문제도 언급했다. 법정 증거로 사용되기 위해 작성된 선서진술서는 다양한 사람에 의해 증언되어 제출되었다.

랑군에 거주하는 버마인 노동자는 1942년 일본이 버마인 노동자를 태면철도 건설에 모집할 때 높은 임금, 좋은 음식, 좋은 생활환경, 의복, 의

---

55 Yuma Totani, 2008, 위의 책, 142-143.

약품을 약속했다고 진술했다. 그가 철도 건설을 위해 버마 남부의 탄부자야(Thanbyuzayat) 수용소로 갔을 때 그곳에만 1만 6,000명의 노동자가 있었는데, 대부분이 열악한 환경과 과도한 노동 조건에 놓였다. 노동자들은 노예처럼 취급받았으며 채찍과 몽둥이가 사용되었고, 병에 걸리더라도 노동에서 벗어날 수 없었다. 12세의 아동부터 60세까지 노동에 동원되었고, 여성 노동자들도 있었는데 이들에 대한 성폭행도 있었으며, 수용소에는 300명의 '위안부(prostitute)'가 동원되기도 했다.[56] 이렇게 태면철도에 동원된 노동자의 총수는 대략 7만 5,000명에서 25만 명에 이를 것으로 추측되었다.[57]

인도네시아에서도 대규모 노동자에 대한 강제 모집이 이루어졌다. 인도네시아에서는 약 27만 명의 노동자가 동원되었는데,[58] 이들 중 약 8만 명의 노동자는 태면철도 건설에 동원되었고 그들 중 다수가 사망했다.[59] 대부분이 자바에서 동원되었던 노동자들은 태면철도 이외에도 인도네시아 전역의 농장, 공장이나 군사 시설 건설, 공항 건설 등에 동원되었다.[60] 인도네시아 지역에서 노동자의 강제동원을 조사한 네덜란드 정보부의 보고서에 따르면 한 활주로 건설에 투입된 자바인 노동자 2,458명 중 512명이 사망하고 889명이 질병 등으로 환자가 되어 약 2/5 정도만 노

56　"IMTFE Exhibit No. 1377".

57　"IMTFE Exhibit No. 1374".

58　梶居佳広, 2012, 위의 글, 237쪽.

59　"IMTFE Exhibit No. 1726".

60　인도네시아의 교과서에서도 일본점령기 약 30만 명이 노무자로 동원되었다고 적고 있다. 다만 다른 연구에서는 태면철도에만 13~16만 명이 보내져 15%가 사망하였고, 총 동원된 인원은 수백만에서 최대 천만 명이라고 주장하기도 한다. 전제성, 2003, 「인도네시아 역사 교과서의 일본점령기 평가」, 『동아연구』 45호, 87쪽.

동이 가능한 상태였다.⁶¹

다음으로는 민간인 학살이다. 일본군에 의한 민간인 학살은 거의 모든 점령지에서 발생했는데, 특히 일본군이 지역을 점령하는 전쟁의 초기 국면이나 전쟁의 마지막 국면에서 많이 나타났다. 점령 초기에는 백인 민간인과 포로를 수용하는 과정에서 학살이나 약탈, 성폭행 등의 사건이 발생하기도 했고, 동남아시아 지역에 거주하고 있던 화교에 대한 학살도 빈번하게 발생했다.⁶² 현지 주민에 대한 학살은 지배 과정에서 나타나기도 한다.

재판에서 민간인에 대한 학살 사건이 가장 상세하게 다루어진 지역은 필리핀이다. 1945년 필리핀을 미국이 재점령하는 과정에서 일본군은 격렬하게 저항했고, 2월의 마닐라 점령 과정에서는 '마닐라 대학살'이 발생했다. 패배가 가까워지자 일본군은 게릴라화되어 민간인에 대한 학살과 약탈을 반복했고 이는 전후에도 지속되었다. 미국 및 필리핀 검사는 이와 관련된 다수의 증거를 법정에 제출하였는데, 필리핀 검사 로페스(Pedro Lopez)는 법정에서 필리핀에서의 학살로 민간인 9만 1,184명이 사망했다고 보고했다.⁶³ 학살의 형태는 다양했는데, 800명이 사망한 세인트폴 대학에서의 학살 사건을 보면 일본군은 주민을 모두 대학의 홀로 모이게 한 다음 내부의 거대한 샹들리에를 폭파시키는 방법으로 다수의 사람을 학

---

61 "IMTFE Exhibit No. 1727".

62 예를 들어 일본은 말레이반도를 점령한 직후인 1942년 2월 28일에서 3월 3일까지 지역의 화교 약 7만 명을 체포하고 그중 5천~4만 명을 저형하는 방식으로 학살했다. 이에나가 사부로, 2005, 현명철 역, 『전쟁책임』, 논형, 108~109쪽.

63 Opening Statement of the Associate Prosecutor of the Philippines on Class C Offenses in General and Class B and C Offenses in the Philippines.

살했다. 사람들이 도망가기 시작하자 기관총을 발사했으며 총검으로 도망자들을 살해하기도 했다.[64] 이와 같은 필리핀 주민에 대한 학살 및 처형은 전투와 관계없는 상황에서도 빈번하게 발생했으며 마닐라 이외의 지역에서도 흔하게 찾아볼 수 있었다.

동남아시아에 대한 일본의 점령과 지배는 현지인들의 반발에 직면하기도 했다. 주민들은 일본 지배에 저항하거나 봉기를 일으키기도 했고, 반일 전선을 구축하기도 했다. 그리고 이에 대한 일본의 대응은 주민에 대한 체포, 학살, 처형이었다. 동남아시아 지역에서 주민들이 일본에 저항했다는 사실은 일본의 전쟁범죄를 처벌하는 연합국에게도 중요한 사실이었다. 주민들의 저항은 일본의 침략을 잘 보여줄 뿐만 아니라 일본의 아시아 '해방'이 허상임을 보여줄 수 있는 사례이기도 했다.

먼저 버마 카라곤(Kalagon)에서의 학살이 있다. 모울메인 근처의 작은 마을인 카라곤에서 1945년 7월 일본군은 주민들이 일본군에게 저항한다는 이유로 600명을 학살했다. 600명 중 175명은 남성, 195명은 여성, 260명은 아이였다. 여성과 아이가 대부분인 주민을 학살하면서 일본군은 이들이 일본에 저항했기 때문에 그 행위가 합법적이고 정당한 것이라고 주장했다. 이 학살 사건은 버마에서 실시된 영국 전범재판의 첫 사건으로 다루어졌고, 영국은 이 재판의 증거를 모아 극동국제군사재판에도 활용했다.[65]

다음으로는 영국령 보르네오 제셀턴(Jseelton)에서 학살이다. 1943년 10월 10일 현재의 코타키나발루인 이곳에서 일본 지배로 억압받던 중국

---

64 "IMTFE Exhibit No. 1368".

65 "IMTFE Exhibit No. 1541"; Yuma Totani, 2008, 위의 책, 167-168.

인들이 게릴라의 지원을 받아 봉기했다. 이 봉기의 결과로 40명의 일본인이 살해되었는데, 일본군은 그 보복 조치로 제셀턴 북부를 폭격하고 수백 명을 게릴라 협조 혐의로 체포하여 고문하고 처형했다. 중국인 189명이 처형되었고 수백 명이 고문이나 기아, 질병으로 감옥에서 사망했다. 또 중국인의 봉기 이후 일본 지배에 비협조적이었고 봉기에도 가담했던 술룩(Suluk)인들에 대한 조사가 시작되었다. 일본군은 술룩인들이 거주하고 있는 섬들에 상륙하여 남성은 체포 후 고문하여 살해하고, 여성이나 아이도 학살했다. 일본 헌병대에 의한 이 학살은 술룩인의 성인 인구를 거의 절멸시키는 결과로 이어졌다. 일본 지배에 저항한다는 이유로 인종에 대한 학살(제노사이드)이 있었음을 보여주는 사례이다.[66]

마지막은 네덜란드령 보르네오 폰티아낙에서의 학살이다. 1943년 10월 일본에 반대하는 음모를 적발했다는 이유로 현지의 일본군은 주민을 대량 체포하고 학살했다. 약 1,100명의 현지인과 240명의 현지 중국인이 처형되었는데, 체포되어 일본의 군법 회의에서 사형 판결을 받은 사람은 63명이었지만 일본군은 군법회의 판결과 관계없이 다수를 처형했다. 처형된 이들의 대부분은 군법 회의에서 2~3년 형을 선고받은 이들이었다.[67] 이 외에도 주민의 저항이나 봉기에 대한 일본군의 잔혹한 보복의 사례는 많이 있었다.

이와 같은 국세검찰국의 전쟁범죄 증거 제시에 대해 변호인들은 별다른 변론을 펼치지 못했는데, 전쟁범죄 행위를 기록한 물적 증거를 반박하는 것은 거의 불가능했기 때문이다. 다만 변호인들은 전쟁범죄가 기

---

[66] "IMTFE Exhibit No. 1659".

[67] "IMTFE Exhibit No. 1696".

소된 피고 개개인의 책임은 아니라는 방식으로 이를 회피하고자 노력했다. 피고 개인들이 해당 범죄를 통제할 책임이나 위치가 있지 않다는 것 혹은 전쟁범죄의 발생을 전혀 인지하지 못했기 때문에 그에 대한 책임도 발생하지 않는다는 것이었다.[68] 이러한 변론의 시도는 피고 개개인의 책임을 회피하려는 것이었지만, 일본군에 의해 광범위한 전쟁범죄가 있었다는 사실 자체는 인정하는 것과 다름없었다.

최종적으로 판결문에서 재판부는 전쟁범죄에 관한 검찰의 기소 내용 대부분을 인정했다. 피고 중 전쟁범죄를 직접적으로 실행한 이가 없다 하더라도 전쟁범죄를 방지할 책임을 다하지 않았다는, 부작위에 의해 유죄가 인정된다고 본 것이다. 피고들은 전쟁범죄가 발생하고 있다는 사실을 인지하고 있었으며 그러한 범죄를 막고자 하는 적극적인 조치를 취하지 않았다. 또 판결문은 일본의 전쟁범죄가 모든 일본 점령지에서 유사한 형태로 반복되고 있다는 검찰의 주장을 인용하면서 증거 대부분을 인정했다.[69]

판결문은 난징학살, 바탄 죽음의 행진이나 태면철도 건설과 같은 주요 전쟁범죄를 거론하면서 전쟁범죄가 성립한다고 판단했다. 다만 그 이외의 많은 전쟁범죄에 대해서는 각 사건을 구체적으로 다루기보다는 '학살'이나 '강제노동'과 같은 큰 틀 속에 유사한 행위가 반복적으로 나타나고 있음을 나열하는 방식으로 대신했다. 위에서 제시된 강제노동, 학살 등의 사건들은 사건이 발생한 주요 장소와 시기를 언급하는 정도에 그쳤다. 그럼에도 제시된 전쟁범죄 대부분의 사례가 유죄 판결을 받았고, 피고들의

---

68 David Cohen and Yuma Totani, 2018, 위의 책, 236.
69 "IMTFE Judgement" Part B. Chapter VIII Conventional War Crimes (Atrocities).

양형에도 영향을 주었다.[70]

동남아시아 지역에서 발생한 전쟁범죄에 대한 기소와 유죄 판결은 이 지역에 대한 일본의 침략이 어떤 결과를 초래했는지를 잘 보여준다. '아시아인의 해방'을 내세운 일본군은 점령지의 아시아인을 노예처럼 다루었고 '인간 이하'로 취급했다. 대동아공영과 같은 지정학의 논리는 일본 제국의 확대를 위한 수단이었을 뿐 '공영'이 대상이 된 동남아시아 주민들은 일본의 전쟁 수행을 위한 인적 자원에 불과했다.

5. 맺음말

극동국제군사재판은 1946년 5월에 시작되어 최종 판결이 있었던 1948년 11월까지 2년 6개월이라는 긴 시간 동안 계속되었다. 재판이 시작된 1946년과 재판이 종료된 1948년의 세계는 같지 않았다. 전범재판은 전후 국제 정의의 실현이라는 시대적 흐름 속에서 시작되었으나 재판이 끝날 무렵에 중요했던 것은 냉전이라는 새로운 갈등이었다. '식민지'를 둘러싼 지형도 달라지고 있었다. 재판 시작과 함께 필리핀이 미국에서 독

---

[70] 극동국제군사재판에서 전쟁범죄와 관련된 소인으로 유죄가 인정받은 피고는 도조 히데키를 비롯한 총 10명이다. 이들 중 동남아시아에서의 전쟁범죄와 관련된 이들로는 도조 히데키(포로 학대 및 태면철도 등), 무토 아키라(수마트라와 마닐라에서의 잔학행위), 기무라 헤이타로(태면철도 및 버마에서의 잔학행위), 이타가키 세이시로(싱가포르 및 말레이반도에서의 잔학행위)가 있다. 이들 모두는 사형 선고를 받아 집행되었다.

립하였고, 1947년에는 인도가 영국에서 독립하였으며, 1948년 1월에는 버마도 독립국을 이루었다. 인도차이나에서는 독립 전쟁이 이어지고 있었고 인도네시아에의 독립 전쟁은 막바지에 이르고 있었다. 동남아시아의 질서는 전범재판의 결과와 무관하게 변화하고 있었으며, 전범재판에서 일본의 침략범죄와 전쟁범죄가 처벌되었다는 사실은 동남아시아의 미래에 별다른 의미를 주지 못했다. 동남아시아는 전범재판이라는 전후 처리의 주체가 아니었을 뿐만 아니라, 전범재판의 결과에서도 소외되어 있었다.

이 글에서는 극동국제군사재판을 중심으로 동남아시아에 대한 일본의 침략과 전쟁범죄의 기소와 처벌 과정을 검토했다. 동남아시아에 대한 일본의 '침략'에는 이중적인 의미가 있었다. 한 가지는 그 침략이 동남아시아라는 지역을 둘러싼 전쟁이었다는 것으로, 동남아시아를 차지하기 위한 일본제국과 서구 제국주의 국가 사이의 전쟁이라는 점이었다. 양 제국은 서로의 침략을 비난하고 있지만 식민지배의 본질적인 속성은 같았다. 다른 한 가지는 동남아시아를 '해방'하겠다는 일본의 약속에도 불구하고 동남아시아 점령은 그 지역 주민들에 대한 잔인한 전쟁범죄로 이어졌다는 사실이다. 스스로의 전쟁이 아닌 전쟁 속에서 동남아시아는 피해자로 남았다.

일본의 '침략'을 전쟁범죄로 기소했던 재판에서 국제검찰국이 제시한 침략의 의미는 논쟁의 여지가 있었다. 당시 국제법상 주권 국가, 즉 주권을 가질 수 있었던 유일한 국가인 서구 국가들에 대한 침략은 범죄였지만, 식민지로 주권을 가지지 못했던 동남아시아 국가들은 침략의 대상으로 취급되지 않았다. 제2차 세계대전 이전의 국제법 혹은 국제사회가 식민지를 동등한 세계의 일원으로 간주하지 않았다는 사실은 재판이라는 형태로 국제법을 표현했던 극동국제군사재판에서 반복되었다. 앤지(Anghie)가 잘 설명한 것처럼 당시의 국제법이란 서구 제국의 식민지배를 바탕으로 성립하고 있었으며, 그것은 식민지에게 주권적 권리를 부여하지 않는 형태로 유지되고 있었다.[71]

동남아시아에 대한 침략이 성립하는가에 대한 변호인들의 반론은 '대동아공영'이나 '신질서'와 같은 일본의 전쟁 구호를 재판에 다시 소환했다. 일본의 침략을 부정하면서도 서구의 지배를 정당화해야 하는 몇몇 연합국 검사들에게 이러한 주장은 상당한 딜레마를 안겨주었다. 네덜란드 검사가 주장한 것처럼 인도네시아의 독립운동이 일본 침략의 결과라고 하는 주장은 전범재판의 정당성을 스스로 약화시켰다. 일본제국의 지배가 서구 제국의 지배와 얼마나 차이가 있으며, 서구가 정당한지를 주장하는 연합국 검사들의 주장은 모순적인 측면이 있었다. 물론 그것을 비판하는 일본은 철저히 자기 모순적 상황에 놓여 있었다. 동남아시아에서 일본 전쟁범죄에 대한 기소는 일본 지배의 현실을 적나라하게 보여주었다. 일본의 많은 전쟁범죄가 아시아에서 일본 지배에 대한 저항을 분쇄하는 과정에서 발생했다는 것은 일본의 서구 제국주의 비판이 결국 스스로를 향한 것이기도 했음을 보여주었다.

이처럼 극동국제군사재판에서 동남아시아에 대한 전범재판은 제국주의가 다층적으로 작용했음을 보여준다. 탈식민, 냉전으로 전환되는 국면에서도 아시아에 대한 제국주의와 식민주의는 중층적인 형태로 남아 있었다. 동남아시아에 대한 식민지배는 서구의 식민지배를 거치지 않고 바

71　Antony Anghie, 2005, *Imperialism, sovereignty, and the making of international law*, Cambridge University Press.

로 일본의 식민지가 되었던 한국의 상황과는 달랐다. 한국에 대한 식민지배는 서구 제국주의가 일본을 통해 변형된 형태로 적용되었다면, 동남아시아에서는 서구와 일본 두 제국주의가 정면으로 충돌하고 있었다.

이 글은 극동국제군사재판만을 대상으로 삼았다는 점에서 분명한 한계를 가진다. 동남아시아에 대한 일본의 침략과 전쟁범죄 문제는 하위 전범재판에서 더욱 구체적으로 드러나기 때문에 두 재판을 연계하여 분석할 필요가 있다. 또 재판에서 명확히 해결되지 않은 일본의 동남아시아 침략 문제는 샌프란시스코 조약 이후 일본이 동남아시아 국가들에 일정한 보상 혹은 배상을 제공하는 방식으로 미봉되었는데, 이 또한 재판의 결과와 연결하여 논의할 필요가 있다. 이러한 부분들은 향후 연구에서 더욱 심층적으로 다뤄야 할 과제로 남는다.

참고문헌

단행본

극동국제군사재판소 엮음, 2016, 김병찬 외 옮김, 『A급 전범의 증언: 도쿄전범재판 속기록을 읽다 도조 히데키 편』, 언어의 바다.
우쓰미 아이코, 김경남 역, 2010, 『전후보상으로 생각하는 일본과 아시아』, 논형.
우쓰미 아이코·무라이 요시노리, 김종익 역, 2012, 『적도에 묻히다: 독립영웅, 혹은 전범이 된 조선인들 이야기』, 역사비평사.
존 다우어, 2009, 『패배를 껴안고』, 민음사.
朝日新聞記者團 編, 노병식 역, 1983a, 『東京裁判 上』, 太宗出版社.
朝日新聞記者團 編, 노병식 역, 1983b, 『東京裁判 下』, 太宗出版社.
粟屋憲太郎, 1989, 『東京裁判論』, 大月書店.
宇田川幸大, 2018, 『考証 東京裁判: 戰争と戰後を読み解く』, 吉川弘文館.
宇田川幸大, 2022, 『東京裁判研究』, 岩波書店.
大沼保昭, 1997, 『東京裁判から戰後責任の思想へ』, 東信堂.

논문

공준환, 2023, 「연합국의 전범재판과 '인권' 의제」, 『역사비평』 143.
공준환, 2024, 『아시아태평양전쟁 직후 미국 전범재판에서의 '정의'와 식민지 문제』, 서울대학교 박사학위논문.
김경일·강창일, 2000, 「동아시아에서 이시이주의: 1870 1945년의 일본을 중심으로」, 『역사연구』.
김석연, 2011, 「동경재판과 "평화에 反한 죄"-라다비노드 팔의 죄형법정주의」, 『일본연구』 16.
김성천, 2014, 「전범재판의 이념과 시사점-일본 전범재판을 중심으로」, 『비교형사법연구』 16(2).
김영숙, 2022, 「일본의 동남아시아 침략과 『사진주보(写真週報)』」, 『한림일본학』 41.
김정현, 1994, 「일제의 '대동아공영권' 논리와 실체」, 『역사비평』 28.

김창록, 2009, 「토오쿄오재판에 관한 법사회학적 고찰-'문명의 심판 '대' 승자의 심판' 그리고 아시아」, 『東北亞歷史論叢』 25.

박규훈, 2022, 「도쿄재판의 릴링 판사 반대의견에 대한 비판적 고찰: 평화에 반하는 죄와 제국주의 인식을 중심으로」, 『한국동양정치사상사연구』 21(2).

신희석, 2015, 「제1차 세계대전과 제2차 세계대전 이후의 전범재판」, 『서울국제법연구』 22(2).

유지아, 2017, 「전후 전범재판에서의 난징대학살 심판-아시아 부재론을 중심으로-」, 『한일관계사연구』 71.

이석원, 2008, 「'대동아'공간의 창출-전시기 일본의 지정학과 공간담론-」, 『역사문제연구』 12(1).

이에나가 사부로, 현명철 역, 2005, 『전쟁책임』, 논형.

이장희, 2011, 「도쿄국제군사재판과 뉘른베르크 국제군사재판에 대한 국제법적 비교 연」, 『동북아역사논총』 25.

전제성, 2003, 「인도네시아 역사 교과서의 일본점령기 평가」, 『동아연구』 45.

조홍국, 2008, 「식민주의 시기 및 일본점령기 타이 역사의 평가」, 『동남아시아연구』 18(1)

梶居佳広, 2012, 「東京裁判における日本の東南アジア占領問題：検察側立証を中心に」, 『立命館法学』 345·346.

W. G. Beasley, 2013, 정영진 옮김, 『일본제국주의 1894-1945』, Huebooks.

Anghie, Antony. 2005, *Imperialism, Sovereignty, and the Making of International Law*. Cambridge: Cambridge University Press.

Boister, Neil, and Robert Cryer. 2008, *The Tokyo International Military Tribunal: A Reappraisal*. Oxford University Press.

Cohen, David, and Yuma Totani. 2018, *The Tokyo War Crimes Tribunal: Law, History, and Jurisprudence*. Cambridge University Press.

Horwitz, Solis. 1950, "The Tokyo Trial." *International Conciliation*, no. 465.

Nakazato, Nariaki. 2016, *Neonationalist Mythology in Postwar Japan: Pal's Dissenting Judgment at the Tokyo War Crimes Tribunal*. Lanham, MD: Lexington Books.

Schouten, Lisette. 2018, "In the Footsteps of Grotius: The Netherlands and Its Representation at the International Military Tribunal for the Far East, 1945-1948." In *Transcultural Justice at the Tokyo Tribunal: The Allied Struggle for Justice, 1946-48*, edited by Kerstin von Lingen. Leiden: Brill.

Trefalt, Beatrice. 2018, "The French Prosecution at the IMTFE: Robert Oneto, Indochina and the Rehabilitation of French Prestige." In *War Crimes Trials in the Wake of*

Decolonization and Cold War in Asia, 1945-1956: Justice in Time of Turmoil, edited by Kerstin von Lingen. Palgrave Macmillan.

Totani, Yuma. 2008. *The Tokyo War Crimes Trial: The Pursuit of Justice in the Wake of World War II*. MA: Harvard University Asia Center.

von Lingen, Kerstin, and Robert Cribb. 2016. "Justice in Time of Turmoil: War Crimes Trials in Asia in the Context of Decolonization and Cold War." In *War Crimes Trials in the Wake of Decolonization and Cold War in Asia, 1945-1956: Justice in Time of Turmoil*, edited by Kerstin von Lingen. London: Palgrave Macmillan.

찾아보기

PETA/자바향토방위의용군 44, 251, 252, 263, 264, 270, 272, 277~279

ㄱ

겐페이타이(憲兵隊) 47
고노에 후미마로(近衛文麿) 28, 256, 302
고이소 구니아키(小磯國昭) 259, 324
고이소 성명(小磯声明) 35, 41
광물자원 107~109, 119~126, 130, 132, 133, 136~139, 142~149, 159
국책대강 20
국책의 기준 19~21, 26, 30
군정 5, 7, 9, 33~38, 41, 44, 45, 47, 48, 53, 71, 73, 86, 147, 157, 169~172, 174, 177, 178, 180~182, 192, 194, 210, 248~251, 253, 254, 256, 258~280, 282, 285~287, 289, 299, 304, 313, 314, 316~320, 325, 336, 337, 339, 343, 344, 359, 361, 405
군표 47, 288
기본국책요강(基本國策要綱) 302
기쿠치 다케오(菊池武夫) 28

ㄴ

난징정부 40, 74, 92, 93, 305, 343
남방 '갑'지역 121, 170, 171, 174~182
남방 '을'지역 121, 174, 180
남방개발금고 176~180, 202
남방점령지 행정 실시요령(南方佔領地行政實施要領) 32, 34, 35, 37, 38, 47, 71, 249
남양군도 8, 55, 135, 298, 354~360, 362~373, 377, 379, 380, 404~408
남양척식주식회사(南洋拓殖株式會社) 135, 136, 354, 362, 369, 380~384, 402, 403, 407
남양흥발주식회사(南洋興發株式會社) 362, 367~369, 384, 385~389, 407
남진(南進) 19~26, 110, 167, 169, 303, 363
남진론 5, 26, 31, 110, 298, 303
네덜란드령 동인도 30, 31, 38, 64, 68~69, 73, 111, 112, 123, 138, 148, 169, 247, 261, 263~265, 266, 283, 298, 311, 422~424, 431, 435, 436, 439

ㄷ

다카기 소키치(高木惣吉) 38
대동아 신질서 41, 43, 87, 302
대동아공영 430~432, 434, 453
대동아공영권 5, 7, 33, 39~41, 46, 48, 54, 55, 63, 64, 74, 76, 82, 87, 91, 95, 99, 100, 104, 110, 111, 122, 146, 149, 168, 169, 173, 179, 180, 218, 234, 247, 254~256, 261, 264, 266, 281, 298, 300~302, 305, 306, 321, 338, 350, 431, 432, 434, 435
대동아공영권론 38, 39
대동아정략지도대강(大東亞政略指導大綱) 35~37, 39, 40, 85, 250, 254
대동아회의 39, 40, 51, 91~96, 100, 252, 254~256, 258, 305, 325
대본영정부연락회의 18, 71, 85, 249, 280, 338
대아시아주의(大亞細亞主義) 27, 29, 30
도조 히데키(東條英機) 35, 82~85, 87, 89, 93, 95, 100, 250~254, 258, 259, 302, 305, 313, 315, 318~320, 323, 336, 340, 341, 350
도쿠토미 소호(德富蘇峰) 22, 28
독립국 34, 39, 40, 74, 76, 77, 79, 91, 93, 94, 100, 210, 213~215, 220, 254, 256, 258, 304, 314, 325, 452
독립보호국 39, 40, 74
동아신질서(東亞新秩序) 33, 65, 109, 432, 434

ㄹ

라우렐/호세 파키아노 라우렐((José Laurel) 89, 90, 95, 254, 300, 301, 336, 337, 339~349
로무샤 7, 44, 47, 50, 271, 280, 281, 283~285

ㅁ

마쓰오카 요스케(松岡洋右) 65, 110, 302
마쓰오카-앙리협정 65, 110, 112
마쓰이 이와네(松井石根) 28
만주국 27, 29, 35, 39, 40, 62, 74, 91~93, 169, 254, 302, 304, 305, 313, 316, 323, 325, 342, 363
말레 30, 37, 71, 91, 171, 186, 187, 189, 190, 250, 267, 280, 282, 298, 304, 305
말레이시아 4, 37, 46~48, 83, 92, 159, 192~195, 202, 269, 305, 320

ㅂ

바르가스/호르헤 B. 바르가스((Jorge Bartolome Vargas) 36, 82, 89, 336, 337, 338, 341, 348, 437
바 모(Ba Maw) 36, 83, 86, 87, 254, 300, 301, 307~309, 313~334, 437
버마 7~9, 30, 34~37, 39, 43, 44, 46, 47,

50, 53, 55, 65, 71, 73~75, 83~88,
90~93, 100, 169, 174, 175, 177, 183,
184, 223, 248, 250, 251, 253, 254,
258, 259, 292, 298~301, 304~321,
323~334, 341~343, 349, 350, 437, 442,
445, 446, 448, 452

병보(兵補) 263, 283, 285, 344

보르네오 37, 45, 55, 69, 71, 83, 91, 95,
170, 175, 193, 195, 202, 251, 280, 282,
283, 305, 320, 448, 449

보스/수바스 찬드라 보스(Subhas Chandra
Bose) 83, 93, 94, 96~98, 299, 319~322

보크사이트 38, 50, 141, 142, 144, 354

북진 20, 298

브루나이 4, 46~48, 250

비시정부 68, 70, 209

ㅅ

사진주보 9, 60~67, 69, 71~73, 75~80, 82,
83, 87, 88, 90, 93~100

새로운 역사 교과서를 만드는 모임(新しい歴史
教科書をつくる會) 49, 51

샌프란시스코 대일강화회의 288

생고무 38, 113, 118

쇼난(昭南) 18, 76, 266, 280~282

수카르노(Sukarno) 95, 251, 253, 254,
256~260, 288~292, 437, 438

수하르토(Soeharto) 44, 252

시게미쓰 마모루(重光葵) 255, 256, 306, 247

싱가포르 4, 6, 18, 35, 39, 46, 47, 50, 67,
72, 73, 75, 76, 80, 83, 93, 157, 158, 160,
161, 164, 166~168, 170, 171, 173~175,
177, 181~185, 192~195, 202, 250,
252, 269, 280~283, 292, 304, 305, 313,
319~321, 323, 324, 428

ㅇ

아시아태평양전쟁 6, 8, 61, 63, 64, 71~73,
76, 79, 100, 156, 167, 171, 178, 180,
299, 302, 349, 357, 373, 398, 405, 406,
408, 414

아웅 산(Aung San) 85, 86, 88, 309~312,
314, 316, 317, 323, 326~331, 350, 437

안남(安南) 30, 133, 212, 214, 222, 237

열대산업조사회(熱帶產業調査會) 25, 26

오상회의(五相會議) 19, 20

왕자오밍(汪兆銘)/왕징웨이(汪精衛) 62, 179,
180, 254, 433

인도 28~30, 94, 96~98, 165, 181, 298,
305, 307, 315, 320~322, 375, 392, 429

인도네시아 7, 7~9, 30, 31, 35, 37~41,
43~48, 51~53, 75, 92, 95, 111, 170,
174, 175, 184, 246~254, 257~270,
272~281, 283~289, 291, 292, 299,
304~306, 375, 392, 417, 429, 436~440,
446, 452, 453

일본점령기 46, 48, 50, 156~158, 177, 185,
191~195, 218, 220, 221, 223, 246, 248,

270, 271, 284, 288, 290, 298, 299, 301, 350
일본정변 206, 209, 211, 212, 214, 237
일태동맹조약(日泰同盟條約) 34
임팔 98, 321, 326, 343

ㅈ

자유인도 임시정부 50, 83, 92~94, 96, 97, 100, 299, 305, 321, 322
자유타이운동 43, 47
자카르타 69, 83, 246, 252, 253, 257~260, 282
장제스(蔣介石) 22, 65, 66, 100, 127, 179, 190, 298, 434
전범 9, 300, 414, 417, 418, 420, 425, 441, 442
조선 54, 55, 62, 92, 305, 324, 342, 375, 391, 392, 433, 442
중일전쟁 5, 8, 21, 22, 26, 32, 60, 61, 66, 105, 110, 127, 167, 168, 179, 215, 298, 302, 312, 367, 368, 405, 407, 435
지도국 39, 41, 71, 74, 302
직할령 39, 40, 74, 307

ㅊ

척무성 136, 362

ㅋ

캄보디아 4, 30, 34, 40, 46, 47, 64, 70, 214, 216, 222

ㅌ

타이완 22~26, 29, 54, 55, 62, 92, 134, 168, 169, 287, 305, 311, 312, 322, 333, 335, 342, 347, 433
타이완척식주식회사 26
태국 4, 19, 30, 34, 36, 37, 39, 40, 43, 46, 47, 70, 71, 74, 76~79, 83~85, 91~93, 95, 96, 100, 169~171, 173, 183, 238, 254, 298, 304~306, 316, 319, 320, 334, 421, 427~429, 445
태면철도(泰緬鐵道) 45, 281, 283, 333, 442, 445, 446, 450
태평양 49, 61, 253, 298, 356~359, 364, 370, 373, 375~377, 379, 391~393, 395, 398~402, 408, 421, 430, 434, 441, 442
티모르 34, 35, 40, 74, 304

ㅍ

포로 80, 81, 212, 415, 442, 443, 445, 447
프랑스령 인도차이나 6, 30, 34, 36, 37, 40, 64~71, 74, 91, 92, 100, 104, 112, 113,

119, 121, 169, 170, 183, 206, 209, 221, 298, 303~310, 423, 428
프로파간다 5, 60, 63, 81, 98
피분 송크람(Phibun Songkram)/피분 76, 78, 79, 84, 92, 93, 100, 306
필리핀 4, 7~9, 30, 34~39, 43, 45~47, 50, 53, 55, 67, 71, 73, 74, 82, 83, 85, 88~93, 95, 98, 100, 169, 170, 175, 223, 248, 250, 251, 253, 254, 257~259, 269, 272, 292, 298~301, 304, 305, 314, 334~350, 375, 392, 395, 415, 421, 422, 425~427, 429, 435, 437, 442, 447, 448, 451

253, 254, 256, 258~261, 276, 282, 290
해방사관 51, 283, 287, 292
호찌민(胡志明, Ho Chi Minh) 437
화교 30, 45, 78, 166, 180, 447
히로타 고키(広田弘毅) 19, 28, 79

ㅎ

하이난섬 30, 312
학살 45, 273, 444, 445, 447~450
핫타/모하마드 핫타(Mohammad Hatta) 95,

동북아역사재단 연구총서 148

일본의 동남아시아 지배, 충격과 유산

초판 1쇄 발행 2025년 6월 30일

지은이	고토 겐이치, 김영숙, 정재현, 김종호, 노영순, 김명환, 공준환
펴낸이	박지향
펴낸곳	동북아역사재단
능 록	제312-2004-050호(2004년 10월 18일)
주 소	서울시 서대문구 통일로 81 NH농협생명빌딩
전 화	02-2012-6065
홈페이지	www.nahf.or.kr
제작·인쇄	청아출판사

ISBN 979-11-7161-177-5 93910

- 이 책은 저작권법에 의해 보호를 받는 저작물이므로 어떤 형태나 어떤 방법으로도 무단전재와 무단복제를 금합니다.
- 책값은 뒤표지에 있습니다. 잘못된 책은 바꾸어 드립니다.